Beck'sche Reihe

BsR 1089

[redacted]

BsR

[redacted]

Die Geschichte des „Dritten Reiches" ist auch fünfzig Jahre nach seinem Ende keineswegs „erledigt". Der Aufstieg des Nationalsozialismus und die „Machtergreifung", die Errichtung des Unrechtsregimes und die Entfesselung des Zweiten Weltkrieges, die systematische Ermordung der europäischen Juden und anderer Menschen im Namen des deutschen Volkes bleiben eine moralische und politische Herausforderung der Vergangenheit.

Dieses Lesebuch verbindet zeitgenössische Stimmen mit Texten namhafter Historiker, die ganz konkreten Erfahrungen einzelner Menschen mit der Darstellung von größeren Zusammenhängen. Es gibt auf diese Weise nicht nur Einblick in alle wichtigen Themenkreise der Geschichte des „Dritten Reiches", sondern macht auch dessen – höchst unterschiedliche – Lebenswirklichkeiten sichtbar.

Die knapp 100 Texte des Lesebuches bringen die Innen- und Außenpolitik des „Dritten Reiches" ebenso zur Sprache wie seine Sozialgeschichte und die Geschichte des deutschen Widerstandes. Ein eigenes Kapitel ist der Geschichte der Juden im „Dritten Reich" von der Diskriminierung und Entrechtung bis zu den Vernichtungslagern der „Endlösung" gewidmet.

Christoph Studt, Dr. phil., ist wissenschaftlicher Assistent am Historischen Seminar der Universität Bonn.

Das Dritte Reich

Ein Lesebuch zur deutschen Geschichte 1933–1945

Herausgegeben von
Christoph Studt

VERLAG C.H.BECK

Mit 6 Abbildungen

Die Deutsche Bibliothek – CIP-Einheitsaufnahme

Das Dritte Reich : ein Lesebuch zur deutschen Geschichte ; 1933 – 1945 / hrsg. von Christoph Studt. – Orig.-Ausg. – München : Beck, 1995
(Beck'sche Reihe ; 1089)
ISBN 3 406 37479 4
NE: Studt, Christoph [Hrsg.]; GT

Originalausgabe
ISBN 3 406 37479 4

Umschlagentwurf: Uwe Göbel, München
Umschlagabbildung: Berlin, 1. 9. 1939, Süddeutscher Verlag, München

Satz: Fotosatz Otto Gutfreund GmbH, Darmstadt
Druck und Bindung: C. H. Beck'sche Buchdruckerei, Nördlingen
Gedruckt auf säurefreiem,
aus chlorfrei gebleichtem Zellstoff hergestelltem Papier
Printed in Germany

Inhalt

III. Herrschaftsausbau und Kriegsvorbereitung (1935–1939)

IV. Diskriminierung, Entrechtung, Vertreibung, Vernichtung: Stufen der „Endlösung der Judenfrage" (1933–1945)

V. Weltmacht oder Untergang: Das Deutsche Reich und der Zweite Weltkrieg (1939–1945)

VI. Deutschland 1945: „Erlöst und vernichtet in einem“

Vorwort

Wer ein Lesebuch in die Hand nimmt, der möchte sich im allgemeinen angenehm unterhalten und – gewissermaßen nebenbei – ein wenig belehren lassen. Kann aber das „Dritte Reich“ Gegenstand angenehmer Unterhaltung sein? Die Begegnung mit dem Ungeheuerlichen, die furchtbaren Verbrechen, an denen die deutsche Geschichte zwischen 1933 und 1945 nur allzu reich ist, bieten dazu keine Gelegenheit. Nicht zuletzt die planmäßige Massenvernichtung der Juden hat allen Überlebenden und Nachgeborenen eine neue Dimension negativer menschlicher Möglichkeiten vor Augen geführt, die vielmehr ein anhaltendes Nachdenken über die brüchigen Grundlagen von Moral und Humanität einklagt.

Die Texte dieses Lesebuches lassen erkennen, zu welchen Untaten selbst scheinbar ganz „normale“ Menschen unter bestimmten Voraussetzungen des öffentlichen Bewußtseins fähig sind, sie dokumentieren ein erschütterndes Maß an Gleichgültigkeit und Indifferenz gegenüber den nationalsozialistischen Verbrechen, aber sie zeigen auch Verhaltensweisen von Zeitgenossen, die Rückgrat bewiesen, die ihre eigene Angst überwanden, und deren Handeln weit über den aktuellen Anlaß hinaus ermutigend zu wirken vermag. Damit ist nicht die Tapferkeit jener gemeint, die für ihre Leistungen mit dem Eisernen Kreuz belohnt wurden, sondern der Heldenmut der das eigene Leben nicht schonenden Widerstandskämpfer.

Das Lesebuch versammelt zum einen eine Auswahl zeitgenössischer Stimmen zu ihrer damaligen Gegenwart. An diesem „Durchgang vom Vergangenen zum Künftigen“ (Hermann Heimpel) stehen gleichsam spalierbildend die Miterlebenden, jeder in seiner individuellen Rolle, mithandelnd, mitleidend oder (nur) miterfahrend, im Zentrum der Ereignisse oder an der Peripherie, dem äußeren Bild verhaftet oder der tieferen Bedeutung nachsinnend, unmittelbar registrierend oder im Geschehenden und Vergangenen Zukünftiges, Werdendes reflektierend.

Diesen persönlichen Zeugnissen der Zeitgenossen stehen zum anderen die sowohl mit zeitlicher als auch mit wissenschaftlicher Distanz verfaßten Darstellungen der Historiker gegenüber. Sie resümieren die Entwicklungslinien der Geschichte des „Dritten Reiches" und sollen zugleich eine Art Hintergrund bilden, vor dem die Stimmen der Zeitgenossen ihre Konturen gewinnen. Es liegt in der Natur dieser beiden Textgruppen, daß sich die eine in der Regel mit punktuellen Ereignissen beschäftigt, während die andere eher größere Zeiteinheiten abschreitet.

Das Lesebuch folgt im wesentlichen einer chronologischen Ordnung, und es versucht zumindest – trotz des begrenzten Raumes – einen Einblick in alle wesentlichen Themenkreise der deutschen Geschichte von Hitlers Aufstieg bis zur „Stunde Null" zu geben. Die Innen- und Außenpolitik, die Wirtschafts- oder Militärgeschichte kommen ebenso zur Sprache wie die Lebenswelt der „kleinen Leute" oder das letztlich vergebliche Ringen der Widerstandskämpfer mit der Diktatur. Das besondere Schicksal der deutschen Juden in der Epoche des Nationalsozialismus ließ ein eigenständiges Kapitel nicht nur angemessen, sondern auch geboten erscheinen. Die Juden sind deshalb nicht weniger Teil des deutschen Volkes und der deutschen Geschichte, es sollte aber ihrem Los im „Dritten Reich" von der frühesten Diskriminierung bis zum systematischen Holocaust die gebührende Aufmerksamkeit gewidmet werden.

Wie gesagt, angenehme Unterhaltung kann und will diese Textsammlung nicht sein. Sie möchte allerdings beim Leser das Bedürfnis wecken, sich mit dieser Epoche deutscher Geschichte auseinanderzusetzen, denn weder Leugnen noch Vergessen befreit von der Vergangenheit. Insofern hat dieses Lesebuch eine Tendenz und ein bescheidenes Anliegen: Die einzige Art, dem Abgrund zu entgehen, ist, so hat es Cesare Pavese einmal formuliert, ihn zu betrachten, zu messen, auszuloten und hinabzusteigen. Wenn Anregungen gegeben werden, sich näher mit der

Geschichte des „Dritten Reiches“ zu beschäftigen und sie auch als eine moralische und politische Herausforderung zu begreifen, dann hat es sein eigentliches Ziel schon erreicht.

Christoph Studt

Editorischer Hinweis: Anmerkungen und Quellenhinweise der Originaltexte wurden für diesen Band gestrichen; Textkürzungen des Herausgebers sind durch eckige Klammern gekennzeichnet.

I. Entstehung und Aufstieg des Nationalsozialismus

Hellmuth Auerbach

Der Trommler

Es gibt wohl kaum einen zweiten führenden Politiker im neuzeitlichen Europa, über dessen gesamte Jugendzeit bis zu seinem 30. Lebensjahr so wenig gesicherte Fakten bekannt sind, wie Hitler. Das gilt vor allem für seine geistige Entwicklung. Fest steht aber, daß der 1889 in Braunau am Inn, also an der deutschen Grenze, geborene Österreicher, Sohn eines Zollbeamten, schon während seiner Schulzeit in Linz und später in Wien deutschnationales und alldeutsches Gedankengut aufgenommen hat und die multinationale Staatsidee der Österreichisch-Ungarischen Monarchie ablehnte. Nachdem er die Aufnahmeprüfung an die Kunstakademie nicht bestanden hatte, lebte er in Wien mittels einer Waisenrente so vor sich hin, machte Gelegenheitsarbeiten, sank gesellschaftlich immer tiefer und wohnte zuletzt dreieinhalb Jahre in einem billigen Männerheim. In dieser Zeit hat Hitler offensichtlich viel gelesen: militärische und historische Literatur nationaler Gesinnung, aber auch sehr viel pseudowissenschaftliche sozialdarwinistische und antisemitische Schriften. [...] Zweifellos stand Hitler aber auch unter dem Einfluß der tonangebenden deutschösterreichischen Politiker des damaligen Wien, des alldeutschen, antiklerikalen Politikers Georg Ritter von Schönerer und des christlich-sozialen, virtuos demagogischen Bürgermeisters von Wien, Karl Lueger. Beide waren betont antisemitisch. [...]

1913 zog Hitler nach München, um nicht im österreichischen Heer dienen zu müssen. Bei Kriegsausbruch meldete er sich freiwillig zur deutschen Armee, wurde als Meldegänger an der Westfront eingesetzt und erhielt als Gefreiter das Eiserne Kreuz I. Klasse, was damals selten war. Im Oktober 1918 erlitt er eine Gasverwundung und kam in ein Lazarett nach Pommern. Dort, in Pasewalk, erfuhr er die Nachrichten von Waffenstillstand, Revolution und Ausrufung der Republik. Das war für ihn ein tiefgehender Schock der Desillusionierung. Ob nun durch ein halluzinatorisches Erweckungserlebnis ausgelöst (wie der amerikanische Psychologe und Historiker Binion meint) oder nicht, jedenfalls verstärkten diese Ereignisse Hitlers politisches Interesse. Die tiefe Enttäuschung und Verbitterung über den verlorenen Krieg und die Revolution machten ihn für nationalistische, antikommunistische und antisemitische Parolen noch zugänglicher. Er sog sie wie ein Schwamm in sich auf und reproduzierte sie bei jeder Gelegenheit. Von seinem Regiment in München als Vertrauensmann auserkoren, machte er bei den „weißen" Militärs politische Lehrgänge mit, um gegen die „Roten" eingesetzt zu werden.

Als Hitler 1919 der „Deutschen Arbeiterpartei" beitrat, erfreute sich dieser antirevolutionäre Arbeiterzirkel einer kräftigen Förderung durch die in nationalistischen Kreisen Münchens hoch angesehene völkische Thule-Gesellschaft. Ihre besonderen Mentoren waren der [. . .] Bauingenieur Gottfried Feder und der Schriftsteller Dietrich Eckart. Der Gründer der DAP, Anton Drexler, Werkzeugschlosser bei der Eisenbahn, hatte eine Programmschrift unter dem Titel „Mein politisches Erwachen" veröffentlicht, in der die ideologischen Grundelemente der Bewegung schon vorgezeichnet waren: nationaler deutscher statt internationaler Sozialismus; Deutschland kämpfte einen gerechten Krieg und seine territorialen Kriegsziele waren gerechtfertigt; die Internationalisten, nämlich Sozialisten, Juden und Freimaurer, haben Deutschlands Untergang herbeigeführt; die Bolschewisten, die die Revolution gemacht haben, verführen die deutschen Arbeiter und liefern sie den Juden aus; die Juden sind die größten Kapitalisten; sie sind das Unglück der Deutschen.

Auch die meisten Punkte des im Februar 1920 von Hitler verkündeten Programms der nun „Nationalsozialistische Deutsche Arbeiter-Partei" (NSDAP) genannten Partei sind noch ganz von dieser Gründergruppe geprägt und im Geist eines kleinbürgerlichen nationalistischen Vulgärsozialismus abgefaßt, etwa mit der Forderung nach Bodenreform, Aufhebung der Groß-Warenhäuser und Feders Idee der „Brechung der Zinsknechtschaft".

Hitler wurde der Werbeobmann der kleinen Partei, und auch als er 1921 in schon recht diktatorischer Manier ihren Vorsitz übernommen hatte, betrachtete er sich in erster Linie als „Trommler“ der „nationalen Bewegung“, die im Bayern dieser Jahre ja nicht nur aus der NSDAP bestand, sondern aus einem breiten Spektrum „vaterländischer Verbände“. Durch Hitlers Eifer und seine sich nun offenbarende erstaunliche Rednergabe, vor allem aber durch die Unterstützung einflußreicher Reichswehroffiziere, wie des Hauptmanns Röhm, wurde die NSDAP mit ihrer paramilitärischen Truppe, der Sturm-Abteilung (SA), zu einem der wichtigsten Faktoren im Rahmen des militanten Flügels dieser Verbände. Ihr Idol und Führer war Erich Ludendorff, der militärische „Diktator“ der zweiten Hälfte des Weltkriegs. Der kleine Gefreite Hitler brachte es fertig, binnen weniger Jahre gleichberechtigt neben dem berühmten General zu stehen und zu marschieren – bis der Putschversuch vom 8./9. November für beide zum Debakel wurde. Für Ludendorff bedeutete dies das politische Ende, für Hitler eine lehrreiche Erfahrung. Im darauffolgenden Prozeß spielte der Gefreite den General gänzlich an die Wand.

Über den Prozeß wurde in allen Zeitungen breit berichtet, und Hitler benutzte ihn zur Fortsetzung seiner politischen Propaganda, die damit über Bayern hinaus und in ihm fern stehenden Blättern verbreitet wurde. In endlosen Monologen übernahm er die Verantwortung für die ganze Aktion und schlug nationalvaterländische Töne an, die nicht ohne Eindruck auf die Richter blieben. Er wurde schließlich zu fünf Jahren Festungshaft verurteilt, von denen ihm aber vier Jahre mit Bewährung erlassen wurden.

Gordon A. Craig

Die NSDAP in der „Kampfzeit"

Nach dem Debakel von München im Jahre 1923 hatten die Nationalsozialisten ein paar magere Jahre. Während Adolf Hitler nach dem Putsch vor der Feldherrnhalle seine Haftstrafe verbüßte und seine Zeit damit zubrachte, Rudolf Heß sein Buch „Mein Kampf" zu diktieren, war seine Partei auseinandergebrochen. Es mußte ein neuer Anfang gemacht werden.

Im Gefängnis äußerte Hitler einem Freund gegenüber: „Statt die Macht mit Waffengewalt zu erobern, werden wir zum Verdruß der katholischen und marxistischen Abgeordneten unsere Nasen in den Reichstag stecken. Zwar mag es länger dauern, sie zu überstimmen als sie zu erschießen, am Ende aber wird uns ihre eigene Verfassung den Erfolg zuschieben. Jeder legale Vorgang ist langsam..., doch werden wir früher oder später die Mehrheit haben – und damit Deutschland."

Nach seiner Entlassung im Jahre 1925 begann Hitler mit eiserner Energie, seine Partei wieder aufzubauen. Durch den „Völkischen Beobachter", eine Zeitung, die die Partei im Jahre 1920 erworben hatte, trug er seine antirepublikanischen, antimarxistischen und antijüdischen Ansichten in die Öffentlichkeit und warb neue beitragszahlende Mitglieder. Die Anzahl der Parteimitglieder schwoll von 27000 im Jahre 1925 auf 178000 im Jahre 1929. Noch bedeutsamer war der Aufbau einer effektiven und überraschend durchdachten Parteistruktur. Hitler teilte das Land für Wahlen in Bezirke ein, die Gaue, die ungefähr den Reichstagswahlbezirken entsprachen. Auch für Österreich, Danzig, das Saargebiet und das tschechoslowakische Sudetenland wurden Gaue gebildet – ein deutlicher Hinweis darauf, daß Hitler es mit seinen in „Mein Kampf" zum Ausdruck gebrachten Ansichten todernst meinte.

Hitler sagte später, in die Zukunft blickend habe er erkannt, daß es nicht genüge, den alten Staat umzustürzen, sondern daß der neue Staat vorher aufgebaut sein und praktisch fertig zur

Verfügung stehen müsse. Daher umfaßte die Parteistruktur eine Anzahl von Organen, die den Ministerien der Regierung parallelliefen. [...] An der Spitze der ausgeklügelten Parteiorganisation stand Hitler selbst als oberster Führer der Partei und der SA sowie als Vorsitzender der nationalsozialistischen Arbeiterorganisation. Seine persönliche Autorität beruhte im wesentlichen auf der zwingenden Ausstrahlungskraft seiner Persönlichkeit und auf seinem geschickten Umgang mit Untergebenen. Seine Kontrolle über die Organisation versetzte ihn in die Lage, potentielle Rivalen zu besänftigen, indem er ihnen neue Posten verschaffte oder ihre Anhänger abkommandierte. [...]

Die Mitgliederzahl der Partei und der Rückhalt im Volk waren nach 1929 enorm. Die Gründe hierfür lagen in der Wirtschaftskrise, die das ganze Leid von 1923 wieder aufleben ließ. Einen Indikator für die ernste Lage stellte die Arbeitslosigkeit dar, die von 1 368 000 im Jahre 1929 auf 3 144 000 im Jahre 1930 anstieg und sich dann weiterhin auf 5 668 000 im Jahre 1931 und 6 014 000 im Jahre 1932 erhöhte. [...]

Während der guten Jahre der Republik fand die NSDAP ihren stärksten Rückhalt in den glühenden Patrioten, den fanatischen Antisemiten und gesellschaftlichen Außenseitern. Als die Wirtschaftskrise die fortschreitende Demoralisierung einmal in Gang gesetzt hatte, sprach die Partei ein viel breiteres Publikum an, und Hitler achtete sorgfältig darauf, daß gesonderte Heilsbotschaften und -versprechen an arbeitslose Handwerker, Landarbeiter und kleine Bauern, Industrielle und andere spezielle wirtschaftliche Gruppen herangetragen wurden. Die Parteiredner hatten keinerlei Skrupel, die Vorurteile ihres Publikums oder die Bereitwilligkeit anzusprechen, der Vernunft den Rücken zu kehren, der Menschen in Extremsituationen häufig anheimfallen. [...] Diese Art von Rhetorik fand besonders beim unteren Mittelstand Anklang, dessen Mitglieder als erste von der Wirtschaftskrise betroffen waren und die ihr am wenigsten entgegenzusetzen hatten. Bei ihnen bereitete es Hitler die geringsten Schwierigkeiten, dem Publikum einzureden, Juden, Plutokraten und Sozialisten seien der Grund für ihr Leid.

Brüning und seine Anhänger vermochten sich nicht vorzustellen, wie wirksam diese Propaganda sein könnte. Sie waren völlig unvorbereitet auf Hitlers Sieg im September 1930, als fast 6,5 Millionen Deutsche die NSDAP wählten.

Peter Longerich

Vom Saalschutz zur Parteitruppe – Die SA

Die Anfänge der nationalsozialistischen Sturmabteilung [...] lassen sich bis in den Januar 1920 zurückzuverfolgen: Damals, als die Partei damit begonnen hatte, sich mit Massenveranstaltungen an eine größere Öffentlichkeit zu wenden, hatte sie sich zugleich vor die Notwendigkeit gestellt gesehen, nach dem Vorbild anderer politischer Gruppierungen einen parteieigenen Ordnungsdienst aufzustellen. In den lärmenden Biersälen der bayerischen Metropole, in denen solche Kundgebungen meist stattfanden, wäre es ohne einen solchen „Saalschutz" kaum möglich gewesen, den Rednern der eigenen Partei überhaupt Gehör zu verschaffen. [...]

Erste organisatorische Konturen dieser Truppe werden seit Ende 1920 sichtbar: Offiziell wurde im November die „Turn- und Sportabteilung" der Partei unter der Leitung des 23jährigen Uhrmachers Emil Maurice gegründet. Mit dem stärkeren Hervortreten der Partei ging man Anfang 1921 dazu über, die Mitglieder der Truppe in den einzelnen Stadtteilen in „Gruppen" zusammenzufassen, um eine schnellere Alarmierung sicherzustellen. Eine wesentliche Voraussetzung für die weitere Expansion der Parteitruppe bildete die parteiinterne Machtergreifung Hitlers vom Juli 1921. Als der durch die Parteibasis mit „diktatorischen Machtbefugnissen" ausgestattete Hitler daran ging, der NSDAP eine auf seine unumschränkte Führungsposition hin orientierte neue Organisationsform zu geben, sollte von Anfang an die „Turn- und Sportabteilung" eine zentrale Rolle spielen

[...]. Unter seinem Vorsitz festigte sich innerhalb der Parteitruppe das Bewußtsein, einer in vorderster Front für die nationalsozialistische Sache kämpfenden und damit aus der Masse der Parteimitglieder herausgehobenen Gruppe anzugehören. [...]

Im November 1921 bestand diese Truppe aus etwa 300 Mann, die sich in 21 Gruppen über die gesamte Stadt verteilten. [...] Ihren entscheidenden Wachstumsschub erhielt die SA in der zweiten Jahreshälfte 1922: In diesem Zeitraum entwickelte sich die Parteitruppe zu einem nicht mehr zu übersehenden Machtfaktor auf der bayerischen innenpolitischen Szene. [...]

Der Marsch der italienischen Faschisten auf Rom vom 28. Oktober 1922 sollte das Prestige der NSDAP als einer im Aufstieg begriffenen Partei verstärken und sich insbesondere auf den Nimbus Hitlers als Parteiführer auswirken: In München tauchten jetzt etwa Vergleiche zwischen Hitler und Mussolini auf. Diese Entwicklung hatte auch positive Folgen für die weitere Expansion der SA: In den folgenden Monaten konnte die Sturmabteilung, die bereits im September zur Einteilung in – zahlenmäßig allerdings schwächere – Hundertschaften übergegangen war, sich vor allem in den fränkischen Raum hinein ausdehnen [...].

Außerhalb der Partei demonstrierte das betont militärische Auftreten der SA Stärke und Geschlossenheit des Nationalsozialismus, wirkte der zur Schau gestellte „Kampfgeist" der Sturmabteilung als Bestätigung der Führerqualitäten Hitlers. Im Gegensatz zu den übrigen paramilitärischen Verbänden, die sich von jeder „Parteipolitik" distanzierten und deren Aktivitäten sich im wesentlichen in einem militärähnlichen Übungsbetrieb erschöpften, verkörperte die auf Hitler eingeschworene SA durch ihre permanente Betriebsamkeit, insbesondere durch ihr rücksichtsloses Vorgehen gegen politische Gegner, einen entschlossenen politischen Willen. Die SA war somit wesentlicher Bestandteil eines unverwechselbaren politischen Agitationsstils geworden, den Hitler seinem Wirkungszentrum München geradezu aufgezwungen hatte. [...]

Bis zum Herbst 1927 verfügte die SA bereits über 17 Gaustürme im Reich und hatte somit ein – teilweise allerdings noch recht weitmaschiges – Netz über die südlichen, nördlichen und westlichen Gebiete Deutschlands gezogen; in den ostelbischen Gebieten, sieht man einmal von Berlin-Brandenburg ab, war die Organisation allerdings noch kaum entwickelt. Die mitgliederstärksten SA-Verbände existierten – folgt man dem im „Völkischen Beobachter" bekanntgegebenen Mitgliederstand der SA-Versicherten – im Raum München und in Franken, in Sachsen, im Ruhrgebiet sowie in Berlin, also in den Gebieten, die auch die wichtigsten Aktionsfelder der politischen Parteiorganisation bildeten. Zwar liegen für diesen Zeitraum noch keine konkreten Zahlen über den Mitgliederstand der SA vor, doch deuten die Angaben über die bei den Parteitagen 1926 und 1927 aufmarschierenden Braunhemden auf ein relativ starkes Wachstum hin: Einigermaßen realistische zeitgenössische Schätzungen sprechen von 3600 SA-Leuten im Jahre 1925 bzw. von etwa 10–15 000 im kommenden Jahr. [...]

Die Taktik der Münchner Parteileitung war in den Jahren 1926/27 in erster Linie auf die Gewinnung der Arbeiterschaft, auf die Ausschaltung der beiden sozialistischen Parteien gerichtet. So war die Propaganda der NSDAP durch einen antikapitalistischen Radikalismus geprägt; der sich „sozialistisch" gerierende „linke" Parteiflügel bestimmte mit seinen Hauptvertretern Goebbels und den Brüdern Straßer in einem starken Maße das Erscheinungsbild der Partei.

Im Rahmen dieser auf die Gewinnung der Arbeiterschaft zielenden Taktik fiel der SA vor allem die Aufgabe zu, die Propaganda der Partei offensiv, d. h. unter Anwendung terroristischer Gewalt, in die städtischen Hochburgen des „Marxismus" zu tragen.

Berlin war der Schauplatz, an dem diese neue Form des „Einsatzes" der SA erstmalig großflächig erprobt wurde. Der Ende 1926 neu ernannte Gauleiter Goebbels entwickelte hier einen auf die Möglichkeiten der SA zugeschnittenen, gewalttätigen, stets von einer einfallsreichen und reaktionsschnellen Propaganda begleiteten Agitationsstil, der in der Endphase der Republik den

Alltag zahlreicher deutscher Großstädte bestimmen sollte. Das Markenzeichen gerade der Berliner SA wurde der Typ des „Rabauken“, einer Figur, die – so umschreibt es ein Parteichronist – „das Leben kennt und die auch mit der Faust zu schreiben versteht“. [...]

Überblickt man die Situation von NSDAP und SA Anfang 1929, so läßt sich sagen, daß Partei wie Parteitruppe über eine reichsweit ausgebaute und zuverlässig arbeitende Organisation verfügten, in der die Führerschaft Hitlers unbestritten war. [...]

Der politische Durchbruch der NSDAP in den Jahren 1929 und 1930 bedeutete für die SA eine Phase schnellen Wachstums und organisatorischen Ausbaus, die nicht ohne Spannungen mit den übrigen Teilen der NS-Bewegung verlief. Die Parteitruppe wurde zur Parteiarmee.

Marlis Steinert

Hitlers „Mein Kampf“

Wie jeder Politiker benötigte Hitler für seine Partei eine Plattform, ein Programm. Die 25 Punkte der NSDAP erwiesen sich als unzureichend und stellten lediglich eine Art Katalog dar, Orientierungspunkte für die Masse, an denen künftig nicht mehr gerüttelt werden sollte, um die Anhängerschaft nicht zu verwirren. Ihr Zweck war es einzig und allein, die Richtlinien der nationalsozialistischen Partei herauszustellen. In *Mein Kampf* betonte Hitler, daß es weniger schädlich sei, „eine Fassung, selbst wenn sie der Wirklichkeit nicht mehr ganz entsprechen sollte, beizubehalten, als durch eine Verbesserung derselben ein bisher als graniten geltendes Grundgesetz der Bewegung der allgemeinen Diskussion mit ihren übelsten Folgeerscheinungen auszuliefern“. Als Vorbild führte er die katholische Kirche an, die niemals bereit gewesen sei, „auch nur eine kleine Silbe von ihren Lehrsätzen zu opfern“, da ein starres Festhalten an den Dogmen „dem Ganzen erst den Glaubenscharakter“ verleihe.

Seine Erfahrungen als „Trommler“ für die Partei hatten Hitler gelehrt, daß er die 25 Punkte ergänzen und auf ein festeres Fundament stellen mußte, wie er das in seinen Reden bereits teilweise getan hatte. Sein unstetes Leben hatte ihn bislang jedoch daran gehindert. Der Aufenthalt in der Festung Landsberg gab ihm nun die unfreiwillige Gelegenheit, dieser Aufgabe nachzukommen, seine Weltanschauung ausführlicher zu formulieren und gleichzeitig eine Art Rechenschaftsbericht abzulegen. Er begann damit im ersten Band von *Mein Kampf*, der seit 1925 veröffentlicht wurde und den bezeichnenden Titel „Eine Abrechnung“ trägt. Den zweiten, nach seiner Haftentlassung niedergeschriebenen Band betitelte er „Die nationalsozialistische Bewegung“; er erschien 1927. [...]

Mein Kampf erschien zunächst in zwei Einzelbänden zum Preis von je 12 Reichsmark. 1930 folgte eine einbändige Volksausgabe, die nur acht Mark kostete. Für den Bucheinband war eine dunkle Farbe gewählt worden; Mutmaßungen zufolge sollte damit an die damals gängigen Bibelausgaben erinnert werden. 1939 hatte die Auflage von *Mein Kampf* bereits 5 450 000 Exemplare erreicht. Sie stieg bis 1943 auf 9 840 000 Stück. Das war nicht weiter überraschend: Neben dem Vertrieb durch den Buchhandel bezogen Städte, Gemeinden und Privatunternehmen das Werk in großen Mengen als Geschenk für Mitarbeiter und Geschäftsfreunde. Außerdem bekam auf den Standesämtern jedes frisch getraute Paar ein Exemplar überreicht. [...] Ein zweites, von Hitler in den Jahren 1928/29 verfaßtes Werk wurde niemals zu seinen Lebzeiten veröffentlicht. Es hat den Anschein, daß er schon damals bereute, Einzelheiten seiner politischen Pläne vorzeitig enthüllt zu haben. [...]

Zunächst die Innen- und dann die Außenpolitik darzustellen, entspricht den Etappen, die Hitler selbst vorschwebten: 1. die Gewinnung der breiten Massen; 2. deren Einbindung in eine zur unumgänglichen politischen Kraft gewordenen Partei; 3. die Erringung der Macht mit legalen Mitteln; 4. die Auslösung der „nationalen Revolution“ und die Konsolidierung des Regimes; 5. die Errichtung eines „Großdeutschen Reiches“; 6. die Erringung der Hegemonie auf dem europäischen Kontinent, um Deutschland den erforderlichen „Lebensraum" zu sichern; 7. die Hinführung Deutschlands zur Weltmacht; 8. die Weltherrschaft. Hitler war sich durchaus bewußt, daß ihm nicht genügend Zeit zur Verfügung stand, um das gesamte Programm selbst zu verwirklichen. Er wollte aber zumindest persönlich den Grundstein zur deutschen Weltherrschaft legen und das übrige künftigen Generationen überlassen.

Seine dringendsten Anliegen waren die Eroberung und Konsolidierung der Macht im Inneren, bevor er sich außenpolitischen Aufgaben zuwenden wollte. Die außenpolitischen Ziele sollten demnach erst in einer zweiten Teilstufe realisiert werden, vorher aber bereits als Instrument bei der Eroberung und dem Ausbau der Macht dienen. Zweck und Mittel wurden somit austauschbar.

Peter Longerich

Der rasche Aufstieg der NSDAP 1929/30

Der Aufstieg der NSDAP von einer gut organisierten, politisch aber noch nahezu einflußlosen Splitterpartei am rechten Rand des politischen Spektrums zu einer Massenbewegung vollzog sich in einer ungeheuer kurzen Zeitspanne, nämlich in den anderthalb Jahren zwischen Frühjahr 1929 und den Reichstagswahlen vom September 1930. [...] In dem Moment, in dem die NSDAP ihre Propaganda zur vollen Entfaltung gebracht hatte, begannen die ersten Folgen der Weltwirtschaftskrise in Deutschland spürbar zu werden. Auf dem Höhepunkt einer Kampagne, die die ökonomische Versklavung des Vaterlandes durch das Ausland zum Thema hatte, begann das amerikanische Kapital aus dem hochverschuldeten Reich abzufließen, kam es zu einer Reihe spektakulärer Bankzusammenbrüche, nahm die Zahl der Konkurse besorgniserregend zu. Die Zahl der Arbeitslosen schließlich, die auch in den sogenannten stabilen Jahren der Republik einen gefährlich hohen Sockel gebildet hatte, stieg im Winter 1929/30 auf über drei Millionen an und – hier bahnte sich die sozialökonomische Katastrophe an – baute sich im Frühjahr und Sommer des Jahres 1930 viel langsamer ab, als es dem normalen saisonalen Rhythmus entsprochen hätte: Im Juli 1930 waren nur 400 000 Arbeitslose weniger vorhanden als im Januar des Jahres, im Jahr zuvor hatte die Differenz hingegen noch 1,5 Millionen betragen.

Vor diesem krisenhaften Hintergrund konnte die NSDAP seit Ende des Jahres 1929 wichtige Wahlerfolge verbuchen: Nach den im Oktober in Baden erreichten 7% erhielt sie im Dezember des gleichen Jahres bei den Landtagswahlen in Thüringen 9,3% und in Sachsen im Juni 1930 14,4%.

In dieser Phase wachsender nationalsozialistischer Wahlerfolge faßte der seit April 1930 amtierende Reichskanzler Brüning im Juli den Entschluß, den ihm die Mehrheit verweigernden Reichstag aufzulösen und für den 14. September Neuwahlen auszuschreiben. Nach in der Parteigeschichte beispiellosen Wahlkampfanstrengungen gelang der NSDAP an diesem Tag mit 18,3% ein überwältigender Wahlerfolg, durch den die Partei die Zahl ihrer Mandate von 12 auf 107 erhöhen konnte. [...]

Der September 1930 löste innerhalb der NSDAP eine beispiellose Siegeseuphorie und Siegesgewißheit aus. Getreu dem Prinzip, daß nichts erfolgreicher ist als der Erfolg, entstand eine optimistische Grundeinstellung innerhalb der Bewegung, eine Art nationalsozialistischer Heilserwartung, die die Aktivitäten der Partei über eine weite Strecke tragen sollte. Vor allem aber kam der NSDAP zugute, daß die Regierung des Staates, den sie erobern wollte, auch in den kommenden Jahren über keine demokratische Legitimation verfügen sollte. Das Notverordnungsrecht des Reichspräsidenten sicherte der Regierung Brüning und ihren Nachfolgern zwar die notwendige Handlungsfreiheit, sie enthob den Reichskanzler gleichzeitig aber auch der Verpflichtung, um eine Mehrheit für seine Politik zu kämpfen.

Heinrich August Winkler

Weimar – Republik im Schatten von Versailles

Für die meisten Deutschen, die die Zeit von 1918 bis 1933 bewußt erlebten, lag über den vierzehn Jahren der ersten Republik nicht der Schatten des Kaiserreiches, sondern der von Versailles. [...] Der Friedensvertrag verstieß gegen den Grundsatz des Selbstbestimmungsrechts der Völker; die Reparationen waren eine schwere Belastung der deutschen Wirtschaft; der Kriegsschuldartikel verzerrte, weil er nur von der Verantwortung der Mittelmächte und nicht der des russischen Zarenreiches sprach, die historische Wahrheit. Aber die Regierungen der Siegermächte standen unter dem Druck *ihrer* Völker, die keinen Anlaß sahen, einem ganz und gar nicht reuigen Sünder gegenüber Milde walten zu lassen. Dennoch war Versailles *kein* „Karthagofriede". Das Reich wurde amputiert, aber es blieb bestehen und hatte gute Aussichten, nach einiger Zeit wieder einen Platz unter den europäischen Großmächten einzunehmen.

Zu diesem Schluß kamen 1919 indes nur wenige Zeitgenossen. Vielmehr einte die Deutschen der Weimarer Jahre nichts so sehr wie die Weigerung, den Friedensvertrag hinzunehmen. Über Ziele und Mittel der Revision gingen die Meinungen allerdings weit auseinander. [...]

Was gegenüber der Außenwelt noch nicht geschehen konnte, wurde zunächst innerhalb Deutschlands praktiziert: der Einsatz von Gewalt im Dienst der jeweils eigenen Sache. Im Innern gab es zwischen dem 9. November 1918 und dem Hitler-Putsch am 8./9. November 1923 keinen gültigen Waffenstillstand. Umsturzversuche gingen von links und rechts aus. Als erste griffen im Januar 1919 Revolutionäre Obleute und Kommunisten zu den Waffen, um die Wahl der Nationalversammlung zu verhindern und eine Entwicklung nach russischem Vorbild, in Richtung auf ein Rätesystem, durchzusetzen. Die radikale Linke spielte damit der radikalen Rechten den Trumpf zu, ihre Gewalt als Gegengewalt ausgeben zu können. Die Freikorps, die bei der

Niederschlagung aufständischer Kommunisten und Anarchisten eine entscheidende Rolle spielten, handelten zunächst in staatlichem Auftrag. Als sich die Reichsregierung im März 1920 unter dem Druck der Alliierten anschickte, die Freikorps aufzulösen, antworteten diese mit dem ersten großen Umsturzversuch von rechts, dem Kapp-Lüttwitz-Putsch. Diese Erfahrung hielt die Reichswehr aber nicht davon ab, auch weiterhin eng mit paramilitärischen Verbänden der radikalen Rechten zusammenzuarbeiten und so die vom Versailler Vertrag erzwungene Beschränkung auf ein Hunderttausend-Mann-Heer in gewissem Umfang zu durchkreuzen.

Ein Teil des staatlichen Machtapparates förderte damit ungewollt die Aushöhlung des staatlichen Anspruchs auf das Monopol legitimen physischen Zwanges. Ebenso ungewollt trugen die Alliierten durch die einseitige Abrüstung Deutschlands zur Militarisierung des öffentlichen Lebens in dem besiegten Land bei. Die Folgen überdauerten die bürgerkriegsähnlichen Konflikte des ersten Nachkriegsjahrfünfts. Auch in der Zeit danach behinderten paramilitärische Verbände der unterschiedlichsten Richtungen die Herausbildung einer „Zivilgesellschaft".

Die Anzeichen für eine gewisse Stabilisierung in Politik und Wirtschaft waren seit 1923/24 gleichwohl unverkennbar. Die Währungsreform gelang überraschend gut. Hindenburgs Wahl zum Reichspräsidenten im April 1925 machte die republikanische Staatsform für das konservative Deutschland erträglicher. [...]

Auch außenpolitisch festigte sich seit 1924 die Position des Deutschen Reiches. [...] Doch die Relativität der Stabilisierung war offenkundig und daher auch schon vielen Zeitgenossen bewußt. Deutschland ging aus der Kriegs- und Inflationszeit wirtschaftlich geschwächt hervor. [...] Deutschland zahlte seit dem Krieg an Reparationen und Zinsen mehr, als es aus Auslandsguthaben einnahm. Erst der Überschuß bei Kapitalbewegungen, ermöglicht vor allem durch amerikanische Kredite, erlaubte den Ausgleich der Zahlungsbilanz und den Transfer der Reparationen.

Die Zeit der relativen Stabilisierung kann also auch eine Zeit der relativen Stagnation, der konjunkturelle Aufschwung eine Scheinblüte genannt werden. Nichtsdestoweniger verhielten sich Reich, Länder und Gemeinden in ihrer Ausgabenpolitik häufig so, als könnten sie aus dem Vollen schöpfen. Die Unternehmerschaft [...] hatte also triftige Argumente, wenn sie die öffentlichen Hände immer wieder zu einer Kehrtwendung in Richtung Sparsamkeit aufforderte. Es blieb indes nicht beim Ruf nach einer solideren Finanzpolitik. Je mehr sich die Konjunkturlage verschlechterte, desto lauter verlangten die Interessenverbände von Industrie, Landwirtschaft und gewerblichem Mittelstand den Abbau des Weimarer Sozialstaates und die Abkehr von dem System, dem sie vorwarfen, daß es die Begehrlichkeit der Massen begünstige und die Produzenten benachteilige: der parlamentarischen Demokratie.

Die Weimarer Reichsverfassung von 1919 stellte das Instrumentarium für die Zurückdrängung des Parlaments in Form des Notverordnungsrechts des Reichspräsidenten nach Artikel 48 zur Verfügung. Ursprünglich als Antwort auf Situationen gedacht, in denen die öffentliche Sicherheit und Ordnung erheblich gestört oder gefährdet war, also ein echter Notstand vorlag, war der Artikel 48 schon unter Friedrich Ebert zu einem Mittel der beschleunigten Gesetzgebung in Krisenzeiten geworden und der Reichspräsident zum punktuellen Ersatzgesetzgeber aufgerückt. Unter Hindenburg wurde seit dem Sommer 1930 aus dem Regime der Notverordnungen ein Dauerzustand, und zu keiner Zeit dachte der zweite Reichspräsident daran, von der präsidialen „Reserveverfassung" zur parlamentarischen „Normalverfassung" zurückzukehren. Allerdings fehlte seit den Septemberwahlen von 1930, bei denen vor allem liberale und konservative Wähler in hellen Scharen zu den Nationalsozialisten übergelaufen waren, auch die parlamentarische Voraussetzung für eine solche Rückkehr, nämlich eine regierungsfähige Reichstagsmehrheit.

Im Frühjahr 1932 war der Massenzustrom zu den Nationalsozialisten bereits so stark, daß Hitler sich gute Chancen ausrechnen konnte, aus den Reichspräsidentenwahlen als Sieger hervorzugehen. Er hätte dieses Ziel auch erreicht, wäre es nicht Sozialdemokraten und Zentrum gelungen, ihre Anhänger für die Wiederwahl Hindenburgs zu mobilisieren. Den greisen Reichspräsidenten störte es jedoch empfindlich, daß er seine zweite Amtszeit nicht der Rechten, sondern seinen ehemaligen Gegnern zu verdanken hatte. Ein anderes Ärgernis für Hindenburg und seine Kamarilla waren die gelegentlichen Zugeständnisse, die die Regierung Brüning den Sozialdemokraten machen mußte, um sich deren weitere Tolerierung zu sichern.

Um die Bindung an die Sozialdemokraten abzustreifen und die NSDAP – eine aus Hindenburgs Sicht zwar plebejische, aber immerhin „nationale" Bewegung – an den „Staat" heranzuführen, wurde Brüning am 30. Mai 1932 entlassen. Sein sehr viel weiter rechtsstehender Nachfolger Franz von Papen löste kurz darauf, einer Absprache mit Hitler nachkommend, den im September 1930 gewählten Reichstag auf. Ohne irgendeinen zwingenden Grund spitzte der Kreis um Hindenburg damit die Staatskrise dramatisch zu. Die Verselbständigung der Exekutivgewalt trat in ein neues Stadium: Hatte sich das Präsidialregime bisher parlamentarisch tolerieren lassen, so wandte es sich nunmehr offen gegen das Parlament.

Die Neuwahl vom 31. Juli 1932 führte zur negativen Mehrheit der beiden totalitären Parteien, der NSDAP und der KPD. Eine parlamentarische Krisenlösung war jetzt nur noch möglich, wenn die NSDAP, die nunmehr mit Abstand stärkste Partei, ihren totalitären Charakter aufgab und sich auf eine „schwarzbraune" Koalition mit Zentrum und Bayerischer Volkspartei einließ. Die beiden katholischen Parteien strebten einen solchen „Kompromiß" an, Hitler aber hatte daran kein Interesse. Er wollte sich nicht mit den normalen Rechten des Kanzlers eines parlamentarischen Koalitionskabinetts zufrieden geben, sondern beanspruchte die außerordentlichen Befugnisse des Chefs eines Präsidialkabinetts.

Dazu aber war Hindenburg nicht bereit. Die Nationalsozialisten waren ihm willkommen als „Juniorpartner" des Präsidialkabinetts von Papen, nicht jedoch als ausschlaggebender Träger der Regierungsgewalt. Am 13. August wies der Reichspräsident Hitlers Forderung nach dem Kanzleramt in brüsker Form zurück. Zweieinhalb Wochen später, am 30. August entschied sich der Reichspräsident für den Weg, den ihm der „Kabinettskern", bestehend aus Reichskanzler von Papen, Reichsinnenminister von Gayl und Reichswehrminister von Schleicher, vorschlug: die neuerliche Auflösung des Reichstags, den Aufschub von Neuwahlen über die verfassungsmäßige Frist von sechzig Tagen hinaus und damit die Verhängung des „übergesetzlichen" Staatsnotstands. Im Kabinett fand sich am 17. September jedoch keine Mehrheit für den Verfassungsbruch. Die Neuwahl des fünf Tage zuvor aufgelösten Reichstags wurde auf den 6. November 1932, den nach der Verfassung spätestmöglichen Termin, festgelegt.

Die Novemberwahlen beseitigten nicht die negative Mehrheit aus NSDAP und KPD, brachten aber den Nationalsozialisten starke Verluste und den Kommunisten einen deutlichen Zuwachs. In ebendiesem Zusammentreffen von eigener Niederlage und Erfolg der extremen Linken lag, so paradox es klingt, Hitlers letzte Chance, doch noch an die Macht zu kommen. Die Furcht, bei Neuwahlen im Winter 1932/33 könnten die Kommunisten noch stärker und die Nationalsozialisten noch schwächer werden, bewog Teile der alten Machteliten, darunter maßgebende Unternehmer der Schwerindustrie, auf ein Arrangement zwischen Hitler und Papen zu setzen. Papen selbst neigte wohl schon im November einer konservativ „eingerahmten" Kanzlerschaft Hitlers zu, ließ sich dann aber von Hindenburg doch auf die Staatsnotstandslösung verpflichten. Die Mehrheit des Kabinetts dagegen folgte der Linie des Reichswehrministers von Schleicher. Dieser wollte zunächst versuchen, der Regierung eine breitere gesellschaftliche Basis, womöglich in Form einer „Querfront" von den Gewerkschaften bis zu den Nationalsozialisten, zu verschaffen. [...]

Nachdem Schleicher am 3. Dezember 1932 Papens Nachfolge als Reichskanzler angetreten hatte, bemühte er sich, sein Konzept in die Tat umzusetzen. Es gelang ihm, das Verhältnis zu den

Gewerkschaften zu entspannen, aber die nationalsozialistische Bewegung vermochte er weder als Ganzes für sich zu gewinnen noch zu spalten. Er konnte auch nicht den offenen Bruch mit den Agrariern verhindern, die seit dem 11. Januar 1933 offen seinen Sturz betrieben. Mindestens ebenso gefährlich war für ihn, daß sein Amtsvorgänger im Kanzleramt mit der Rückendeckung eines Teiles der Schwerindustrie auf ein „Duumvirat" Papen-Hitler hinarbeitete, das die Regierung Schleicher ablösen sollte.

Als das Kabinett am 16. Januar 1933 beschloß, Hindenburg um die Auflösung des Reichstags und den Aufschub von Neuwahlen bis zum Herbst 1933 zu bitten, fehlte für das Gelingen des Plans die wichtigste Voraussetzung: die Entschlossenheit des Reichspräsidenten, den Weg des Staatsnotstands zu gehen. Im Ringen um Hindenburg setzten sich im Januar 1933 jene durch, denen der alte Herr vertraute. Dazu gehörte Schleicher seit längerem nicht mehr, wohl aber adlige Rittergutsbesitzer aus seinem persönlichen Freundeskreis, sein Sohn Oskar, sein Staatssekretär Meissner und, nicht zuletzt, Franz von Papen. Dem „böhmischen Gefreiten" mißtraute Hindenburg zwar auch noch Ende Januar 1933. Aber da alle, auf deren Urteil der Reichspräsident Wert legte, ihm versicherten, daß Hitler an der Spitze eines überwiegend konservativen Kabinetts eine sehr viel weniger gefährliche Lösung sei als der Staatsnotstandsplan Schleichers, gab er schließlich nach. [...]

Die Machtübertragung an Hitler war kein *notwendiges* Resultat vorangegangener Wahlentscheidungen. Aber sie war nur *möglich*, weil die NSDAP am 31. Juli 1932 zur stärksten Partei aufgestiegen war und diesen Status trotz Stimmenverlusten am 6. November 1932 behauptet hatte. Hitler kam also nicht nur durch die Machenschaften von Machteliten, sondern auch dank der Massen, die nach wie vor hinter ihm standen, ins Kanzleramt.

Jürgen W. Falter

Wer wählte Hitler?

Bei der Reichstagswahl 1928 entschieden sich insgesamt nur 810 000 Wähler für die NSDAP, das entsprach ganzen 2,6 Prozent der damals abgegebenen gültigen Stimmen. Unter den heute geltenden Wahlrechtsregelungen wäre die „Hitlerbewegung", wie die Nationalsozialisten sich auch nannten, an der Fünfprozentklausel gescheitert. Nur zwei Jahre später konnte die NSDAP fast sechseinhalb Millionen Wähler oder 18,3 Prozent der Stimmen auf sich vereinigen, womit sie zur zweitstärksten Fraktion des Reichstags nach der SPD und vor den Kommunisten und dem Zentrum aufrückte. [...] Und nochmals knappe zwei Jahre später votierten sogar 13,8 Millionen oder 37,4 Prozent der Wähler für die NSDAP. Sie war damit zur weitaus stärksten Partei des Reiches geworden; die SPD als nächstkleinere Partei verfügte nur über knapp acht Millionen, die KPD als drittstärkste Gruppe über rund 5,4 Millionen Stimmen. [...] Im März 1933 schließlich kam die NSDAP, wenn auch schon nicht mehr unter ganz regulären Umständen, sogar auf über 17 Millionen Stimmen [...].

Keine andere Partei in der deutschen Geschichte hat in so kurzer Zeit einen derartigen Sprung in der Wählergunst von einer relativ erfolglosen, von den meisten Zeitgenossen nicht sonderlich ernstgenommenen Splitterpartei zur mit weitem Abstand stärksten politischen Kraft innerhalb und außerhalb des Reichstags geschafft. [...]

Innerhalb einer sehr kurzen Zeitspanne wurde das liberale Segment nach 1924 fast vollständig und die deutschnational konservative Teilkultur zu einem beträchtlichen Teil aufgerieben. Die meisten ihrer Anhänger stießen, teilweise auf dem Weg über neugegründete Interessengruppierungen, zu der neuen Sammlungsbewegung des bürgerlich-protestantischen Lagers, der NSDAP. Von der Wahlperspektive her betrachtet war es vor allem die Fragmentierung des bürgerlich-protestantischen Lagers und damit das Fehlen einer expliziten, sozial verbindlichen Wahlnorm, durch die der Vormarsch des Nationalsozialismus begünstigt wurde. [...]

Die soziale Zusammensetzung der NSDAP-Wählerschaft [war] wesentlich geringer ausgeprägt, als von der Mittelschichthypothese unterstellt wird. Lediglich im Hinblick auf die Konfession [...] gibt es klare Unterschiede in der Anfälligkeit gegenüber der NSDAP. So entschied sich unseren Resultaten zufolge im Juli 1932 nur jeder siebte katholische Wahlberechtigte für die NSDAP, während fast 40 Prozent der Nichtkatholiken für die Nationalsozialisten gestimmt hatten. Bei der letzten, zumindest noch halbfreien, Wahl vom März 1933 begann diese katholische Resistenz zwar etwas nachzulassen, aber selbst noch zu diesem Zeitpunkt war die relative Affinität von Nichtkatholiken zum Nationalsozialismus fast doppelt so hoch wie die der Katholiken. Wenn wir berücksichtigen, daß das Sozialmerkmal „katholisch" neben gläubigen auch nicht-gläubige und neben praktizierenden auch nichtpraktizierende Mitglieder der katholischen Kirche umfaßt, gewinnen wir eine etwas bessere Vorstellung von der [...] starken immunisierenden Funktion, die vom politischen Katholizismus gegenüber dem Nationalsozialismus ausging.

Die Mittelschichthypothese setzt eine starke Disparität der Wahlentscheidung von Arbeitern und Mittelschichtwählern zugunsten des Nationalsozialismus voraus. Unsere statistischen Schätzungen ergaben in der Tat eine etwas geringere Anfälligkeit von Arbeiterwählern gegenüber der NSDAP. Allerdings ist der Unterschied zwischen den sozialen Schichten sehr viel kleiner, als man auf Grund der Mittelschichthypothese [...] erwarten sollte. Zwischen 1930 und 1933 zeigten unseren Schätzergebnissen zufolge nicht nur Arbeiter, sondern auch Angestellte entgegen den Annahmen der Mittelschichttheoretiker eine unterdurchschnittliche Sympathie für den Nationalsozialismus. Die Unterschiede zwischen diesen beiden Gruppen sind unbedeutend. Die einzige soziale Schicht mit einer starken Abweichung von der durchschnittlichen NSDAP-Wahlbereitschaft war die alte Mittelschicht der selbständigen Geschäftsleute, Handwerker und Bauern. Zumindest im Hinblick auf diese Gruppe besitzt die These vom Extremismus des Mittelstandes Gültigkeit, ist aber auch hier wieder [...] weitestgehend auf den nichtkatholischen Bevölkerungsteil begrenzt. Auch votierte vor 1933 zwar eine Mehrheit, aber bei weitem nicht die Gesamtheit aller Angehörigen dieser Sozialschicht für den Nationalsozialismus.

Faßt man alte und neue Mittelschicht zusammen, so kamen aus der Mittelschicht insgesamt rund 60 Prozent der NSDAP-Wähler, ein Anteil, der über die fünf im Brennpunkt des Interesses stehenden Reichstagswahlen hinweg bemerkenswert stabil blieb. Wähler aus der Arbeiterschaft oder aus Arbeiterhaushalten dagegen stellten bis zu 40 Prozent der NSDAP-Wählerschaft. Selbst wenn wir berücksichtigen, daß die Arbeiterkategorie der deutschen Volks- und Berufszählung nicht nur Industriearbeiter, sondern auch einen hohen Prozentsatz von Landarbeitern, Arbeitern im Handwerk und im sonstigen Gewerbe umfaßt, so erscheint dieser Anteil doch als viel zu hoch, als daß man noch länger von der NSDAP als einer reinen oder zumindest weit überwiegenden Mittelschichtbewegung sprechen könnte. Sie war von der sozialen Zusammensetzung ihrer Wähler her am ehesten eine Volkspartei des Protestes oder, wie man es wegen des nach wie vor überdurchschnittlichen, aber eben nicht erdrückenden Mittelschichtanteils unter ihren Wählern in Anspielung auf die daraus resultierende statistische Verteilungskurve formulieren könnte, eine „Volkspartei mit Mittelstandsbauch".

Nicht im Widerspruch zu diesem Befund steht die Feststellung, daß vermutlich innerhalb der Wählerschaft der NSDAP das kleinbürgerliche und proletaroide Element – unabhängig von der jeweiligen versicherungsrechtlichen Zuordnung der sozialen Schichten – überwog. Diese Behauptung impliziert keineswegs eine weit überdurchschnittliche Empfänglichkeit dieser Bevölkerungsgruppe für den Nationalsozialismus, wie dies von verschiedenen Spielarten der Mittelschichtthese unterstellt wurde. Denn angesichts ihrer konkreten wirtschaftlichen Lage führten in der Weimarer Republik nicht nur die weitaus meisten Angestellten und Beamten, sondern auch viele Selbständige und „atypische“ Arbeiter eine kleinbürgerliche oder proletaroide Existenz. Eine Massenintegrationspartei wie die NSDAP, deren Wählerbasis nicht primär das industrielle Proletariat darstellte, rekrutierte sich daher gewissermaßen automatisch vor allem aus kleinbürgerlichen und proletaroiden Kreisen. Durchaus damit vereinbar (und in diametralem Widerspruch zur Hypothese von der „unteren“ Mittelschicht oder dem Kleinbürgertum als anfälligstem Segment der deutschen Gesellschaft) ist die Entdeckung Richard Hamiltons, daß in den überwiegend protestantischen Großstädten die NSDAP nicht etwa in den typisch kleinbürgerlichen Wohnbezirken, sondern in den gut- und großbürgerlichen Vierteln die besten und in den Arbeitervierteln die schwächsten Wahlresultate erzielte. Diese Beobachtung macht es wahrscheinlich, daß im protestantischen Deutschland zwischen sozialer Schicht und NSDAP-Wahl ein positiver statistischer Zusammenhang bestand, was in individuelles Wahlverhalten übersetzt bedeuten würde, daß die NSDAP im Schnitt von evangelischer Oberschicht und oberem Mittelstand häufiger gewählt wurde als von mittlerem und unterem Mittelstand, und von diesem wiederum häufiger als von der Unterschicht. Diesem Resultat entsprechen bemerkenswert gut die Erkenntnisse neuerer Mitgliederuntersuchungen über die NSDAP, denen zufolge Angehörige der Oberschicht und der oberen Mittelschicht innerhalb der NSDAP-Neueintritte auch vor 1933 weit überrepräsentiert waren, während Arbeiter trotz ihrer – finanziell und bildungsmäßig bestimmten – allgemein geringeren Partizipationsfreudigkeit unter den neueintretenden NSDAP-Mitgliedern zwischen 1928 und 1933 zwar unterdurchschnittlich stark vertreten waren, aber immerhin rund 40 % aller Neuzugänge stellten.

Auch hinsichtlich der Anfälligkeit der unterschiedlichen Sozialschichten ist somit unverkennbar, daß die Klassen- ebenso wie die Massen- und die Konfessionalismustheorie jeweils nur einen bestimmten Teil des Phänomens, nicht aber das nationalsozialistische Wählerverhalten in seiner Gesamtheit in den Griff bekommt. [...]

Allen drei Erklärungsansätzen gemeinsam ist der allerdings nur allgemeingehaltene Verweis auf die Bedeutung von Krisen, denen die Weimarer Republik in ihrer kurzen Geschichte mehrfach ausgesetzt war. Insbesondere die Weltwirtschaftskrise mit ihrer langanhaltenden Massenarbeitslosigkeit, ihrer Verelendung weiter Kreise und der damit einhergehenden allgemeinen Verunsicherung wird als Katalysator der politischen Radikalisierung ins Feld geführt. Die wahlhistorische Analyse zeigte jedoch, daß Arbeitslosigkeit direkt nicht die NSDAP, sondern in erster Linie die KPD gestärkt hat. In Kreisen und Gemeinden mit hoher Arbeitslosigkeit schnitt die NSDAP insgesamt schlechter ab als in Gebieten mit geringerer Arbeitslosigkeit. Arbeitslose wählten weit überdurchschnittlich den Extremismus der Linken, nicht den der Rechten oder der Mitte als Instrument ihres politischen Protestes. [...]

Sichtlich verloren gerade auch Wähler, die selbst nicht durch Arbeitslosigkeit bedroht waren, zunächst den Glauben an die Kompetenz der systemtragenden Parteien, mit den wirtschaftlichen und sozialen Problemen der frühen dreißiger Jahre fertig zu werden; sie büßten dann in einem weiteren Schritt das Vertrauen in die Lösungsfähigkeit des Weimarer Systems allgemein ein, worauf sie sich verstärkt der NSDAP anschlossen. In dieser und nur in dieser Hinsicht wird die These vom radikalisierenden Effekt der Massenarbeitslosigkeit von der wahlhistorischen Analyse getragen. Dagegen scheint die ebenfalls häufig vertretene Auffassung, die wachsende Verschuldung habe den alten Mittelstand und vor allem die Bauern in die Arme der NSDAP getrieben, von unseren Daten wenigstens der Tendenz nach gedeckt. In Gebieten mit einer höheren landwirtschaftlichen oder gewerblichen Verschuldung konnte die NSDAP etwas besser abschneiden als in Gebieten mit unterdurchschnittlichem Verschuldungsgrad. Diese Beziehung bleibt auch nach Kontrolle der konfessionellen und demographischen Zusammensetzung der Kreiseinheiten erhalten.

Robert M. W. Kempner
Der verpaßte Nazi-Stopp

Die Kampfesweise der NSDAP richtet sich – im ganzen genommen – gegen die verfassungsmäßige parlamentarisch-demokratische republikanische Staatsform des Deutschen Reiches und der deutschen Länder. Wenn das Gesetz zum Schutze der Republik der verfassungsmäßigen Staatsform Schutz gewährt, so will es in dieser nicht nur einbegriffen sehen die durch die einzelnen Verfassungsbestimmungen erfolgte rechtliche Ausgestaltung der äußeren Verfassungsform etwa dergestalt, daß nur solche Angriffe von ihm getroffen würden, welche die gegenwärtig geltende Verfassung in rein rechtlicher Beziehung als mangelhaft, ungerecht oder unheilvoll verurteilen; der Schutz erstreckt sich vielmehr unter der gewählten Bezeichnung auf *den Ideen- und Gedankenkreis, der in der geltenden Verfassung seinen rechtlichen Niederschlag gefunden hat, in der Ausprägung, die er durch die verfassungsmäßig berufene Regierung auf Grund der Verfassungsbestimmungen unter der Billigung der maßgebenden Volkskreise in der praktisch politischen Betätigung erhalten hat.* Denn der Gesetzgeber verfolgt praktische Zwecke. Solchen würde es aber nur wenig entsprochen haben, wenn er lediglich der äußeren Rechtsform der Verfassung, soweit sie unmittelbar den Gegenstand von Angriffen bildet, Schutz gewähren wollte; erfahrungsgemäß sind Angriffe solcher Art ohne tiefere Wirkung auf weitere Volkskreise. Sie sind auch nur ausnahmsweise dazu angetan, den Geist der Auflehnung und die Neigung zu Gewalttätigkeiten hervorzurufen, auf deren Bekämpfung es dem Gesetzgeber bei dem Erlaß des Schutzgesetzes gerade ankam. *Unter der verfassungsmäßig festgestellten republikanischen Staatsform des Reiches ist vielmehr die deutsche Republik zu verstehen, wie sie sich auf der Grundlage der Verfassung tatsächlich entwickelt hat und betätigt.*

Gegen die republikanische Staatsform in diesem Sinne wollen die Nationalsozialisten ankämpfen, wenn sie von der „jüdischdurchsetzten Deutschen Republik“, von der „Geldsackrepublik“, von dem Staat, dem es darum gehe, die Staatsbürger „bewußt zu belügen und zu betrügen“, von der Demokratie und der Republik, die die „Schuld an dem Unglück“ tragen, sprechen, oder wenn sie die Republik als Werk von „Verbrechern“ hinstellen, wenn sie zum Ausdruck bringen, daß es zu ihrem Wesen gehöre, den „Schutz des wahrhaft deutschen Volkstums“ und die „nationale Ehre und Würde“ zu vernachlässigen, daß sie eine „tödliche Unordnung“ darstelle, und daß man sich ihr überhaupt nur zu fügen brauche, wenn es gar nicht mehr anders gehe. Zur verfassungsmäßig festgestellten Staatsform in diesem Sinne gehören auch alle ihr wesentlichen Kennzeichen, also diejenigen in der Verfassung niedergelegten Einrichtungen, in denen der republikanische Gedanke seinen besonderen Ausdruck findet.

Die Beschimpfung, Verleumdung und Herabsetzung der Deutschen Republik, ihrer Repräsentanten, Symbole und charakteristischen Einrichtungen stellen nach Zahl, Art und Urheber ein planmäßiges, gegen die Grundlagen der staatlichen Ordnung gerichtetes Vorgehen dar, das bewußt darauf abzielt und auch geeignet ist, die verfassungsmäßige Staatsform in dem erörterten weiteren Sinne zu erschüttern und so den Boden für den von der NSDAP geplanten völligen Umbau der verfassungsmäßigen Zustände vorzubereiten. Die gesamte Tätigkeit der NSDAP in ihrer Presse, in ihren Versammlungen, in ihrer Propaganda, in der Tätigkeit ihrer Abgeordneten in den Reichs-, Länder- und Gemeindeparlamenten ist bewußt, planmäßig und hartnäckig diesem Ziel gewidmet. Damit kennzeichnet sich dieses Vorgehen als Untergraben im Sinne von § 4 Ziff. 1 Republikschutzgesetz. *Untergraben* verlangt ein nicht überstürztes planvolles Handeln, das die Grundlagen der staatlichen Ordnung und ihre Verteidigungsmittel allmählich so erschüttert, daß eine erhöhte Gewähr für den Erfolg des Schlußangriffs besteht. Welcher Angriffsmittel sich eine in dieser Weise vorgehende, die Beseitigung der Verfassung erstrebende Verbindung im Laufe der fortschreitenden Entwicklung bedient, hängt naturgemäß jeweils von den Erfordernissen der augenblicklichen Lage ab. Jedenfalls gehört zum „Untergraben" weder eine gewaltsame noch eine unterirdische sog. Maulwurfstätigkeit. Untergrabend kann vielmehr jede eine gewisse Dauer in sich schließende Tätigkeit sein, mag sie, für sich betrachtet, gesetzlich oder ungesetzlich sein. Für die vorliegende Betrachtung ist es daher auch unerheblich, ob die einzelnen Angriffe, für sich betrachtet, schon den Tatbestand einer strafbaren Handlung insbesondere nach § 5 Abs. I RepSchGes erfüllen oder nicht.

Das als Untergraben der verfassungsmäßig festgestellten Staatsform erörterte Verhalten stellt im übrigen nicht etwa Seitensprünge einzelner Mitglieder der NSDAP dar, sondern wird gerade von den maßgeblichen Führern und Organen der Partei in ständiger Wiederholung geübt. Es muß daher der Partei als solcher zur Last gelegt werden und kennzeichnet sich damit als *Bestrebung* der Partei im Sinne des § 4 Ziff. I des RepSchGes. Daß es sich dabei um ein Verhalten handelt, das – selbstverständlich – nicht in der Satzung ausdrücklich als Bestreben der Partei genannt ist, spielt ebensowenig eine Rolle, wie der Umstand, daß es auch nicht das alleinige und nicht das Endziel der Partei ist.

Die NSDAP ist hiernach eine Verbindung, die die Bestrebung verfolgt, die verfassungsmäßig festgestellte republikanische Staatsform zu untergraben. Da sie [...] gleichzeitig eine staatsfeindliche Verbindung im Sinne von § 129 StGB darstellt, *fällt sie unter die Bestimmung des § 4 Nr. I RepSchGes., wonach die Teilnahme an einer solchen Verbindung mit Gefängnis nicht unter 3 Monaten bestraft wird.*

Die NSDAP erstrebt seit ihrer Gründung die gewaltsame Änderung der Verfassung des Deutschen Reichs. Schon in seiner Schrift „Mein Kampf" schreibt Hitler, daß es nicht angehe, an einem bestehenden Zustand positiv mitzuarbeiten. Die von ihm aufgezeigte Weltanschauung müßte im Gegenteil die Verpflichtung in sich fühlen, diesen *„mit allen Mitteln[!]* zu beseitigen und seinen Umsturz vorzubereiten."

II. „Machtergreifung" und „Gleichschaltung" des öffentlichen Lebens (1933–1935)

Gordon A. Craig

„Wir haben ihn uns engagiert!"

Der letzte Umschwung in der deutschen Politik erregte kein großes Aufsehen in der internationalen Presse, die sich weniger für die Vorgänge in Berlin interessierte als für den Amtsantritt Franklin D. Roosevelts in Washington und für die Vorbereitungen zur Weltwirtschaftskonferenz in London. Diejenigen Korrespondenten, die über den neuen deutschen Kanzler berichteten, äußerten dabei nicht die Erwartung, daß irgendeine bedeutungsvolle Veränderung bevorstehe, und ebensowenig verrieten sie eine Vorahnung dessen, was die Zukunft bringen sollte. Die meisten von ihnen hoben die Tatsache hervor, daß die Nazis nur drei Posten im neuen Kabinett erhalten hatten und daß dies eine zu unsichere Machtposition war, um ihnen ein langes Verbleiben im Amt zu garantieren. Diejenigen, die eine Prophezeiung wagten, schienen der Ansicht zu sein, daß Hitler bei all seinem revolutionären Gehabe in der Vergangenheit sich doch im Alltag des Amtes die Zähne ausbeißen würde, und daß er in jedem Fall unter der sorgfältigen Bewachung eines konservativen Syndikats stehen würde, das von Hugenberg, Papen und den Armeechefs, dem neuen Reichswehrminister Blomberg und dem Chef der Heeresleitung Werner von Fritsch angeführt wurde.

Diese Einschätzung der Situation stimmte mit der der nichtnationalsozialistischen Angehörigen des Kabinetts überein, die zu der Überzeugung gelangt waren, daß sie Hitler, indem sie ihm die Kanzlerschaft überlassen, mit einer bloßen Schimäre der Macht abgespeist hatten, statt ihm wirkliche Macht zu geben, während sie sich selbst in einer Position wähnten, aus der heraus sie seine Bewegung für ihre eigenen Ziele einspannen konnten. „Wir haben ihn uns engagiert!" erklärte Papen großspurig einem seiner Freunde, und zu einem anderen, der in dieser Hinsicht seine Zweifel angemeldet hatte, sagte er: „Was wollen Sie denn? Ich habe das Vertrauen Hindenburgs. In zwei Monaten haben wir Hitler in die Ecke gedrückt, daß er quietscht."

Diese Prognosen waren die ersten von vielen im Lauf der Karriere Hitlers, die von der Realität widerlegt wurden. Insbesondere Papens kraftmeierische Ankündigung war eine groteske Täuschung, die zeigt, wie wenig dieser samtene Amateur den Naziführer bei seinen nicht eben seltenen Begegnungen mit ihm kennengelernt hatte. Hitler dachte nicht daran, sich von seinen Kabinettskollegen manipulieren zu lassen. Er war entschlossen, nicht nur sich ihres hemmenden Einflusses zu entledigen, sondern den gesamten Staatsapparat seinem eigenen Willen und seiner Führung unterzuordnen und im gleichen Zuge alle unabhängigen Institutionen und Behörden zu zerschlagen, die, weil sie zu gewissen eigenmächtigen Entschlüssen fähig waren, seinen hochfliegenden Plänen für ein Drittes Reich im Wege stehen mochten. Die zwei Monate, in denen der neue Kanzler nach Papens Ansicht abgewirtschaftet haben würde, genügten ihm ganz im Gegenteil, das Fundament für diesen Prozeß der Machtergreifung und der Unterwerfung zu legen. Auf diesem Fundament wuchs in den Jahren danach das Gebäude des totalitären Staats.

Hans Graf von Lehndorff

„... und dann kannst du wieder gehen" – Die Unterschätzung des Nationalsozialismus

Es war die Zeit, in der die Weimarer Republik in der Agonie lag und schicksalhafte politische Entscheidungen sich anbahnten. Mein Großvater Oldenburg war nach achtzehnjähriger Unterbrechung noch einmal in den Reichstag gewählt worden und hielt sich daher häufig in Berlin auf, meistens von meiner Großmutter begleitet, die den Fünfundsiebzigjährigen angesichts der gefährlichen Saalschlachten, die damals im Reichstag stattfanden, ungern allein ließ. [...]

Die Abgeordneten der Deutschnationalen Volkspartei saßen

im Reichstag neben den Nationalsozialisten, und es traf sich so, daß mein Großvater als seinen unmittelbaren Nebenmann Josef Goebbels hatte. Für den hatte er wegen seines Temperaments und seiner außerordentlichen Schlagfertigkeit ein gewisses Faible und hoffte, dessen allzu heftiges Vorgehen etwas zügeln zu können. Immer wieder kam es vor, daß er, wenn die Wogen hochgingen, Goebbels, der aufgesprungen war, im Genick packte und ihn auf seinen Platz zurückdrückte. Goebbels ließ sich das damals noch gefallen. Er empfand offenbar eine gewisse Verehrung für meinen Großvater. Als er heiratete, nahm er seine Frau mit in den Reichstag, um sie ihm vorzustellen. Im Foyer standen die beiden vor ihm, er legte ihnen die Hände auf den Kopf und sagte: „Kommt her, Kinder, ich will euch segnen." Nach einer endlosen Rede, die Goebbels einmal hielt, sagte der Großvater zu ihm: „Ich bewundere Sie, mein lieber Josef, daß Sie zwei Stunden hintereinander so reden können. Sie ahnen ja gar nicht, was man schon in einer halben Stunde für Unsinn sagen kann!" Als Goebbels dann nach der Machtübernahme durch Hitler sein wahres Gesicht zeigte, war es mit der Freundschaft vorbei. [...]

Als die Hitlerzeit begann, konnte natürlich auch Januschau nicht ausgespart bleiben, aber der neue Geist fand dort nur sehr wenig fruchtbaren Boden. In Januschau, hieß es, herrscht Friedhofsruhe, da muß bald etwas geschehen. [...]

Eines Abends saß ich mit meinen Großeltern allein zusammen, als ein gutaussehender junger Mann in SA-Uniform ins Zimmer trat und etwas zaghaft mit „Heil Hitler" grüßte. Es war der Maschinist. Meine Großmutter sah ihn von oben bis unten an und sagte: „Jungchen, ziehen Sie sich erst mal die Stiefel aus." Er tat es, kam wieder herein und überreichte dem Großvater ein Blatt, mit dem für die SA geworben und zu einer Sammlung aufgerufen wurde. Der nahm es in die Hand und las den Text vor. Als es darin hieß: „Wir sind für das neue Reich gestorben", sah er den jungen Mann wohlwollend an, sagte: „Aber noch lebst du!" und las weiter. Am Schluß gab er ihm zehn Mark und sagte: „So, nun küß der gnädigen Frau die Hand und dann kannst du wieder gehen."

Peter Krüger

Mitmachen?

„Nun tauchen wieder die von 1918/19 gewohnten Probleme auf: Kann man da eigentlich mitmachen?" Mit dieser Frage, in einem Privatbrief vom 22.2.1933, brachte Ernst v. Weizsäcker, damals Gesandter in Oslo, auf eine knappe, einprägsame Formulierung, was nach der Bestellung Hitlers zum Reichskanzler eigentlich zur Entscheidungssituation schlechthin für die gesamte hohe Reichsbürokratie geworden war. Bedeutung und Einfluß der leitenden Beamten auf die Regierungsgeschäfte schienen in dem Maße zugenommen zu haben, wie das parlamentarische System sich zersetzt hatte und zerstört worden war, bevor Hitler kam. Trotzdem verspürten sie nur in sehr unterschiedlicher Intensität die politische Herausforderung oder gar den Appell an ihr Gewissen. Auch bei Weizsäcker, der zweifellos seit Beginn der 30er Jahre zu den aufsteigenden Sternen des auswärtigen Dienstes zählte, hielt sich der nagende innere Zweifel in Grenzen, und der Vergleich mit 1918/19, zu dem Weizsäcker einlädt, fällt zwiespältig aus. Ihn selber hat damals jedenfalls länger und häufiger als 1933 die Tatsache beunruhigt, daß er „gern fern von allem Zusammenhang mit der heutigen Regierung" geblieben wäre. Und seine innere Distanz zur neuen republikanischen Regierungsform offenbarte sich 1919/20 in ironischen Bemerkungen über den „sogenannten" Außenminister – „in den jetzigen Übergangsjahren muß man ja schließlich froh sein, wenn man keine Zuchthäusler an der Spitze hat. Man muß die Leute eben jetzt gewähren lassen. Die Zeit für eine andere Garnitur kommt auch wieder."

„Wie sichert man dem noch intakten Teil der Bürokratie den nötigen Einfluß?" – das war im Februar 1933 die Frage, die Weizsäcker – und so wie ihn viele andere der leitenden Beamten – offenbar weit stärker beschäftigte als der Zweifel, ob man da eigentlich mitmachen könne. Weil die hohe Bürokratie ganz allgemein in der Phase der Präsidialkabinette seit Ende März

1930 ihr politisches Gewicht gesteigert hatte, fühlte sie sich stark genug, die Verantwortung für „das Ganze", für den Staat traditionsgemäß zu tragen. Sie wollte damit einerseits als Elite und besondere gesellschaftliche Schicht ihren Status wahren, andererseits traute sie sich zu, nach einer möglicherweise etwas chaotischen Übergangsphase einen ruhigeren, gemäßigteren Gang des Regierens und Verwaltens zu gewährleisten.

Gregor Schöllgen

Der außenpolitische Kurs Hitlers

Die einzelnen Etappen der Hitlerschen Außenpolitik sind bekannt. Für uns wichtig ist der Befund, daß diese sich zunächst kaum vom außenpolitischen Kurs seiner Vorgänger, namentlich Brünings und von Papens, zu unterscheiden schien. Als Deutschland am 14. Oktober 1933 die Abrüstungskonferenz und den Völkerbund verließ, war das so sensationell nicht: Das Reich war nicht der erste Staat, der den Völkerbund verließ, und es sollte nicht der letzte bleiben. Die Abrüstungskonferenz hatten die Deutschen im übrigen schon einmal, im Juli 1932 – also noch vor der Machtübernahme durch Hitler – verlassen, damals mit dem Erfolg, daß ihnen im Dezember von den Westmächten grundsätzlich die „Gleichberechtigung" in Rüstungsfragen zugesprochen worden war.

Und was die anderen außenpolitischen Aktivitäten der Regierung Hitler angeht, so stellten manche, wie etwa die Wiedereinführung der allgemeinen Wehrpflicht am 16. März 1935, einerseits gewiß einen Bruch bestehender Verträge dar. Auf der anderen Seite schienen diese Maßnahmen aber ganz in das Bild jener Revisionsforderungen zu passen, die seit der Unterzeichnung des Versailler Vertrages am 28. Juni 1919 sämtliche Regierungen der Weimarer Republik auf ihre Fahnen geschrieben hatten. [...]

Immerhin, als Adolf Hitler das Ruder der deutschen Politik übernahm, konnten zahlreiche Revisionsforderungen als erfüllt gelten. Das bewies, daß der konsequent auf eine Verständigung mit den Nachbarn zielende außenpolitische Kurs von Männern wie Stresemann sich zwar wenig spektakulär, aber durchaus erfolgreich ausnahm. Bereits im Januar 1927 hatte man die Interalliierte Militärkommission aus Deutschland zurückgezogen, seit dem September 1926 war Deutschland Mitglied des Völkerbundes. Im Juni 1930 war – eine Spätfolge der Außenpolitik Stresemanns – die letzte Zone des Rheinlandes vorzeitig von alliierten Truppen geräumt worden. Im Juli 1932 waren vor dem Hintergrund der internationalen Wirtschaftskrise auch die deutschen Reparationsschulden bis auf eine geringe, symbolische Restsumme erlassen worden, und im Dezember 1932 hatten die Westmächte schließlich, wie bereits erwähnt, die deutsche Gleichberechtigung in der Rüstungsfrage grundsätzlich anerkannt.

Dennoch oder eben deshalb konzentrierte sich Hitler auf die noch verbleibenden Forderungen [...]. In gewisser Weise hat Hitler sogar den Revisionismus auf breiter Basis erst wieder mobilisiert bzw. mobilisieren müssen. Das gelang ihm um so besser, je erfolgreicher er bei seinen ersten Aktionen war und je umfangreicher dabei der Katalog seiner Forderungen wurde. Daß dieser bald auch Ansprüche einschloß, die entweder, wie der Anschluß Österreichs, in den 20er Jahren niemals ernsthaft vorgetragen worden waren oder aber, wie die Abtretung der sudetendeutschen Gebiete der Tschechoslowakei, überhaupt keine Revisionsforderungen darstellten, wurde im Zuge seiner außenpolitischen Offensiven zunehmend übersehen, und das keineswegs nur in Deutschland. Manchem Beobachter kam der revisionistische Anstrich der Hitlerschen Außenpolitik wohl auch gelegen, gab er ihr doch den Anschein der Normalität, ja der Legitimität. Die immer wieder vorgetragenen Forderungen nach Beseitigung des Versailler „Schanddiktats" hatten für die meisten Zeitgenossen etwas Vertrautes.

Hans Graf von Lehndorff

Die „Quatschbude" brennt

Den Reichstagsbrand am 28.2. 1933 habe ich folgendermaßen erlebt: Ich fuhr gegen Abend mit der Straßenbahn der Linie 2 am Tiergarten entlang, am Brandenburger Tor vorbei, auf das Reichstagsgebäude zu und sah, daß oben Flammen herausschlugen. Die Straßenbahn bog hier im rechten Winkel nach rechts, dann wieder nach links ab. Zwischen den beiden Kurven war die Haltestelle. Ich überlegte, ob ich aussteigen sollte, sagte mir aber: Es gibt in ganz Berlin kein Gebäude, das man mit soviel Gleichmut brennen lassen kann wie den Reichstag. Menschen wohnen nicht darin, es kann also eigentlich niemand zu Schaden gekommen sein. Das Holz im Sitzungssaal wird ausbrennen, mehr wird nicht passieren. Und das Gebäude steht so isoliert, daß kaum eine Gefahr des Übergreifens der Flammen auf andere Häuser besteht. Was soll ich also dort? Soll doch die Quatschbude – so wurde der Reichstag allgemein genannt – ruhig abbrennen; niemand wird ihr eine Träne nachweinen. Im übrigen ist der Brand sicher nicht ganz von ungefähr entstanden, denn Hitler redet schon seit langer Zeit davon, daß der Sitzungssaal für seine Ansprüche zu klein sei und er in die Krolloper umziehen müsse. Jedenfalls verspürte ich weder Verpflichtung noch Lust, auszusteigen und mich unter die spärliche Menge von Schaulustigen zu mischen, sondern fuhr ruhig weiter. Wie aber las man's am nächsten Tage in den Zeitungen? Die überschlugen sich vor Empörung über das furchtbare Verbrechen der Kommunisten, die damit das Zeichen zum Großangriff hätten geben wollen. Der aber sei glücklich vereitelt worden. Torgler, ihren Anführer, habe man verhaftet, weil er sich kurz vor Ausbruch des Brandes in verdächtiger Weise am Reichstagsgebäude zu schaffen gemacht hätte. Gleichzeitig sei auch an anderen Stellen der Stadt von den Kommunisten Feuer gelegt worden. (Irgendwo unter den Linden hatte es tatsächlich einen kleinen Brand gegeben.) Die Übeltäter habe man gefaßt. Das klang alles sehr fadenscheinig und sah stark nach Verabredung aus. Die Zeitungsartikel waren so gut wie sicher schon vorgefertigt.

Nach dem Krieg ist viel Widersprüchliches über den Reichstagsbrand geschrieben worden. Immer wieder wurde die Frage aufgeworfen, wer nun eigentlich der Urheber gewesen sei. Uns war damals völlig klar, daß der Brand von den Nazis inszeniert war und zum mindesten Göring davon wußte.

Gordon A. Craig

Die „Verordnung zum Schutz von Volk und Staat"

Die Debatte über die Urheberschaft an diesem Brand ist noch im Gange und wird wahrscheinlich niemals zur allseitigen Zufriedenheit zu Ende geführt werden. [...]

Wer das Feuer verursacht hatte, war jedoch weniger wichtig als das, was darauf folgte. Hitler und Göring verloren keine Zeit, die Tat der Kommunistischen Partei in die Schuhe zu schieben und diese Beschuldigung zur Rechtfertigung eines vernichtenden Schlages gegen die noch verbliebenen Reste des demokratischen Systems zu benützen. Ehe der Morgen des 28. Februar dämmerte, waren 4000 kommunistische Funktionäre und Parteimitglieder verhaftet und in einem Aufwasch mit ihnen Intellektuelle und Akademiker, die sich den Zorn der Nazi-Partei zugezogen hatten und von denen manche – der Anarchist Erich Mühsam beispielsweise und der Herausgeber der *Weltbühne*, Carl von Ossietzky – die Qualen, die auf sie warteten, nicht überleben sollten. Noch vor der Mittagsstunde hatte Hitler einen erschütterten Präsidenten, dem man weisgemacht hatte, daß eine kommunistische Revolution unmittelbar bevorstehe, dazu gebracht, die verhängnisvollste von allen Notverordnungen zu unterzeichnen, die seinen Namen trugen.

Diese „Verordnung zum Schutz von Staat und Volk" hob alle Grundrechte der Bürger für die Dauer des Notstands auf, ermächtigte die Reichsregierung, in jedem Bundesstaat, dessen Regierung sich als nicht fähig oder nicht willens erwies, die öffentliche Ordnung und Sicherheit wiederherzustellen, wenn die Situation dies erforderte, sämtliche Befugnisse zu übernehmen, und bedrohte eine Reihe von Verbrechen, von denen einige als Straftatbestände ganz neu geschaffen waren, mit Tod oder Gefängnis, darunter Verrat, Anschlag auf ein Mitglied der Regierung, Brandstiftung in öffentlichen Gebäuden, Anstiftung zum Tumult und Widerstand gegen die Bestimmungen der Verordnung. Es war ein erneuter Beleg für die Unfähigkeit und Schwäche der nationalistischen Kabinettsmitglieder, daß sie dieser außerordentlichen Machtbewilligung an den Nazi-Führer ihre Zustimmung gaben. Der Verordnung waren keine Durchführungsbestimmungen des Reichsinnenministers beigefügt, so daß ihre Interpretation dem Innenminister jedes Bundesstaats überlassen blieb, eine Vorkehrung, die Hermann Göring für Preußen eine erschreckende Handlungsfreiheit gewährte; und was schlimmer war, anders als ähnliche Verordnungen, die Präsident Ebert 1923 erlassen hatte, enthielt diese keinerlei Bestimmungen, die einer verhafteten Person eine sofortige Anhörung und einen Anspruch auf anwaltliche Hilfe, Rechtsmittel und Wiedergutmachung bei fälschlicher Anschuldigung garantierten. [...]

Am 2. März 1933 wurde Hitler von einem Korrespondenten des *Daily Express* gefragt, ob die Aufhebung der individuellen Grundrechte ein Dauerzustand bleiben werde. Der Nazi-Führer antwortete mit einem entschiedenen Nein und fügte hinzu: „Wenn die kommunistische Gefahr beseitigt ist, wird die normale Ordnung der Dinge zurückkehren." In Wirklichkeit schuf die Verordnung vom 28. Februar eine wichtige Voraussetzung für die normale Ordnung der Dinge unter dem nationalsozialistischen Regime. Ihre Bestimmungen und die Praktiken und Institutionen, die aus ihr erwuchsen – Verhaftung auf bloßen Verdacht hin, Gefangenhaltung ohne Urteil und alle die mit den sich in Deutschland nun wie eine bösartige Seuche verbreitenden Konzentrationslagern verbundenen Schrecken – blieben bis zum

Ende des Dritten Reichs bestehen – und das Blatt Papier, das Hindenburg unterzeichnet hatte, diente noch zur Rechtfertigung der Todesurteile für diejenigen seiner Militärkameraden, die im Juli 1944 seinen tragischen Irrtum zu korrigieren versuchten.

Michael Salewski

Die „Rührkomödie" von Potsdam

Aller Terror und alle Unterdrückung der KPD führten doch nicht zur erhofften absoluten Mehrheit der NSDAP [bei den Reichstagswahlen vom 5.3. 1933]. Nur zusammen mit der „Kampffront Schwarz-Weiß-Rot" langte es zu einer dünnen 51,9 %-Mehrheit. Das heißt: Hitler ist niemals in freien Wahlen von einer Mehrheit der Deutschen gewählt worden. Wenn das Regime später viel breitere und allgemeinere Anerkennung finden sollte, so ging dies in erster Linie auf seine internationalen Erfolge, auf die Besserung der Wirtschaftslage, vor allem aber auf den massiven propagandistischen Druck zurück, der das „Dritte Reich" zu einer Art von plebiszitärer Diktatur machte.

Es war eines der Hauptanliegen der Regierung, so rasch wie möglich aus dem Geruch des Revoluzzerhaften herauszukommen – nur dann bestanden Chancen, die noch verbliebenen konservativen und liberalen Kräfte an sich zu binden. Von unschätzbarem Wert blieb in dieser Beziehung der Reichspräsident: Wenn dieser „über den Parteien" stehende Mann dem Kanzler die Hand reichte, ihm vertraute – mit welchem Recht sollten ihm die Bürger dieses Vertrauen versagen? Denkt man daran, daß Hindenburg sogar Kandidat der SPD gewesen war, so wird die Tragweite seiner integrativen Kraft besonders deutlich.

All das nutzte die Regierung meisterhaft. Die Inszenierung des „Tages von Potsdam" zielte auf diese „Versöhnung" zwischen der „alten Größe“, wie Hindenburg sie verkörperte, und der „jungen Kraft“ in der Gestalt Adolf Hitlers. Diese Zeremonie, aufs sorgsamste von Goebbels vorbereitet, beeindruckte die Menschen in Deutschland ebenso wie die in Berlin akkreditierten Diplomaten; tatsächlich war der „Tag von Potsdam“ auch als Signal nach außen gedacht. Nicht der radikale Bruch mit der Vergangenheit wurde inszeniert, sondern die harmonische Rückkehr zu ihren Werten, die durch die 14 Jahre „Systemzeit“ verschüttet, nicht aber abgetötet worden waren.

Symbolische Gesten und brutale politische Aktion verknüpften sich wie in der Folgezeit, so auch schon in den Märztagen des Jahres 1933. Dem „Tag von Potsdam“ folgte nämlich der Tag des Ermächtigungsgesetzes. Dieses hob die Weimarer Verfassung praktisch aus den Angeln und etablierte die Diktatur. Es schien in einer Reihe mit den Ermächtigungsgesetzen und Notverordnungen der jüngsten Vergangenheit zu stehen, in Wirklichkeit übertrug es der Regierung Hitler fortan plein pouvoir; der Reichstag, nun eindeutig von Antidemokraten beherrscht, stimmte seiner nun auch „gesetzlichen“ Ausschaltung zu, obwohl er, zum ersten Mal wieder nach langer Zeit, „an sich“ handlungsfähig war. Otto Wels, der Fraktionsvorsitzende der SPD, hat in seiner letzten Rede genau darauf aufmerksam gemacht und die Überflüssigkeit des Ermächtigungsgesetzes aufgezeigt – wenn die Regierung mit und nicht gegen das Parlament regieren wollte. Nur die SPD verweigerte sich Hitler, alle anderen Parteien stimmten, wenn auch aus unterschiedlichen Gründen, zu. Das erst war das würdelose Ende der Weimarer Demokratie, von nun an konnte man mit Fug und Recht von einem „neuen Deutschland“, vom „Dritten Reich“ sprechen.

Otto Wels

„Freiheit und Leben kann man uns nehmen, unsere Ehre nicht!"

Meine Damen und Herren!

Der außenpolitischen Forderung deutscher Gleichberechtigung, die der Herr Reichskanzler erhoben hat, stimmen wir Sozialdemokraten um so nachdrücklicher zu, als wir sie bereits von jeher grundsätzlich verfochten haben. (Sehr wahr! bei den Soz.) Ich darf mir wohl in diesem Zusammenhang die persönliche Bemerkung gestatten, daß ich als erster Deutscher vor einem internationalen Forum, auf der Berner Konferenz am 3. Februar des Jahres 1919, der Unwahrheit von der Schuld Deutschlands am Ausbruch des Weltkrieges entgegengetreten bin. (Sehr wahr! bei den Soz.) Nie hat uns irgendein Grundsatz unserer Partei daran hindern können oder gehindert, die gerechten Forderungen der deutschen Nation gegenüber den anderen Völkern der Welt zu vertreten. (Bravo! bei den Soz.) Der Herr Reichskanzler hat auch gestern in Potsdam einen Satz gesprochen, den wir unterschreiben. Er lautet: „Aus dem Aberwitz der Theorie von ewigen Siegern und Besiegten kam der Wahnwitz der Reparationen und in der Folge die Katastrophe der Weltwirtschaft." Dieser Satz gilt für die Außenpolitik; für die Innenpolitik gilt er nicht minder. (Sehr wahr! bei den Soz.) Auch hier ist die Theorie von ewigen Siegern und Besiegten, wie der Herr Reichskanzler sagte, ein Aberwitz.

Das Wort des Herrn Reichskanzlers erinnert uns aber auch an ein anderes, das am 23. Juli 1919 in der Nationalversammlung gesprochen wurde. Da wurde gesagt: „Wir sind wehrlos, wehrlos ist aber nicht ehrlos. (Lebh. Zustimmung bei den Soz.) Gewiß, die Gegner wollen uns an die Ehre, daran ist kein Zweifel. Aber daß dieser Versuch der Ehrabschneidung einmal auf die Urheber selbst zurückfallen wird, daß es nicht unsere Ehre ist, die bei dieser Welttragödie zugrunde geht, das ist unser Glaube bis zum letzten Atemzug." (Sehr wahr! bei den Soz. – Zuruf von den Nsoz.: Wer hat das gesagt?) – Das steht in einer Erklärung, die eine sozialdemokratisch geführte Regierung damals im Namen des deutschen Volkes vor der ganzen Welt abgegeben hat, vier Stunden bevor der Waffenstillstand abgelaufen war, um den Weitervormarsch der Feinde zu verhindern. – Zu dem Ausspruch des Herrn Reichskanzlers bildet jene Erklärung eine wertvolle Ergänzung. Aus einem Gewaltfrieden kommt kein Segen (Sehr wahr! bei den Soz.); im Innern erst recht nicht. (Erneute Zustimmung bei den Soz.) Eine wirkliche Volksgemeinschaft läßt sich auf ihn nicht gründen. Ihre erste Voraussetzung ist gleiches Recht. Mag sich die Regierung gegen rohe Ausschreitungen der Polemik schützen, mag sie Aufforderungen zu Gewalttaten und Gewalttaten selbst mit Strenge verhindern. Das mag geschehen, wenn es nach allen Seiten gleichmäßig und unparteiisch geschieht, und wenn man es unterläßt, besiegte Gegner zu behandeln, als seien sie vogelfrei. (Sehr wahr! bei den Soz.) Freiheit und Leben kann man uns nehmen, die Ehre nicht. (Lebh. Beifall bei den Soz.) Nach den Verfolgungen, die die Sozialdemokratische Partei in der letzten Zeit erfahren hat, wird billigerweise niemand von ihr verlangen oder erwarten können, daß sie für das hier eingebrachte Ermächtigungsgesetz stimmt. Die Wahlen vom 5. März haben den Regierungsparteien die Mehrheit gebracht und damit die Möglichkeit gegeben, streng nach Wortlaut und Sinn der Verfassung zu regieren. Wo diese Möglichkeit besteht, besteht auch die Pflicht. (Sehr richtig! bei den Soz.) Kritik ist heilsam und notwendig. Noch niemals, seit es einen deutschen Reichstag gibt, ist die Kontrolle der öffentlichen Angelegenheiten durch die gewählten Vertreter des Volkes in solchem Maße ausgeschaltet worden, wie es jetzt geschieht (Sehr wahr! bei den Soz.), und wie es durch das neue Ermächtigungsgesetz noch mehr geschehen soll. Eine solche Allmacht der Regierung muß sich um so schwerer auswirken, als auch die Presse jeder Bewegungsfreiheit entbehrt.

Meine Damen und Herren! Die Zustände, die heute in Deutschland herrschen, werden vielfach in krassen Farben geschildert. Wie immer in solchen Fällen fehlt es auch nicht an Übertreibungen. Was meine Partei betrifft, so erkläre ich hier: wir haben weder in Paris um Intervention gebeten, noch Millionen nach Prag verschoben, noch übertreibende Nachrichten ins Ausland gebracht. (Sehr wahr! bei den Soz.) Solchen Übertreibungen entgegenzutreten wäre leichter, wenn im Inlande eine Berichterstattung möglich wäre, die Wahres vom Falschen scheidet. (Lebh. Zustimmung bei den Soz.) Noch besser wäre es, wenn wir mit gutem Gewissen bezeugen könnten, daß die volle Rechtssicherheit für alle wiederhergestellt sei. (Erneute lebh. Zustimmung bei den Soz.) Das, meine Herren, liegt bei Ihnen. Die Herren von der Nationalsozialistischen Partei nennen die von ihnen entfesselte Bewegung eine nationale Revolution, nicht eine nationalsozialistische. Das Verhältnis ihrer Revolution zum Sozialismus beschränkt sich bisher auf den Versuch, die sozialdemokratische Bewegung zu vernichten, die seit mehr als zwei Menschenaltern die Trägerin sozialistischen Gedankengutes gewesen ist (Lachen bei den Nsoz.) und auch bleiben wird. Wollten die Herren von der Nationalsozialistischen Partei sozialistische Taten verrichten, sie brauchten kein Ermächtigungsgesetz. (Sehr wahr! bei den Soz.) Eine erdrückende Mehrheit wäre Ihnen in diesem Haus gewiß. Jeder von Ihnen im Interesse der Arbeiter, der Bauern, der Angestellten, der Beamten oder des Mittelstandes gestellte Antrag könnte auf Annahme rechnen, wenn nicht einstimmig, so doch mit gewaltiger Majorität. (Lebh. Zustimmung bei den Soz. – Lachen bei den Nsoz.) Aber dennoch wollen Sie vorerst den Reichstag ausschalten, um Ihre Revolution fortzusetzen. Zerstörung von Bestehendem ist aber noch keine Revolution. Das Volk erwartet positive Leistungen. Es wartet auf durchgreifende Maßnahmen gegen das furchtbare Wirtschaftselend, das nicht nur in Deutschland, sondern in aller Welt herrscht.

Wir Sozialdemokraten haben in schwerster Zeit Mitverantwortung getragen und sind dafür mit Steinen beworfen worden. (Sehr wahr! bei den Soz. – Lachen bei den Nsoz.) Unsere Leistungen für den Wiederaufbau von Staat und Wirtschaft, für die

Befreiung der besetzten Gebiete werden vor der Geschichte bestehen. (Zustimmung bei den Soz.) Wir haben gleiches Recht für alle und ein soziales Arbeitsrecht geschaffen. Wir haben geholfen, ein Deutschland zu schaffen, in dem nicht nur Fürsten und Baronen, sondern auch Männern aus der Arbeiterklasse der Weg zur Führung des Staates offen steht. (Erneute Zustimmung bei den Soz.) Davon können Sie nicht zurück, ohne Ihren eigenen Führer preiszugeben. (Beifall und Händeklatschen bei den Soz.)

Vergeblich wird der Versuch bleiben, das Rad der Geschichte zurückzudrehen. Wir Sozialdemokraten wissen, daß man machtpolitische Tatsachen durch bloße Rechtsverwahrungen nicht beseitigen kann. Wir sehen die machtpolitische Tatsache Ihrer augenblicklichen Herrschaft. Aber auch das Rechtsbewußtsein des Volkes ist eine politische Macht, und wir werden nicht aufhören, an dieses Rechtsbewußtsein zu appellieren.

Die Verfassung von Weimar ist keine sozialistische Verfassung. Aber wir stehen zu den Grundsätzen des Rechtsstaates, der Gleichberechtigung, des sozialen Rechtes, die in ihr festgelegt sind. Wir deutschen Sozialdemokraten bekennen uns in dieser geschichtlichen Stunde feierlich zu den Grundsätzen der Menschlichkeit und der Gerechtigkeit, der Freiheit und des Sozialismus. (Lebh. Zustimmung bei den Soz.)

Kein Ermächtigungsgesetz gibt Ihnen die Macht, Ideen, die ewig und unzerstörbar sind, zu vernichten. Sie selbst haben sich ja zum Sozialismus bekannt. Das Sozialistengesetz hat die Sozialdemokratie nicht vernichtet. Auch aus neuen Verfolgungen kann die deutsche Sozialdemokratie neue Kraft schöpfen.

Wir grüßen die Verfolgten und Bedrängten. Wir grüßen unsere Freunde im Reich. Ihre Standhaftigkeit und Treue verdienen Bewunderung. Ihr Bekennermut, ihre ungebrochene Zuversicht – – (Lachen bei den Nsoz. – Bravo! bei den Soz.) verbürgen eine hellere Zukunft.

(Wiederholter lebhafter Beifall bei den Soz. – Lachen bei den Nsoz.)

Kurt Tucholsky

Keine Panik!

Lieber Max, *Zürich, 4.3.33*

[...] Ich glaube nach wie vor nicht an extrem blutige Sachen in Deutschland. Es kann aufflackernde kommunistische Putsche geben, die werden blutig unterdrückt, 80 Tote, und 80 nutzlose Tote. Dann aber Totenstille. Dann setzt etwas viel, viel Schlimmeres ein: nach dem Spiel „Das dürfen die Leute ja gar nicht!" kommt das Spiel: „Ich weiß gar nicht, was Sie wollen – so schlimm ist es nun auch wieder nicht!" Das möchte ich nicht mitspielen, und ich werde es nicht mitspielen.

An einer etwa einsetzenden deutschen Emigrationsliteratur sollte man sich unter keinen Umständen beteiligen. Lieber Max, erstens wird es keine große Emigration geben, weil, anders wie damals bei der russischen, 1917, Europa nicht aufnahmefähig für solche Leute ist. Sie verhungern. Zweitens zerfallen sie, wie jede Emigration, und nun noch deutsche, in 676 kleine Grüppchen, die sich untereinander viel mehr bekämpfen werden als etwa alle zusammen Adofn (dem wir das *L* nun endgültig wegnehmen wollen, wir brauchen es ja für Eckner, Hei Adof!). Drittens sollte man es nicht tun, weil es den Charakter verdirbt, man bekommt Falten um die Mundwinkel und wird, bei allem Respekt, eine leicht komische Figur. Lieber Freund, ich kann das nicht vergessen, wie damals im Salon der Frau Ménard-Dorian das ganze durchgefallene Europa da war: der unsägliche Kerenski, Nitti, Karolyi, die Italiener – und alle hatten recht, nur leider eben bloß im Salon. Und da fragte jemand den Nitti: „Qu'est-ce que vous faites à Paris, Monsieur Nitti?" – Und da sagte der, und der Satz ist mir als Lehre eingebrannt: „J'attends." Und wenn er nicht gestorben ist, dann wartet er heute noch. Und das wollen wir nicht mitmachen.

Ich brauche Ihnen nicht zu sagen, lieber Max, daß ich nicht inzwischen die „aufbauwilligen Kräfte im Nationalsozialismus" entdeckt habe. Ich werde nie einen Finger breit abgehn. Aber ich muß nicht meine Kraft und meine Arbeit an eine Sache setzen, die mir nicht einmal in der Negation wert ist, mich nach ihr herumzudrehn. Ich habe dazu kaum noch Beziehungen; es ist möglich, daß ich nichts mehr zu fressen habe, aber daß ich mich mit den Konvulsionen von Kru-Negern abgeben soll, also ich nicht. Die Leute wollen das ja so, im Grunde. Die letzte Tat des Reichsbanners ist ein Werbemarsch für den Wehrsport gewesen, die SPD versichert heute noch, sie sei doch aber patriotisch und ruhrkämpferisch, fast alle erkennen die von Adof gesetzten Kategorien an und streiten sich nur um ihre Einordnung, niemand hat den Mut zu sagen: Der Wert eines Menschen hängt nicht von seinem Soldbuch ab. Und damit soll ich mich befassen? Nein, lieber Herr. Mich geht das nichts an, nur eben als Zeichen der Zeit, in der wir ja leben. Aber sonst – ohne mich.

Vorgestern haben wir hier einen Radio installiert und Adof gehört. Lieber Max, das war sehr merkwürdig. Also erst Göring, ein böses, altes blutrünstiges Weib, das kreischte und die Leute richtig zum Mord aufstachelte. Sehr erschreckend und ekelhaft. Dann Göbbeles mit den loichtenden Augen, der zum Vollik sprach, dann Heil und Gebrüll, Kommandos und Musik, riesige Pause, der Führer hat das Wort. Immerhin, da sollte nun also der sprechen, welcher ... ich ging ein paar Meter vom Apparat weg und ich gestehe, ich hörte mit dem ganzen Körper hin. Und dann geschah etwas sehr Merkwürdiges.

Dann war nämlich gar nichts. Die Stimme ist nicht gar so unsympathisch wie man denken sollte – sie riecht nur etwas nach Hosenboden, nach Mann, unappetitlich, aber sonst gehts. Manchmal überbrüllt er sich, dann kotzt er. Aber sonst: nichts, nichts, nichts. Keine Spannung, keine Höhepunkte, er packt mich nicht, ich bin doch schließlich viel zu sehr Artist, um nicht noch selbst in solchem Burschen das Künstlerische zu bewundern, wenn es da wäre. Nichts. Kein Humor, keine Wärme, kein Feuer, nichts. Er sagt auch nichts als die dümmsten Banalitäten, Konklusionen, die gar keine sind – nichts.

Ceterum censeo: ich habe damit nichts zu tun.

Marginalie: Ossietzky unbegreiflich. Man hat mir erzählt, daß man ihm seinen Paß nach Tegel gar nicht wiedergegeben habe. Ob das wahr ist, weiß ich nicht – er schreibt ja keine Briefe. Dieser ausgezeichnete Stilist, dieser in der Zivilcourage unübertroffene Mann, hat eine merkwürdig lethargische Art, die ich nicht verstanden habe, und die ihn wohl auch vielen Leuten, die ihn bewundern, entfremdet. Es ist sehr schade um ihn. Denn dieses Opfer ist völlig sinnlos. Mir hat das mein Instinkt immer gesagt: Märtyrer ohne Wirkung, das ist etwas Sinnloses. Ich glaube keinesfalls, daß sie ihm etwas tun, er ist in der Haft eher sicherer als draußen. Nur bei einem wenn auch mißglückten Attentat auf Adof kann etwas passieren, dann würde die SA die Gefängnisse stürmen und von den Wärtern an nichts gehindert werden. Sonst aber kommt er nach zwei, drei Wochen, denke ich, heraus. (Wenn nicht Konzentrationslager gemacht werden!)

Kurz: ich lebe in keinerlei Panik. Und mein Pessimismus setzt genau da ein, wo der der andern aufhört, etwa zu dem Zeitpunkt, wo das Zentrum mitmacht. „Es wird ihnen die Kanten abschleifen!" sagen die falschen Propheten. An Schmarrn. Dann, erst dann, ist diese neue Herrschaft ganz totensicher fundiert, dann ist gar nichts mehr zu machen. Und wer wird und soll etwas machen? Man kann für eine Majorität kämpfen, die von einer tyrannischen Minorität unterdrückt wird. Man kann aber nicht einem Volk das Gegenteil von dem predigen, was es in seiner Mehrheit will (auch die Juden). Viele sind nur gegen die Methoden Hitlers, nicht gegen den Kern seiner „Lehre". Und wenn es die Opposition nicht von innen her geschafft hat, so werden wir es nie schaffen, wenn in Paris ein paar Käsblätter erscheinen. Ich werde das nicht mitmachen.

Martin Broszat

„Gleichschaltung“

Der Begriff „Gleichschaltung“ – eine bemerkenswerte Entlehnung aus der elektrischen Stromschalttechnik – entstammt eigentlich der politisch-administrativen Sphäre der nationalsozialistischen Machtergreifung. Es ist aber üblich geworden, ihn auf die Gesamtheit all derjenigen Maßnahmen auszudehnen, mit denen das NS-Regime bisher autonome öffentliche und gesellschaftliche Institutionen zu uniformieren und in seine Herrschaft einzubinden suchte. Keine der zahlreichen wirtschaftlich-sozialen und beruflichen Interessenvertretungen blieb von solchen Maßnahmen ganz verschont: Weder die Gewerkschaften noch die Arbeitgeberverbände, weder die landwirtschaftlichen Genossenschaften und Bauernvereine noch die Handwerker-Innungen und Gewerbevereine, weder die Berufsverbände der Rechtsanwälte und Richter noch die der Lehrer oder Ärzte. Überall wurde das vielfach zersplitterte Verbandswesen, einschließlich der öffentlich-rechtlichen Kammern, reichseinheitlich zusammengefaßt, hierarchisiert, und eine Art Führerprinzip zumindest nominell eingeführt. Überall wurden Juden, Marxisten und Linksliberale aus den Verbänden ausgeschlossen und Nationalsozialisten oder ihnen zumindest nahestehende Personen als neue Führer an die Spitze gehoben.

Außer durch „Verreichlichung“ und Hierarchisierung war die Umstrukturierung in der Regel charakterisiert erstens durch eine Verklammerung mit den schon vor 1935 gebildeten sozialwirtschaftlichen Sonder- oder Berufsorganisationen der NSDAP, zweitens durch die mehr oder weniger starke Einbindung der Reichsführung dieses gleichgeschalteten Verbandswesens in die jeweils zuständige staatliche Verwaltung, bzw. die mehr oder weniger starke Delegation hoheitlicher Befugnisse an diese Organisationen.

Von diesen allgemeinen Zügen her läßt sich der ganze Vorgang beschreiben als eine durchgängige Auslöschung der Autonomie wirtschaftlich-beruflicher Interessenvertretungen, als ihre Integration in das Gefüge des NS-Regimes und der mit ihm verknüpften Monopolpartei. Die gleichgeschalteten Interessenvertretungen wurden selbst Nebenorganisationen des Regimes, wurden politisch und organisatorisch mediatisiert, mit subsidiären Hilfsfunktionen der politischen Herrschaft zur Mobilisierung und Kontrolle der Gesellschaft betraut. Gesellschaftliche Interessenkonflikte, etwa zwischen Arbeitnehmern und Arbeitgebern, ließen sich nicht mehr direkt, sozialpartnerschaftlich, austragen. Und Interessenansprüche an die Regierung konnten nicht mehr unmittelbar durch entsprechenden Druck und Lobbyismus autonomer Verbände, sondern nur noch mittelbar, aus den Institutionen des Regimes selbst heraus, geltend gemacht werden. Das schmälerte zwar nicht zwangsläufig ihre Durchsetzbarkeit, verringerte aber ihre Transparenz und bewirkte meist auch eine Zersplitterung des Interesseneinflusses.

Das ist zunächst der *eine* Aspekt des Vorgangs der Gleichschaltung, der unbestreitbar *totalitäre* Aspekt dieses Vorgangs. Der andere ergibt sich daraus, daß die sogenannte Gleichschaltung keineswegs *gleichartig* verlief, daß sich hinter der identischen Nomenklatur Vorgänge sehr verschiedener Qualität verbargen. Neben gewalttätiger Zerschlagung, etwa im Falle der Freien Gewerkschaften, standen Formen nur mehr oder weniger nomineller, kosmetischer Gleichschaltung, etwa im Bereich der industriellen Spitzenverbände. Obwohl also die Gleichschaltung überall Spuren der staatlichen Intervention, der Politisierung und Ideologisierung hinterließ und die Autonomie gesellschaftlicher Interessenvertretung überall zurückdrängte, bewirkte doch der unterschiedliche Erfolg und Vollzug dieser Maßnahmen zugleich eine erhebliche Veränderung des Kräfteverhältnisses innerhalb der Gesellschaft. Das galt auch außerhalb des engeren Bereichs der wirtschaftlich-sozialen Interessengruppen. So war es z. B. für die gesellschaftliche Lage im Dritten Reich bedeutsam, daß die Reichswehr oder auch die Kirchen und kirchlichen Gemeinschaften lange Zeit relative Freiräume blieben und jedenfalls die ersten Versuche ihrer Politisierung und

Gleichschaltung scheiterten. Die anfängliche Phase der nationalsozialistischen Machtergreifung war von solchen Rückschlägen oder bewußten Rücksichten auch auf dem Gebiet des wirtschaftlich-sozialen Lebens verschiedentlich geprägt.

Norbert Frei

Presselenkung im NS-Staat

In noch sehr viel geringerem Maße als auf die Zustimmung der Wählerschaft konnte das neue Regime anfangs auf die Unterstützung der Presse rechnen. Goebbels, aber auch die lokalen NS-Funktionäre wußten: Nur wenige der 3400 Tageszeitungen, die es Anfang 1933 im Deutschen Reich gab, konnten als nationalsozialistisch gelten. Die offizielle Parteipresse der NSDAP, zu der man noch einige sympathisierende Blätter hinzurechnen darf, umfaßte unmittelbar vor der Machtübernahme 59 Tageszeitungen mit einer Auflage von zusammen 780 000 Exemplaren; das entsprach deutlich weniger als fünf Prozent der Gesamtauflage. Das Zentralorgan *Völkischer Beobachter* druckte damals etwa 116 000 Exemplare täglich; bis 1941 sollten es 1,2 Millionen werden.

Die brutale Ausschaltung erst der kommunistischen und sozialdemokratischen Presse, deren enteigneter Verlage sich die NS-Gaupresse parasitär bemächtigte, sodann die sukzessive Eroberung der bürgerlichen Privatverlage, führten bis Kriegsende zu einer beispiellosen ökonomischen Konzentration. Mit einem Marktanteil von zuletzt 82,5 Prozent (nach kriegswirtschaftlich begründeten Stillegungsaktionen 1941, 1943 und 1944 standen 350 parteieigenen Zeitungen noch 625 Privatblätter gegenüber, die sich die restlichen 17,5 Prozent teilten) verfügte die NSDAP unter dem Dach des Eher-Verlags über den größten Pressekonzern der Welt. Der vom Reichsleiter für die Presse, Max Amann, Hitler-Vertrauter schon aus Soldatenzeiten, zusammengeschacherte Trust hatte neben vielen anderen auch den Vorzug, dank eines Gespinsts von Holdinggesellschaften durchaus unauffällig zu bleiben. Im Vergleich zu dieser ökonomischen Unterwanderung, die seit 1935 systematisiert wurde mit den sogenannten Amann-Anordnungen zur „Wahrung der Unabhängigkeit des Zeitungsverlagswesens“, zur „Beseitigung der Skandalpresse“ und über die „Schließung von Zeitungsverlagen zwecks Beseitigung ungesunder Wettbewerbsverhältnisse“, geschahen Goebbels' inhaltliche Eingriffe geradezu auf offener Bühne.

Daß der Propagandaminister in so ungehemmter Weise sein Zensursystem errichtete, hing auch damit zusammen, daß er für die Forderungen nach „konstruktiver Mitarbeit“, die der „neue Staat“ an die Presse richtete, zunächst mit einem gerüttelt Maß an Verständnis rechnen konnte – außer bei der linksliberalen Zeitschriftenintelligenz, bei Leuten wie Schwarzschild, Tucholsky, von Ossietzky, die freilich entweder schon im Exil oder im Konzentrationslager saßen. Zugespitzt formuliert: Gegen beginnende Eingriffe in das private Eigentumsrecht an Verlagen und Zeitschriften gab es im bürgerlich-konservativen Lager zu diesem Zeitpunkt weitaus mehr Empfindlichkeit als bei Eingriffen in das Recht auf Presse- und Meinungsfreiheit. Das war auch die Folge einer in der Republik nicht aufgegebenen obrigkeitsstaatlichen Zensurtradition. Ihr verdankten die Nationalsozialisten lange Zeit den verharmlosenden Eindruck scheinbarer Kontinuität, wo in Wirklichkeit damit begonnen worden war, die Presse zu einem exakt einsetzbaren Instrument totalitärer Propaganda zu machen. Das Schriftleitergesetz vom 4. Oktober 1933 bildete dabei bereits einen gewissen Abschluß: Es entband den Journalisten in redaktionellen Dingen vom Weisungsrecht seines Verlegers – und nahm ihn in die Pflicht des Staates, dessen offizieller Wille auf der täglichen Reichspressekonferenz verkündet wurde. Schriftleiter konnte nur noch sein, wer „arisch“ und Mitglied der Reichspressekammer innerhalb der kurz zuvor gegründeten Reichskulturkammer war, der Zwangsorganisation aller „Kulturschaffenden“ unter Goebbels' Präsidentschaft. Alle jene Zeitungen, die in Berlin keine Korrespondenten hatten (und das war die überwältigende Mehrheit), erhielten die sprachregelnden Anweisungen – im Krieg gab es zusätzlich sogenannte Tagesparolen – über eines der Reichspropagandaämter, die Goebbels seit Sommer 1933, über das ganze Reichsgebiet verteilt, hatte errichten lassen. Bei der Berichterstattung über die große Politik waren die Provinzblätter ohnehin auf die Meldungen des Deutschen Nachrichtenbüros (DNB) angewiesen, der amtlichen Einheitsagentur, zu dem das schon immer offiziöse Wolff'sche Telegraphen-Büro und die vorher Hugenberg gehörende Telegraphen-Union Ende 1933 zusammengelegt wurden. Das System der Vorzensur, in Verbindung mit harten Strafandrohungen und sogenannten Berufsgerichten der Presse, funktionierte erstaunlich rasch ohne große Schwierigkeiten. [...] Aber auch die Redaktionen anderer bedeutender Blätter, die ob ihres publizistischen Glanzes und ihrer republiktreuen Liberalität noch heute gerühmt werden, nahmen die nationalsozialistischen Zumutungen vielfach erstaunlich sprachlos hin. Das galt für die *Frankfurter Zeitung*, der das Regime außenpolitischer Wirkung halber bis zum Verbot 1943 überdurchschnittlichen Spielraum ließ, das galt für *Berliner Tageblatt, Münchner Neueste Nachrichten, Hamburger Fremdenblatt* und andere. Wohl hing diese – zumindest in der Anfangsphase des Regimes – eher passive Haltung mit einem vielleicht in erster Linie bürgerlichliberalen Unvermögen zusammen, den Wesenskern dieser nun zur Macht gekommenen politischen Bewegung zu erfassen; eine Schwierigkeit, die viele republikanische Publizisten dazu geführt hatte, schon den Aufstieg des Nationalsozialismus mit merkwürdig ratlosen Kommentaren zu begleiten. [...]

Über Intensität und Ausmaß der publizistischen Lenkung im Dritten Reich abstrakt eine Vorstellung zu vermitteln, ist schwer möglich. In diesem Rahmen kann nur exemplarisch darauf hingewiesen werden, daß die Monopol-Nachrichtenagentur DNB sich als ein sorgfältig abgestuftes Informationssystem darstellte: Entsprechend ihrem Rang, erhielten Journalisten sowie Führungsfunktionäre in Partei und Staat einen mehr oder weniger stark propagandistisch ausgedünnten bzw. angereicherten Pressedienst. Nur die wenigsten durften alles wissen, was DNB an Informationen zu bieten hatte. Ein paar beliebig herausgegriffene Beispiele mögen illustrieren, daß es potentiell kein Thema gab, das auf den Reichspressekonferenzen nicht in Form von Anweisungen oder Sprachregelungen hätte behandelt werden können:

13. 6. 1936: „Der neue Verfassungsentwurf der Sowjetunion sei von einigen Zeitungen zu neutral behandelt worden, z. B. vom Berliner Tageblatt."

4. 3. 1937: „Daß La Guardia Jude sei, wisse man ja. Mit seiner neuesten Rede setze er seiner Hetztätigkeit die Krone auf. Man erwarte von der ganzen Presse eine massive Abwehr, abgestuft nach der Stellung, die das einzelne Blatt im publizistischen Leben einnehme."

14. 1. 1937: „Die Anzeigen-Abteilungen werden vom Propagandaministerium darauf aufmerksam gemacht, daß der Begriff ‚Rasse' bei Anzeigen nicht verwendet werden darf. Es ist unzulässig, mit dem Stichwort ‚Rasse' Propaganda für einen modernen Hut oder für einen bestimmten Motor der Auto-Industrie zu machen."

17. 1. 1940: „Der Minister kritisiert auf das schärfste einen Artikel im Lokalteil der Börsenzeitung über die Kälte."

14. 5. 1940: „Die Berliner Presse ist heute scharf kritisiert worden (...) Von der ersten bis zur letzten Zeile müsse alles auf das große Erleben abgestellt werden. Täglich müsse eine Greuelspalte gebracht werden (...) Für ein Feuilleton ist nur Platz, wenn es sich auf den Krieg bezieht."

15. 7. 1944: „Da nicht feststeht, ob der Bandenhäuptling Tito noch lebt, wird gebeten, seinen Namen nicht mehr zu nennen."

7. 4. 1945: „Feindliche Meldungen über deutsche Friedensfühler oder Kompromißabsichten sind keine Themen für die deutsche Öffentlichkeit. Das Wort ‚Frieden' muß in diesen Tagen höchster Kraftanstrengung aus dem Vokabularium der deutschen Nachrichtenmittel gestrichen werden."

Dies sind Zitate aus insgesamt 50 000 bis 80 000 Anweisungen, die bis zum Zusammenbruch des Dritten Reiches von Berlin aus an die gesamte deutsche Presse gegeben wurden.

Reinhard Wittmann

Bücherverbrennung und „NS-Schrifttumspolitik"

Am 10. Mai 1933 fanden sich in den deutschen Universitätsorten die Studenten zusammen, um ein Exempel am „undeutschen Geist" zu statuieren; sie karrten die Bücher jüdischer und „Asphaltliteraten" zu Scheiterhaufen zusammen und brüllten markige, teils von den Universitätsrektoren erdachte Feuersprüche:

„Gegen Klassenkampf und Materialismus, für Volksgemeinschaft und idealistische Lebenshaltung! Ich übergebe der Flamme die Schriften von Marx und Kautsky.

Gegen Dekadenz und moralischen Verfall! Für Zucht und Sitte in Familie und Staat! Ich übergebe der Flamme die Schriften von Heinrich Mann, Ernst Glaeser und Erich Kästner.

[...]

Gegen seelenzerfasernde Überschätzung des Trieblebens, für den Adel der menschlichen Seele! Ich übergebe der Flamme die Schriften des Sigmund Freud.

[...]

Gegen Frechheit und Anmaßung, für Achtung und Ehrfurcht vor dem unsterblichen deutschen Volksgeist! Verschlinge, Flamme, auch die Schriften der Tucholsky und Ossietzky!"

Keineswegs zentral von der Partei organisiert, sondern örtlichen Initiativen völkischer Studenten entsprungen, sind die Bücherverbrennungen bei allem vielzitierten Symbolwert geeignet, ein eher irriges Bild von der Natur der NS-Kulturpolitik zu geben. Was ihr barbarischer Exzeß verdeckt, war der Wille zur „systematischen Säuberung und Lenkung der deutschen Literatur durch eine ihrem Wesen nach unöffentliche und bürokratische Schrifttumspolitik von beträchtlicher herrschaftstechnischer Intelligenz". Wie das gesamte politische, wirtschaftliche, öffentliche und kulturelle Leben wurden auch die Produktion und Distribution von Geisteswerken „gleichgeschaltet", wurden zum Instrument der diktatorischen Manipulation und Kontrolle auch ihrer Rezeption. [...]

Nach den Bücherverbrennungen veröffentlichte das „Börsenblatt“ eine Liste von zwölf Autoren, die „für das deutsche Ansehen als schädigend zu erachten“ seien (darunter Lion Feuchtwanger, Alfred Kerr, Heinrich Mann, Kurt Tucholsky und Arnold Zweig) mit dem Appell: „Der Vorstand erwartet, daß der Buchhandel die Werke dieser Schriftsteller nicht weiter verbreitet.“

Dem Verkaufsverbot korrespondierten umfangreiche Beschlagnahmeaktionen der Politischen Polizei und Säuberungsmaßnahmen der Volksbüchereien wie der Schul- und studentischen Bibliotheken auf der Grundlage umfänglicher Schwarzer Listen. [...] Aus der „Sektion für Dichtkunst“ der Preußischen Akademie der Künste wurden die politisch oder rassisch „untragbaren“ Autoren ausgeschlossen, sofern sie nicht freiwillig zurücktraten, darunter Heinrich und Thomas Mann, Alfred Döblin und Franz Werfel. [...]

Nach den kulturpolitischen Machtkämpfen der ersten Monate vermochte Joseph Goebbels die Initiative an sich zu reißen. Mit seinem neugegründeten „Reichsministerium für Volksaufklärung und Propaganda“ beanspruchte er die Herrschaft über das gesamte Geistesleben. Zur Durchsetzung dieses Ziels galt es, „sämtliche Kulturschaffenden in einem alle sozialen, wirtschaftlichen und geistigen Partikularinteressen aufhebenden Kulturbestand zusammenzuführen und diese kulturelle Einheitsfront, die ‚Gemeinschaft der Schaffenden‘, in den Dienst des neuen Staates zu stellen“. [...] Am 22. September 1933 wurde das *Reichskulturkammer-Gesetz* erlassen. Als Körperschaften des öffentlichen Rechts wurden dem Propagandaministerium unterstellt:

eine Reichsschrifttumskammer
eine Reichspressekammer
eine Reichsrundfunkkammer
eine Reichstheaterkammer
eine Reichsmusikkammer
eine Reichsfilmkammer
und eine Reichskammer der bildenden Künste. [...]

Die Mitgliedschaft in den einzelnen Kammern war obligatorisch – ihnen mußte beitreten, wer als Autor oder Vermittler am kulturellen Prozeß mitwirken wollte, ob Einzel- oder juristische Person. Wer nicht der für ihn zuständigen Kammer angehörte oder – bei nur gelegentlicher Tätigkeit – von ihr einen Befreiungsschein erhielt, war von jeder kulturellen Tätigkeit ausgeschlossen – wer, wie der dehnbare Paragraph zur Ablehnung schädlicher Elemente formulierte, „die für die Ausübung ihrer Tätigkeit erforderliche Zuverlässigkeit nicht besitzt", konnte somit nicht an die Öffentlichkeit treten. [...] Politisch unzuverlässige Buchhändler konnten ebenso wie oppositionelle Autoren mit Berufsverbot belegt werden. [...]

Alle jüdischen Buchhändler und Verleger, die ihre Firma nicht freiwillig liquidiert oder an einen „Arier" verkauft hatten, erhielten ab Ende 1935 die formelle Ausschlußverfügung der RSK [Reichsschrifttumskammer] mit dem kargen Wortlaut: „Da Sie jüdischer Abstammung sind, halte ich Sie nicht für geeignet, in einem kulturvermittelnden Beruf tätig zu sein." Jüdischer Buchhandel war nach dem 30. Juli 1937 nur mehr mit Sondergenehmigungen als eine Art „Ghetto-Buchhandel" möglich: Ausschließlich jüdische Schriften durften an ein nur jüdisches Publikum unter eindeutiger Firmierung verkauft werden. [...] Das Ende des jüdischen Kulturlebens im Dritten Reich und damit auch des Ghettobuchhandels kam mit der Pogromnacht vom 9./10. November 1938. Goebbels ordnete zum 31. Dezember des Jahres die Einstellung allen jüdischen Buchhandels an. [...] Ab 1942 kam es im Vorzeigelager Theresienstadt zu einer makabren Blüte des jüdischen Buches: Die SS schaffte riesige konfiszierte Bestände heran, so daß bei Auflösung des Lagers eine sorgfältig organisierte Ghettobibliothek einen Bestand von rund 180000 Bänden verfügbar hatte – ihre Benutzer waren in die Vernichtungslager transportiert worden.

Neben das literaturpolitische Steuerungsinstrument des Berufsverbotes für Buchhändler trat das wichtigere des Buchverbotes. Nach einem anfänglichen weitgehenden Kompetenzchaos wurde ab 1935 die Repressivzensur durch die RSK vereinheitlicht, die alle Buchverbote genehmigen mußte. Umfangreiche und jährlich ergänzte „Listen des schädlichen und unerwünschten Schrifttums" erschienen bis 1942, die jedoch als streng geheim den staatlichen Organen vorbehalten waren und dem Buchhandel nicht mitgeteilt wurden – „das Gros der Verleger und Buchhändler war auf die wenig attraktive Möglichkeit verwiesen, bei den Dienststellen der RSK oder der Gestapo Auskünfte einzuholen oder auch in die Liste Einblick zu nehmen". [...] Eine Analyse der Verbotslisten zeigt, daß Einzelindizierungen im Vordergrund standen. Dazu kamen Globalverbote bestimmter Autoren und nach 1938 auch die Gesamtindizierung der Produktion von Emigrantenverlagen. [...]

Allerdings gab es trotz dieser systematischen Kontrolle des Buchmarktes keine allgemeine Vorlagepflicht für Neuerscheinungen – eine solche galt nur für NS-Schrifttum, Übersetzungen, okkulte und astrologische Schriften und Judaica, im Kriege auch für Wehrschrifttum. Eine lückenlose Vorzensur war schon wegen der schieren Menge der Novitäten unmöglich, und als ungleich wirkungsvoller erwies sich das Damoklesschwert des Berufsverbotes, das über Autoren, Verlegern und Buchhändlern schwebte und sie zu vorauseilendem Gehorsam anhielt.

Mit der Überwachung des Marktes und der Ausmerzung unerwünschten Schrifttums war es freilich nicht getan – hinzu kam die Förderung des Erwünschten, die Durchsetzung des „artgemäßen" deutschen Buches. „Öffentliche Buchwerbung", getragen von staatlichen und Parteistellen, war zentraler Bestandteil der NS-Schrifttumspolitik. Für diese Aktivitäten war insbesondere die „Reichsschrifttumsstelle" des Propagandaministeriums zuständig. Sie erweiterte den Weimarer „Tag des Buches" zur herbstlichen „Woche des Deutschen Buches" mit zentralen und regionalen Veranstaltungen wie Großkundgebungen, Buchausstellungen und Dichterlesungen. [...] Vor allem zur Buchwoche hatten auch die Autoren ihren Beitrag zur völkischen Erneuerung des Schrifttums zu leisten. Sie wurden geradezu dienstverpflichtet von einer „Zentralstelle für den Dichtereinsatz im gesamten Dienstbereich des Reichspropagandaministeriums und der Reichsschrifttumskammer"; nach deren Anweisungen wurden die Vortragstourneen generalstabsmäßig geplant. Kaum ein Schriftsteller hatte den Mut, sich als Volksschädling zu entlarven, indem er diese nationale Pflichtübung verweigerte. Allein im Jahr 1938 wurden auf diese Weise rund zehntausend Dichterlesungen organisiert [...].

Ebenfalls gleichgeschaltet wurde die Verleihung von Literaturpreisen, die bisher von unterschiedlichsten Trägern vergeben worden waren. [...] Natürlich wurden mit den zwischen 1933 und 1945 insgesamt vergebenen 107 periodischen Literaturpreisen fast nur Autoren völkischer Dichtung bedacht. Von den Trägern des renommierten Goethepreises in dieser Zeit kann nur Hans Carossa literarischen Ansprüchen genügen. Wie manche Autoren, die dem Regime innerlich fernstanden, ließ er sich doch als Aushängeschild benutzen, auch beim ab 1938 jährlich stattfindenden „Großdeutschen Dichtertreffen" in Weimar. [...]

Nach nur sechs Jahren hatte sich der Buchmarkt (einschließlich der Firmen der einverleibten „Ostmark") den Bedingungen der Kriegswirtschaft zu unterwerfen. [...] Von Produktionsdrosselungen für den totalen Kriegseinsatz und Stillegungen waren natürlich vor allem mißliebige Verlage betroffen. Gegen Ende des Krieges hatten nur mehr die reinen Parteiverlage die Möglichkeit, mehr als ein Notprogramm auszuliefern. [...]

Es gelang der NS-Literaturpolitik [letztenendes] nicht, eine genehme Jugend-, Kriegs- oder Zeitliteratur von Rang zu entdecken und zu fördern. Freilich war das Buch als Propagandainstrument insgesamt neben den Massenmedien Film, Funk, Illustrierten und Zeitungen eher zweitrangig. Die Indoktrination durch die gleichgeschaltete Presse, durch die scheinbar unpolitischen UFA-Filme und Leni Riefenstahls apologetische Streifen, durch Wochenschauen und Volksempfänger war ungleich wirksamer als die schwierigere durch das Buch.

Hermann Kurzke

Politikscheuer Ästhet und kämpferischer Publizist – Thomas Mann und das Dritte Reich

Im Februar 1933 verläßt Thomas Mann Deutschland wegen einer Vortragsreise. Er sollte erst 1949 wieder deutschen Boden betreten. Auf die Chronologie des dichterischen Werks scheint der große biographische Einschnitt von 1933 zunächst ohne Folgen zu sein. [...]

Von den geistigen Voraussetzungen her, wie sie bis zum *Zauberberg* bestanden, hätte Thomas Mann nicht zum Exilautor werden müssen. Der Weg in die „innere Emigration" wäre wahrscheinlicher gewesen, so wie ihn viele andere Autoren der „konservativen Revolution" gehen mußten. Die Emigration wurde denn auch mehr von den Umständen erzwungen als bewußt gewählt. Am 10. Februar 1933, also bereits nach Hitlers Wahl zum Reichskanzler, hielt Thomas Mann in München den Vortrag *Leiden und Größe Richard Wagners.* Am Tag darauf reiste er nach Amsterdam, von dort über Brüssel und Paris nach Arosa, wo er einen Urlaub verbringen wollte. Warnungen aus Deutschland veranlaßten ihn, die Rückkehr hinauszuzögern, so daß er wichtige Vorgänge im Ausland erlebte: die Reichstagswahlen vom 5. März, die Gleichschaltung Bayerns am 9. März und schließlich eine gezielte Denunziation, die die Beschlagnahme seines Hauses und seines Vermögens nach sich zog. Ein von zahlreichen Repräsentanten des Münchener Kulturlebens unterzeichnetes Pamphlet gegen den Wagner-Vortrag befestigte den Entschluß, vorerst nicht nach Deutschland zurückzukehren. Nicht allein die Beschlagnahme zeigt, daß Thomas Mann tatsächlich gefährdet war. Heute weiß man, daß Hanns Johst, der inzwischen Präsident der Reichsschrifttumskammer geworden war, in einem Brief an Heinrich Himmler tatsächlich Manns Inhaftierung in Dachau vorgeschlagen hatte. Ein erst kürzlich aufgefundener Brief von Reinhard Heydrich, der damals die Bayerische Politische Polizei leitete, an den Reichsstatthalter in

Bayern bestätigt, daß spätestens am 12. Juli 1933 ein Schutzhaftbefehl gegen Thomas Mann vorlag.

Der dreijährige Streit der nationalsozialistischen Behörden, der schließlich zur Ausbürgerung am 2. 12. 1936 führte, läßt erkennen, daß vornehmlich Münchener Kreise die Aktion gegen Thomas Mann betrieben, während er in Berlin noch lange als tolerabel galt. Tolerabel vor allem, weil er schon im Frühjahr 1933 erklärt hatte, er wolle fortan alles Amtliche von seinem Leben abstreifen und in vollkommener Zurückgezogenheit seinen persönlichen Aufgaben leben (so am 17.3. 1933 an den Präsidenten der Akademie der Künste). In der Tat stellt er die antifaschistische Publizistik fast völlig ein, um sein deutsches Publikum nicht zu verlieren und „diese Tiere" (Tagebuch 15. 3. 1933) nicht unnötig zu reizen. Zur Publizistik der Emigranten hält er Distanz. [...] Er will seelisch mit der Emigration nichts zu tun haben und sieht sich in einer „singulären, mit anderen Schicksalen nicht zu verwechselnden Stellung" (Tagebuch 1. 5. 1933).

Tatsächlich trennte ihn einiges von der Emigration. Er war nie arm – der Nobelpreis von 1929 war zum Teil im Ausland angelegt worden. Er hatte im Gegensatz zu den meisten anderen deutschen Emigranten ein internationales Publikum, das ihm auch dann noch Honorare einbrachte, als ihm die deutschen Publikationsmedien verlorengegangen waren und schließlich 1936 auch der S. Fischer Verlag das Reich verlassen mußte. [...]

Mit der „singulären Stellung" hatte Mann allerdings nicht das Geld, sondern etwas Geistiges gemeint. Er war weder Jude noch Sozialist, sondern er fühlte sich als nationaler Autor. Er fand, „daß mit einer deutschen Revolution, die einen Menschen wie mich aus dem Land stößt, nicht alles in Ordnung sein kann" (22. 4. 1933 an W. Rathgen). [...]

Die ersten Jahre des Exils zeigen ihn viel mehr als politikscheuen Ästheten denn als kämpferischen Publizisten, wenn auch die Ablehnung des Nationalsozialismus in privaten Äußerungen sehr entschieden bleibt und sich der Wille zum Exil bald befestigt. Er zögert drei Jahre, bis er den öffentlichen Kampf wieder aufnimmt. Er tut dies erstmals mit einer Erklärung *An Eduard Korrodi* in der *Neuen Zürcher Zeitung* vom 3.2. 1936, dann, weithin wirksam, mit dem *Briefwechsel mit Bonn* Ende 1936. Dieses Schriftchen, das als Tarnschrift auch in Deutschland Verbreitung erlangte, reagiert auf die Aberkennung der deutschen Staatsbürgerschaft (2.12. 1936) und auf die Entziehung der Ehrendoktorwürde der Universität Bonn mit einer dezidierten Absage und eröffnet eine Phase des aktiven Kampfes in Rede und Schrift.

Thomas Mann war inzwischen eine Gastprofessur in Princeton angetragen worden. Er emigriert 1938 in die Vereinigten Staaten. Dort setzt er in einer Vielzahl von Schriften und Reden seinen Kampf gegen Hitler fort. Die breiteste Wirkung auch nach Deutschland hinein hatten die von der BBC von 1940 bis 1945 jeden Monat gesendeten Radiobotschaften *Deutsche Hörer!* Trotz wachsenden Engagements für eine Art demokratischen Sozialismus, der Ost und West versöhnen sollte, hält er zur Politik der übrigen Emigranten vorsichtige Distanz. [...] Vom Zwang der Umstände in die Opposition getrieben, will er doch auch diese möglichst als Repräsentant einer Macht betreiben. Seine Verbindungen zu Präsident Roosevelt und zu literaturpolitischen Entscheidungsträgern in den USA sind daher besser als die zu den Emigrantenorganisationen. [...]

Das übliche Entwicklungsschema einer allmählichen Wandlung vom Unpolitischen zum Demokraten und schließlich zum Sozialisten ist daher zu revidieren. Nicht so sehr eine kontinuierliche Politisierung ist anzusetzen als vielmehr ein lebenslanges Spannungsverhältnis zwischen ästhetizistischem Konservatismus als Sphäre der Neigung und Politik als Sphäre der Pflicht. Innerhalb dessen wird der Dichter je nach der Intensität des Drucks der Zeitgeschichte und je nach den Chancen eines Auftretens als Repräsentant gegen die Prädispositionen seiner Natur verschieden weit in die Politisierung getrieben.

Werner Röder

Vom „Auszug des Geistes"

Schon in seinem ersten Jahr hatte das Regime durch das ‚Gesetz zur Wiederherstellung des Berufsbeamtentums', die Einrichtung der Reichskulturkammer und eine Reihe weiterer Maßnahmen mit primär politischer Stoßrichtung einer großen Zahl von Wissenschaftlern, Schriftstellern, Publizisten und Künstlern Existenzgrundlagen oder kreative Entfaltungsmöglichkeiten genommen. Für sie stand die oft parallele Gefährdung aufgrund jüdischer Herkunft oder Religion häufig nicht an erster Stelle bei der Entscheidung zur Emigration – vor allem nicht bei politisch engagierten Autoren, bei Künstlern avantgardistischer Schulen und jenen Vertretern der Humanwissenschaften, die sich durch ihr Werk in grundsätzlicher Gegnerschaft zur nationalsozialistischen Ideenwelt befanden. Nach und nach haben neben einer noch nicht genau zu beziffernden Zahl von Angehörigen anderer Kulturbereiche – darunter etwa 500 Schriftsteller – annähernd 4000 Forscher und akademische Lehrer Deutschland verlassen.

Für einzelne Fächer, etwa Gestalt- und Entwicklungspsychologie oder Psychoanalyse, empirische Sozialforschung, mathematische Logik und Teile der theoretischen Physik belief sich der ‚Emigrationsverlust' auf über 40%, ja bis zu 50%. Mit den mehr als 6000 Emigranten aus dem Kultur- und Wissenschaftsbereich, unter ihnen 30 damalige und spätere Nobelpreisträger und 27 Mitglieder des Ordens ‚Pour le Mérite' für Wissenschaft und Künste, bereitete sich das ‚Dritte Reich' nicht nur einen empfindlichen Aderlaß. Emigrierte Wissenschaftler sind dem NS-System mit scharfsinnigen Analysen entgegengetreten und haben an seinem Sturz in berufsbezogener Weise, etwa als Experten alliierter Nachrichtendienste, mitzuwirken versucht. Aber schon die Verteilung der Wissenschaftsemigration weist darauf hin, daß die Auswanderung größtenteils dauerhaften Charakter hatte: Über zwei Drittel dürften sich in überseeischen Ländern niedergelassen haben, denen Großbritannien mit geschätzten 10% folgt.

Andererseits haben zahlreiche Publizisten, Schriftsteller und Künstler zum Teil eminent politische Positionen als Deutsche im Exil bezogen und so das populäre Bild der Emigration geprägt. Die Frage, inwieweit mit der Exilliteratur eine eigene Gattung deutschsprachiger Belletristik entstanden ist, mag letztlich unbeantwortet bleiben. Schon durch das Medium Sprache war dieser Sektor der Emigration unabhängig von späteren Wirkungsorten und politischen Bekenntnissen der Autoren stets Teil eines sich weltbürgerlich verstehenden deutschen Kulturzusammenhangs. In der Exilliteratur hat nicht nur die ‚Erfahrung der Fremde', sondern auch der Konflikt mit dem zeitgenössischen Deutschland in unterschiedlichster – mitunter künstlerisch und intellektuell durchaus unproduktiver – Weise Ausdruck gefunden: Analog zum Pluralismus der politischen Emigration gab es auch hier „bedeutende kulturelle Leistungen von Deutschen im Exil, aber keine Kultur des Exils" (R. Löwenthal).

Hinweise auf das differenzierte Selbstverständnis der Gesamtgruppe geben nicht zuletzt die Annäherungszahlen, die für die Rückkehrer errechnet werden konnten: Vielleicht 30% der im Kultur- und Wissenschaftsbereich tätig gewesenen Emigranten haben sich nach Kriegsende wieder in Deutschland und Österreich niedergelassen, davon nur etwa jeder Fünfte in der ehemaligen DDR. Literaten, Publizisten, bildene Künstler und Geisteswissenschaftler stellen, gefolgt von Schauspielern und Regisseuren mit etwa 25%, knapp zwei Drittel der Heimkehrer aus dem Exil. Abgesehen von politischen Loyalitäten und der Wiedereinstellung ehemaliger Hochschullehrer verdeutlichte sich hier die Bindung an Sprache und fachspezifische akademische Traditionen, etwa im Bereich der Philosophie. Aber auch dort, wo der ‚Auszug des Geistes' biographisch irreversibel war, hat eine Vielzahl wieder aufgenommener Verbindungen zur kulturellen Vitalität Nachkriegsdeutschlands beigetragen.

Otto Gritschneder

Der „Röhm-Putsch“

Die Sturmabteilung (SA), die sich Hitler in den zwanziger Jahren während der sogenannten Kampfzeit aus sozial Entwurzelten, Arbeitslosen und verkommenen Typen herangezogen hatte, war eine üble Schlägertruppe. Bei Versammlungen „schützte“ sie den „Führer“, bei Gegendemonstrationen schlug sie brutal zu, und mancher politische Mord geht auf ihr Konto. Nach der Machtübernahme Hitlers am 30. Januar 1933 wurde die SA, inzwischen auf über 2,5 Millionen Mitglieder angewachsen, allmählich überflüssig. Unzufriedenheit machte sich breit unter denen, die keine Posten und Pfründe bekamen.

In besonders brisante Spannung gerieten der SA-Chef Ernst Röhm und seine Kamarilla zu der (nur 100000 Mann starken) Reichswehr. Röhm wollte Kriegsminister werden und seine Leute irgendwie in die Reichswehr integrieren, die jedoch dem „Emporkömmling“ Hitler zunächst ziemlich reserviert gegenüberstand. Die Gespräche darüber führten zu keinem befriedigenden Ergebnis: Die SA wurde von der Reichswehr für menschlich und fachlich unzulänglich gehalten.

Einige ungeschickte Reden Röhms („Statt Revolutionen zu feiern, mache ich lieber Revolutionen“), dazu entstellte und erfundene Berichte von Goebbels, Göring, Heydrich und Himmler erzeugten in dem Hysteriker Hitler die Vorstellung von einem bevorstehenden Putsch. Er glaubte, sich entscheiden zu müssen zwischen Reichswehr und SA. Er erkannte, daß er seine Kriegs- und Eroberungspläne mit den Rowdies der SA nicht verwirklichen könne, und setzte daher auf die gut ausgebildete und disziplinierte Reichswehr. Die machte mit. Mit ihrer Billigung und Unterstützung – das war für die ganze künftige Entwicklung entscheidend – entschloß sich Hitler dann zu dem überraschenden Massaker vom 30. Juni 1934: Ohne Gerichtsverfahren, ja, ohne die Betroffenen auch nur anzuhören, ließ er zunächst sieben hohe SA-Führer „wegen Hoch- und Landesverrates“ erschießen und löste damit im ganzen Reichsgebiet die „Nacht der langen Messer“ aus. Göring, Himmler und Heydrich ermordeten die auf vorbereiteten „Reichslisten unerwünschter Personen“ stehenden wirklichen oder vermeintlichen Gegner. [...] Anläßlich dieser sogenannten Röhm-Affäre wurden nicht nur Ernst Röhm und jene sechs SA-Führer in Stadelheim ermordet, es wurden auch zweiundzwanzig weitere vermeintliche oder wirkliche politische Gegner in München und in Dachau liquidiert.

Man darf bezweifeln, daß Hitler alle diese Morde ebenfalls befohlen hat. Mancher glaubte wohl, in dieser putsch- und gerüchteschwangeren Atmosphäre „im Sinne des Führers“ zu handeln oder aber persönliche Rechnungen begleichen zu können. Für die Ermordung Pater Bernhard Stempfles zum Beispiel gibt es überhaupt keinen einleuchtenden Grund. Auch für die Morde in Berlin und in Schlesien dürfte die Initiative nicht von Hitler ausgegangen sein, wenigstens in den meisten Fällen nicht. Heydrich, Göring und Himmler hatten längst eine Liste derer vorbereitet, die bei solch einer Gelegenheit gleich mitbeseitigt werden sollten. Um seine Stellung als Führer aber nicht zu gefährden, mußte Hitler sich entschließen, in seiner spektakulären Reichstagsrede vom 13. Juli 1934 für alle diese Liquidierungen die „volle Verantwortung“ zu übernehmen; er hatte Mühe, die Mordaktion Anfang Juli wieder abzubremsen. [...]

Hitler spürte, daß das Volk eine Erklärung, womöglich auch eine Rechtfertigung des 30. Juni erwartete. Irgendwie scheint er vielleicht doch das Gefühl gehabt zu haben, daß bei diesen „Aktionen“ nicht alles mit rechten Dingen zugegangen ist. Aus den Stimmungsberichten der Regierungspräsidenten konnte er freilich entnehmen, daß die Bevölkerung den 30. Juni relativ gelassen hingenommen hatte. Viele freuten sich, daß die Nazis untereinander in eine Art Kameradenschlächterei geraten waren und ihre mordenden und sengenden SA-Führer selbst liquidiert hatten.

Zusätzliche Sympathien gewann Hitler dadurch, daß er nun auf die homosexuelle Veranlagung seines Stabschefs und anderer

SA-Bonzen hinwies. Jahrelang hatte er ihre nach und nach bekanntgewordenen Perversitäten hingenommen und die Kenntnis davon mehr oder weniger verdrängt. Jetzt aber ließ er das naive Volk glauben, daß er als Hüter der Moral hier „ausgemistet" habe. [...]

Im Vertrauen auf sein so vielfach bewährtes demagogisches Talent entschloß sich Hitler zu einem „Rechtfertigungsbericht" in Form einer „Erklärung der Reichsregierung" vor dem Deutschen Reichstag. [...] Vor diesem Reichstag, der damals in der Kroll-Oper in Berlin tagte, hielt nun Hitler am 13. Juli 1934 eine zweistündige Rede, in der er „Entstehung und Überwindung der Krise" klarzulegen versprach. Der Völkische Beobachter nannte diese Rede in seiner Schlagzeile vom 14. Juli 1934 „Rückhaltlose Aufklärung durch den Führer".

Ein solcher Auftritt vor dem Reichstag war übrigens für Hitler nicht ohne Risiko. Waren doch dreizehn von den bei dieser 30.-Juni-Aktion Ermordeten Mitglieder des Reichstags. Auch die Immunität, die ihnen nach der Verfassung zustand, hatte der Reichskanzler mißachtet.

Hitler wußte sehr wohl, daß nicht wenige der ermordeten Abgeordneten Freunde und alte Kampfgefährten der hier Versammelten waren, die sich eventuell rächen oder ein Attentat versuchen könnten. Daher hat er, was es sonst in keinem Parlament der Welt gibt, Posten mit Gewehr und Stahlhelm links und rechts neben das Sprecherpult postiert, Angehörige der SS.

Die Rede Hitlers, wie immer schreiend und bellend vorgetragen, war eine Meisterleistung an Vernebelungstaktik und voll unverschämter Arroganz. Auf alle Verdrehungen, Lügen und Lücken dieser „Aufklärung" kann hier nicht eingegangen werden. Es wäre für einen Psychoanalytiker eine lohnende Aufgabe, diese schwülstigen, verquasten Formulierungen näher zu untersuchen. Das Wesentliche einer Aufklärung blieb Hitler schuldig. So nannte er nur 15 „Hochverräter" beim Namen. Jung, Bose, Kahr, Klausener und Probst zum Beispiel unterschlug er einfach.

Sodann brachte Hitler eine lange Märchenerzählung über den

„Putsch", über die unmittelbar bevorstehende „Revolution". Er konnte keinen einzigen einschlägigen Vorfall in einer nachprüfbaren Weise schildern und nicht einmal den Schatten eines Beweises anbieten. [...] Irgendwie mußte Hitler allmählich auf den Kernpunkt kommen: Warum hat er nicht nach der Festnahme der „Verräter" ein Gericht bemüht, und warum hat er den Verdächtigten nicht Gelegenheit zur Äußerung gegeben, bevor er jene Erschießungen angeordnet hat? [...] Daher ist der erstaunlichste Satz dieser langen Rede [...] jene mit besonders fanatischem Tonfall hinausgeschriene „Feststellung":

„Wenn mir jemand den Vorwurf entgegenhält, weshalb wir nicht die ordentlichen Gerichte zur Aburteilung herangezogen hätten, dann kann ich ihm nur sagen: In dieser Stunde war ich verantwortlich für das Schicksal der deutschen Nation und damit des deutschen Volkes oberster Gerichtsherr!"

Im amtlichen Sitzungsprotokoll ist dazu vermerkt: „Langanhaltender tosender Beifall. Die Anwesenden erheben sich und brechen in stürmische Heilrufe aus." Der Reichstag hat die hier erstmals offiziell und vor aller Welt von Hitler in Anspruch genommene Stellung als „des deutschen Volkes oberster Gerichtsherr" mit brausender Zustimmung anerkannt. [...]

Die SA war „geköpft". Neben dem Entzug von Vergünstigungen wurde eine systematische Reduzierung der Mitgliederzahl sowie die Entlassung von SA-Mannschaften und SA-Führungspersonal durch Ausschlußverfahren und Sondergerichte betrieben. Unterschlagungen, Gewalttätigkeiten, Alkoholdelikte und ähnliches wurden jetzt plötzlich disziplinarisch geahndet.

Der revolutionäre Enthusiasmus der alten Kämpfergeneration war verflogen. Der internationale Militärgerichtshof, der mit seinem „Nürnberger Prozeß" vom 14. November 1945 bis zum 1. Oktober 1946 gegen die führenden Nazis und ihre Organisationen verhandelte und eine Reihe von hohen Militärs und Parteichargen zum Tode verurteilte, hat auch die Verbrechen der NS-Organisationen untersucht. Die SA hat er (im Gegensatz zur SS) nicht verurteilt und in seiner Urteilsbegründung auf die relative Bedeutungslosigkeit der SA hingewiesen.

Bernd Rüthers

„Der Führer schützt das Recht" – Carl Schmitt und der 30. Juni 1934

Die Perversion des Rechts im Nationalsozialismus zum totalitären Unrecht, zum Instrument der Vernichtung aller wirklichen oder vermeintlichen „Feinde" der NS-Weltanschauung, war nicht in erster Linie ein Werk des national-sozialistischen Gesetzgebers. Die neue Führung hat zu größeren Gesetzgebungsvorhaben nur auf wenigen Teilgebieten Kraft und Zeit gefunden (z. B. Ermächtigungsgesetz, Gesetz zur Wiederherstellung des Berufsbeamtentums, Gesetz zur Ordnung der nationalen Arbeit, Rassengesetzgebung, Ehegesetz). Die überkommene Rechtsordnung der Weimarer Republik wurde durch „Auslegung", besser: durch die Einlegung der weltanschaulichen Grundprinzipien des Nationalsozialismus, auf die Ziele des NS-Staates ausgerichtet. Dabei wirkten die Ministerialbürokratie, die Gerichte und die Universitäten durch ihre jeweils den neuen Ton angebenden Repräsentanten in einer für die „nationale Revolution" der neuen Machthaber erfreulich reibungslosen und ergebnisträchtigen Weise zusammen. [...]

Am 30. Juni 1934 fand eine von Hitler befohlene Tötungsaktion gegen die SA-Führung und verschiedene andere innenpolitische Gegnergruppen statt. Die NS-Propaganda verbreitete dafür die auf Rechtfertigung zielende Bezeichnung „Röhm-Putsch". [...]

Schmitts Rechtfertigung der Morde des 30. Juni, die damals und heute kaum zu verstehen ist, läßt sich daher auch nicht damit erklären, Schmitt sei ein „Mann der Reichswehr" gewesen, die allgemein als Garant der Staatlichkeit im System Hitlers gegolten habe. Schmitt habe daher zustimmen „und Hitlers Tat als im höchsten Maße *souveränes* Handeln des sich selbst und damit das Recht schützenden Staates interpretieren" müssen. Diese Deutung übersieht, daß mit von Schleicher und den vielen anderen nicht Männer der SA, sondern Repräsentanten der Reichswehr und der Staatlichkeit umgebracht wurden. Die Alternative Schmitts, zu der blutigen Mordnacht zu schweigen, wird von seinen Verteidigern nicht erwähnt. [...]

Für das Verständnis der Rolle Carl Schmitts ist der Umstand wichtig, daß sich unter den Ermordeten u. a. folgende Personen befanden: Der ehemalige Reichskanzler Kurt von Schleicher (den er selbst noch im Februar 1933 als „seinen Freund" bezeichnete und dem er lange Zeit als juristischer Berater eng verbunden war), ferner Edgar Jung, konservativ gesonnener Berater v. Papens und in den politischen Positionen Schmitt eng verwandt; schließlich der schon genannte Ministerialbeamte Klausener, dessen katholisch-politischer Grundsatzposition Schmitt nicht gerade ferngestanden hatte. Mindestens die Ermordung von Schleichers mußte für Schmitt den Tod eines langjährigen vertrauten politischen Förderers und Bundesgenossen bedeuten. [...]

In der von Schmitt selbst herausgegebenen Zeitschrift „Deutsche Juristenzeitung" vom 1. August 1934 (!) erschien zu den Vorgängen des 30. Juni 1934 ein Aufsatz von ihm mit dem Titel: „Der Führer schützt das Recht". Darin wurden die von Hitler befohlenen Morde gerechtfertigt. Den Rechtfertigungsgrund sah Schmitt nicht allein in der Konstruktion eines möglichen Staatsnotstandes, der aus einem wirklich oder vermeintlich drohenden Putsch Röhms mit seiner SA konstruiert werden konnte. Neben das Notstandsargument trat vielmehr die Berufung auf eine neue, spezifisch nationalsozialistische Rechtsquelle, nämlich das Führertum:

> „Der Führer schützt das Recht vor dem schlimmsten Mißbrauch, wenn er im Augenblick der Gefahr kraft seines Führertums als oberster Gerichtsherr unmittelbar Recht schafft (!): ‚In dieser Stunde war ich verantwortlich für das Schicksal der deutschen Nation und damit des Deutschen Volkes oberster Gerichtsherr'. Der wahre Führer ist immer auch Richter. Aus dem Führertum fließt das Richtertum. Wer beides voneinander trennen oder gar entgegensetzen will, macht den Richter entweder zum Gegenführer oder zum Werkzeug ei-

nes Gegenführers und sucht den Staat mit Hilfe der Justiz aus den Angeln zu heben. Das ist eine oft erprobte Methode nicht nur der Staats-, sondern auch der Rechtszerstörung.

In Wahrheit war die Tat des Führers echte Gerichtsbarkeit. Sie untersteht nicht der Justiz, sondern war selbst höchste Justiz."

Das Datum des Erscheinens dieses Aufsatzes ist beachtenswert. Zwischen den Morden vom 30. Juni 1934 und dem Erscheinen des Beitrages liegt genau ein Monat. Berücksichtigt man die für die Drucklegung einer Fachzeitschrift absolut notwendige Zeitspanne von etwa zwei Wochen, so muß der Verfasser unmittelbar nach der Mordaktion und der Führerrede zur Feder gegriffen haben. Jedenfalls widerlegt dieser Zeitablauf die gelegentlich verbreitete Schutzbehauptung, Schmitt habe die Niederwerfung des „Röhm-Putsches" erst „nach einigem Zögern" gerechtfertigt. Richtig ist vielmehr zweierlei:

Schmitt hat nicht gezögert, sondern unverzüglich seinen Rechtfertigungsbeitrag geschrieben. Er hat damit nicht nur die Niederwerfung des „Röhm-Putsches", sondern alle Tötungen aus diesem Anlaß vor der juristischen Öffentlichkeit als legitim erscheinen lassen.

Der bewußte terminologische Gleichschritt des Beitrages vom 1. August mit der „Führerrede" („des Deutschen Volkes oberster Gerichtsherr") vom 13. Juli 1934 bedeutet in sachlichem wie zeitlichem Zusammenhang den vorbehaltlosen staatsrechtlichen Legitimationsversuch eines gesetzwidrigen Tötungsbefehls durch den amtierenden Reichskanzler. Es war zugleich – unter dem Gesichtspunkt des gewählten Publikationsorgans – die (scheinbar?) repräsentative Unterwerfung der „herrschenden" Meinung in der Rechtswissenschaft unter die Forderungen und Maßnahmen der skrupellosen Machthaber im „totalen Staat".

Helmut Krausnick

Von der „unpolitischen" Reichswehr zur Armee des „Führers"

Den Umbruch vom 30. Januar [...] haben die jüngeren Offiziere der Reichswehr in dem Gefühl begrüßt, zum ersten Mal seit 1919 dem Staat auch mit dem Herzen dienen zu können. Der neuen Führung traute man Willen und Kraft zu, die Beschränkungen des Versailler Vertrages abzuschütteln und damit dem Offizier eine Fülle positiver Aufgaben zu bieten, dazu die Aussicht auf raschere Beförderung. Der starke Anhang der Führung im Volk erschien als erhöhte Gewähr für eine Wehrhaftmachung aller. Die älteren, von Hause aus konservativer eingestellten Offiziere standen der NSDAP – auch wegen der Herkunft und des Gebarens mancher ihrer Funktionäre – reserviert gegenüber. Dem Umbruch selbst aber widerstrebten sie um so weniger, als Hitler ihn unter die Parole einer „nationalen Erhebung" zu stellen verstand. Auch verließen die Männer der neuen Reichswehrführung, der Minister General v. Blomberg und der Chef des Ministeramts, Oberst v. Reichenau, sehr bald die frühere sogenannte „unpolitische" Linie. Bereits Ende Februar, noch vor dem Reichstagsbrand, erklärte Reichenau bei einer Befehlshaberbesprechung: „Erkenntnis [ist] notwendig, daß wir in einer Revolution stehen. Morsches im Staat muß fallen, das kann nur mit Terror geschehen. Die Partei wird gegen Marxismus rücksichtslos vorgehen. Aufgabe der Wehrmacht: Gewehr bei Fuß. Keine Unterstützung, falls Verfolgte Zuflucht bei der Truppe suchen." [...]

Hatte er [v. Blomberg] unmittelbar nach dem 30. Januar die „unpolitische Haltung" der Reichswehr noch gerühmt, weil sie ihre Überführung in das neue Regime erleichtert habe, so wertete der Minister diese unpolitische Haltung nunmehr als ein „bloßes Mittel" ab, das Heer „vor zu enger Verstrickung in das System der früheren Regierungen zu bewahren... Jetzt", so erklärte er, „ist das Unpolitischsein vorbei, und es bleibt nur eins: der nationalen Bewegung mit aller Hingabe zu dienen." Blomberg glaubte – ebenso wie Reichenau – damit natürlich auch die Behauptung einer privilegierten, von den Gliederungen der Partei respektierten Position der Reichswehr gemäß den Zusagen Hitlers zu sichern. [...] Dazu traf er Maßnahmen, die der Integration der Wehrmacht in den NS-Staat äußeren Ausdruck verleihen sollten. So befahl er am 21. Februar 1934 die Anbringung des sogenannten Hoheitszeichens der NSDAP an der Uniform. Am 28. Februar wurden sodann durch einen Erlaß Blombergs – ohne daß Hitler es bereits verlangt hätte – die Angehörigen der Wehrmacht dem sogenannten Arierparagraphen unterworfen und die hiervon betroffenen – 70 – Offiziere und Soldaten *„entlassen"*. [...]

Unterdessen hatte Hitler alles getan, um – vorerst – der Reichswehr zumindest ihre organisatorische Eigenständigkeit innerhalb seines Regimes zu bestätigen. Seine Äußerungen gipfelten schließlich (17. 8. 1934) in der vielzitierten Formel:

„Die Staatsführung ... wird von zwei Säulen getragen: politisch von der in der nationalsozialistischen Bewegung organisierten Volksgemeinschaft, militärisch von der Wehrmacht. Es wird für alle Zukunft mein Streben sein, dem Grundsatz Geltung zu verschaffen, daß der alleinige politische Willensträger in der Nation die Nationalsozialistische Partei, der einzige Waffenträger des Reiches die Wehrmacht ist."

Wer aber diese nach einem gleich großen Anteil beider „Säulen" an der Staatsführung klingende Formel kritisch aufnahm, konnte sich bei dem klaren Vorrang, den sie der Partei als dem „alleinigen politischen Willensträger" einräumte, über ihren Sinn keine Illusionen machen.

Inzwischen war zeitweilig die Existenz der Reichswehr bedroht worden durch den großen „Kampfverband" der Partei, die SA, unter ihrem Stabschef Röhm. [...] Nach einem monatelangen Abwarten, das ihm durch die inzwischen zunehmende SA-Gefahr die Reichswehrführung vollends in die Arme trieb, leitete Hitler in der letzten Junidekade 1934 das mit Himmlers und Heydrichs Sicherheitsdienst von langer Hand vorbereitete Blutbad in die Wege, und Opfer dieses Blutbades wurden bekanntlich auch eine Reihe ehemaliger, jetziger und möglicher künftiger Gegner – besonders bürgerlich-konservativer Richtung.

Über die Mitwirkung der Reichswehr an Vorbereitung und Durchführung der Aktion der SS ist man seit einiger Zeit genauer unterrichtet. Danach hat in vollem Einklang mit Blomberg und in enger Verbindung mit Himmler und Heydrich Reichenau den spezifisch politischen Teil der Kooperation mit der SS gestaltet. [...] Zur Realisierung der umfangreichen technischen Hilfe, welche die Reichswehr durch Bereitstellung von Transportraum, Waffen und Munition sowie von Unterkünften (Kasernen) der SS gewährt hat, war aber auch die Mitwirkung des Chefs der Heeresleitung und des Chefs des Truppenamtes nötig. Dies gilt natürlich erst recht für die Ergreifung verstärkter Sicherheitsmaßnahmen durch das Heer bis zur förmlichen Alarmierung der Truppe bzw. eine für Notfälle vorgesehene militärische Rückendeckung der SS. Die Befehle zur Unterstützung des Vorgehens gegen die SA bedeuteten allerdings noch kein Einverständnis mit seiner Durchführung in Gestalt einer summarischen Mordaktion – welche die Männer der Heeresleitung vielmehr entsetzt hat; freilich ohne daß einer von ihnen Konsequenzen zog.

Durch sein präventives, blitzschnelles persönliches Vorgehen gegen Röhm und seine Clique konnte Hitler allerdings sofort vollendete Tatsachen – auch gegenüber der Reichswehr – schaffen und das Erscheinungsbild des Geschehens bereits weitgehend in seinem Interesse bestimmen. Das Gros der Offiziere sah vor allem die Niederschlagung ihrer „Feinde", der SA-Führer, angeblich der übelsten Elemente der Partei; der gleichzeitig ermordete General v. Schleicher erschien ihnen eher als der unverbesserliche politische Spieler denn als Soldat und Kamerad. Von den Morden an offenkundig Unbeteiligten hörten auch die meisten Offiziere erst nachträglich und schrieben sie Übergriffen untergeordneter Organe zu oder beruhigten sich in dem Wunschgedanken, daß ein letzter, gegen politische Desperados gerichteter Gewaltakt die Revolution endgültig abgeschlossen habe. [...]

Eine kriegsgerichtliche Untersuchung des Mordes an den beiden prominenten Kameraden aber, wie mehrere Befehlshaber sie forderten – ohne freilich darauf zu bestehen –, bezeichnete der Minister als unmöglich. Ja, Blomberg zahlte für das, was Hitler am 30. Juni schon im eigenen Interesse getan hatte, noch den Preis der folgenschweren Zustimmung zur Aufstellung einer Division bewaffneter SS.

Wenige Wochen später, nach dem Tode Hindenburgs (2. 8. 1934), bezahlte Blomberg für die Niederschlagung der SA noch eine weitere „Gegenrechnung". Ohne gesetzliche Grundlage, lediglich auf sein Verordnungsrecht als Minister gestützt, befahl er nämlich die „sofortige" Neuvereidigung der Reichswehr, und zwar jetzt nicht mehr, wie noch zufolge einer Zwischenregelung vom Dezember 1933, auf „Volk und Vaterland", sondern allein auf Hitler persönlich. Dies war der Schlußstrich unter einen Zeitabschnitt, in dem die Reichswehr sich als „sinnfälligen Ausdruck" der Staatsidee „an sich" begreifen wollte. Zudem ging mit der Verpflichtung zu „unbedingtem Gehorsam" diese neue Eidesformel über alle früheren hinaus.

Gordon A. Craig

„Meine Ehre heißt Treue" – Die SS

Die Ursprünge der SS reichen ins Jahr 1925 zurück, als Hitler nach seiner Freilassung aus dem Gefängnis Landsberg die NSDAP wieder aufbaute. Da er erfahren mußte, daß es nicht möglich war, den ursprünglichen Kampfverband der Partei, die SA, seinen Wünschen entsprechend zu reorganisieren (schon damals beanspruchte SA-Chef Röhm größere Selbständigkeit, als Hitler sie ihm zuzugestehen bereit war, und zog sich zurück, als er sich damit nicht durchsetzen konnte), forderte der Führer einen Angehörigen seiner alten Leibwache aus den Tagen des Münchner Putsches auf, eine neue Einheit aufzustellen, die sich als Schutztruppe für ihn und andere Parteiführer, als Sicherheitstruppe bei Parteiversammlungen und für andere Aufträge und Aufgaben verwenden lassen würde, etwa für die Mitgliederwerbung oder für den Verkauf von Anzeigen für die Parteizeitung, den *Völkischen Beobachter.* Im Spätsommer desselben Jahres trat diese Stabswache, nun unter der neuen Bezeichnung Schutzstaffel, bereits in Erscheinung, aber sie schien keine große Zukunft zu besitzen [...].

Dies änderte sich mit der Ernennung Heinrich Himmlers zum Führer der SS, denn dieser Fanatiker mit dem Kaninchengesicht, der sich dem Rassismus und dem Blut- und Boden-Kult in ihren schlimmsten Auswüchsen verschrieb, war andererseits auch ein kluger Praktiker der Machtausübung mit einem guten Gespür für günstige Gelegenheiten [...], und so ging er daran, aus der SS eine Verkörperung all dessen zu machen, was die SA nicht war – eine disziplinierte Elitetruppe, rekrutiert vor allem aus früheren Offizieren und aus arbeitslosen Akademikern und rückhaltlos dem Führer ergeben. Himmler sah in der SS von Anfang an mehr als eine bloße Leibwache; er wollte aus ihr eine Kaderschule für die Führungsschicht des zukünftigen nationalsozialistischen Staates machen [...].

Hitler war von den Fortschritten, die die SS unter Himmlers Führung machte, und von den Eigenschaften, durch die sie sich auszeichnete, beeindruckt und prägte für sie die Parole: „SS-Mann, Deine Ehre heißt Treue". Weitere und gewichtigere Vertrauensbeweise sollten folgen. Als es 1934 zu belastenden polizeilichen Enthüllungen über die Tätigkeit der Nachrichten- und Spionageabteilung der SA kam, erteilte Hitler der SS ein Zuständigkeitsmonopol für diesen Bereich, und Reinhard Heydrich, ein ehemaliger Funkoffizier der Marine, der zur rechten Hand Himmlers wurde, baute rasch seinen gefürchteten Sicherheitsdienst (SD) auf, dessen Aufgabe zunächst einmal darin bestand, den Kommunismus und andere die deutsche Volksseele bedrohende Denkrichtungen zu bekämpfen, und dessen Endzweck es war, das Denken aller Deutschen unter strenger Kontrolle zu halten. Dies stellte eine bedeutsame Erweiterung der Aufgaben der SS dar und markierte den Beginn ihrer ideologischen Betätigung, die sich darüber hinaus auch in der Errichtung eines Rasseamtes unter der Leitung Walter Darrés manifestierte, eines Blut-und-Boden-Fanatikers, der später Reichsbauernführer wurde. [...]

Zu einem nennenswerten politischen Machtfaktor wurde die SS jedoch erst allmählich nach der Machtergreifung 1933. [...] Im März 1933 übernahm Himmler den Posten des Münchner Polizeipräsidenten und benutzte diese verhältnismäßig unbedeutende Machtstellung dazu, Einfluß auf die Gauleiter und den Innenminister Adolf Wagner zu gewinnen, der ihn schon zwei Monate später zum Befehlshaber über die gesamte bayerische Politische Polizei gemacht und ihm das Konzentrationslager zu Dachau unterstellt hatte. Die brutale Zweckmäßigkeit, mit der er diese Macht ausübte, verschaffte ihm Ansehen bei anderen Parteiunterführern, die wußten, daß Reichsinnenminister Frick die Absicht hatte, alle Landespolizeien unter seine zentrale Kontrolle zu stellen. Die Statthalter zogen es vor, dem Beispiel Wagners zu folgen, und vertrauten ihre Polizeikräfte Himmler an, um so eher, als dieser ihre Oberaufsicht auch in Zukunft anzuerkennen versprach und bei der Verteilung von SS-Posten für sie und ihre Mitarbeiter großzügig verfuhr. Schon Anfang 1934 kontrollierten Himmler und Heydrich alle politischen Polizeien in Deutschland mit Ausnahme der preußischen, und im April 1934 konnten sie auch dort Fuß fassen [...].

Ein Führerbefehl vom 17. Juni 1936 ermächtigte den Reichsführer SS Himmler, die gesamte polizeiliche Tätigkeit (im kriminalistischen wie im politischen Bereich) im Reich gleichzuschalten, und verlieh ihm den Titel Chef der Deutschen Polizei im Reichsministerium des Innern. Diesem letzteren Zusatz konnte Frick keine große Genugtuung abgewinnen, denn seine Weisungsbefugnis war ebenso nominell wie die von Göring, wenngleich der Innenminister für Himmler weiterhin ein unbequemer Kontrahent war und es bis 1943 blieb, als der Reichsführer SS selbst das Innenministerium übernahm und Frick als Reichsprotektor nach Böhmen abgeschoben wurde.

Der erfolgreiche Schlag gegen Röhm, bei dem die SS-Leibstandarte Adolf Hitler, eine von Sepp Dietrich kommandierte Eliteeinheit, eine führende Rolle spielte, verschaffte Himmler noch mehr Macht, denn nun wurden auch die bisher von der SA kontrollierten Konzentrationslager wie das in Oranienburg bei Berlin seiner Verantwortung unterstellt. Dazu kamen noch die Lager, die schon bisher von der SS geleitet worden waren; 1934 existierten bereits mehr als 15 Konzentrationslager, die sich hinsichtlich der Haftmethoden, der Organisation der Zwangsarbeit und hinsichtlich der Bestrafungspraktiken erheblich voneinander unterschieden. Himmler ging nun, indem er das Konzentrationslager Dachau, dessen Aufbau und Arbeitsmethode Theodor Eicke ersonnen hatte und das seit Frühjahr 1933 unter SS-Leitung stand, zum Vorbild nahm, daran, das gesamte KZ-System zu rationalisieren und zu vereinheitlichen. Er machte Eicke, einen Mann, der in der Bürokratisierung des Terrors Pionierarbeit geleistet hat, zum Inspekteur der Konzentrationslager und Führer der SS-Wachverbände. Diese letzteren, die Ende 1934 insgesamt etwa 2000 Mann zählten, vergrößerten sich von da an sehr schnell. Es waren dies die gefürchteten Totenkopfverbände, die später, als Hitler die Endlösung der Judenfrage angeordnet hatte, die Massenmorde in Auschwitz und Treblinka verübten; freilich begingen sie auch schon vorher unzählige bestialische Verbrechen.

Die Reichswehrführung hatte das Vorgehen der bewaffneten SS-Einheiten gegen die SA im Juni 1934 gut geheißen. Weniger erfreut waren die Generale, als Himmler im Laufe des Jahres, das auf dieses Blutbad folgte, zusätzlich zu der von Sepp Dietrich kommandierten Eliteeinheit noch zwei weitere aufstellte. Denn damit schien das Gespenst, dem die Militärs den Kopf abgeschlagen zu haben glaubten, von neuem aufzuerstehen, und um dem einen Riegel vorzuschieben, beeilten sie sich, von Hitler das Versprechen zu erwirken, daß er das militärische Gewaltmonopol der Reichswehr respektieren werde. Doch dieser Erfolg war nicht von Dauer. Am 17. August 1938 erteilte der Führer Himmler die Erlaubnis, seine bewaffneten Einheiten durch die Überstellung von Männern aus der allgemeinen SS sowie durch die Einziehung von Rekruten zu stärken. Ende 1938 zählten die sogenannten SS-Verfügungstruppen und die Totenkopfverbände zusammen 20000 Mann. Es war dies der Kern der Waffen-SS, durch die der Reichsführer eines Tages das reguläre Heer ersetzen zu können hoffte.

Inmitten des Wirrwarrs miteinander konkurrierender Dienststellen, Ämter und Organisationen, die das Regierungsgefüge des Dritten Reiches bildeten, war die SS das effektive Herrschaftsinstrument par excellence. An keinerlei gesetzliche Vorschriften gebunden und verantwortlich nur gegenüber ihrem Befehlshaber – und über ihm dem Führer selbst – bestimmte sie uneingeschränkt über Leben und Freiheit der Menschen in Deutschland; wen immer sie wollte, konnte sie unter einem beliebigen Vorwand verhaften, internieren und wegen unbewiesener oder erfundener Verbrechen über kürzere oder längere Zeiträume gefangenhalten [...]; sie konnte ihre Häftlinge unmenschlichen körperlichen Torturen aussetzen, und wer es wagte, Kritik an der nationalsozialistischen Wirklichkeit zu üben oder die Verbrechen des Regimes beim Namen zu nennen, konnte ohne Verfahren ermordet werden. Das Wissen um die Ungeheuerlichkeiten, die die SS täglich beging, das Wissen um die Konzentrationslager, die stets bereit waren, neue Häftlinge aufzunehmen, das Wissen darum, daß viele, die in ein Lager gebracht wurden, spurlos verschwunden blieben, all dies war den Menschen in Deutschland stets gegenwärtig, und die Angst, die dieses Wissen auslöste, trug erheblich dazu bei, daß sie sich der Diktatur unterwarfen. Der staatliche Terror war im Dritten Reich die unübersehbarste politische Realität, und dieser Tatsache trug der Reichsführer SS Rechnung, als er seinen Gefolgsleuten 1937 erklärte, ihre Aufgabe erschöpfe sich nicht darin, die neue Ordnung lediglich zu schützen; sie hätten sie vielmehr erst zu schaffen.

Adelheid Gräfin zu Castell Rüdenhausen

Familienpolitik zwischen „Auslese" und „Ausmerze"

In der Weimarer Republik scheiterte eine Fülle familien- und frauenpolitischer Reformversuche an der Beharrungstendenz überkommener Normen, die der Geburtenrückgang zusätzlich zu bekräftigen schien. Mit der Machtübernahme 1933 wurden solche Vorhaben endgültig durch eine Familienpolitik und -ideologie ersetzt, die Kindheit, Frauen und Familie total vereinnahmten. Die nationalsozialistischen Familienideologen betrachteten die Kernfamilie als kleinste bio-soziale Einheit der „Volksgemeinschaft", in die sie konzentrisch über größere Kernfamilienverbände, die „Sippen", eingegliedert war. [...]

Die Hauptfunktion der Familie bestand nach ihrer Auffassung in der biologischen Reproduktion, die durch die Gemeinschaftserziehung zu ergänzen sei. Die Aufgabe der Familie im Volk sei daher in besonderem Maße die Aufgabe der Frau. [...]

Als primäres, die Familie unmittelbar tangierendes Interesse des „Volksganzen" postulierten die Nationalsozialisten die Gesundheit und „Reinheit" der arischen Rasse. Ihre Familienpolitik stand daher unter dem Primat der Bevölkerungspolitik, deren Bestandteile – Bekämpfung des Geburtenrückgangs, Erbgesundheits- und Rassenpolitik – durch das aggressive ethnozentrische Sendungsdenken und Machtstreben der „Bewegung" eng miteinander verbunden waren. [...] Nur ein Staat, der im Zeitalter der „Rassenvergiftung" sich der Pflege seiner besten rassischen Elemente widme, könne eines Tages zum Herrn der Erde werden. Unter solchen hegemonialen Zielsetzungen hatte „Rassenpflege" aktiv die Bevölkerung Deutschlands (und letztlich der Welt) mit den vermeintlichen Trägern rassisch und gesundheitlich wertvollen Erbgutes zu betreiben, d. h., den „natürlichen" Prozeß von „Auslese" und „Ausmerze" zu unterstützen, der seinerseits Bevölkerungswachstum voraussetzte. Die Auslesepolitik gipfelte in dem Plan, eine rassische Elite heranzuzüchten, deren Kern die SS, Himmlers „Orden des guten Blutes", bilden sollte; die Ausmerzungspolitik führte in letzter Konsequenz zum Konzept der „Endlösung", zur Ausrottung des jüdischen Volkes als des „gefährlichsten Rassenfeindes". [...]

Die nationalsozialistische Bevölkerungspolitik setzte unmittelbar nach 1933 ein. Zunächst ging man daran, mit sozialpolitischen Mitteln die Voraussetzungen zur Überwindung des mangelnden „Willens zum Kinde" und damit zur Begründung künftiger Ansprüche auf einen erweiterten Lebensraum zu schaffen. Durch die Einführung von Ehestandsdarlehen mit Geburtennachlässen (1933), nach der Kinderzahl gestaffelten Steuererleichterungen und laufenden Kinderbeihilfen (1934, 1936) sowie staatlichen Erziehungsbeihilfen für Kinderreiche (1938) wurde zusammen mit einer Reihe von flankierenden Einzelmaßnahmen allmählich ein umfassender, nach damaligen Maßstäben substantieller „Familienausgleich" geschaffen, der ausdrücklich pronatalistische Zielsetzungen verfolgte, wobei alle Vergünstigungen der generativen Sozialpolitik nur Bewerbern zugute kamen, die als erbgesund und rassisch einwandfrei galten. [...] Nichterwerbstätige Hausfrauen und Mütter wurden [...], sozusagen als Belohnung für ihren Verzicht auf Berufstätigkeit, von der Friedensdienstpflicht ausgenommen. Die Vorstellung, die Frau gehöre ins Haus, hielt das Regime schließlich sogar davon ab, eine allgemeine Kriegsdienstpflicht für Frauen einzuführen. Gleichzeitig diente die Verleihung des „Ehrenkreuzes der Deutschen Mutter", einer Stiftung des „Führers" vom 16. Dezember 1938, der Auszeichnung im „Mutterberuf"; es wurde je nach Kinderzahl in Bronze, Silber und Gold an „würdige, deutschblütige, erbtüchtige" Mütter, nicht aber an Mütter „asozialer Großfamilien" verteilt. [...]

Während die pronatalistische Familienpolitik [...] auf die Vermehrung der Träger „wertvollen" arischen Erbguts abzielte, schufen die Nationalsozialisten mit den Erbgesundheitsgesetzen das komplementäre Instrument zur „Ausmerzung" sog. minderwertiger Erbanlagen und zur unwiderruflichen Ausschaltung Erbkranker aus der „Volksgemeinschaft" als einer „Zeugungsgemeinschaft". Das „Gesetz zur Verhütung erbkranken Nachwuchses" (Sterilisationsgesetz) vom 14. Juli 1933 und das „Gesetz zum Schutze der Erbgesundheit des deutschen Volkes" (Ehegesundheitsgesetz) vom 18. Oktober 1933 schufen die Voraussetzungen, um solche Vorstellungen zu verwirklichen. Das Sterilisationsgesetz verlangte die systematische Ermittlung aller erbkranken Personen und deren zwangsweise Unfruchtbarmachung dann, „wenn nach den Erfahrungen der ärztlichen Wissenschaft mit großer Wahrscheinlichkeit zu erwarten ist, daß (die) Nachkommen an schweren geistigen oder körperlichen Erbschäden leiden werden". Dazu gehörten angeborener Schwachsinn, Schizophrenie, zirkuläres (manisch-depressives) Irresein, erbliche Fallsucht, erbliche Blindheit und Taubheit, schwere erbliche körperliche Mißbildungen und später auch schwerer Alkoholismus. [...] Die Gesamtzahl der damit legalisierten Sterilisationen wird auf rund 200 000 bis Mitte 1937, bzw. insgesamt maximal 350 000 Fälle geschätzt. [...]

Ergänzt wurde diese Politik der „Ausmerzung" durch das Ehegesundheitsgesetz. Um noch nicht Sterilisierte von der Fortpflanzung auszuschließen, verbot es die Verbindung zwischen einem gesunden, fortpflanzungsfähigen Partner und einem Erbkranken im Sinne des Gesetzes zur Verhütung erbkranken Nachwuchses; um aber die Fortpflanzungsfähigkeit des gesunden Partners auszunutzen, untersagte es auch dessen Verbindung mit einem bereits unfruchtbar gemachten Erbkranken. [...] Die Wirksamkeit der gesetzlichen Eheverbote wurde dadurch hergestellt, daß von den Verlobten vor der Heirat amtliche „Ehetauglichkeitszeugnisse" beizubringen waren. Die obligatorische Ehetauglichkeitsuntersuchung durch den Amtsarzt diente dabei gleichzeitig der Ermittlung „Erbkrankverdächtiger" im Sinne des Sterilisationsgesetzes. [...]

Auf Heirat und Familienleben wirkte sich speziell das Kern- und Herzstück nationalsozialistischer Rassenpolitik aus, das sog. „Blutschutzgesetz" (Gesetz zum Schutz des deutschen Blutes und der deutschen Ehre) vom 15. September 1935, das Geschlechtsbeziehungen und Eheschließungen zwischen Juden und Staatsangehörigen „deutschen oder artverwandten Blutes" untersagte, wobei sog. Vierteljuden als deutsch-blütig galten. Die erwünschte Auflösung bestehender Mischehen wurde dadurch erleichtert, daß dem als arisch eingestuften Partner ein Anfechtungsrecht innerhalb von sechs Monaten eingeräumt wurde, mit der Begründung, die rassische Verschiedenheit des anderen bilde eine „wesentliche Eigenschaft", die ihn bei Kenntnis und voller Würdigung der rasse- und volkschädigenden Auswirkung von der Eheschließung abgehalten hätte. Man konnte sogar die Gültigkeit einer Ehe auch dann anfechten, wenn die Herkunft eines Ehepartners dunkel war und bloß die Möglichkeit jüdischer Abstammung bestand. [...]

Eine weitere Eskalation erfuhr die illegale „Rassenhygiene" dann durch die unkontrollierten Sterilisationen in den Konzentrationslagern und durch die Euthanasieaktion zur Vernichtung „lebensunwerten Lebens" in der Blitzkriegsphase, der ca. 70 000 Geisteskranke zum Opfer fielen. Den logischen Schlußpunkt erb-, gesundheits- und rassenpolitischen Terrors bildete schließlich die Politik des Völkermordes an Juden und Sinti und Roma in der Endphase des Krieges. Der Umschlag von der Ausgrenzung zur Ausrottung wurde damit zum eigentlichen familienpolitischen Signum der nationalsozialistischen Epoche.

Ger van Roon

Evangelische Kirche und NS-Staat

Noch immer wird die Meinung vertreten, die Kirche als solche habe Widerstand geleistet. Das entspricht nicht den Tatsachen und kann auch von der evangelischen Kirche keineswegs behauptet werden. Als ehemalige Staatskirche hing sie noch stark an nationalen Traditionen. In übergroßer Mehrheit hatten die Kirchenführer den Ereignissen des Januar 1933 zugejubelt. Eine starke Bindung an die Weimarer Republik hatte nie bestanden.

Diese war schließlich ein Erbe der bolschewistischen Revolution von 1918, welche das Kaiserreich und den Bund zwischen Thron und Altar zerstört hatte. [...]

Mit der Machtübernahme der Regierung Hitler erhoffte man den Anbruch eines zweiten evangelischen Reiches, und in einer starken emotionalen Aufwallung, die man auch als ‚Pfarrernationalismus' bezeichnet hat, begrüßten viele erleichtert die ‚nationale Erhebung'. Sie bekannten sich zur Wiedergeburt der Nation. [...] Es waren vor allem die Übergriffe der neuen Regierung auf kirchliches Gebiet, die zu einer Gegenbewegung führten.

Überdies erschwerte die Vielfalt der politischen Vorstellungen und die Organisationsform der Kirche das Aufkommen dieser Bewegung. [...] Während sich die Mehrheit der Kirchenführer zurückhielt, aber mit der Regierung der ‚nationalen Revolution' zusammenarbeiten wollte, waren große Teile des Kirchenvolks von dem ‚Umbruch' begeistert. [...] Auch theologische Differenzen erleichterten es den Nationalsozialisten, ihren Einfluß auf die Kirche zu verstärken. Dazu kam die Tatsache, daß die evangelische Kirche auch institutionell eine Vielfalt darstellte, weil sie ein Bund selbständiger Landeskirchen war, deren Entstehung auf die Zeit vor 1871 zurückging. Die Autorität des Bundes war durch die Unabhängigkeit der Landeskirchen beschränkt, und diese partikulare Struktur hinderte die evangelische Kirche daran, als Einheit aufzutreten. [...]

Zunächst schien es sich nur um einen rein binnenkirchlichen und theologischen Gegensatz, um unterschiedliche Richtungen innerhalb der Kirche zu handeln. Im Anfang hatte fast keiner daran gedacht, dem Staat – eben der Obrigkeit – zu widerstehen. Brachte der neue Reichskanzler nicht öffentlich zum Ausdruck, daß das ‚positive Christentum' eine der Grundlagen des neuen Staates sei? Besuchten SA und Parteiorganisationen nicht in geschlossenen Formationen Gottesdienste? Außerdem war von zahlreichen neuen Gemeindemitgliedern die Rede. Die Zeremonie in der Garnisonskirche von Potsdam machte vor allem in evangelischen Kreisen tiefen Eindruck. Langsam erst dämmerte es einer Minderheit, daß es sich hier nicht um einen nur kirchlichen Gegensatz, sondern um einen Kampf zwischen Nazismus und Christentum handelte, der auch auf politischer Ebene ausgetragen werden mußte.

Schon 1932 hatten die ‚Deutschen Christen', wie die Gruppe evangelischer Nationalsozialisten hieß, durch ihren Zusammenschluß von sich reden gemacht. Gegen Ende dieses Jahres nahmen sie bereits mit einer eigenen Liste an den Kirchenwahlen teil. Viel hatte das noch nicht zu bedeuten. Aber das änderte sich nach der Machtübernahme im Januar 1933. Nun forderten sie, die Kirchen sollten sich in das NS-System integrieren, die Landeskirchen sich zu einer Reichskirche zusammenschließen, die nach dem Führerprinzip aufgebaut und frei von Juden sein sollte. [...] Ende April 1933 ernannte Hitler den unbekannten ostpreußischen Wehrkreispfarrer Ludwig Müller zu seinem ‚Vertrauensmann und Bevollmächtigten in Angelegenheiten der evangelischen Kirche'. Die Kirchenführer entschlossen sich zu einer Umbildung des Kirchenbundes, um dem neuen Staat einen gleichwertigen Verhandlungspartner entgegensetzen zu können. Bei der Reichsbischofswahl wurde mit knapper Mehrheit Friedrich von Bodelschwingh aus Bethel gewählt. [...]

Die ‚Deutschen Christen', eindeutig von der Reichsregierung begünstigt, forderten Kirchenwahlen, um die Macht in der Kirche zu gewinnen. Ihr Versuch jedoch, in der Kirche den Arierparagraphen einzuführen, rief in diesen Monaten erste Proteste hervor. [...]

Jedoch hatte inzwischen der Wunsch nach einer ‚Entparlamentarisierung' des kirchlichen Lebens und die Forderung der ‚Deutschen Christen' nach einer einheitlichen evangelischen Staatskirche den Weg zur Reichskirche freigemacht. Die darauf kurzfristig von Hitler durch den Rundfunk anberaumten Kirchenwahlen brachten den ‚Deutschen Christen' fast überall beträchtliche Mehrheiten in den kirchlichen Gremien. Mehrere Pfarrer, darunter Niemöller und Bonhoeffer, fragten sich, ob man einer solchen Kirche eigentlich noch weiter angehören könne. [...]

Anfang September versammelte sich in Berlin die altpreußische Generalsynode, wobei die Mehrzahl der Abgeordneten in Uniform erschien. Nach dem Vorbild der brandenburgischen Provinzialsynode wurde ein Beamtengesetz angenommen, das Dienstentlassung oder Pensionierung ‚nichtarischer' Geistlicher und Kirchenbeamter vorsah. [...] Einige Wochen nach diesen Ereignissen wurde ein Aufruf Niemöllers verbreitet; Niemöller, der Protokollführer der Nationalsynode gewesen war, appellierte darin an die Pfarrer, sich in einem ‚Notbund' zusammenzuschließen, und wies auf die in der Gemeinde herrschende Unruhe und auf die Unfähigkeit der Kirchenführer und Gremien hin, die ‚Deutschen Christen' an der Ausführung ihrer Pläne zu hindern. Grundlage der neuen Organisation sollten die Bibel und die reformatorischen Bekenntnisschriften sein. Ausdrücklich wurde festgestellt, daß es sich nicht mit dem Glaubensbekenntnis vereinbaren ließe, innerhalb der Kirche einen Unterschied zwischen Juden und Nichtjuden zu treffen. Das Echo auf diesen Aufruf war ungeheuer. Im Verlauf einer Woche hatten sich bereits 1300 Pfarrer Niemöller angeschlossen, und gegen Ende des Jahres waren es 6000, mehr als ein Drittel aller Pfarrer. [...] Zur Enttäuschung der Mitglieder des ‚Notbundes' wurde Ludwig Müller dennoch einstimmig – auch von den Bischöfen der sogenannten noch ‚intakten' Landeskirchen Württembergs und Bayerns – [auf der Synode der neuen Reichskirche in Wittenberg] zum Reichsbischof gewählt. [...]

Bereits im November gerieten die ‚Deutschen Christen' in eine Krise. Im Berliner Sportpalast hatte am 13. November eine Großkundgebung der ‚Deutschen Christen' stattgefunden. Vor Tausenden Anwesenden hatte der Berliner Gauobmann und Synodale Reinhold Krause das Alte Testament und Teile des Neuen Testaments als Aberglauben und minderwertige Lektüre bezeichnet und an ihrer Stelle den heldischen Jesus gepredigt. Keiner der Anwesenden hatte protestiert. Dagegen erhob sich nach Bekanntwerden ein Sturm des Protests, und es waren nicht nur Mitglieder des ‚Notbundes', die so reagierten, sondern auch eine Reihe von ‚Neutralen'. [...]

Inzwischen war es in verschiedenen Gegenden zur Bildung einer ‚Freien Synode' gekommen. Die erste freie reformierte Synode war im Januar 1934 in Barmen zusammengetreten. Sie hatte eine von dem Theologen Karl Barth formulierte Erklärung angenommen, die als theologische Grundlage des Kirchenprotestes verstanden und übernommen wurde. [...] Im April 1934 erklärten die Vertreter der Bekenntnisgruppen auf einer Tagung in Ulm, daß sie sich als rechtmäßige Erben der evangelischen Kirche betrachteten. Ende März 1934 wurde in Barmen die erste ‚Bekenntnissynode' abgehalten. [...] Die Synode gab drei Erklärungen ab: Ein Aufruf an die Gemeinden und ihre Mitglieder forderte zur Treue gegenüber der Bibel und den reformatorischen Bekenntnisschriften auf; eine theologische Erklärung wies auf die Offenbarung Gottes in Jesus Christus hin und verwarf andere Offenbarungen, grenzte Kirche und Staat gegeneinander ab und wehrte sich gegen das Streben nach einem totalen Staat, in dem auch die Kirche aufgehen sollte; in einer juristischen Erklärung wurden die Gründe für das Handeln der Synode dargelegt. Dies Treffen in Barmen bildete einen Höhepunkt des Kirchenkampfes. Trotz aller Differenzen hatten sich Personen verschiedener Richtungen im Kampf gegen die staatlichen Übergriffe zusammengefunden. [...]

Entgegen sämtlichen Versuchen seit 1933, Hitlers Erscheinen als eine besondere Offenbarung Gottes in der Geschichte zu verstehen, hatte Barth alle auf den Boden der christlichen Ordnung zurückgerufen. Wenn Gott sich nur in Jesus Christus offenbart, setzt er die Normen jeglichen Handelns. Nicht Hitler, sondern die Bibel bestimmt, was positives Christentum ist. [...]

Bei Kriegsbeginn gaben Reichskirche und kirchliche Gruppen, auch aus der Bekennenden Kirche, gegenseitig Burgfriedenserklärungen ab, und der Reichsinnenminister wies darauf hin, daß auf Wunsch Hitlers weitere Streitigkeiten zu unterbleiben hätten. [...] Aber hinter diesem scheinbaren Waffenstillstand verbarg sich eine ganz andere Situation, in der die Gestapo auf Grund der Sondervollmachten während der Kriegszeit den

Kampf im Verborgenen fortsetzte. Gegen Pfarrer, die in der Bekennenden Kirche eine leitende Stellung innehatten, wurden Maßnahmen eingeleitet. Mehrere von ihnen wurden verhaftet. Andere konnten sich dadurch retten, daß sie Militärpfarrer wurden.

Eine gewisse Unruhe entstand, als bekannt wurde, was in Polen geschehen war [...]. Dazu kamen die Ermordung Invalider und Geisteskranker und der Massenmord an den Juden. Wer dazu ein Wort des Protestes äußerte, konnte der Verhaftung gewiß sein. Dennoch versiegten die Stimmen des Protestes nicht völlig. [...]

Daneben gab es einzelne Pfarrer, die in Predigten versuchten, ihre Gemeinden zu leiten, aufzuklären und zu warnen. [...]

Ziehen wir [...] eine Bilanz der Entwicklung zum Widerstand in der evangelischen Kirche, dann kann man [...] vier Stufen unterscheiden, die sich teilweise auch zeitlich überschnitten haben.

1. Abwehr staatlicher Übergriffe auf die kirchliche Organisation. Die Zwei-Reiche-Lehre war dabei durchweg der Ausgangspunkt.

2. Eintreten für die freie Verkündigung des Evangeliums. In diesem Zusammenhang ist besonders die Barmer Theologische Erklärung von 1934 als Ansatz zu einer theologischen Neuorientierung zu werten.

3. Widerstehen auf Grund des ‚Wächteramts' der Kirche.

4. Widerstand aus christlicher Mitverantwortung, der sich auf die politische Ebene erstreckte und sich mit Fragen wie Eidesleistung, Wehrpflichtverweigerung, Staatsstreich und Attentat auseinandersetzte. Dieser Widerstand kam durchweg von einzelnen Christen und von kleinen Gruppen.

Die Bekennende Kirche, ein wichtiges Widerstands*potential,* hat nie zum Widerstand aufgerufen. Das wurde nach dem Krieg in der Stuttgarter Erklärung auch zum Ausdruck gebracht. Dennoch können mehrere Aktionen der Bekennenden Kirche als Widerstand bezeichnet werden.

Fritz Fischer

Katholische Kirche und NS-Staat

Sehr früh schon, früher als die Protestanten, haben die Katholiken im Nationalsozialismus eine Gefahr gesehen, und die Bischöfe, wenn auch nicht ganz einheitlich und in verschiedener Strenge, haben bestimmt, daß ein Katholik nicht Mitglied der NSDAP sein dürfe; anderenfalls würde er nicht zur Kommunion zugelassen. Dieses Verbot war immer mit der Einschränkung verbunden, daß es nur gelte, solange und soweit die NSDAP neuheidnische Anschauungen, wie etwa Alfred Rosenbergs „Mythos des 20. Jahrhunderts", vertrete. Es wurde für die katholische Kirche jedoch immer schwieriger, als in den Septemberwahlen 1930 die Zahl der nationalsozialistischen Abgeordneten im Reichstag von 12 auf 107 anstieg, dem Druck auf Änderung des Verbots standzuhalten; es wurde immer dringlicher, die bisher abgelehnte Partei dahin zu bringen, das Christentum anzuerkennen.

Das geschah mit dem 30. Januar 1933. [...] Jedenfalls erschien Hitler, den die Konservativen glaubten, kontrollieren zu können, nach außen hin als der Chef einer national-konservativen Regierung. Schon zu diesem Zeitpunkt hat er Reden gehalten, in denen das Christentum zur Grundlage des neuen Staates erklärt wurde. Er wäre gewiß auch am „Tag von Potsdam" (21. März 1933) zusammen mit Goebbels in den katholischen Gottesdienst gegangen, wenn die Bischöfe jenes Verdikt rechtzeitig widerrufen hätten. Einen Tag später hielt Hitler im Reichstag eine Rede, in der er wiederholte, daß das Christentum das Fundament für die deutsche Kultur und den deutschen Staat sein werde. [...]

Und noch im März wurde über ein Reichskonkordat verhandelt, wobei der Katholik Papen eine große Rolle spielte. Am 20. Juli wurde das Konkordat abgeschlossen, was für Hitler einen einzigartigen Vorteil brachte: der Vatikan, eine hohe moralische Instanz im Staatenleben, hatte als erster europäischer Staat sein Regime anerkannt. Die Bischöfe leisteten den Treueid auf Hitler als Führer des Deutschen Reiches; die Kirche stimmte zu, daß die christlichen Gewerkschaften ebenso wie die Zentrumspartei aufgelöst wurden und daß Priester nicht mehr politisch tätig sein dürften; in einem geheimen Zusatzprotokoll wurde festgelegt, daß, wenn Deutschland sich zur Wiederaufrüstung durch Wiedereinführung der allgemeinen Wehrpflicht entschließen sollte, dann zwischen Kirche und Staat ein Militärseelsorgevertrag abgeschlossen werden würde. Im Sommer 1933 nahm man also schon mit Gewißheit an, daß eine deutsche Wiederaufrüstung kommen werde.

Die nächsten Jahre waren erfüllt vom Kampf um die Auslegung des Konkordats, es gab unendlich viele Streitigkeiten mit der NSDAP, die in der berühmten Enzyklika des Papstes „mit brennender Sorge" (1937) gipfelten, in der die vielen Übergriffe des Staates und seine Verfehlungen gegen das Konkordat angeprangert wurden. Aber fünf Tage später hat Papst Pius XI. eine große Enzyklika gegen den Bolschewismus herausgegeben. Seit dem Beginn des Spanischen Bürgerkriegs kam es zu einer Art Bündnis zwischen der katholischen Kirche und dem Staat Hitlers, ebenso wie zwischen den lutherischen, nicht zerstörten Kirchen und dem Regime. [...]

Der neue Papst Pius XII., der bisherige Nuntius Pacelli, der das Konkordat abgeschlossen hatte, zeigte als erstem ausländischen Staatsmann Hitler seine Thronerhebung an; dann schickte er Hitler zu dessen 50. Geburtstag am 20. April 1939 ein Glückwunschtelegramm; das gleiche taten alle Bischöfe. An diesem 20. April fand die größte Militärparade des „Dritten Reiches" statt, vielleicht die größte, die je auf den Paradestraßen Berlins stattfand. Hitler war der gefeierte Führer des Deutschen Reichs, was es an Negativem gab, das wurde kaum wahrgenommen. Die katholische Kirche hatte geschwiegen zu dem Boykott jüdischer Geschäfte 1933, zu den Rassegesetzen im September 1935, zur – und das wiegt schwerer, denn es waren offene Gewalttaten – sog. „Reichskristallnacht" am 9. und 10. November 1938; sie verhielt sich so, um nicht den Staat in irgendeiner Weise bloßzustellen, den sie als solchen bejahte, und weil sie die Hoffnung hatte, daß sich der Staat größerer Eingriffe in das innere Leben der Kirche enthalten werde.

Gordon A. Craig

„Schicksalsrausch"
Die Zerrüttung der Sprache

Zu der Flut neuer Anhänger der nationalsozialistischen Bewegung in den ersten Tagen nach Hitlers Machtantritt – den sogenannten „Märzgefallenen" – gehörte auch die Mehrzahl der Lehrstuhlinhaber und Intellektuellen, und diese Leute trieben den professoralen Stil in dem Bemühen, das neue Regime zu rechtfertigen und es als in Deutschlands Geschichte und kultureller Tradition wurzelnd darzustellen, auf neue Höhen der Komplexität. Bei dieser Übung spielte der Philosoph Martin Heidegger eine Starrolle, indem er verkündete, Hitler und das deutsche Volk seien durch Fügung aneinander gebunden und „geführt von der Unerbittlichkeit jenes geistigen Auftrags, der das Schicksal des deutschen Volkes in das Gepräge seiner Geschichte zwingt". Gleichzeitig erhielt die Militarisierung der Sprache, die nach 1871 begonnen hatte, neuen Auftrieb, denn die kämpferische Haltung der NSDAP schien eine Sprache zu erfordern, die dazu paßte, und nun tönten überall Worte wie *Kampf, Schlacht, Einsatz, Einheit, Front* und *Durchbruch,* entliehen aus dem Wortschatz des Militärs, sowie entsprechende Wortzusammensetzungen, die allem, wofür die neue Regierung sich interessierte, einen militärischen Klang gaben: Ein Wort wie *Arbeitsschlacht* bezog sich nun auf den Kampf gegen die Arbeitslosigkeit, *Erzeugungsschlacht* auf das Naziprogramm zur Erhöhung der Geburtenrate, *Ernährungsschlacht* auf die Landwirtschaftspolitik und so weiter. So wurde, wenn die Ernte gut war, dies im *Völkischen Beobachter,* dem offiziellen Parteiorgan, jubilierend verkündet als „Durchbruch in Ostpreußen".

Der Stil des neuen Regimes war ein eklektischer. Es bediente sich reichlich der schwulstigen und sentimentalen Mode, an die sich der untere Mittelstand, aus dem die Masse der Parteimitglieder kam, gewöhnt hatte. Man war hemmungslos in der Verwendung von Superlativen und adjektivischen Erhöhungen wie *einmalig, historisch, Welt-* und *groß;* die Handlungen des Führers wurden selten niedriger eingestuft als „von welthistorischer Bedeutung", und der Hang zum pathetischen Effekt läßt sich bei jeder Analyse der Sprache von Reden zum Geburtstag des Führers erkennen.

Der Stil des Naziregimes war auch gefärbt von dem für die Heimatdichter charakteristischen Haß auf Fremdwörter (die Reichskulturkammer war ständig mit Reinigungsoperationen beschäftigt), sowie von ihrer Blut- und Boden-Terminologie (BLUBO) und ihrer Vorliebe für Archaismen. Die Arbeiter einer Fabrik wurden oft *Gefolgschaft* genannt, ein Wort, das einen altdeutschen Klang hatte und an Vasallentum und bedingungslose Treue zu einem naturgegebenen Führer erinnerte. Doch trotz dieser Künsteleien und eines antistädtischen Tons, [...] wimmelte die Sprache des Dritten Reichs von technischen Ausdrücken, die aus dem Bereich ebenjener modernen Industrie stammten, die den Agrarromantikern so verhaßt war, und Hitler selbst gebrauchte um des Effekts willen gern Fremdwörter, wenn auch nicht immer korrekt, wie hinzugefügt werden sollte.

In den Jahren, bevor die Partei an die Macht gelangte (später offiziell „Kampfzeit" genannt), hörte Peter Drucker einmal, wie ein Naziredner zu einer Gruppe von Bauern sagte: „Wir wollen keine höheren Brotpreise! Wir wollen keine niedrigeren Brotpreise! Und wir wollen auch nicht, daß die Brotpreise bleiben, wie sie sind! Wir wollen nationalsozialistische Brotpreise!" In der Sprache des Nationalsozialismus spiegelte sich diese Verachtung der Ratio wider. Hitlers Reden sollten mehr den Gefühlswiderstand der Zuhörer brechen als an ihre geistigen Fähigkeiten appellieren, und seine größten rednerischen Anstrengungen auf den alljährlichen Parteitagen in Nürnberg waren wie die Prosa der Romantiker des frühen 19. Jahrhunderts auf die magische

Kraft von Symbol, Ritual und Musik angewiesen. Seine Sprache, die oft unwahrscheinlich schwerfällig und primitiv war, bezog ihre Kraft aus der mit nicht-literarischen Mitteln geschaffenen *Stimmung.* Im Nazigebrauch waren Worte wie *Verstand* und *Objektivität* schlechte Worte; *Gefühl* und *Wille* waren gute Worte. [...] [Die Deutschen] sollten „fühlen", „die Stimme des Blutes hören", den „Schicksalsrausch" empfinden (ein von Heidegger erfundener Begriff) und dann mit „Härte" und „Fanatismus" handeln, wie ihr Führer es befahl. [...]

Fanatisch und *hart* waren nicht die einzigen Worte, denen die Nazis eine neue Bedeutung verliehen. Die einst respektablen Worte *System* und *systematisch* wurden nun suspekt, denn *das System* gebrauchte man als mißbilligenden Begriff für die Weimarer Republik und die moralische Unredlichkeit und kulturelle Degeneration, die, wie die Nazis behaupteten, deren spezielle Merkmale gewesen waren. Das bescheidene Wort *organisch* wurde erhöht und bedeutete jetzt etwas wie „dem Blut und Boden des Vaterlands treu und aus ihm hervorgehend". So nahm organisch, war es mit Philosophie gekoppelt, dem Hauptwort die alte Bedeutung und bezog sich auf eine Art Gefühl, das die Tyrannei der Vernunft verwarf. *Rücksichtslos,* das früher einen eher pejorativen Sinn hatte, erlangte jetzt, zumindest wenn es im Zusammenhang mit patriotischen Deutschen gebraucht wurde, die positive Bedeutung von *energisch* und *zielstrebig.* In ähnlicher Weise war, wenn man etwas *blindlings* tat, nicht mehr ein gedankenloses Handeln gemeint, im Gegenteil: „blinder Gehorsam" war fast etwas so Bewundernswertes wie „fanatische Standhaftigkeit".

Mit dieser Zerrüttung der Sprache sollte bewirkt werden, daß die Deutschen anders über Politik und Leben dachten, und sie wurde mit allen dem Staat zur Verfügung stehenden Mitteln gefördert. Die NSDAP übte die absolute Kontrolle über das Erziehungswesen und die Instrumente der Massenkommunikation aus, und Joseph Goebbels, Reichsminister für Volksaufklärung und Propaganda, nutzte diese Macht bewußt in der Absicht, wie er einmal sagte, „eine mit unserer Staatsphilosophie vereinbare Terminologie" zu propagieren.

Lina Haag

Die leiseste Drohung genügt

Am Ostersonntag peitscht er eigenhändig drei Frauen aus. Die Genossin Steffi ist dabei. Sie hatte ihrem Freund, einem Juden, zur Flucht in das Ausland verholfen. Sie ist schön, intelligent und ein guter Kamerad. Bald darauf stirbt sie. Sie hält das nicht aus. So feiert der Kommandant des Konzentrationslagers Lichtenburg Ostern. Mit drei nackten, auf den Holzpflock geschnallten Frauen, die er auspeitscht, bis er nicht mehr kann. Würde das draußen ein Mensch glauben? Angenommen, es würde einer glauben, vielleicht sogar weitererzählen – ein Gestapodaumennagel auf die Knöchelsehne gedrückt genügt, um ihn augenblicklich alles so vollständig vergessen zu lassen, als hätte er nie davon gehört. Was sage ich, ein Gestapodaumennagel, nein, die leiseste Drohung genügt, und das Volk schweigt. Schweigt nicht nur, jubelt, marschiert, denunziert, steht geschlossen hinter dem Führer, wie es der Führer will. Die Drohung ist seine Staatskunst, seine Außenpolitik und seine Innenpolitik, Drohung und Angst, Grausamkeit und Feigheit sind die Fundamente seines Staates. Man droht uns, und man droht mit uns, wie man es braucht. Der kleine Kriminalbeamte droht, und der Führer droht. Damit machen sie es. Die Drohung ist das einigende Band, das die Volksgemeinschaft zusammenschließt. Das Band? Die Kette. Sie müssen ja brutal und grausam sein, womit sollten sie sonst drohen? Hinter jeder Drohung steht das KZ, ein Abgrund von Verworfenheit, Verbrechen und tiefster Schuld. Die Bürger ahnen es. Das genügt. Mehr darüber zu wissen, ist schädlich. Es soll nicht Empörung, sondern Angst erzeugt werden. Sie wird erzeugt.

Wir können es zur Not verstehen, daß die Menschen draußen eingeschüchtert sind. Unbegreiflich ist uns nur, daß es so viel Sadisten gibt. Sind es wirklich Sadisten, Verbrecher von Grund auf, Mörder? Ich glaube es nicht, und Doris glaubt es auch nicht. Es sind Spießbürger. Nur sind sie zufällig nicht beim Finanzamt, sondern bei der Polizei, zufällig keine Magistratsschreiber oder Metzgermeister oder Kanzleigehilfen oder Bauarbeiter oder Standesbeamte, sondern Gestapoangestellte und SS-Männer. Sie unterscheiden nicht zwischen Gut und Böse, sie tun ganz einfach das, was ihnen befohlen ist. Es ist ihnen nicht befohlen, zwischen Gut und Böse zu unterscheiden oder zwischen Recht und Unrecht, sondern die Staatsfeinde auszurotten und zu vertilgen. Sie tun dies mit derselben sturen Pedanterie, mit demselben deutschen Fleiß und mit derselben deutschen Gründlichkeit, mit der sie sonst Steuererklärungen geprüft oder Protokolle geschrieben oder Schweine geschlachtet hätten. Sie peitschen eine wehrlos an einen Pflock gebundene Frau mit sachlichem Eifer und gewissenhaftem Ernst aus, in der vollen Überzeugung, damit dem Staat zu dienen oder ihrem Führer, was für sie das gleiche ist. Mag in letzterem Fall ein kleines Vergnügen dabei sein, ausschlaggebend ist das deutsche Pflichtbewußtsein, von einem Dämon ins Dämonische gesteigert. Deshalb steht auf ihrem Koppelschloß „Meine Ehre heißt Treue".

Ich habe in grauenhafte Herzen und Köpfe gesehen, in Herzen, die neben bestialischer Grausamkeit ein stets zu Rührung geneigtes Gemüt bargen, und in Köpfe, die harmlos und einfältig und gutmütig aussahen, aber doch die Köpfe von fleißigen Henkern waren. Wir finden die Tatsache, daß sich Hitlers Kreaturen nicht aus dem asozialen, sondern aus dem kleinbürgerlichen Element des Volkes rekrutieren, schauderhaft und beunruhigend. Es sind also keine geborenen Sadisten, keine professionellen Verbrecher, keine passionierten Mörder, sondern Spießbürger. Wie alle andern. Dasselbe Organisationstalent, das draußen mit Gänsemarsch und Vitamindrops die Volksgesundheit zu heben sich bemüht, treibt hier im Lager die Sterblichkeitsziffer in die Höhe. Es vergeht kaum ein Tag, an dem nicht in der Frühe eine Tote in den Dunkelzellen aufgefunden wird. Sie wird „aufgefunden", obwohl die im Revier tätigen Häftlinge denen, die in der Nacht zu sterben haben, oft schon am Tag zuvor die Kleider aus der Zelle nehmen müssen. Nackt, mit zerschlagenen Knochen und blutbesudelten Körpern liegen die toten Frauen auf dem Fußboden. Manche haben sich unter die Pritschen zu drükken versucht oder sind unter den Tisch geflüchtet, um den Todeshieben zu entgehen. Zusammengekrümmte, zusammengeschlagene, erstarrte Wesen, die einmal Namen, Männer, Kinder, Heime hatten, liegen da mit unergründlichen starren Blikken. Das ist die Hölle der Dunkelzellen mit ihren verrückten Schrecknissen. Es ist das Ende der Welt. Ehre allen diesen Namenlosen. Tausendmal Ehre ihnen.

Fiete Schulze
„Warum so kleinmütig?"

München, 2. August 1935

Schwesterlein!

Dank für Deine Zeilen. Warum aber so kleinmütig? Du haderst mit den Verhältnissen, die Dir den Bruder nehmen. Warum willst Du nicht verstehen, daß ich dafür sterbe, daß viele nicht mehr einen frühen und gewaltsamen Tod sterben brauchen? Noch ist es nicht so, doch hilft mein Leben und Sterben es bessern. Es kann und darf nicht Eure Aufgabe sein, mein Sterben zu bejammern, denn nur dann – wenn Ihr es bejammert – ist es nutzlos und verfehlt. Voll erfüllt es seinen Zweck, wenn Ihr es ganz verstehen lernt. Darin kann sich all eure Liebe und Achtung zu mir zeigen: im Verstehen und Bemühen, gleich mir zu denken und zu handeln. Je besser und je tiefer Ihr das vermögt, um so eher werden Angehörige aufhören können, die Ihren zu beweinen, die gestern und heute fielen und die morgen in noch größeren Massen fallen werden. Denn dann wird dieses Fallen aufhören, aber auch nur dann! Es muß dieses Begreifen nicht mit neuen Strömen von Blut erkauft werden. Es wird es aber, wenn dieses Begreifen nicht sehr bald eintritt. Mein Bemühen war, eine solche Katastrophe zu verhindern. Ich wurde gehindert, es fortzusetzen. Damit kann und wird jedoch die Vollendung nicht gehindert werden. Zurück läßt sich das Rad der Entwicklung nicht drehen. Die Menschen werden in kurzem begreifen lernen, daß es sich nicht einmal ungestraft aufhalten läßt.

Herzliche Grüße Euch allen. Fiete

III. Herrschaftsausbau und Kriegsvorbereitung (1935–1939)

Wolfgang Benz

Ämter- und Kompetenzenchaos

Für die Organisation und Ausübung der NS-Herrschaft wie für deren Ergebnis typisch war die Erosion dessen, was herkömmlicherweise als Staat im Sinne von regelhaft und einheitlich organisierter Herrschaftsgewalt verstanden wird. Bei der Betrachtung des Staatsapparats, genauer gesagt der Veränderungen, die fast alle übernommenen Institutionen während des NS-Regimes erfuhren, ergeben sich eine Reihe von Merkmalen, die zusammengenommen den beträchtlichen Substanzverlust geregelter Staatsorganisation anzeigen.

Zur ersten und besonders ins Auge fallenden Kategorie von Veränderungen gehören die wuchernden Sonderverwaltungen auf fast allen Ebenen und Aktionsfeldern. Beispiele sind die dem „Führer und Reichs-Kanzler" unmittelbar unterstellten Behörden „Generalbauinspektor für die Reichshauptstadt" oder „Generalinspektor für das deutsche Straßenwesen", aber auch der ab 1942 für die Deportation von mehr als fünf Millionen Fremdarbeitern verantwortliche „Generalbevollmächtigte für den Arbeitseinsatz".

Zweitens sind zu nennen die Kommissariate und Pseudoministerien, von denen manche kompetenz- und wirkungslos waren wie das „Reichsministerium für die kirchlichen Angelegenheiten". Andere aber waren Überbehörden, deren Machtfülle im Firmenschild kaum Ausdruck fand. So fungierte ab 1936 die Dienststelle des Beauftragten für den Vierjahresplan als eine Art Superministerium, von dem aus unter Görings Leitung quer zu anderen Instanzenzügen geschaltet und gewaltet wurde, mit dem Ziel, die deutsche Wirtschaft kriegsfähig zu machen, und mit erheblichen Konsequenzen z. B. für den Arbeitsmarkt oder den Außenhandel. Ein anderes Beispiel: Der im Oktober 1939 installierte „Reichskommissar für die Festigung deutschen Volkstums" war alles andere als ein harmloses nationalsozialistisches Kuriosum. Reichskommissar wurde Heinrich Himmler, und das Amt war Instrument der Germanisierungspolitik, die durch Umsiedlung von Millionen sogenannter Volksdeutscher ins Reich oder in die annektierten Ostgebiete einerseits und durch Deportation von Polen andererseits praktiziert wurde. Außer seinem eigenen Instanzenzug innerhalb der SS konnte Himmler als „Reichskommissar für die Festigung deutschen Volkstums" alle diesem Zweck dienlichen Dienststellen des Staates und der NSDAP heranziehen. Harmloser war das Reichsforstamt, dessen Chef – Hermann Göring – je nach Sachlage den Titel „Reichsforstmeister" oder „Reichsjägermeister" führte und der ausdrücklich in dieser Eigenschaft einem Reichsminister gleichgestellt war.

In wieder eine andere – die dritte – Kategorie gehören die Ämter und Behörden der NSDAP, die mit staatlichen Instanzen konkurrierten, wie das „Außenpolitische Amt" unter Alfred Rosenberg und die „Dienststelle Ribbentrop" oder die „Auslandsorganisation der NSDAP". Sie waren zusammen und in gegenseitiger Rivalität beachtliche Störfaktoren für die offizielle Behörde, das Auswärtige Amt. Als Ribbentrop 1938 Außenminister wurde, behielt sein Vorgänger Konstantin von Neurath den Titel eines Reichsministers ohne Geschäftsbereich; außerdem wurde er Präsident des „Geheimen Kabinettsrats", der zur „Beratung in der Führung der Außenpolitik" von Hitler im Februar 1938 eingesetzt, jedoch nie tätig wurde. In diesem Gremium saßen einige mit Ämtern ohnehin überhäufte Minister und Generäle, weiteren Sinn hatte es nicht.

Eine vierte Kategorie von Herrschaftsgewalt bildeten die Massenorganisationen mit Hoheitsanspruch. Das bekannteste – freilich meist überschätzte – Beispiel ist der Reichsarbeitsdienst. Er war ab 1935, seit der Einführung der Dienstpflicht, von der NSDAP unabhängig und ressortierte im Reichsinnenministerium. Hauptzweck des in militärischer Form jahrgangsweise durchgeführten Arbeitsdienstes war die „Erziehung der deutschen Jugend im Geiste des Nationalsozialismus zur Volksgemeinschaft und zur wahren Arbeitsauffassung, vor allem zur gebührenden Achtung der Handarbeit". [...]

Ähnliche Qualität hatte die Hitlerjugend, die sowohl (und zuerst) Nachwuchsformation der NSDAP war, dann aber auch staatliche Organisation paramilitärischen Charakters wurde. Die Kompetenz der HJ umfaßte die gesamte „körperliche, geistige und sittliche Erziehung der Jugend" außerhalb von Schule und Elternhaus, sie wurde ab März 1939 erweitert zur Dienstpflicht, analog dem Arbeits- und Wehrdienst. An der Spitze der Staatsjugendorganisation amtierte der „Jugendführer des Deutschen Reiches" – als solcher war er Chef einer Obersten Reichsbehörde und unterstand Hitler direkt. Er führte gleichzeitig den Titel „Reichsjugendführer der NSDAP" – das war der entsprechende Parteirang.

Eine fünfte Kategorie bildeten die quasistaatlichen Herrschaftsapparate, Zwangskartelle und Syndikate wie die Reichskulturkammer, in deren Einzelkammern und Fachverbänden die Mitgliedschaft Pflicht und Voraussetzung war für alle, die als Schriftsteller, Musiker, Journalisten, Schauspieler, bildende Künstler, Verleger, Filmemacher und so weiter ihr Brot verdienten.

Vielleicht das wichtigste Beispiel einer solchen halbstaatlichen Zwangsorganisation ist der Reichsnährstand. Er war zum einen das Ergebnis der Gleichschaltung aller landwirtschaftlichen Interessenverbände und Berufsorganisationen, Bauernvereine, Landwirtschaftskammern und Genossenschaften, also die berufsständische Einheitsorganisation. Zum anderen war der Reichsnährstand mit außerordentlichen Vollmachten zur Lenkung des Marktes ausgestattet. [...] Eine straffe Organisation vom Ortsbauernführer bis zum Reichsbauernführer in Berlin diente drei Zwecken: dem Versuch der Durchsetzung der nationalsozialistischen Blut- und Boden-Ideologie, der Produktions- und Marktkontrolle und der Autarkie auf dem Ernährungssektor. Ab September 1939 kam eine weitere Aufgabe hinzu: Die Steuerung der Ernährungswirtschaft im Krieg. Das hieß für die Verbraucher: Rationierung und für die Erzeuger: Ablieferungspflicht. Angemerkt sei, daß die Organisation des Reichsnährstands, weil sie zur Versorgung der Bevölkerung als unerläßlich galt, das NS-Regime um fast drei Jahre überdauerte.

Von der mitgliederstarken Parteigliederung „Deutsche Arbeitsfront“ unterschied sich der Reichsnährstand durch die Fülle seiner Kompetenzen, mit der das Prinzip der Marktwirtschaft und der Grundsatz der Gewerbefreiheit aus den Angeln gehoben wurden. Ein Unterschied bestand auch darin, daß der Reichsbauernführer Darré bis zu seinem Sturz 1942 zugleich Reichsminister für Ernährung und Landwirtschaft war, auf der Parteiebene die Würde eines Reichsleiters an der Spitze des Reichsamts für Agrarpolitik bekleidete und außerdem das Rasse- und Siedlungshauptamt der SS leitete. Eine solche Personalunion auf oberster staatlicher, quasistaatlicher und parteiamtlicher Ressortebene gab es nur noch ein zweites Mal im Dritten Reich: Goebbels war Chef des Reichsministeriums für Volksaufklärung und Propaganda, der Reichskulturkammer und der Reichspropagandaleitung der NSDAP.

Die genannten Apparate und Instanzen nationalsozialistischer Herrschaft waren den klassischen Institutionen staatlicher Machtausübung zu-, neben- oder untergeordnet und auf vielfältige Weise sowohl mit diesen als auch mit der Partei verflochten.

Albrecht Lehmann

„Dann war ich 14, da kam man in die HJ!“

Fragt man heute ehemalige Mitglieder der Hitlerjugend nach ihren Motiven für ihr damaliges Mittun, so werden aus der Distanz von etwa 50 Jahren vor allem Erklärungen angeboten, die Fahrtenromantik und Lagergemeinschaft in der Gruppe, die Möglichkeit der Selbstbestimmung im Kreise Gleichaltriger und die Erfahrung des erlebten Gegensatzes zur Welt der Erwachsenen betonen. Die vormilitärischen Übungen und überhaupt der militärische Aspekt des Hitlerjugendlebens, die Märsche in geschlossener Formation, das Anschleichen an einen fiktiven

Feind, die Übungen im Kartenlesen, das Wacheschieben, die zackigen Meldungen und Appelle, selbst die Übungen im Kleinkaliberschießen werden entweder gar nicht erwähnt oder als Teil des Lagerlebens und des Geländespiels beschrieben. [...] Denn alle lebten damals, soweit sie zurückdenken konnten, in einer Welt, in der der Marschtritt zum alltäglichen Leben gehörte. Und die Jugendgruppen, die in den Weimarer Jahren Zulauf hatten, waren zum großen Teil kaum weniger militaristisch eingestellt als später die Hitlerjugend. Erinnert sei zunächst an die Truppen der Wehrjugend, etwa an den Jungstahlhelm. Wie dieser war auch die Hitlerjugend bis zum Jahre 1933 im wesentlichen eine Unterabteilung einer Formation Erwachsener, ein Teil der SA. Als wichtigste Aufgabe hatte sie zunächst neben militärischen Übungen die Teilnahme an politischen Agitationen und an Straßenaufmärschen zu erfüllen. Gehorsam war Pflicht. [...]

Die deutsche Jugendbewegung war um die Jahrhundertwende unter dem Eindruck des Wandels zur modernen Industriegesellschaft und als Reaktion auf den neuen großstädtischen Lebensstil entstanden. Dieser erste Teil der Jugendbewegung, die Epoche des Wandervogels und des Freideutschtums, huldigte teilweise einem verblasenen Romantizismus, der seine neuen Formen aus Volkstanz, Volkslied und Volkskunst gewinnen wollte. Aber in diesen Gruppen wurde dennoch über die gesellschaftlichen und politischen Entwicklungen der Zeit in rationaler Weise diskutiert, wobei die republikanische Staatsform und internationale Kontakte von der Mehrzahl der Gruppen bejaht wurden. Jedenfalls bilden in dieser ersten Phase der Jugendbewegung völkische Tendenzen die Ausnahme. Der Wandel zum Völkischen beginnt 1923. Die Jugendbewegung tritt nun in ihre bündische Phase ein. Die Formen des Gruppenlebens werden straffer. Der losen, auf zwischenmenschliche Beziehungen ausgerichteten, eher informellen Bindung in der Wandervogelhorde folgen festere, militaristischere Gruppenformen. Nun gliedert sich die Organisation in Stämme, über denen der Bund steht. Eine militärische, verbandsartig strukturierte Organisation löst Formen des autonomen Lebens in der Kleingruppe ab. Was beim Wandervogel

„Nestabend" hieß, nimmt nun mehr und mehr die Qualität des militärisch strammen „Dienstes" an. [...] Die Bündische Jugend stand nun auch nicht mehr, wie ihre Vorläufer von Wandervogel und Freideutschtum, in einer Protesthaltung zur industriellen Gesellschaft. Sie wollte sich in dieser Gesellschaft etablieren mit dem elitären Ziel, die Formen des untereinander praktizierten Gruppenlebens einmal auf die gesamte Gesellschaft übertragen zu können. [...]

In ihrer einflußreichsten Richtung deckten sich die Ziele der Bündischen Jugend mit denen der Hitlerjugend. Beide dachten „völkisch", orientierten sich an Leitbegriffen wie „Führer" und „Gefolgschaft", strebten die Volksgemeinschaft an. Und was bei der Jugendbewegung „Selbstführung der Jugend" genannt wurde, wurde bei der Hitlerjugend zur programmatischen Forderung „Jugend soll von Jugend geführt werden" umformuliert. [...] So konnte es nicht verwundern, daß nach dem 30. 1. 1933 die Jugendlichen aus den Gruppen der Bündischen in Scharen in die Hitlerjugend überwechselten. Noch ehe die Hitlerjugend zur Zwangsorganisation für die deutsche Jugend geworden war, lange vor dem 1. Dezember 1936, waren die verschiedenen Gruppierungen der Bündischen Jugend verboten worden. Einzelne Führer der gleichgeschalteten Bünde versuchten zwar noch eine Zeitlang, die Tradition ihrer Gruppen innerhalb der Hitlerjugend fortzusetzen, aber in der monopolisierten staatlichen Jugendorganisation blieb dazu nur noch wenig Raum. [...]

Die Militarisierung der Gesellschaft wirkte sich besonders auf die Lebensformen der jungen Menschen aus. Was bei den Bündischen allein wegen deren Vielfalt und wegen ihrer organisatorischen Schwächen nur Programm oder äußere Form bleiben mußte, das konnte sich nach 1933 in der Hitlerjugend ungehindert entfalten: Die systematische Militarisierung der Jugend vom zehnten Lebensjahr an und zunehmend dann auch eine Vorbereitung auf den Krieg. „Die Schrecken des Krieges störten uns Knaben nicht, sie zogen uns an. Daß unsere Väter einberufen wurden, schien nur recht und billig. Und der Heldentod gehörte dazu", erinnert sich ein ehemaliger Hitlerjunge, den es bei

Kriegsbeginn wie viele seiner Altersgenossen an die Front gezogen hatte. – Ein repräsentatives Zitat!

Der Mann, der sich hier äußert, schildert nicht nur seine Teilnahme an einem Ereignis der großen Geschichte, sondern zugleich den Eintritt in einen wesentlichen Abschnitt seiner persönlichen Lebensgeschichte, den Übergang ins Erwachsenenalter. [...] Und es macht in der Erinnerung fast keinen Unterschied, ob der einzelne damals erst 19 oder schon 24 Jahre alt war, ob er bereits im ersten Kriegsjahr oder erst 1942 in den Krieg mußte. Bis zu diesem Datum verlaufen die Erinnerungen – wie die damalige Realität – nach unumstößlichem Programm: Maßgebend ist stets die militaristische und organisatorische Gleichschaltung des außerfamiliären Lebens der Kinder und Jugendlichen durch den Staat: Jungvolk – Hitlerjugend – Arbeitsdienst – Militärdienst – eine Gleichschaltung der Lebensläufe! Wer aus der damaligen Generation heute sein Leben als 12jähriger schildert, der sieht sich als Angehörigen des Jungvolks. Und es bedarf keiner umständlichen Erklärung, daß er mit 14 Jahren den vollen Status eines Hitlerjungen verliehen bekam, mit 19 Jahren zum Arbeitsdienst und ein halbes Jahr danach in die Kaserne kam. Diese für den einzelnen verpflichtenden lebensgeschichtlichen Stationen erinnern in ihrem Charakter konventionell geregelter Selbstverständlichkeit an die gesellschaftlich formulierten Altersklassen in den Stammeskulturen der Ethnologen: „Dann war ich 14, da kam man in die HJ!“ – „Danach schloß sich ja dann der Arbeitsdienst an.“ – „Dann ging es zum Militär.“ Das sind Stereotype, hinter denen die eigene Individualität kaum noch erkennbar ist. Wie schwer es die Angehörigen dieser Generation später hatten, aus einer in vielen Bereichen ihres Lebens entindividualisierten Existenz, aus einem bis dahin militärisch reglementierten Lebenslauf eine Demokratie aufzubauen, wie schwer es diese Demokratie dann auch mit ihnen haben mußte, ist nicht verwunderlich.

Christabel Bielenberg
Der Blockwart

Ich saß auf der Terrasse, mit dem beschäftigt, was ich meine Stopfarbeit zu nennen wage, als Herr Neisse erschien, um den Wein zu stutzen, dessen üppige Ranken die Fenster unseres Hauses umwucherten. [...] Herr Neisse kümmerte sich [...] nicht nur gelegentlich um unseren Garten, er war auch unser Blockwart. Er beschnitt nicht nur Bäume, mähte den Rasen und fegte Blätter zusammen, er sammelte auch Parteibeiträge ein und verkaufte Abzeichen für das kürzlich aufgezogene ‚Winterhilfswerk', Ansichtskarten, Broschüren, alles mögliche, womit sich die Parteikasse auffüllen ließ. Außerdem hatte er der Partei über das Betragen der Volksgenossen seines Blockes Bericht zu erstatten, damit man genau kontrollieren konnte, ob jemand nicht gebührlich geflaggt oder nicht ausreichend oder gar unwillig für die große Sache gespendet hatte.

An Wochentagen war Herr Neisse freundlich, höflich, eher schüchtern; ein gut beschnittener Baum, ein Blumenbeet, der kleine dunkle Winkel neben der Garage, wo die Maiglöckchen eine sorgliche Hand brauchten – das waren Dinge, die ihm am Herzen lagen. Am Sonntag aber war die Sache anders. Da grüßte er mit dem ‚deutschen Gruß', da war er in seiner Parteiaufmachung. Da war er überdies auch gut rasiert, wenn man von einem kleinen, symbolischen Viereck über der Oberlippe absah. [...]

Es gab eine Geschichte, wonach bei Hitlers Geburt drei gute Feen an seiner Wiege gestanden hätten. Die erste wünschte ihm, daß jeder Deutsche ehrlich, die zweite, daß jeder Deutsche intelligent, die dritte, daß jeder Deutsche ein Nationalsozialist sein möge. Dann aber kam die böse Fee, und sie bestimmte, jeder Deutsche dürfe nur zwei dieser Eigenschaften besitzen. Somit blieben dem ‚Führer' nur intelligente Nazis, die nicht ehrlich waren, ehrliche Nazis, die nichts im Kopf hatten, und ehrliche und intelligente Bürger, die keine Nationalsozialisten waren. Eine hübsche, lustige Geschichte vielleicht, aber gar nicht so weit von der Wahrheit entfernt; denn ich hatte den Eindruck, daß diese drei Kategorien von Deutschen nebeneinander lebten und arbeiteten, aber infolge der Natur des Regimes unfähig waren, mehr als nur den oberflächlichsten Kontakt miteinander zu halten.

Man konnte bald entdecken, zu welcher dieser drei Kategorien Herr Neisse gehörte. Ich beobachtete ihn aus dem Augenwinkel, als er sein Wolljackett auszog, es sorgfältig zusammenlegte und die Leiter gegen die Ecke unseres Hauses lehnte. Dann holte er seine gut geölte Baumschere heraus und begann die Weinblätter um die Trauben wegzuschneiden, damit die Herbstsonne sie zum Reifen ermuntern könne. [...]

Herr Neisse wußte nicht recht, was eigentlich schuld daran war, daß Deutschland den Krieg verloren hatte, aber für ihn gab es keinen Zweifel, daß [auch] das Unglück, das 1923 so unverdient über ihn hereinbrach, die Folge irgendeines gemeinen, heimtückischen Komplotts war. Fast über Nacht hatten sich seine Ersparnisse, Hildes Ersparnisse, ihr Schrebergarten, ihre so bescheidenen Hoffnungen in Luft aufgelöst. „Die Inflation, Frau Doktor, wissen Sie; plötzlich war alles futsch [...].“ [...]

Als Hitler 1933 Reichskanzler wurde, erhielt Herr Neisse, Parteigenosse Neisse, für seine getreue Teilnahme an Parteiversammlungen und die regelmäßige Zahlung der Mitgliedsbeiträge seinen Lohn – er wurde zum Blockwart ernannt. In dieser Funktion, auf der untersten Stufe der Parteihierarchie, war er verblieben und würde er zweifellos weiter bleiben, ein ewig Ausgenutzter, der zusah, wie die Juden und die ‚weißen Juden‘ ebenfalls auszogen und hohe, weiße Ziegelmauern um die neuen, prunkvollen Villen der Parteigrößen errichtet wurden, die nun in ihren großen, schwarzen Mercedes-Wagen Einzug hielten, mit ihren quellenden Plüsch-Garnituren und ihren unbedeutenden, aufgedonnerten Frauen. [...] Für all diese so gar nicht zeitgemäßen Dinge hatte Herr Neisse sich eine Antwort zurechtgelegt, die ihn anscheinend befriedigte. Es war ganz einfach so, daß der ‚Führer‘ davon keine Ahnung hatte. Für Herrn Neisse war Hitler ein schlichter, aufrichtiger Mann, der einfacher Soldat gewesen war wie er selber und dessen einzige Extravaganz darin bestand, daß er sich für Deutschland und Deutschlands Wohl verzehrte. „Er hat ja die Kinder so gern, Frau Doktor, und auch Hunde – auch die Hunde liebt er." [...]

Der Tag, von dem hier die Rede ist, war warm, und Herr Neisse zeigte sich ungewöhnlich schweigsam, während seine Leiter an der Hauswand Stück um Stück auf mich zurückte. Seine Schere klapperte, und die roten Weinblätter fielen wie Papierdrachen auf den Rasen unter ihm. [...]

Ich stach mich mit meiner Stopfnadel wieder ordentlich in den Finger, und als Reaktion auf meinen lauten Seufzer räusperte sich Herr Neisse und blickte starr auf eine Traube.

„Tut mir wirklich sehr leid, dieser Krieg, Frau Doktor", sagte er, „es muß merkwürdig für Sie sein, in einem fremden Land."

„Na ja, Herr Neisse, ich fühle mich eigentlich nicht fremd hier, es ist ja meine Heimat, und an den Krieg denke ich eben so wenig wie möglich" – die obligate Antwort. „Trotzdem", fügte ich hinzu, „als Sie das letztemal hier waren, hatten wir gehofft, daß die Sache anders laufen würde, nicht wahr?"

„Ja, das hatten wir, der Pakt mit Rußland ..."

Aus irgendeinem Grund verstummte Herr Neisse wieder. Er stieg von seiner Leiter, rückte sie fast ungestüm ein Stück näher auf meinen Stuhl zu, und machte sich mit einer, wie mir schien, unnötigen Energie wieder ans Stutzen der Weinblätter. Ich hatte ihn allerdings etwas in Verlegenheit gebracht bei seinem letzten Besuch, der mit der Unterzeichnung des russisch-deutschen Nichtangriffspaktes zusammengefallen war – eine diplomatische tour de force und auch ein politischer Salto, der klügeren Leuten als Herrn Neisse den Atem verschlagen hatte. Ich hatte ihn damals gefragt, was nun mit einigen seiner Postkarten werde – Greuelbilder von ausgemergelten Frauen und hohläugigen Kindern, die vor Juden auf den Knien lagen, die teuflische Fratzen hatten und mit Peitschen bewaffnet waren. Wer Gefallen daran fand, solche Kartengrüße mit der Post zu versenden, konnte dem Text darunter entnehmen, daß es so in russischen Konzentrationslagern zugehe. Und nun waren die Russen, der bolschewistische Pöbel, mit einemmal unsere Busenfreunde. Meine Frage war Herrn Neisse nicht angenehm gewesen. Die Postkarten waren anscheinend zurückgezogen worden; es stand uns kleinen Fischen nicht zu, uns über solche Dinge Gedanken zu machen. Gewiß nicht, und als Herr Neisse ging, einigten wir uns darauf, daß der ‚Führer' schon wissen werde, was er tat, und daß wir gern über so manches hinwegsehen würden, solange es nur keinen Krieg gab. [...]

Ich weiß auch nicht, warum ich ihn wieder nach den Postkarten fragte. Vielleicht, um das Thema zu wechseln, vielleicht, weil ich in seinem Karren eine braune Pappschachtel gesehen hatte, als ich ihm half, seine Leiter durch den Mauerbogen auf die Terrasse zu bugsieren. Sie lag halb versteckt unter mehreren Spaten und Bindfadenrollen.

„Ich sehe, Sie haben ein paar neue Karten" – die Wirkung hätte nicht dramatischer sein können, wenn ich ihm mein Stopfzeug an den Kopf geworfen hätte. Einen Augenblick schien es, als würde Herr Neisse von seiner Leiter kippen. Er schnitt wild auf das Weinlaub los, und eine ganze Traube kollerte auf die Terrasse.

„Nein – ja, ich hab' sie auf dem Weg hierher abgeholt. O ja, Sie können sie anschaun, wenn Sie wollen, am Sonntag sehen Sie sie sowieso."

Ich öffnete die Schachtel und kramte zerstreut darin herum. Starr blickende Frauen, starr blickende Kinder, starr blickende Schäferhunde, die allesamt die dürftige Gestalt anhimmelten, die ihr ‚Führer' war. Plötzlich hielt ich inne. Ich traute meinen Augen nicht. Das waren ja gute alte Bekannte: die Frauen, die Kinder, die Peitschen, die Juden. Nur der Text darunter war anders. ‚Britische Konzentrationslager in Südafrika während des Burenkrieges'. Ich starrte sie schweigend an. Auch das Geräusch der Baumschere in Herrn Neisses Hand verstummte. Ich warf einen Blick zu ihm hinauf – er schaute mich mit einem Ausdruck auf seinem zerfurchten Gesicht an, der schwer zu ergründen war. Flehentlich? Grollend? Resigniert?

„Sehr ähnlich, nicht wahr?" brachte ich murmelnd heraus.

„Sehr ähnlich", gab er zur Antwort.

„Sogar fast die gleichen", setzte ich hinzu.

„Wie Sie sagen, Frau Doktor, fast die gleichen..." und wir konnten uns beide nicht dazu bringen, das Gespräch mit unserer obligaten Phrase „wir sind ja nur kleine Fische" abzuschließen.

Als wir uns am Gartentor die Hand gaben und ich ihn für die folgende Woche wieder bestellte, brachte Herr Neisse kein Lächeln zustande. Armer kleiner Kerl, wieder einmal hereingelegt. Das Leben hatte ihn nicht sehr rücksichtsvoll behandelt, und diese Ansichtskarten waren vielleicht die ärgste Kränkung. Um so wahrscheinlicher war es, daß uns künftig sein Sonntagsgruß wie ein Donnerschlag treffen würde. [...]

Als ich Anfang 1946 nach Berlin zurückkehrte, versuchte ich, Herrn Neisse ausfindig zu machen, da ich mittlerweile wußte, daß meine Ahnung mich in seinem Fall nicht getrogen hatte. Er hatte uns nichts Böses getan, keine belastenden Dinge über uns weitergegeben, wie andere eifrige Denunzianten es für richtig befunden hatten. Ich erfuhr, daß er nach dem Einmarsch der Russen an einem Laternenpfahl aufgehängt worden war.

Hans-Ulrich Thamer

Faszination und Manipulation – Die Nürnberger Reichsparteitage der NSDAP

Die Nürnberger Reichsparteitage der NSDAP waren den Zeitgenossen Inbegriff der Glanz- und Machtentfaltung des Dritten Reiches. Als „grandiose Heerschau" feierten die nationalsozialistischen Propagandisten den Generalappell ihrer Partei, von dem sie behaupteten, er sei „glanzvoller als der Reichstag der alten Kaiser". Hunderttausende von Parteifunktionären, SA- und SS-Männern, Arbeitsdienstmännern, Hitlerjungen und BdM-Mädchen kamen alljährlich im September nach Nürnberg, um Hauptakteure, Statisten im ‚Ornament der Masse' und akklamierende Gefolgschaft zugleich zu sein. Militärs, Diplomaten und Journalisten aus dem In- und Ausland beobachteten und bewunderten die monumentale Machtentfaltung, die Stärke und Geschlossenheit des Regimes demonstrieren wie das Außergewöhnliche des Führer-Nimbus von Adolf Hitler aufs Neue begründen sollte. Die Leiterin eines Mütterheimes der NS-Volkswohlfahrt schrieb im September 1938 aus Nürnberg an ihre Mutter:

„Ich kann gar nicht sagen, wie schön dieses Erlebnis der Gemeinschaft war. Das kann man auch am Radio nicht erleben. Nürnberg ist für uns wirklich die Kraftquelle. [...] Erhebung und Feierstunde war für uns der Appell der politischen Leiter im Lichterdom. Ganz Deutschland stand ja an diesem Tage verkörpert in seinen Männern vor dem Führer. [...] Alle waren ergriffen. Von der tausende zählenden Menschenmenge sprach niemand ein Wort. – Den Führer haben wir natürlich sehr oft gesehen. Immer wieder empfand man, wie dieser Mann die Menschen an sich reißt. Keiner kann sich ihm entziehen." [...]

Die nationalsozialistische Regie des öffentlichen Lebens zog in Nürnberg alle Register ihrer organisatorischen und propagandistischen Fähigkeiten. Massenkundgebungen und Weihestunden, Appelle und Aufmärsche, militärische Schaumanöver und Volksbelustigungen wechselten sich in den zunächst vier-, dann sieben- und schließlich achttägigen Riesenveranstaltungen ab. Die Magie der Fahnen und Fackeln, der Massenrituale und des Führerkultes, der Todesverklärung und Treueschwüre betäubte alle Sinne und befriedigte „älteste Schauergelüste" ebenso wie Sensationslust und das Bedürfnis nach Gemeinschaft. Die Monumentalität der Architektur verstärkte diese Emotionen; die modernsten Medien, Rundfunk und Film, reproduzierten die Großveranstaltung. Alle Medien der Kommunikation waren miteinander verbunden, alle propagandistischen Stilelemente aufgeboten, um ein Gesamtkunstwerk politischer Ästhetik zu schaffen, das die traditionellen Formen politischer Kommunikation, Rede und Diskussion, durch irrationale Gefühle und Verschwommenheit ablöste. [...]

Die architektonische Hervorhebung der Führerkanzeln machte Hitler allgegenwärtig, der immer der aufmarschierten Partei und seiner Gefolgschaft gegenüber stand. Die Haupttribünen des Zeppelinfeldes und der nicht mehr fertiggestellten neuen Kongreßhalle, die, dem römischen Colosseum nachgebildet, dieses aber an Ausmaßen übertreffen sollte, hoben die neue politische Elite wie auf einer Bühne heraus. [...] Die Inszenierung des Führer-Mythos vereinte die unterschiedlichen Rituale und stiftete das Charisma Hitlers als übernatürliche und nicht alltägliche Integrations- und Legitimationskraft des nationalsozialistischen Regimes. Die Identifikation von Führer und Gefolgschaft als propagandistischer Kern plebiszitärer Herrschaft fand im Parteitagszeremoniell ihren symbolischen Ausdruck. Es ist kein Zufall, daß Hitler in Nürnberg seinen charismatischen Herrschaftsanspruch geradezu klassisch formulierte: „Das ist das Wunder unserer Zeit, daß Ihr mich gefunden habt unter so vielen Millionen. Und daß ich Euch gefunden habe, das ist Deutschlands Glück." [...]

Die Männer, die den Kult zelebrierten, waren zugleich kühle Techniker und Regisseure, Söhne des rationalistischen Zeitalters. Es war vielleicht gerade diese Verbindung von Irrationalität und technischer Rationalität, von atavistischer Ideologie beziehungsweise mystischem Zeremoniell mit der Moderne, die dazu beitrug, die kritische Vernunft auszuschalten. [...]

Die Manipulation, die sich hinter dem politischen Kult verbarg und sich der Faszination der Gefolgschaft bediente, galt dem Ziel, die Wertmuster der neuen Herrschaft in die Volksgemeinschaft durch eine emotionale Überwältigung einzupflanzen. Zur Dramaturgie des Parteitages von 1935 gehörte dann auch die Verkündung der ‚Nürnberger Gesetze', mit der sich der nationalsozialistische Vernichtungswille – umgeben von der Pracht- und Machtenfaltung des Regimes – durchsetzen und eine wichtige Etappe auf dem Weg zur Entrechtung und Verfolgung der Juden hinter sich bringen konnte. Der Wille zu Gewalt und Krieg stand hinter dem Kult. Nicht von ungefähr wurden bei allen Ritualen Werte wie Gehorsam, Opferbereitschaft, Heldentod und Kampf gefeiert, wurden Todesvisionen beschworen. Zwei Tage vor Eröffnung wurde der ‚Parteitag des Friedens' Ende August 1939 abgesagt. Aus dem heroischen Stil der Bühnen-Welt war tödlicher Ernst geworden.

Ursula A. J. Becher

„Kraft durch Freude"

Die Sommerfrische war ein individuelles und einfaches Ferienvergnügen gewesen. Dennoch waren Arbeiter in den zwanziger Jahren mehr oder minder vom Tourismus ausgeschlossen. Zwar enthielten die meisten Tarifverträge auch Urlaubsregelungen für Arbeiter, aber viele konnten ihren Urlaubsanspruch nicht wahrnehmen, und selbst wenn sie es taten, reichte der Lohn in der Regel nicht aus zur Finanzierung einer Ferienreise. Zwar hatte sich neben der bürgerlichen Jugendbewegung auch eine Arbeiterjugendbewegung entwickelt, die das Wandern liebte und Fahrten durchführte. Die geringe Freizeit der jungen Arbeiter ließ aber meist nur kleinere Unternehmungen am Wochenende zu. Der Touristenverein „Naturfreunde" organisierte Wanderfahrten, blieb aber doch eine Randerscheinung. Daher mußte die Ankündigung der Nationalsozialisten, jeder deutsche Arbeiter solle in jedem Jahr für zehn Tage mit seiner Familie in den Urlaub fahren dürfen, geradezu sensationell wirken.

Die Organisation, die dieses Unternehmen planen und durchführen sollte, erhielt den Namen „Nationalsozialistische Gemeinschaft Kraft durch Freude" [KdF] und wurde der „Deutschen Arbeitsfront" angegliedert, die nach der Zerschlagung der Gewerkschaften an deren Stelle gesetzt worden war. Die Gründung der KdF gehörte in den Bereich der Arbeitspolitik des Dritten Reiches und wurde zum Aushängeschild dieser Politik. Zwei Ziele ließen sich mit dieser Unternehmung zugleich verwirklichen: Sie war für die Nationalsozialisten ein exzellentes propagandistisches Mittel, um den Widerstand unter den Arbeitern zu überwinden und eine neue Anhängerschaft zu gewinnen. Nebenbei fand das beschlagnahmte Vermögen der Gewerkschaften eine günstige Verwendung: Mit seiner Hilfe wurde die Finanzierung geregelt. Die neue Organisation bot ein umfassendes Programm zur Freizeitgestaltung an: Theater, Konzerte und Ausstellungen, Sport- und Wandergruppen, Volkstänze, Filmvorstellungen, Kurse zu allen möglichen Themen. Im Vordergrund stand jedoch das Reiseangebot, eine Art subventionierter Tourismus, der der Deutschen Reichsbahn und vielen Hotelbesitzern gute Gewinne verschaffte. Die Organisation konnte eine optimale Ausnutzung der Kapazitäten garantieren und durch die große Zahl der Reisenden Preisnachlässe beanspruchen. Viele Reisen fanden im Frühjahr und Herbst statt, zu einer Zeit, in der der Tourismus brachlag und Züge und Hotels leer standen. Die Erweiterung der Saison kam den Ferienorten zugute. Hinzu kam, daß viele Reiseziele in wirtschaftlichen Problemregionen lagen: Eifel, Schwäbisches Allgäu, Bayerischer Wald, die sich durch den wachsenden Tourismus etwas erholen konnten. Durch diese Maßnahmen konnten die Reisekosten niedrig gehalten werden, und der günstige Preis war es, dem KdF seine Popularität verdankte. Ein achttägiger Urlaub an der Ostsee kostete den Touristen 230 RM. Dieser Preis umfaßte Fahrt, Unterkunft, Verpflegung und Unterhaltungsveranstaltungen. Eine solche Summe war bei einem durchschnittlichen Monatsverdienst der meisten Teilnehmer von 150 RM nicht unerschwinglich.

Dieses Programm zur Organisierung der Freizeit war ein Bestandteil der Sozialpolitik des Dritten Reiches. Es diente zunächst und vor allem der Reproduktion der erschöpften Arbeitskraft. Die hohen Anforderungen, die die Mechanisierung der Arbeit an den einzelnen Arbeiter stellte, drohten seine physischen und psychischen Kräfte zu lähmen. Um sie für weitere Anforderungen zu erhalten, mußten Zeiten der Ruhe und Entspannung eingelegt werden. „KdF überholt jede Arbeitskraft von Zeit zu Zeit, genauso wie man den Motor eines Kraftwagens nach einer gewissen gelaufenen Kilometerzahl überholen muß", erklärte Robert Ley, der Leiter der Deutschen Arbeitsfront, dem KdF unterstellt war.

Daneben zählte die propagandistische Wirkung: KdF sollte das Programm der Volksgemeinschaft zur Anschauung bringen. Vor allem der Massentourismus ins Ausland sollte diesen Eindruck hervorrufen. Der Arbeiter sollte davon überzeugt werden, daß ihm im Nationalsozialismus besondere Wertschätzung gehöre, und sich daher ans Regime binden. „Der Arbeiter sieht, daß wir es mit der Hebung jener gesellschaftlichen Stellung ernst meinen", erklärte Robert Ley. „Er sieht, daß wir als Aushängeschild für das neue Deutschland nicht den sogenannten ‚Gebildeten' hinausschicken, sondern ihn, den deutschen Arbeiter, als Repräsentanten der Welt zeigen." Dieser Eindruck wurde dadurch verstärkt, daß die neuen Schiffe der NS-Organisation KdF mit nur einer Klasse gebaut wurden und nicht allein Arbeitern, sondern auch anderen Bevölkerungsgruppen offenstanden.

Es gab noch einen weiteren wichtigen Grund für die Nationalsozialisten, sich der Freizeitgestaltung der Bevölkerung anzunehmen. Denn was würde der Arbeiter mit seiner Freizeit anfangen, wenn er sich selbst überlassen bliebe? Die offenbar zu allen Zeiten vorhandene Skepsis gegenüber der Fähigkeit der Menschen und speziell der Arbeiter, ihr Leben sinnvoll zu leben, wenn sie selbst entscheiden dürfen, worin für sie der Sinn des Lebens besteht, hatte im Nationalsozialismus eine spezielle ideologische Stoßrichtung. Es müsse verhindert werden, so hieß es, daß die vermehrte Freizeit Langeweile hervorbringe und „dumme, hetzerische, ja letzten Endes verbrecherische Ideen und Gedanken" entstehen lasse. Auch das KdF-Programm stand im Zusammenhang des totalen Anspruchs des Staates. Nur der Schlaf sei noch Privatsache, erklärte Ley. "Privatleute haben wir nicht mehr. Die Zeit, wo jeder tun und lassen konnte, was er wollte, ist vorbei."

Aber dieses Programm eines vormodernen Lebensstils war letztlich zum Scheitern verurteilt. Selbst wenn die Teilnehmer an den beliebten Kreuzfahrten auf den Schiffen dem Unterhaltungsprogramm und seinem ideologischen Einfluß ausgesetzt waren und oft nicht einmal zu Ausflügen an Land gelassen wurden, ist nicht sicher, daß sie als glühende Nationalsozialisten zurückgekehrt sind. Ideologen überschätzen meist den Erfolg ihrer Indoktrinierung. Die meisten Reisenden nahmen ein attraktives Reiseangebot wahr. Wie weit sie sich ideologisch beeinflussen ließen, ist nicht nachprüfbar.

Erhard Schütz

Inszenierung der Wirklichkeit oder inszenierte Wirklichkeit? Der Tonfilm im Dienst der Politik

In einer Rede vom 28. 3. 1933 hatte J. Goebbels, Reichsminister für Volksaufklärung und Propaganda, bereits signalisiert, daß er die privatrechtliche Struktur der Filmwirtschaft nicht antasten wolle, zumal die Kooperation der UfA mit der Staatsbürokratie von Anfang an besonders eng war. Staatliche Maßnahmen beschränkten sich zunächst auf die Gründung der Filmkreditbank (am 1. 6. 1933) und die Einrichtung der Reichsfilmkammer als berufsständischer Zwangsorganisation (14. 7. 1933). Die nationalsozialistische Zensurgesetzgebung war eine weitgehende Fortschreibung der Bestimmungen von 1920; das Reichslichtspielgesetz vom 1. 3. 1934 half zunächst einmal der heimischen Filmindustrie gegen die drückende ausländische Konkurrenz. Da die Selbstzensur der Filmindustrie gut funktionierte, wurde die Präventivzensur bald fallengelassen. Statt dessen wurde ein ‚positives' Regulativ eingesetzt, denn mit der großzügig gehandhabten Prädikatvergabe (rund ein Drittel aller deutschen Spielfilme wurden ausgezeichnet) waren Steuerbefreiungen verbunden. Spätestens mit dem „Verbot der Kunstkritik" am 27. 11. 1936 – nach der Olympiade in Berlin – waren das absolute Monopol und eine umfassende Kontrolle des Propagandaministeriums beim Film gewährleistet, zumal hier die nationalsozialistischen Kompetenzkämpfe angesichts der Rolle von Goebbels nicht die Bedeutung gewonnen haben wie in anderen Sektoren der Kultur. [...]

Zunächst blieben die einzelnen Filmkonzerne formal erhalten, um eine ‚maßvolle' Konkurrenz zu gewährleisten, 1942 fusionierte dann die deutsche Filmindustrie zu einem einzigen Trust, der „UfA Film GmbH" (UFI). Bis auf die Uraufführungskinos blieben die Filmtheater mehrheitlich in Privatbesitz, so daß alles, was mit dem Film in Deutschland zusammenhing, direktem staatlichem Eingriff unterworfen war. Dabei läßt sich eine hohe Kontinuität im Spitzenmanagement der Branche nachweisen, die anzeigt, daß das Monopol des nationalsozialistischen Staates Ergebnis eines „kontinuierlichen Transformationsprozesses in der deutschen Filmindustrie" war.

Kontinuitäten zeigten auch die Produkte selbst, eine charakteristische Dauer bestimmter Elemente, Inhalte und Formen. Schon die mediale Innovation begünstigte zwangsläufig die Hinwendung des Films zur Musik, zu Chanson, Schlager und Operette, Revuetheater und Kabarett. [...] Gerade das großstädtische Publikum optierte für Revue- und Operettenfilme, die häufig ländliche bzw. historisch-idyllische Themen bevorzugten, z. B. „Die drei von der Tankstelle" (1930) oder „Der Kongreß tanzt" (1931). Ebensowenig für ein ländlich-provinzielles Publikum waren die zunehmend beliebten Heimatfilme gedacht, mit ihren inbrünstigen Übersteigerungen von Schicksal und Naturgewalt (exemplarisch die Filme „Berge in Flammen", 1931, „Der Rebell", 1933 von L. Trenker), in denen nebenbei für moderne Sportarten wie Skilauf und Segelflug Reklame gemacht wurde. Dasselbe galt für die spezifische Ausprägung des Historienfilms. Zentriert um Friedrich den Großen und das friderizianische Preußen, wurden autoritäre Führerfiguren heroisiert und die leidensbereite Unterwerfung der Massen unter den schicksalhaften Führerwillen gepriesen. [...]

Frühe NS-Produktionen knüpften formal teilweise an diese Filme an, so wie sie sich inhaltlich auf Umdeutungen kommunistischer Muster einließen, mit dem Unterschied freilich, daß sie auf emotionale Erschütterung und die Identifikation mit „Märtyrerfiguren“ ausgingen – „SA-Mann-Brand“ (1933), „Hitlerjunge Quex“ (1933). Nach dem sog. Röhm-Putsch wurden diese Filme aus dem Verkehr gezogen, weil das Propagandaministerium eher auf indirekte Wirkungskonzepte setzte. Mehr noch als in allgemeinen Direktiven („Volkstümlichkeit, Wirklichkeitsnähe, Deutschtum“) schlug sich das in Detailanweisungen nieder. Verkäuferinnen in Filmen durften nicht dem Ideal amerikanischer Filmdiven entsprechen, Filmbauten sollten den innen- und außenarchitektonischen Geschmack bilden und die städtischen Menschen zur ländlichen Lebensweise hinführen. Neben den Filmkomödien und Ausstattungsfilmen, auf die sich die Anweisungen besonders bezogen, wurden verstärkt historische Filme produziert, die Figur Friedrichs d. Gr. erneut im Zentrum. Die Kriegsfilmproduktion wurde nach 1933 zunächst von der UfA fortgesetzt und mit Beginn des Zweiten Weltkriegs massiv verstärkt: „Unternehmen Michael“ (1937), „Pour le mérite“ (1938), „Über alles in der Welt“ (1941) bis zu Durchhaltepropaganda wie „Kolberg“ (1945). Diese Filme hatten ihre Funktion vermutlich weniger in der Steigerung der Kriegsbereitschaft als in der Immunisierung gegen kriegsbedingten Verdruß im Alltag. Hinzu kam wohl die Hoffnung auf Spiegelungseffekte. Indem die Truppe sich selbst zuschaute, wie in der Wochenschau-Kriegsberichterstattung, hoffte man eine fürs Kämpfen und Sterben willige Haltung einzuüben.

So wenig man solche Habitualisierungseffekte empirisch nachweisen kann, so bedeutsam war der Film als spiegelnde Verdoppelung der Masse und ihrer propagandistischen Inszenierungen. Hier liegt die exzeptionelle Bedeutung der Filme von L. Riefenstahl, weniger in einer inhaltlichen Ideologisierung als in der ‚reinen Form‘ der inszenierten Selbstanschauung der Massen, der exakten Erfüllung dessen, was W. Benjamin als „Ästhetisierung der Politik“ kritisiert hatte. „Triumph des Willens“, über den Parteitag in Nürnberg 1934, und „Fest der Völker, Fest der Schönheit“, über die Olympiade in Berlin 1936, sind Filme, in denen die Inszenierung der Wirklichkeit zu Zwecken des Films den Anlaß der inszenierten Wirklichkeit noch übertrifft. [...]

Noch stärker [...] läßt sich an einem anderen Mythos des ‚Dritten Reiches', an der Autobahn, zeigen, daß sie wesentlich als Medienprojekt, in einem medialen Verbund, angeführt vom Film, präsentiert wurde und zur Festigung des Hitler-Mythos beitrug. „Die Autobahn wurde gleich von Anfang an zu einem künstlerischen Gegenstand erhoben. [...] Sie war Sujet und Schauplatz von Dokumentarfilmen, Wochenschauen und Spielfilmen. [...] Ein eigenes Genre hat sich um die Autobahn gebildet, eine Autobahnkunst." Es gab Spielfilme, in denen das Heimatschema im Konflikt Bauern – Autobahnarbeiter variiert, Dokumentarfilme, in denen die Zeitersparnis illustriert oder die eigene Ästhetik der Autobahnlandschaft visualisiert wurde, z. B. „Schnelle Straßen" (1937).

In dieser Konstruktion von Wirklichkeit zeigt sich, welche Funktion die Nationalsozialisten generell den Medien zugedacht hatten. Schon Anfang 1937 hatte Goebbels propagiert: „Das Schaffen des kleinsten Amusements, des Tagesbedarfs für die Langeweile und der Trübsal [...] wollen wir ebenfalls nicht unterdrücken." 1941, unter Kriegsbedingungen, bekräftigte er, daß in dieser Zeit der „Lasten und Sorgen" auch die „Unterhaltung staatspolitisch von besonderem Wert" sei, eine „Pflicht", „das Volk nicht nur in seinen Sorgen, sondern auch in seinen Freuden, nicht nur in seinen Belastungen, sondern auch in seinen Entspannungen liebevoll und hilfsbereit zu begleiten." [...] Für Deutschland ist bei einem Gesamtangebot von 1094 Spielfilmen zwischen 1933 und 1945 ein Anteil betont heiterer und bloß latent politisierter Filme von 47,8% errechnet worden.

Zwar gab es um 1935 eine Kulmination von expliziten ‚Blut-und-Boden'-Filmen und um 1940 eine Häufung der antisemitischen Hetzfilme, doch selbst „Jud Süß" (1940), Prototyp einer ganzen Reihe, wurde überlagert durch Filme wie „Wunschkonzert" (1940) und „Die große Liebe" (1942), „die bis heute im kommerziellen Sinn populärsten der deutschen Filmgeschichte". Ob gezielte Repliken nach US-Vorbildern, „Glückskinder" (1936), musicalhafte Eigenproduktionen, „Himmel auf Erden" (1935), oder Klassikeradaptionen, „Der zerbrochene Krug" (1937), sie alle setzten auf alltagsenthobenen Schauwert, Ausstattung, verbalen Witz und die standardisierten Topoi von Verwechslung, Aufstieg und Versöhnung, basierend auf festen Sozial- und Geschlechterschemata. „Je stärker die Realität des Krieges in die Filmproduktion einbricht, desto realitätsferner werden deren Filmprodukte." Diese massenunterhaltenden Formen dürften nachhaltigere Wirkungen gezeitigt haben als die antisemitischen Hetzfilme. Schon die Beliebtheit bis in die Gegenwart belegt dies.

Ursula A. J. Becher

Trommelfeuer auf die Ohren – Rundfunk im Dritten Reich

Massenkultur ist nicht zu denken ohne Massenkonsum. Die Versorgung der deutschen Bevölkerung mit neuen technischen Produkten verbesserte sich stetig. Im Jahre 1932 kamen in Deutschland auf je 1000 Einwohner 66 Rundfunkgeräte, 52 Fernsprechanschlüsse und 8 Personenautos. Das entsprach einem europäischen Durchschnittswert. [...]

Die Massenkultur in den zwanziger Jahren hatte ihre Möglichkeiten erst angedeutet. Unter der Herrschaft des Nationalsozialismus wurden sie systematisch ausgewertet. Das gilt vor allem für Medien wie Rundfunk und Film. Die Technisierung der Welt, deren Auswirkungen sich in den zwanziger Jahren zeigten und von der Kulturkritik vielfach beklagt wurden, diente nun als Voraussetzung für eine systematisch genutzte Massenkultur als Vehikel totalitärer Herrschaft.

Diesem Ziel hatte auch die Freizeit zu dienen. Sie sollte möglichst nicht freie Zeit im Sinne der Freizeit des einzelnen über seine Zeit sein, sondern Freizeit sollte im Gegenteil kollektiv uniform nach verordneten Leitlinien, sozusagen im Gleichschritt erlebt werden. [...]

Für die große Mehrheit der Bevölkerung wurde der Sport erst durch die Medien zum Ereignis. Ende der zwanziger Jahre wurde die Rundfunkreportage als Sendetyp eingeführt. Durch sie wurden bedeutende Sportveranstaltungen für ein großes Publikum übertragen und gewannen dadurch an Bedeutung. Die Medien schufen durch ihre Berichterstattung Helden, etwa den Flieger und Ozeanüberquerer Charles Lindbergh oder die Autorennfahrer Rudolf Caracciola und Bernd Rosemeyer, der später bei einem Rekordversuch tödlich verunglückte. Die Massenkultur war nur durch die neuen Medien und ihre ausgedehnte Nutzung möglich geworden. Außer der Presse waren das als Leitmedien Rundfunk und Film. Durch sie wurden breite Bevölkerungsgruppen erreicht, die bisher keinen Zugang zu den traditionellen Bildungsstätten wie Theater, Museen, Bibliotheken gefunden hatten. Ihnen wurde nun die kulturelle Teilhabe eröffnet und damit die Möglichkeit, ihrem Leben einen Sinn, ihrer Freizeit einen neuen Inhalt zu geben. Andererseits hat die Aussicht, die große Masse der Bevölkerung mit den audiovisuellen Erfindungen erreichen und propagandistisch beeinflussen zu können, Politik und Wirtschaft auf den Plan gerufen. Der Rundfunk unterlag staatlicher Kontrolle und entwickelte sich spätestens 1932 zum Staatsrundfunk. [...]

Die Faszination, die von den neuen Medien auf die Bevölkerung ausging [...], rief sehr bald Kritiker auf den Plan, die vor der Verflachung der Kultur, der Seichtheit des Programms und der Sinnleere des Alltagslebens warnten. Dabei verkannten Kulturkritiker und Freizeitpädagogen weitgehend die realen Bedürfnisse der Bevölkerung, die dankbar die neuen Möglichkeiten nach vermehrter Information und Unterhaltung aufnahmen. [...] Während der Rundfunk dem Unterhaltungsbedürfnis der Hörer entgegenkam, wurde das Interesse an politischer Information höchst einseitig bedient. Von allem Anfang an wurde dem Rundfunk die Funktion zugesprochen, mit seinen Sendungen für die Ordnungspolitik der Reichsregierung zu werben. Der preußische Ministerpräsident Severing warnte 1924 in einem Brief an das Reichsinnenministerium davor, die propagandistischen Möglichkeiten des neuen Mediums zu unterschätzen: „Alle Wahrscheinlichkeit spricht dafür, daß das im Rundfunkwesen liegende Beeinflussungsmittel sehr bald eine solche Bedeutung gewinnen wird, daß eine Regierung, die darauf keinen maßgeblichen Einfluß hat, überhaupt den Boden unter den Füßen verloren hat." [...]

Erst die Nationalsozialisten nutzten konsequent und systematisch die propagandistischen Möglichkeiten des Radios, und zwar vom ersten Tag ihrer Herrschaft an. Reichssendeleiter Eugen Hadamovsky beschrieb das genau kalkulierte methodische Vorgehen in seinem Rechenschaftsbericht: „Wir begannen im Rundfunk mit einer phantastischen Welle politischer Beeinflussung, Agitation und Propaganda in jeder Form. Vom 10. Februar bis zum 4. März (1933) gingen fast Abend für Abend Reden des Reichskanzlers über einzelne oder alle deutschen Sender [...]. Es war schon ein solch massiertes Trommelfeuer notwendig, um das ganze Volk zum Aufhorchen zu bringen und seine Aufmerksamkeit auf die neue Regierung Hitler zu lenken."

Diese Methode prägte den Sendestil über die erste Zeit der Machtergreifung hinaus. Stundenlange Hitlerreden, Reportagen von Reichsparteitagen, von Staatsakten, Ausstellungseröffnungen, Einweihungen, wurden durch die Übertragungen zum nationalen Ereignis. Sie waren nicht allein Angebote, unter denen der Radiohörer auswählen konnte. Um den allgemeinen Empfang zu gewährleisten, wurden Schulen, Betriebe und Behörden zum Gemeinschaftsempfang verpflichtet. Während der Übertragung einiger Hitler-Reden ruhte das öffentliche Leben: die Produktion wurde stillgelegt, das Wirtschafts- und Verkehrsleben unterbrochen. Eine planvolle Inszenierung verstärkte die Wirkung auf die Hörer. Die perfekte Dramaturgie ist etwa an der Übertragung einer Hitler-Rede aus den Berliner Siemenswerken im Jahre 1933 zu erkennen: „Vor der Rede, die aus der Maschinenhalle von Siemens übertragen wurde und in allen deutschen

Betrieben gehört werden mußte, heulten die Fabriksirenen im Reich, dann war überall Arbeitsruhe, dann hörte man aus den Lautsprechern den langsam abklingenden Maschinenlärm bei Siemens, dann die Siemenssirene, und dann sprach der Führer." Ähnlich wurden im Krieg die Siegesmeldungen geradezu zelebriert. Wie sehr der Zwang zum kollektiven Hören den einzelnen seinen privaten Wünschen entfremden sollte, zeigt ein Zitat aus dem „HJ-Funk": „Der Gemeinschaftsempfang hat für die Hitler-Jugend deshalb so große Bedeutung, weil er den Einzelnen zwingt, seinen Willen unter den einer Gemeinschaft zu stellen [...]. Wir erziehen somit die heranwachsende Jugend zu einer wichtigen Handhabung des Rundfunkgeräts, denn nichts ist kulturloser als jene liberalistische Bedienungsweise, immer nur aus den Sendungen das herauszupicken, was im Augenblick der Stimmung entspricht." [...]

Das Regime war bestrebt, die möglichst vollständige Versorgung der Bevölkerung mit Radiogeräten zu sichern, um das ganze Volk total und zu jeder Zeit propagandistisch erfassen zu können. Diese Absicht sollte durch das Angebot eines verhältnismäßig billigen Empfangsgerätes verwirklicht werden, durch den sogenannten „Volksempfänger", der seit 1934 in allen Herstellerfirmen gebaut werden mußte und in einigen Betrieben den Arbeitern durch die Einbehaltung regelmäßiger Ratenzahlung von ihrem Lohn regelrecht aufgenötigt wurde. Waren diese Volksempfänger auch technisch zu anspruchslos, um eine Empfangsvielfalt zu gestatten, so war es doch vielen Radiohörern möglich, auch andere Sender als den reichsdeutschen Funk zu hören, das Gerät also nach individuellen Wünschen und nicht in dem von oben verordneten Sinne zu nutzen. Trotz des Verbots, ausländische Sender zu empfangen, und der drakonischen Strafen, mit dem das Regime solche privaten Verweigerungen ahndete – 1940 verurteilten Sondergerichte für ein solches Vergehen „Verräter an ihrem Volk und seinem Daseinskampf" zu fünf- bis zehnjährigen Zuchthausstrafen –, wurden Auslandssender viel gehört. Der BBC vermutete eine Zahl von einer bis zu drei Millionen Hörer ihrer Sendungen in Deutschland.

Hans Belting

Lieber keine Kunst als undeutsche Kunst

Die Nationalsozialisten konnten [...] alle Parolen, die sie brauchten, aus der Tradition der Debatte um deutsche Kunst abrufen. Sie fanden [...] ein Publikum vor, das zwischen Minderwertigkeitsgefühlen und Größenwahn schwankte. Wenn sich also die Diskussion heute so um die Zeit des Dritten Reiches bewegt, als handele es sich um eine böse Episode, dann blendet sie eine lange Vorgeschichte aus, in der schon alle Argumente für eine zeitlose deutsche Kunst und gegen eine zeitgenössische Moderne vertreten sind. Nur wurde jetzt eine Position, die viele gerne teilten, so offiziell und so sehr ein Hebel für staatliche Unterdrückung, daß sogar die Parteigänger aus dem alten Streit von ihr abrückten. Als selbst so deutsche Maler wie Beckmann unter das Ausstellungsverbot gerieten und sich die Museen von guter Kunst leerten, war es bereits zu spät, um diesem Treiben noch Einhalt zu gebieten.

Die Trennlinie lag dort, wo die Nationalsozialisten das Massenpublikum der Kleinbürger, aus dem sie selber kamen, bedienten. Hier war das alte Argument, das in diesem neuen Milieu bisher keine Rolle gespielt hatte, bald nicht mehr wiederzuerkennen. Die Mißverständnisse des Großbürgertums, die am Beginn der „Bewegung“ standen, brauchen hier nicht beschrieben zu werden. Auch nicht die Tatsache, daß in München 1937 zwei Ausstellungen gegeneinander zeugten, in denen die Kunst in eine „kranke“ oder „entartete“ und eine „gesunde“ oder „deutsche“ Hälfte geschieden, reinlich und sichtbar auf einen Himmel und eine Hölle der Kunst aufgeteilt war. Die drastische Anwendung wirkt wie eine unfreiwillige Karikatur des alten Streits, in dem jetzt keine Freiheit mehr geduldet wird.

Die Wortführer der Bewegung wußten genau, was sie dem alten Streit verdankten und wie sie die vorhandenen Instinkte gegen die Gefahren der Moderne nutzen konnten. Manchmal bedankten sie sich bei den Wortführern von damals, die ihnen, so schien es, den Weg bereitet hatten. In der Zeitschrift ‚Das Bild‘ berief sich eine Autorin 1934 ausdrücklich auf Henry Thode und das, „was zu Heidelberg begann, als zum ersten Mal ein Tapferer in öffentlicher Stellung dem Internationalismus in der Kunst den Kampf ansagte“. Dieser Kampf ist nun siegreich beendet. Wir haben, heißt es da, endlich „ein Wissen um das, was deutsch ist in der Kunst“.

Dieses „Wissen“ wirkte sich böse aus für den Expressionismus, kaum daß er sich als ein genuin deutscher Stil bewährt hatte. Sein Höhepunkt war in der bildenden Kunst längst überschritten, als die Nationalsozialisten ihn plötzlich angriffen. Aber er war immer noch der Liebling eines gebildeten Publikums, das auf diesen Stil nicht verzichten wollte, den kein anderes Land den Deutschen streitig machte. [...] Man mußte fortan deutsche Kunst wieder allein in der Vergangenheit suchen, weil sie in der Gegenwart nicht mehr geduldet war, es sei denn im Kitsch der neuen Lieblingskünstler Adolf Ziegler und Arno Breker. [...]

Der Expressionismus wurde, trotz seiner anfänglich antibürgerlichen Gesinnung, auch im Bürgertum standesgemäß, weil er so deutsch war. Die neue Ausdruckskunst ließ sich, wenn man nur den richtigen Blickwinkel dafür besaß, bis in das Mittelalter zurückverfolgen, was die Kunsthistoriker denn auch bald versuchten. Die ottonische Kunst wurde mit Begeisterung als früher Expressionismus der mittelalterlichen Kunst begrüßt und damit als erster wahrhaft deutscher Stil neu in Besitz genommen. Auch dort, wo das Stichwort nicht fällt, ist das Argument deutlich vertreten. Werner Weisbach und Heinrich Wölfflin, der damals eine Apokalypsen-Handschrift von der Reichenau und ihre ottonischen Miniaturen in einem großen Buch interpretiert, führen die neue Forschungsrichtung in den zwanziger Jahren an. Es schien, als sollte sich ein alter Wunschtraum der Deutschen erfüllen, der in der Kunst der Vergangenheit und in jener der Gegenwart endlich die wahre Identität finden wollte.

Die Enttäuschung ist um so größer, als der Nationalsozialismus diese Debatte verbietet und auch den Expressionismus als undeutsch ächtet. Wilhelm Pinder versucht nach der Machtergreifung, den Expressionismus zu retten. Auch Gottfried Benn unternimmt dazu eine letzte Anstrengung, als er 1933 sein berühmtes, aber erfolgloses ‚Bekenntnis zum Expressionismus' verfaßt. „Diese starke Front von Glauben an eine neue große deutsche Kunst" gehe paradoxerweise zusammen mit der „Ablehnung des Stils und Formwillens der letzten deutschen Epoche". Schon bezeichne man „den malerischen Expressionismus als entartet", der doch die „letzte große Kunsterhebung Europas" war und die „bürgerliche Weltanschauung" brüskierte. Mit dem Expressionismus sieht Benn die Kunst im bisherigen Sinne zu Ende gehen und im Ritual der Massenkundgebungen überleben, womit er die damalige politische Ästhetik kennzeichnet.

Es wird still um moderne Kunst ganz allgemein, sobald man die Parteilinie zur Glaubenssache erklärt. Es liegt eine merkwürdige Logik in dem Entschluß, alle moderne Kunst auf dem Altar der deutschen Kunst zu opfern und dann doch keine deutsche Kunst übrigzubehalten, die man international vorzeigen konnte. Lieber keine Kunst als undeutsche Kunst, wobei die Bestimmung des Deutschen in der Kunst zum Entsetzen der bisherigen Deutschtümler inzwischen ein reiner Willkürakt geworden war. Die Kunsthistoriker wenden sich in dieser neuen Lage notgedrungen wieder der Vergangenheit zu, um deutsche Kunst zu erforschen. Die Zeitschrift des ‚Deutschen Vereins für Kunstwissenschaft' war schon 1933 gehalten, sich „selbstverständlich auf deutsche Kunst zu beschränken". Aber bald mußte man hinzufügen, daß die „jüngste Vergangenheit und die Gegenwart für uns vorläufig unbetretbare Gebiete" sind.

Ulrike Haerendel

München – „Hauptstadt der Bewegung“

Am 2. August 1935 verlieh Hitler der Stadt München den Titel „Hauptstadt der Bewegung“, der nicht nur schmückendes Beiwerk sein sollte, sondern als offizielle Bezeichnung im Geschäftsverkehr zu führen war. Welche Gründe gab es für eine solche Titelverleihung, die in einer Festsitzung der Gemeinderäte als „größte Auszeichnung“ gefeiert wurde, „die einer Stadt zuteil werden konnte“? Welche Bedeutung hatte München für den Nationalsozialismus? [...]

[L]äßt man einmal die Frage beiseite, ob ein spezifisch nationalsozialistischer Geist in dieser Stadt geherrscht habe, so gibt es zweifellos Anzeichen, daß sie in der „Bewegung“ eine besondere Rolle spielte. [...] München war die Geburtsstätte des Nationalsozialismus, hier wurde die Partei gegründet und von hier aus wurde sie nach dem Mißerfolg des Hitler-Putsches wieder aufgebaut bis zur Machtergreifung. In Münchens öffentlichem Leben waren die Parteigenossen Hitlers aus der Kampfzeit, die „Alten Kämpfer“, in besonderer Weise präsent und das nicht nur an den Gedenktagen zum Hitlerputsch von 1923. Auch der Stadtrat setzte sich „beinahe zu 100 Prozent aus alten Parteigenossen“ zusammen, und wenn es um die Vergabe von Stellen im städtischen Dienst ging, fühlte sich die „Hauptstadt der Bewegung“ natürlich verpflichtet, an ihre Alten Kämpfer zu denken.

München blieb auch nach der Machtergreifung Sitz der Reichsleitung der NSDAP, die ihre Zentrale in dem zum Braunen Haus umgebauten Barlow-Palais an der Brienner Straße hatte und deren diverse Verwaltungsämter vor allem entlang der Karlstraße eingerichtet wurden. Im Führerbau und im Verwaltungsgebäude beim Königsplatz schuf sich die Partei weitere Wirkungsstätten. In München verstand es die NSDAP auch immer wieder, Selbstdarstellungen zu inszenieren, die weit über den lokalen Rahmen hinausgingen, so daß „von Woche zu Woche [...] neue Parolen, Feste, propagandistische Zwecke das

Gesicht der Isarmetropole“ bestimmten, wie der „Völkische Beobachter“ mit durchaus positiver Wendung für das Jahr 1936 feststellte. [...] Bemerkenswert war insbesondere die Inszenierung des 8./9. November. Den Auftakt bildeten stets Hitlers Reden vor seinen Alten Kämpfern im Bürgerbräukeller, die zu großen Teilen dem Rückblick auf die Anfänge der Partei und dem Umsturzversuch von 1923 gewidmet waren. Besonders spektakulär war der Gedenktag 1935, als am Abend des 8. November die Särge der sogenannten Blutzeugen der Bewegung von den Friedhöfen geholt und in die Feldherrnhalle gebracht wurden. [...] Durch die Spaliere der Aufmarschformationen von SA, SS und anderen Verbänden geleitete man die 16 Särge dann von der Feldherrnhalle zu den neugeschaffenen Ehrentempeln am „Königlichen Platz“. Dort wurden die Toten Namen für Namen zum „letzten Appell“ aufgerufen, bevor man sie in Sarkophagen beisetzte, damit sie in den Ehrentempeln „ewige Wache“ halten könnten.

Die Inszenierungen der Nationalsozialisten in München reichten von einer solch schwülstigen „Auferstehungsfeier“ bis hin zum pompös gestalteten Festzug „2000 Jahre deutsche Kultur“. Er war Teil der aufwendigen Feierlichkeiten, mit denen man 1937 die Eröffnung des Hauses der Deutschen Kunst beging. Schon 1933 hatte Hitler bei der Grundsteinlegung zu diesem Gebäude keinen Zweifel an der Bedeutung Münchens auf dem Kunstsektor gelassen, als er in seiner Rede ausführte: „Wenn Berlin Hauptstadt des Reiches ist, Hamburg und Bremen die Hauptstädte der deutschen Schiffahrt, Leipzig und Köln Hauptstädte des deutschen Handels, Essen und Chemnitz Hauptstädte der deutschen Industrie, dann soll München wieder werden Hauptstadt der deutschen Kunst.“ Mit solchen Worten hob Hitler nicht nur die generelle Bedeutung Münchens für die Kunst hervor, sondern rückte die Stadt in den Mittelpunkt des nationalsozialistischen Kunstverständnisses. Hier sollte die „deutsche Kunst“ ihr Zentrum finden, der totalitäre Anspruch auf die „richtige Kunst“ verwirklicht werden. Deshalb ist es verständlich, daß Hitler dem von seinem Architekten Troost entworfenen „Haus der Deutschen Kunst" soviel Aufmerksamkeit schenkte. [...] Es ist nur folgerichtig, daß München als der Ort, an dem die „richtige Kunst" vorgeführt wurde, auch für die Diffamierung der modernen „Verfallskunst" ausgewählt wurde. Die Ausstellung „Entartete Kunst" wurde im Sommer 1937 parallel zur Großen Deutschen Kunstausstellung in den Hofgarten-Arkaden präsentiert und zog insgesamt weit mehr Besucher als letztere an. Ein beträchtlicher Teil der Besucher mag allerdings gekommen sein, um sich zu verabschieden von den geschätzten Werken eines Paul Klee, eines Max Beckmann, Emil Nolde, Ernst Ludwig Kirchner, Otto Dix oder Wassily Kandinsky. Seine Stellung als „Hauptstadt der Deutschen Kunst" mußte sich München einiges kosten lassen. Allein für die seit 1937 jährlich stattfindenden „Tage der deutschen Kunst" wurde der Beitrag der Stadt 1940 endgültig auf eine Million Reichsmark festgelegt. [...] In künstlerischen und baulichen Fragen hatte München sich außerdem strikt nach den Wünschen des Führers zu richten. Da konnte ihn schon in Rage bringen, wenn die Grüninsel hinter dem Friedensengel nicht schnell genug nach seinen Anweisungen gestaltet wurde. Man könne schließlich verlangen, daß, „wenn er als Führer der Nation sich um Einzelheiten kümmere und er nur den Wunsch habe, die Stadt München zu verbessern und zu verschönern, die Hauptstadt der Bewegung seinen geäusserten Wunsch oder seinen Befehl unter allen Umständen sofort ausführe ...".

1938 setzte Hitler den Architekten Hermann Giesler als Generalbaurat für die „Hauptstadt der Bewegung" ein. [...] Die heute erhaltenen Überreste können nur einen bescheidenen Eindruck von den Gestaltungsplänen Hitlers für die „Hauptstadt der Bewegung" vermitteln, die auch im äußeren Bild ihrem Titel gerecht werden sollte. So war mit den 1937 fertiggestellten Parteibauten an der Arcisstraße der Anfang für ein geplantes Stadtviertel der NSDAP gemacht. Während der Führerbau, das Verwaltungsgebäude der NSDAP und die Ehrentempel den „Königlichen Platz" zum „Aufmarsch- und Kultplatz" erhoben, hatte Hitler auf dem Gelände der ehemaligen Türkenkaserne zwischen Alter Pinakothek und Türkenstraße ein Forum der NSDAP vorgesehen. In der Nähe wurde mit der Errichtung eines Kanzleigebäudes des Braunen Hauses begonnen, von dem nicht mehr als das Kellergeschoß fertiggestellt wurde. An der Ostseite des Forums sollte eine riesige Halle der Partei entstehen, die, folgt man den Ausführungen Gieslers, durch einen Brückengang über die Gabelsbergerstraße mit Hitlers eigenem Mausoleum verbunden gewesen wäre.

Deutlich wird für uns heute aus solchen Plänen und den erhalten gebliebenen Bauten, wie sehr die Architektur in München dazu diente, die Partei und vor allem auch ihren Führer nach außen zu repräsentieren und ihren Herrschaftsanspruch sichtbar zu machen. [...]

In seiner umfassenden Kompetenz für München, die durch niemand anderen als Hitler selbst eingeschränkt war, kann Giesler durchaus mit dem Generalbauinspekteur für Berlin, Albert Speer, verglichen werden. Er zog die direkte Abstimmung mit dem Führer den Kontakten zur Stadtverwaltung und insbesondere zu den Ratsherren vor. Neben den Beziehungen zu Hitler wußte er aber auch die gesetzlichen Rahmenbedingungen zu nutzen: so erklärte er etwa mehrere Stadtviertel zu „Bereichen" im Sinne des Gesetzes über die Neugestaltung deutscher Städte vom 4. Oktober 1937, was ihm dort weitestgehenden Zugriff bis hin zur Enteignung erlaubte. Wenn trotzdem kaum etwas von seinen außerordentlich weitreichenden, von Hitlers Gigantomanie geleiteten Vorhaben über das Planungsstadium hinaustrat, dann deshalb, weil der Krieg ihm keine Gelegenheit zur Ausführung ließ. [...] Zumindest erwähnt werden muß aber Hitlers Lieblingsidee in seinen Planungen für München, die ihn so sehr beschäftigte, daß er sie mit Giesler selbst im Führerhauptquartier noch Ende August 1944 diskutierte, als die Alliierten vor Paris standen. Es handelt sich um die Verschiebung des Münchner Hauptbahnhofs nach Westen und die Anlage einer Prachtstraße auf dem freiwerdenden Gelände des Bahnkörpers. [...] In den Mittelpunkt stellte Giesler die Idee des neuen Bahnhofsgebäudes, einer polygonalen Stahlkonstruktion mit einem Kuppeldach, die sich „wie schwebend" über die Prachtstraße erheben sollte. Entlang der 120 Meter breiten Straße waren Repräsentationsbauten geplant. An der Stelle des alten Hauptbahnhofs sollte sie „mit einem Paukenschlag" beginnen: der Säule der Bewegung. Mit einer Gesamthöhe von 175 Metern und gekrönt vom Hoheitszeichen (Adler und Hakenkreuz) war dieses Denkmal dazu bestimmt, die Herrschaft der Partei weithin sichtbar zu demonstrieren. [...]

1943 wurden die Planungen für den Ausbau der „Hauptstadt der Bewegung" eingestellt, die Kriegseinwirkungen stellten existentiellere Forderungen, wie etwa den Bau von Behelfswohnungen, Notunterkünften und anderem mehr.

Hans-Ulrich Thamer

Berlin – Zentrum eines deutschen Weltreiches

Die Ästhetisierung von Politik war nicht nur politisches Stilmittel des Nationalsozialismus; sie gehörte zu dem Instrumentarium, das den politischen Massenmarkt der Moderne überhaupt auszeichnet. Freilich wußten nur wenige politische Mächte die neuen Medien und zivilisatorischen Bedürfnisse so skrupellos und wirkungsvoll zugleich zu nutzen. Nur dort, wo jede Form von öffentlicher Kritik ausgeschlossen war, konnte der schöne Schein sich unangefochten entfalten.

Von diesem schönen Schein bot die Hauptstadt eine Menge, und die nationalsozialistischen Regisseure des öffentlichen Lebens wußten nur zu gut, daß die Massensportveranstaltungen, die technischen Wunderwerke und Großleistungen, die neuen Massenmedien und ihr Unterhaltungsangebot, die Umzüge und Massenfeiern mindestens ebenso wichtig für die Stabilität ihrer Herrschaft waren wie Drohung und Gewalt. [...]

Um die Reichshauptstadt zur Weltstadt, zum Zentrum eines deutschen Weltreiches zu machen und ihr damit auch das Unübersichtliche und Unregierbare zu nehmen, ernannte Hitler am vierten Jahrestag der „Machtergreifung“, am 30. Januar 1937, Albert Speer, bislang Architekt der Kulissenwelt der Nürnberger Reichsparteitagsbauten, zum „Generalbauinspektor für die Reichshauptstadt“, um unabhängig von allen langwierigen kommunalpolitischen Entscheidungsprozessen und von allen ungeklärten Finanz- und Rechtsfragen des Diktators Visionen von einer angemessenen Hauptstadt in Stein zu verwandeln. Speers Sonderbehörde entsprach der nationalsozialistischen Herrschaftstechnik der führerunmittelbaren Sondergewalten; sein Planungsauftrag gab Hitlers Architektur- und Geschichtsverständnis unverhüllt preis. „Es ist daher mein unabänderlicher Wille und Entschluß, Berlin nunmehr mit jenen Straßen, Bauten und öffentlichen Plätzen zu versehen, die es für alle Zeiten als geeignet und würdig erscheinen lassen werden, die Hauptstadt des Deutschen Reiches zu sein. Es soll dabei die Größe dieser Anlagen und Werke nicht bemessen werden nach den Bedürfnissen der Jahre 1937, 1938, 1939 oder 1940, sondern sie soll gegeben sein durch die Erkenntnis, daß es unsere Aufgabe ist, einem tausendjährigen Volk mit tausendjähriger geschichtlicher und kultureller Vergangenheit für die vor ihr liegende unabsehbare Zukunft eine ebenbürtige tausendjährige Stadt zu bauen.“

Architektur sollte der Identifikation und Integration dienen, sollte als architecture parlante das Selbstwertgefühl der Deutschen steigern, sollte Mittel sein, „um auf vielen Gebieten die Nation allmählich zu der Überzeugung zu bringen, daß sie nicht etwa einen zweitklassigen Weltfaktor darstellt, sondern daß sie ebenbürtig ist jedem anderen Volk der Welt, auch Amerika.“

Neubaupläne und Weltmachtanspruch waren eng miteinander verbunden, und darum war es kein Zufall, daß Hitler auf dem Höhepunkt seines Triumphes, den er anschließend mit einer Siegesparade in der Reichshauptstadt krönte, in der Nacht nach dem Sieg über Frankreich Speers Auftrag erneuerte und die Neugestaltung Berlins zur „wichtigsten Bauaufgabe des Reiches“ erklärte: „Berlin muß in kürzester Zeit durch seine bauliche Neugestaltung den ihm durch die Größe unseres Sieges zukommenden Ausdruck als Hauptstadt eines starken neuen Reiches erhalten ... Ihre Vollendung erwarte ich bis zum Jahre 1950."

Darum also die Entwürfe zu den großen Achsen, monumentalen Kuppelhallen und Triumphbögen, Zentralbahnhöfen, machtstarrenden Repräsentationsbauten für Staat und Partei, darum der Adler über der Weltkugel auf der Kuppel der Großen Halle. Nicht die Verkehrsprobleme der Millionenstadt, nicht ihre Wohnungsprobleme bewegten diese Neugestaltung, sondern der Überwältigungscharakter einer Repräsentationsarchitektur, die den Deutschen Machtbewußtsein verleihen, den unterworfenen „Ostvölkern", deren Abordnungen jährlich durch die Via triumphalis von Germania getrieben werden sollten, Schrecken und Unterwürfigkeit einflößen sollten.

Die Abrißarbeiten gingen auch während des Krieges weiter, und bald besorgten, von den Machthabern zynisch registriert, die alliierten Bombenflugzeuge das Werk der nationalsozialistischen Städteplaner. Der Krieg zerriß allmählich den schönen Schein des Dritten Reiches.

Gordon A. Craig

In Vorbereitung des Krieges – Der Vierjahresplan

Im August 1936 arbeitete Hitler in seinem Berghof auf dem Obersalzberg eine ausführliche Denkschrift zur Wiederaufrüstungs- und Wirtschaftspolitik aus, die seine innersten Gedanken so unverhüllt zum Ausdruck brachte, daß er sich entschloß, den Inhalt vor jedermann außer vor Göring und Blomberg geheimzuhalten. Sie begann mit einer Schilderung der Gefahr, die der Bolschewismus für Europa darstellte, und der Prophezeiung, Deutschland drohe, wenn es nicht bereit war, diesem Feind entgegenzutreten und ihn zu besiegen, nicht etwa nur ein neues

Versailles, sondern die völlige Vernichtung. „Wenn es uns nicht gelingt, in kürzester Frist die deutsche Wehrmacht in der Ausbildung, in der Aufstellung der Formationen, in der Ausrüstung und vor allem auch in der geistigen Erziehung zur ersten Armee der Welt zu entwickeln, wird Deutschland verloren sein! ... Es haben sich daher dieser Aufgabe alle anderen Wünsche bedingungslos unterzuordnen."

Die mit den wirtschaftlichen Entscheidungen beauftragten Männer sollten daran denken, daß ihre einzige Pflicht darin bestand, das deutsche Volk in die Lage zu versetzen, sich in der politischen Welt zu behaupten. Die Zeit der fruchtlosen Debatten über Lebensmittel- und Rohstoffknappheit und der verantwortungslosen Vorschläge, beide Probleme auf Kosten des nationalen Aufrüstungsprogramms zu lösen, war vorbei. In solchen Vorschlägen zeigte sich ein gänzliches „Verkennen — um mich nicht schärfer auszudrücken – der vor uns liegenden Aufgaben und militärischen Erfordernisse". Endgültige Lösungen für die wirtschaftlichen Probleme Deutschlands könnten in jedem Falle erst dann gefunden werden, wenn man seinem Volk einen größeren Lebensraum erobert hatte.

Die Aufgabe, vor der die Wirtschaft stand, war daher eine zweifache: zunächst einmal vorläufige Lösungen für die Ernährungs- und Rohstoffprobleme zu finden, und zum zweiten die Grundlage für den „Selbstbehauptungskampf" zu schaffen. Hitler forderte analog zur militärischen eine wirtschaftliche Mobilmachung, die, ohne das Aufrüstungstempo zu beeinträchtigen, die Lebensmittelversorgung gewährleisten und Deutschland in die Lage versetzen würde, sich selbst mit den notwendigen strategischen Materialien zu versorgen. Im einzelnen verlangte er die Lösung des Kraftstoffproblems innerhalb einer Frist von 18 Monaten, die großtechnische Produktion von synthetischem Kautschuk, den sofortigen Ausbau der Eisen- und Stahlindustrie und vermehrte Anstrengungen zur Gewinnung von Metallen aus minderwertigen Erzen, ferner die Überwindung der Importabhängigkeit bei der Versorgung mit Industriefetten und die Entwicklung von Leichtmetallen.

Unüberhörbar war bei all dem ein drohender Unterton. Vier wertvolle Jahre waren schon verloren, und die Schuld daran trugen – wenigstens zum Teil – die Bürokraten des Wirtschaftsministeriums, die mit ihrem „Lamentieren und Feststellen unserer Devisennot" Sand ins Getriebe gestreut hatten. Was die Devisenschwierigkeiten betraf, so müsse unbedingt und unverzüglich untersucht werden, in welchem Maß deutsche Staatsbürger im Ausland Devisenwerte horteten; die bloße Existenz solcher Auslandsvermögen stelle einen Akt der Sabotage gegen das nationale Interesse und die Sicherheit des Landes dar. [...] Es dürfe keine Zeit mehr verloren werden. „Die deutsche Armee muß in vier Jahren einsatzfähig sein. Die deutsche Wirtschaft muß in vier Jahren kriegsfähig sein."

Hermann Graml

Die „Eroberung von Lebensraum" als Leitmotiv der NS-Außenpolitik

Das genuin nationalsozialistische Leitmotiv der Außenpolitik des Dritten Reiches war der Traum vom „Lebensraum" im Osten, von einem auf die Landmasse zwischen Ärmelkanal und Ural gestützten gewaltigen Imperium. Von diesem Traum gibt es keine Verbindung zu etwaigen natürlichen Ausdehnungstendenzen und wirtschaftlichen Bedürfnissen Deutschlands [...]. Die Unmöglichkeit, nationalsozialistische Außenpolitik aus realen deutschen Interessen oder noch halbwegs verständlichem Drängen nach Macht- und Einflußgewinnen abzuleiten, legt nun in der Tat den Gedanken nahe, die außenpolitische Dynamik des NS-Regimes habe, bewußt oder unbewußt, zur Überspielung innerer Gegensätze, zur Stabilisierung des Systems und zur Machterhaltung der NS-Bewegung dienen sollen. [...] Jedoch kann eine solche Erklärung im Falle des Dritten Reiches nicht befriedigen. Gewiß war den Führern der NS-Bewegung klar, daß außenpolitischer Aktionismus, jedenfalls wenn er Erfolge bringt, integrierend zu wirken vermag, und sie haben derartige Effekte sehr wohl benutzt und dankbar registriert. Andererseits erfuhren sie, daß sie mit bestimmten Aktionen, mit dem Eingehen unglaublicher Risiken und schließlich mit der Permanenz ihres Aktionismus auch innere Gegensätze schufen und Widerstände provozierten. Es ist bezeichnend, daß sie sich durch diese Erfahrung nicht im mindesten beirren ließen. Sowohl Ende 1937 wie vor und nach dem Münchner Abkommen ist besonders deutlich zu sehen, daß selbst spürbarer Verlust an Integrationskraft sie nicht sonderlich beeindruckte, wenn der Verlust mit der Realisierung des außenpolitischen Programms zusammenhing und wenn die Rücksichtnahme auf den Verlust die weitere Verfolgung des Programms in Frage gestellt hätte; die damals offenkundige Möglichkeit, gerade durch eine Drosselung der außenpolitischen Dynamik systemstabilisierend zu handeln, ist ignoriert worden. [...] Vor allem aber war die Dynamik nationalsozialistischer Außenpolitik – wie der Traum und das aus dem Traum folgende Programm, die beide die Dynamik erzwangen – lange vor Antritt der Herrschaft gewollt und vorhergesehen, als die Notwendigkeit der Machterhaltung und die dafür etwa tauglichen Mittel das Denken der Nationalsozialisten noch nicht beschäftigten. [...]

In sämtlichen programmatischen Äußerungen von Repräsentanten der NS-Bewegung, sofern die Grundanschauung artikuliert wird, ist, bei aller Widersprüchlichkeit im Detail, jene Flucht aus der Wirklichkeit des 20. Jahrhunderts in eine mit feudalistischen Zügen ausgestattete mythische Vergangenheit als gemeinsamer Nenner nachweisbar. Vielfach wird auch der zwangsläufige Zusammenhang zwischen Gesellschaftsbild, Raumnot und Expansionsprogramm ungeniert und klar ausgesprochen: So wenn Hitler in Büchern und Gesprächen kriegerische Ostkolonisation und Schaffung eines neuen Menschen praktisch als Einheit behandelt oder wenn SS-Führer, die nach Beginn des Angriffs auf Rußland in abendlicher Runde tafeln, den Sinn des Feldzugs darin sehen, ihnen und ihren Nachkommen eine in schwärmerischer Glorifizierung beschworene Existenz als Gutsbesitzer zu ermöglichen. Vielleicht am präzisesten ist die Ableitung des Eroberungskriegs aus der Gesellschaftsutopie in dem bereits 1919 erschienenen Buch „Der nationale Sozialismus“ formuliert, das nicht ein unbedeutender Parteigenosse geschrieben hat, sondern Rudolf Jung, einer der Führer der sudetendeutschen Nationalsozialisten; Hitlers eigene Darlegung der Lebensraum-Ideologie, wie sie in „Mein Kampf“ zu finden ist, stellt im Grunde nur eine wortreichere Paraphrasierung der entsprechenden Passagen des ihm wohlvertrauten Jungschen Buchs dar. [...]

Die ebenso kühne wie auf schreckliche Weise idiotische Utopie der Nationalsozialisten war aber in den zwanziger und dreißiger Jahren, so unglaublich das heute scheinen mag, nicht nur das Credo einiger einsamer und belächelter Propheten. In den nationalsozialistischen Parteien des deutschsprachigen Raums erlangten die Schriften Jungs und Hitlers, und zwar unter Kenntnisnahme ihres Inhalts, rasch biblische Autorität. In zahllosen verwandten Gruppen dominierten ähnliche Anschauungen. Die NS-Bewegung in Deutschland, wie sie sich bis 1930 formiert hatte, war auf das Lebensraum-Programm eingeschworen, das ja nicht allein in Büchern und Broschüren oder im damals nicht gedruckten Manuskript von Hitlers sogenanntem „Zweiten Buch“ verkündet, sondern auch in aller Offenheit in Versammlungen erörtert wurde. Hitler selbst und viele seiner Gefolgsleute sahen in der Verwirklichung des Traums vom Ostimperium zweifellos die eigentliche Aufgabe der NS-Bewegung. Bewies nicht der Frieden von Brest-Litowsk, [...] daß die Realisierung des Traums möglich war? Im Handeln Ludendorffs, das im übrigen ebenfalls die Ausbreitung der Raum-Ideologie zeigt, sahen er und seine Gesinnungsgenossen die Tradition begründet, der sie sich verpflichtet fühlten. Die Macht in und über Deutschland erstrebten sie in erster Linie zur Fortsetzung und Erfüllung der, wie sie glaubten, damals begonnenen historischen Mission.

Gregor Schöllgen

„General settlement" für alle oder „Blankoscheck" für einen?

Vorerst also schien auch der neue Reichskanzler auf dem außenpolitischen Terrain die alten Wege zu benutzen. Daß er das auch deshalb tat, um auf diesen Wegen zu Zielen zu gelangen, deren Realisierung einen radikalen Bruch mit der außenpolitischen Tradition nicht nur der Weimarer Republik, sondern Preußen-Deutschlands insgesamt darstellte, erkannte vorerst kaum jemand. Hier liegt einer der Gründe, warum die Briten – wie auch andere Regierungen – die Wiedereinführung der allgemeinen Wehrpflicht Mitte März 1935 nicht mit scharfen politischen oder gar militärischen Maßnahmen, sondern lediglich mit dem Entschluß beantworteten, sich künftig „jeder einseitigen Aufkündigung von Verträgen" widersetzen zu wollen. Es blieb bei der Absicht. Schon drei Monate später schloß das Königreich mit dem Vertragsbrüchigen sogar einen eigenen Vertrag, das Flottenabkommen.

Nachdenklicher wurde man in London erst am 7. März 1936: Denn der Einmarsch deutscher Truppen in die entmilitarisierte Zone des Rheinlandes stellte nicht nur einen Bruch des auch in England nicht sonderlich populären Versailler Vertrages dar, sondern er verletzte darüber hinaus die Bestimmungen der Locarno-Verträge. Zu einem aktiven Vorgehen der britischen Regierung führte indessen auch diese erneute „einseitige Aufkündigung" eines Vertrages durch Deutschland nicht. Wohl aber wurden jetzt intensiver denn zuvor Überlegungen angestellt, wie man weiteren und für die britischen Interessen womöglich verhängnisvollen Schritten Hitlers zu einer gewaltsamen Veränderung der Lage in der Mitte Europas vorbeugen könne.

Seit Juli 1936 wurde im englischen Kabinett die Frage diskutiert, ob man das Deutsche Reich nicht durch Zugeständnisse in der kolonialen Frage zu einem sog. „general settlement", einer Art Generalbereinigung aller offenen Fragen also, bewegen könne. Darin nämlich sah die englische Regierung zunehmend die beste, ja schließlich sogar die einzig noch mögliche Lösung. [...] Neuen Auftrieb erhielt die Erörterung auch dieser Frage erst mit der Übernahme des Premierministeramtes durch Neville Chamberlain im Mai 1937.

Inzwischen hatte der deutsche Reichsbankpräsident und Reichswirtschaftsminister, Hjalmar Schacht, einen hohen britischen Regierungsbeamten wissen lassen, daß die Lösung der Kolonialfrage das wichtigste deutsche Anliegen sei. [...]

In London ging man jetzt von der Annahme aus, daß die Umsetzung der kolonialen Forderung eines der Nahziele Hitlers sei und daß man den „Führer" durch ein entsprechendes Entgegenkommen in diesem Punkt für die Idee eines „general settlement" empfänglich machen könne. Heute wissen wir: Diese Annahme basierte auf einem fundamentalen Irrtum. Ursprünglich war die Forderung nach kolonialer Revision und der darin potentiell implizierte und als Angebot gedachte Verzicht Deutschlands auf Kolonien nur eines der Mittel Hitlers gewesen, um England für das erstrebte Bündnis mit dem Deutschen Reich zu gewinnen. Im Verlauf des Jahres 1937 gelangte der Diktator dann aber – wohl nicht zuletzt unter dem Einfluß des deutschen Botschafters in London, Joachim von Ribbentrop – zu der Einsicht, daß er seine europäischen Ziele gegebenenfalls ohne oder auch gegen England realisieren müsse. Damit bekamen auch die Kolonien in seiner programmatischen Konzeption ein anderes Gewicht. Sie avancierten zu Fernzielen, die sich nach der erfolgreichen Abwicklung seiner europäischen Pläne gleichsam von selbst verwirklichen würden. Mithin waren die Kolonien im Oktober/November 1937 für Hitler zwar nach wie vor ein politisches Druckmittel, aber wohl kaum mehr ein aktueller Verhandlungsgegenstand.

Das wurde in seinen Ausführungen vor den Oberbefehlshabern der drei Wehrmachtteile sowie dem Reichskriegs- und dem Reichsaußenminister am 5. November 1937 deutlich, in denen Hitler seine ostmitteleuropäischen Expansionspläne darlegte und die Niederwerfung Österreichs und der Tschechoslowakei für das Jahr 1938 ins Auge faßte. In eben dieser Ansprache, über deren Inhalt wir durch eine wenige Tage später angefertigte Niederschrift des Wehrmachtsadjutanten Hitlers, Oberst Hoßbach, informiert sind, machte Hitler seinen Zuhörern außerdem deutlich, daß der in seinen Augen für das deutsche Volk notwendige Lebensraum „nur in Europa gesucht werden“ könne, nicht aber „ausgehend von liberalistisch-kapitalistischen Auffassungen in der Ausbeutung von Kolonien“: „Eine ernsthafte Diskussion wegen der Rückgabe von Kolonien an uns käme nur zu einem Zeitpunkt in Betracht, in dem England sich in einer Notlage befände und das deutsche Reich stark und gerüstet sei.“

Unter diesen Auspizien fand dann auch jene berühmte Unterredung statt, zu der Hitler 14 Tage später, am 19. November 1937, Lord Halifax, den damaligen „Lord President“ im Kabinett Chamberlain, auf dem Obersalzberg empfing. Was der englische Unterhändler [...] Hitler vorzuschlagen hatte, war nun zweifellos mehr, als dieser erwarten konnte: Nach der offiziellen Aufzeichnung stellte Halifax klar, daß man englischerseits nicht glaubte, der Status quo in Europa müsse „unter allen Umständen“ aufrechterhalten werden. England mache seinen Einfluß nur in der Richtung geltend, daß diese Änderungen nicht auf eine Weise erfolgten, die „dem Spiel der freien Kräfte, das letzten Endes Krieg bedeutete, entspräche“. Zu diesen Änderungsmöglichkeiten zählte der Abgesandte der britischen Regierung ausdrücklich „Danzig und Österreich und die Tschechoslowakei. England sei nur daran interessiert, daß diese Änderungen im Wege friedlicher Evolution zustande gebracht würden.“ Gleichzeitig signalisierte Halifax die englische Bereitschaft, „die Kolonialfrage mit Deutschland zu besprechen“, wies freilich darauf hin, „daß sie nur als Teil eines neuen Starts und einer Generalbereinigung gelöst werden könne“. Als Nahziel seiner Bemühungen und damit als aus britischer Sicht wichtigen Bestandteil einer solchen „Generalbereinigung“ bezeichnete er Deutschlands Rückkehr in den Völkerbund und auf die Genfer Abrüstungskonferenz.

Diese Sicht der Dinge muß [...] in der Rückschau als krasse

Fehleinschätzung angesehen werden. Kaum etwas lag Hitler ferner, als nunmehr die Kolonialfrage in Angriff zu nehmen. Zwar diente sie ihm weiterhin als mögliches Mittel für Kompensationen oder Sanktionen gegenüber England. Auch dürfte Hitler durch die von Halifax angedeutete Gesprächsbereitschaft in seiner Haltung bestärkt worden sein, die Kolonien als „Fernziele" im Auge zu behalten. Doch kann kein Zweifel bestehen, daß er sein Augenmerk jetzt endgültig auf die alsbaldige Realisierung seiner europäischen Pläne richtete, für die ihm Halifax nach seiner Einschätzung geradezu einen Blankoscheck ausgestellt hatte.

Ludwig Beck

„Außergewöhnliche Zeiten verlangen außergewöhnliche Handlungen!"

Der Führer hält anscheinend eine gewaltsame Lösung der sudetendeutschen Frage durch Einmarsch in die Tschechei für unabwendbar; er wird in dieser Auffassung bestärkt durch eine Umgebung verantwortungsloser, radikaler Elemente. [...]

Alle aufrechten und ernsten deutschen Männer in staatsverantwortlichen Stellungen müssen sich berufen und verpflichtet fühlen, alle erdenklichen Mittel und Wege bis zur letzten Konsequenz anzuwenden, um einen Krieg gegen die Tschechei abzuwenden, der in seinen Auswirkungen zu einem Weltkrieg führen muß, der das finis Germaniae bedeuten würde.

Die höchsten Führer in der Wehrmacht sind hierzu in erster Linie berufen und befähigt, denn die Wehrmacht ist das ausübende Machtmittel der Staatsführung in der Durchführung eines Krieges.

Es stehen hier letzte Entscheidungen für den Bestand der Nation auf dem Spiel; die Geschichte wird diese Führer mit einer Blutschuld belasten, wenn sie nicht nach ihrem fachlichen und staatspolitischen Wissen und Gewissen handeln.

Ihr soldatischer Gehorsam hat dort eine Grenze, wo ihr Wissen, ihr Gewissen und ihre Verantwortung die Ausführung eines Befehles verbietet.

Finden ihre Ratschläge und Warnungen in solcher Lage kein Gehör, dann haben sie das Recht und die Pflicht vor dem Volk und vor der Geschichte, von ihren Ämtern abzutreten.

Wenn sie alle in einem geschlossenen Willen so handeln, ist die Durchführung einer kriegerischen Handlung unmöglich. Sie haben damit ihr Vaterland vor dem Schlimmsten, vor dem Untergang bewahrt.

Es ist ein Mangel an Größe und an Erkenntnis der Aufgabe, wenn ein Soldat in höchster Stellung in solchen Zeiten seine Pflichten und Aufgaben nur in dem begrenzten Rahmen seiner militärischen Aufträge sieht, ohne sich der höchsten Verantwortung vor dem gesamten Volke bewußt zu werden.

Außergewöhnliche Zeiten verlangen außergewöhnliche Handlungen!

Andere aufrechte Männer in staatsverantwortlichen Stellungen außerhalb der Wehrmacht werden sich auf ihrem Wege anschließen.

Wenn man die Augen und Ohren offen hält, wenn man sich durch falsche Zahlen nicht selbst betrügt, wenn man nicht in dem Rausch einer Ideologie lebt, dann kann man nur zu der Erkenntnis kommen, daß wir zurzeit wehrpolitisch (Führung, Ausbildung und Ausrüstung), wirtschaftspolitisch und stimmungspolitisch für einen Krieg *nicht* gerüstet sind.

Der Gedanke eines „Blitzkrieges" (nach 2 Tagen in Prag?) ist ein unsinniger Traum; man sollte aus der modernen Kriegsgeschichte gelernt haben, daß überfallartige Überraschungen kaum jemals zu einem dauernden Erfolg geführt haben.

Unsere Vorbereitungen (Westen) sind oder werden so klar erkennbar, daß mit Präventivmaßnahmen der Gegner gerechnet werden muß. Die Kriegspropaganda in der ausländischen Presse hat bereits eingesetzt. (Artikel Konrad – Reichenau – Pierre Cot).

Für den Fall, daß es durch Einspruch berufener Männer noch

gelingen sollte, einen Krieg zu vermeiden, ist mit erheblichen innerpolitischen Spannungen zu rechnen.

Man wird von radikaler Seite erklären, daß die Durchführung der Absichten des Führers an der Unfähigkeit der Wehrmacht und ihrer Führer gescheitert ist. Erneute und verstärkte Diffamierungen werden einsetzen. Hier gilt es, ein wachsames Auge und Ohr zu behalten.

Der Führer soll in kleinem Kreise erklärt haben, den Krieg gegen die Tschechei muß ich noch mit den alten Generalen führen, den Krieg gegen England und Frankreich führe ich mit einer neuen Führerschicht.

Man wird sich daher entschließen müssen, in unmittelbarer oder nachfolgender Verbindung mit einem Einspruch nunmehr eine klärende Auseinandersetzung zwischen Wehrmacht und SS herbeizuführen.

Auch wäre hierbei eine brutal klare Schilderung der wahren Stimmung im Volke am Platze, die sehr wesentlich durch die aufkommende Bonzokratie im Dritten Reich hervorgerufen ist.

Über den Zeitpunkt dieser Maßnahmen ist zu sagen:

Man kann wohl damit rechnen, daß im Laufe der Sommermonate (August) eine vielleicht noch in versöhnendem Tone gehaltene englische und französische Note eingehen wird, der dann in einem gewissen Abstande eine in Form eines Ultimatums abgefaßte Note folgen wird, die der Staatsführung ein Ausweichen oder Nachgeben nicht mehr möglich macht, wenn nicht ohnehin Präventivmaßnahmen vom Gegner ergriffen werden.

Infolgedessen erscheint der Zeitpunkt: *unmittelbar nach Eingang* der ersten Note – für evtl. Maßnahmen als der günstigste.

Schließlich darf noch eine Überlegung angedeutet werden: ob man sich nicht bewußt auf den Standpunkt stellen sollte, daß die augenblickliche Einstellung des Führers und die von ihm befohlenen Maßnahmen nur als ein beabsichtigter großer Bluff dem Gegner gegenüber anzusehen sind, und sein Verhalten darauf einstellt: d. h. daß man nicht glauben kann, daß die befohlenen Maßnahmen wirklich zu einem Krieg führen sollen, sondern sie nur für einen genialen Bluff hält.

Allerdings könnte diese Einstellung ein gefährliches Spiel bedeuten.

[Vortragsnotiz vom 16. Juli 1938]

Michael Salewski

„Frieden für unsere Zeit"? Vom „Anschluß" Österreichs zum Münchener Abkommen

Der „Anschluß" Österreichs, dem ein skrupelloses politisches und diplomatisches Spiel nach dem Muster von Katz und Maus mit Österreich voraufgegangen war, schien die bisher so erfolgreiche Hitlersche Außenpolitik zu krönen. Der Jubel, der Adolf Hitler in Linz, Wien und Berlin entgegenschlug, war weder bestellt noch manipuliert – das deutsche Volk freute sich zusammen mit der großen Mehrheit der Österreicher, daß nun endlich zusammengekommen war, was seit 1918 zusammengehört hatte und nur gewaltsam getrennt worden war. Der „Anschluß" war die „Wiedervereinigung" Deutschlands; keine Macht der Welt, so schien es, hätte die Deutschen davon abhalten können, sich brüderlich in die Arme zu fallen. Der Eindruck, den dieser „Blumenkrieg" auf das Ausland machte, war enorm: viel stärker noch als bei der Rheinlandsache war zu spüren, daß gegen diese „spontane" Vereinigung kein Kraut gewachsen, ein Krieg schon überhaupt unmöglich war. So besorgt man im Ausland damals auch auf die Gründung des „Großdeutschen Reiches" reagierte – unterschwellig war doch auch Bewunderung und Respekt zu spüren. Die Deutschen waren wieder wer, und ihr Führer Adolf Hitler war der größte unter ihnen. Was war gegen diesen Mann noch zu unternehmen? Mehr als 99 Prozent aller Deutschen stimmten dem Anschluß in einem von Goebbels raffiniert inszenierten Plebiszit zu.

Das war der Hintergrund, vor dem der Widerstand gegen

Hitler dennoch geplant wurde, um so achtungsgebietender erscheint das, was unter der rührigen Führung des Generalstabschefs Ludwig Beck versucht wurde, um das Regime Hitler zu stürzen.

Widerstand gab es 1938 auch in anderen gesellschaftlichen Gruppen. [...]

Chancen besaß tatsächlich nur die bewaffnete Macht des Reiches. Nur die Wehrmacht war theoretisch in der Lage, dem Spuk des Nationalsozialismus und dem Verbrecher Adolf Hitler ein Ende zu setzen.

„Theoretisch": denn in der Praxis türmten sich schier unüberwindbare Hürden auf, vor allem: dieser Widerstand mußte sich gegen den Willen der überwältigenden Mehrheit des Volkes durchsetzen; seit dem „Anschluß" war die Zustimmung zu Hitlers Politik, sie mochte so riskant sein, wie sie wollte, noch einmal gewaltig gestiegen.

Aber genau das war der Punkt, an dem Beck, Halder und die an der „Septemberverschwörung" beteiligten Offiziere ansetzen konnten. So sehr nämlich Hitler umjubelt wurde – den „richtigen", den großen Krieg wollte in Deutschland nahezu niemand [...]. Die Grundidee des von Beck geplanten Staatsstreiches baute auf dieser Kriegsfurcht auf. [...]

Daß das Reich nach dem „Anschluß" bald wieder am Rand eines Krieges stehen würde, war den Kennern der Szene bewußt, denn schon kurz nach dem Unternehmen „Otto" – also jenen militärischen Maßnahmen, die für den „Anschluß" getroffen worden waren – hatte Hitler den Befehl erteilt, einen „Fall Grün" zu bearbeiten: die Zerschlagung der Tschechoslowakei. Die Widerständler hofften, daß in diesem Falle die Westmächte nicht mehr abseits stehen, sondern der CSR zu Hilfe kommen würden: das hätte tatsächlich Krieg bedeutet. [...]

Hitler ging aber vorsichtig zu Werke, nach außen hin betonte er, es gehe ihm allein um die Wiedergutmachung des Versailler Unrechts, das den Sudetendeutschen angetan worden sei. Deren Führer Henlein ermunterte er, die Forderungen der sudetendeutschen Minderheit immer höher zu schrauben, gleichgültig was Prag auch immer zugestehen sollte. [...] Die Vorstellung, alle mehrheitlich von Deutschen besiedelten Gebiete um des lieben Friedens willen dann auch an Deutschland abzutreten, fand auch im westlichen Ausland, vor allem in London ihre Befürworter [...].

Es lag auf der Hand, daß Prag sich auf diesen Plan kaum einlassen konnte. Die „Verstümmelung" des Staatsgebietes hätte völkerrechtlichen Grundsätzen widersprochen, ausschlaggebend war die Strategie: der starke Befestigungsgürtel im sudetendeutschen Grenzgebiet garantierte die Sicherheit des Landes, das sich ja nicht nur von Deutschland, sondern gleichermaßen von Polen, sogar von der Sowjetunion bedroht fühlte.

Um strategische Dinge ging es aber auch Hitler, die Sudetendeutschen interessierten ihn im Grunde nicht, und Henlein sollte nur eine Politik des Trojanischen Pferdes inszenieren. Entscheidend war die wehrwirtschaftliche und geopolitische Bedeutung der Tschechoslowakei [...]. Die bloße Abtretung der sudetendeutschen Gebiete konnte nicht das „Endziel" der deutschen Politik gegenüber der CSR sein, nur der Besitz des ganzen Landes beseitigte die eigentlichen Probleme – wenigstens vorübergehend.

Von hier aus betrachtet war es an sich logisch, daß Hitler auf einen „billigen" Kompromiß, wie die Münchener Konferenz ihn dann schuf, keinen Wert legen konnte. Die Opposition hoffte, daß dieser die ja sehr weitgehenden Angebote der Westmächte und Italiens – alle auf Kosten der CSR, die nicht gefragt wurde – deswegen letztlich ablehnen und damit den Krieg auslösen würde: In diesem Moment wollte sie zuschlagen – alles wurde generalstabsmäßig geplant, die Vorbereitungen waren bis Ende September 1938 abgeschlossen, die maßgebenden Führer der Wehrmacht hatten sich zum Staatsstreich durchgerungen. Da sie jedoch seine Auslösung von Hitler abhängig gemacht hatten, blieb ihnen nur übrig, die Entwicklung in der Hoffnung abzuwarten, daß sich der „Führer" rollengerecht verhalten würde.

Zwischen dem 22. und dem 29. September spitzten sich die Dinge dramatisch zu. [...]

Als er [Hitler] jedoch nun in ultimativer Form die Gewährung des „Selbstbestimmungsrechts“ für die Sudetendeutschen forderte, die Prager Regierung auf „stur“ schaltete, schien der Krieg unmittelbar bevorzustehen. [...]

Die Initiative zu München ging dann von Mussolini aus: Der wollte zu diesem Zeitpunkt keinen Krieg und rechnete sich gute Chancen aus, sein lädiertes Image bei den Westmächten aufzubessern, wenn er nun als Friedensstifter auftrat. Tatsächlich waren England, Frankreich, letztlich auch die CSR erleichtert, daß Hitler der Konferenz, deren Ergebnis schon feststand, zustimmte. Das bedeutete die Abtrennung der sudetendeutschen Gebiete und ihre Einverleibung in das Reich, es bedeutete aber auch die Verhinderung des Krieges. Wie groß die Erleichterung war – in ganz Europa, Deutschland eingeschlossen –, wird immer wieder aus jener denkwürdigen Filmszene deutlich, die Chamberlain nach seiner Rückkehr in England den „Frieden für unsere Zeit“ verkünden ließ. [...]

Damit war das so fein gesponnene Netz der Opposition an der entscheidenden Stelle zerstört: Hitler, das war nicht der Krieg, Hitler, das war ein fast unglaublicher Triumph einer zähen und risikoreichen – Friedenspolitik! [...] Was es für den Fortgang der europäischen Geschichte bedeutete, war klar: In absehbarer Zeit war Hitler nicht zu stürzen, die Militäropposition zerfiel [...].

München bildete so gesehen den wahren Beginn des Zweiten Weltkrieges, läßt man die Vorgänge in Ostasien, wo er sich schon seit 1937 entzündet hatte, außer acht. In dieser Phase der Kriegsreife ging es dem Diktator darum, das Volk auf das Bevorstehende endgültig und abschließend vorzubereiten. Wie nötig das war, ergab sich aus der allenthalben spürbaren Erleichterung über das Ergebnis von München. Hitler reagierte hierauf höchst unwillig und wies Goebbels an, nunmehr von Friedensschalmeien auf Kriegstrompeten umzuschalten.

Jörg K. Hoensch

Die „Erledigung der Rest-Tschechei"

Die mit den Schlagworten „Sudetenkrise", „Münchener Abkommen" und „Protektorat Böhmen und Mähren" umschriebene Liquidation der Ersten Tschechoslowakischen Republik 1938/39 ist untrennbar mit dem Namen Edvard Beneš verbunden [...]. Trotz seiner unbestrittenen Verdienste im Auslandskampf und bei der außenpolitischen Absicherung der ČSR fehlte es Beneš an wichtigen staatsmännischen Qualitäten [...]. Es ist vornehmlich seinem Versäumnis zuzuschreiben, keine den historischen und ethnischen Voraussetzungen der ČSR gerecht werdende Regelung rechtzeitig mit den Betroffenen selbst – den Sudetendeutschen, den Ungarn, den Polen, den Ruthenen, aber auch mit den slowakischen Autonomisten – ausgehandelt zu haben. Als sich Hitler ab November 1937 zum Angriff auf die böhmische Bastion rüstete und die Verbündeten der ČSR, von der Unhaltbarkeit der Pariser Vorortverträge und den Versäumnissen der tschechoslowakischen Nationalitätenpolitik gleicherweise überzeugt, Konzessionen, ja bald die territoriale Neuabgrenzung einem unvorbereiteten Kriegsabenteuer mit dem aufgerüsteten Deutschen Reich vorzogen, bekam Beneš die Rechnung für seine politische Kurzsichtigkeit präsentiert. Andererseits erscheint es fraglich, ob selbst die vollständige Berücksichtigung der ständig erweiterten Forderungen der SdP, die Beilegung der anderen nationalen Streitfragen und ein entschlosseneres Eintreten der Bündnispartner Hitler von einem Angriff auf die ČSR hätten abhalten können. [...]

Die schwächliche *appeasement-policy* der britischen Regierung Chamberlain, die unentschlossene Haltung Frankreichs, die Folgen der Stalinschen Säuberungen, die eine Paralyse der Roten Armee bewirkt hatten, sowie die fehlerhafte Einschätzung der weltpolitischen Lage und der deutschen Taktik durch die Prager Politiker haben den am 29. 9. 1938 im Münchener Abkommen verbrieften Erfolg Hitlers ebenso sicherstellen helfen wie die willige Unterordnung der Sudetendeutschen oder die unterstützenden Maßnahmen der polnischen und der ungarischen Regierung. Ohne gehört worden zu sein oder einen Krieg verloren zu haben, wurde nach dem Spruch Chamberlains, Daladiers und Mussolinis die ČSR der Willkür Hitlers ausgeliefert: Durch die am 1. 10. beginnende, bis zum 10. 10. durchzuführende Besetzung der mehrheitlich von Deutschen bewohnten vier Zonen verlor die ČSR ihre Lebensfähigkeit als souveräner Staat. Von den Verbündeten im Stich gelassen, mußte die Prager Regierung auch den polnischen und ungarischen Gebietsforderungen nachkommen, so daß im Herbst 1938 41 296 km^2 des Staatsterritoriums verloren gingen, in dem 40% des Nationaleinkommens erwirtschaftet worden waren. Darunter befanden sich 70% der Kapazitäten der Schwerindustrie, 80% der Textilproduktion, 66% der Kohlevorkommen, 70% der Elektrizitätserzeugung und 40% der Holzbestände. Knapp 3 Mill. Sudetendeutsche, 500 000 Ungarn, 100 000 Polen, aber auch 875 000 Tschechen und 290 000 Slowaken, mit 4,75 Mill. Menschen rd. ein Drittel der Gesamtbevölkerung, wurden von der neuen Grenzziehung betroffen. Trotz der Neuausrichtung der Außenpolitik gemäß den Wünschen der Reichsregierung und der in rascher Folge durchgeführten Anpassung der innenpolitischen Verhältnisse an das deutsche Vorbild waren die nächsten Schritte in Hitlers Ostpolitik, die Ausrufung eines slowakischen Vasallenstaats am 14. und die Errichtung des Protektorats Böhmen und Mähren am 15. 3. 1939, als logische Konsequenz im Münchener Abkommen vorgezeichnet. [...]

Bei der „Erledigung der Rest-Tschechei" im März 1939 hat sich Hitler, der damals die Auffassung vertrat, als „der größte Deutsche in die Geschichte" einzugehen, die Maske endgültig vom Gesicht gerissen, den Grundsatz der „nationalen Reintegration" verlassen und seine mit der angeblichen Wiedergutmachung des im Versailler Friedensvertrag verankerten Unrechts begründete „Volkstumspolitik" durch eine rücksichtslose imperiale Machtpolitik ersetzt. Während die Karpato-Ukraine (Ruthenien) nach kurzer Gegenwehr unter eine ausbeuterische ungarische Verwaltung fiel und sich die Slowakei einer Krypto-Souveränität erfreuen konnte, die wegen der weitgehenden politischen und wirtschaftlichen Abhängigkeit vom Deutschen Reich Hitler nur zweimal zu einem korrigierenden Eingreifen zwang, unterstanden die um das deutsche Siedlungsgebiet amputierten historischen Länder als „Protektorat Böhmen und Mähren" der unmittelbaren deutschen Kontrolle.

Als dieser 49 000 km² große Torso mit 7,3 Mill. fast ausschließlich tschechischen Einwohnern am 16. 3. 1939 als minderberechtigter Teil in das Reichsgebiet eingegliedert wurde und alle Merkmale wirklicher Souveränität verlor, wurden kaum Stimmen des Protests laut; die Bevölkerung reagierte mit hilfloser Wut auf den Verlust der Eigenstaatlichkeit. Die dem Protektorat zugestandene autonome Selbstverwaltung mit einem Präsidenten und einer eigenen Regierung grenzte Hitler von Anfang an so eng ein, daß sich in der Praxis bald die absolute Weisungsbefugnis des Reichsprotektors und seiner dem skrupellosen, ambitiösen K. H. Frank unterstellten Verwaltung ergab. Durch ihr mit großer Härte gegen die tschechische Intelligenz und das Bürgertum gerichtetes Vorgehen, das gleichzeitig die für den Rüstungsprozeß unentbehrlichen Arbeiter deutlich bevorzugte, wußte sie alle Ansätze für Unruhen, Sabotageakte oder einen Aufstand im Keim zu ersticken. [...]

Dem charakterlich integren, aber machtlosen Präsidenten Emil Hácha blieben bei dem Versuch, sein Land vor größerem Schaden zu bewahren, zahlreiche Erniedrigungen, die ihn zur Servilität zwangen, nicht erspart. Die Flucht von zwei Kabinettsmitgliedern und die Entdeckung, daß selbst Ministerpräsident General A. Eliáš Nachrichten an die Exilregierung nach London weitergeleitet hatte, worauf er am 19. 7. 1942 als einziger Premier eines Vasallenkabinetts des Dritten Reiches exekutiert wurde, bedeutete das Scheitern des Kurses, durch eine gutgetarnte Konspiration eine vernichtende Niederlage Hitlers zu beschleunigen, sonst aber ohne jeden spektakulären Widerstand möglichst ungeschoren die Besatzungszeit zu überleben. Die nach dem erfolgreichen Attentat auf den Chef des Sicherheitsdienstes, R. Heydrich, am 10. 6. 1942 durchgeführte Zerstörung des Bergarbeiterdorfes Lidice bei Kladno und die Ermordung aller über 14 Jahre alten Männer wurde zum Symbol nationalsozialistischer Willkürherrschaft, unsagbaren Leidens und unentschuldbarer Brutalität.

Michael G. Müller

Der Hitler-Stalin-Pakt

Hitler-Stalin-Pakt nennt die westliche Geschichtsschreibung den deutsch-sowjetischen Nichtangriffspakt vom 23. 8. 1939, mit dem sich die Sowjetunion [SU] am Vorabend des Zweiten Weltkriegs auf eine Kooperation mit Hitler-Deutschland festlegte. Die Möglichkeit einer solchen Verständigung hatte sich diplomatisch erst im Zuge der deutsch-sowjetischen Wiederannäherung seit April 1939 abgezeichnet. Doch war diese Option von Stalin schon frühzeitig erwogen worden, da die Orientierung an den Westmächten und dem System der „kollektiven Sicherheit" der SU keine hinreichenden Sicherheitsgarantien gegen die akute Kriegsbedrohung zu bieten schien. Die reservierte Haltung Frankreichs und Englands gegenüber einer Bündniskooperation mit der SU sowie die zögerliche Politik der Westmächte während des Spanischen Bürgerkriegs und der Sudetenkrise von 1938 hatten sowjetische Bedenken wachsen lassen, daß sie der SU die Hauptlast eines Krieges zuschieben oder gar eine Verständigung mit den Achsenmächten auf Kosten der SU suchen würden. Daher mußte die sowjetische Politik nach Stalins Auffassung zumindest darauf bedacht sein, Bündnisentscheidungen offenzuhalten, bis es zu einer direkten Konfrontation zwischen den imperialistischen Mächten kam; dann würde die SU in der günstigen Position sein, zum geeigneten Zeitpunkt als möglicherweise kriegsentscheidende Kraft in den Krieg eingreifen zu können.

Die Frage wurde nach dem deutschen Einmarsch in Prag und Hitlers aggressiver Wendung gegen Polen im Frühjahr 1939 akut. Während Großbritannien sich am 31.3. auf förmliche Sicherheitsgarantien für Polen festlegte, und die Westmächte nun um die militärische Kooperation der SU warben, eröffnete Stalin seinerseits die parallelen Verhandlungen mit Deutschland, die zum Abschluß des Hitler-Stalin-Pakts führten. Dabei fiel die Entscheidung gegen Großbritannien und Frankreich wahrscheinlich weder wegen deren zögerlicher Verhandlungsführung bzw. ihrer Vorbehalte gegen die sowjetischen Bündnisbedingungen noch wegen der Tatsache, daß die Einigung mit Deutschland der SU territorialen Gewinn verhieß. Den Ausschlag scheint vielmehr Stalins Überlegung gegeben zu haben, daß in dieser Lage der deutsch-sowjetische Pakt die Deutschen in ihren Absichten gegen Polen bestärken und damit die Herbeiführung jener Kriegskonstellation begünstigen würde, in welcher die SU die angestrebte Schlüsselposition erlangen konnte. Der in Moskau unterzeichnete offizielle Nichtangriffspakt knüpfte an den Berliner Vertrag von 1926 an: Er schloß gegenseitige Gewaltanwendung aus und verpflichtete zur Neutralität bei Konflikten mit Dritten. Ein (erst 1945 im Wortlaut bekannt gewordenes) Geheimes Zusatzprotokoll definierte künftige Einflußsphären beider Staaten nach dem stillschweigend vorausgesetzten deutschen Überfall auf Polen. Danach sollten Finnland, Estland und Lettland dem Einfluß und der eventuellen „Besitznahme" der SU anheimgegeben sein; die Verständigung über das Schicksal des polnischen Staats wurde vertagt, jedoch eine provisorische Grenze an Narev, Weichsel und San festgelegt; auf dem Balkan gestand Deutschland der SU einen nicht näher definierten Anspruch auf Bessarabien zu.

Der Abschluß des Hitler-Stalin-Pakts hat die Ausgangslage des Zweiten Weltkriegs entscheidend im Sinne der sowjetischen Erwartungen beeinflußt. Während Deutschland nach dem Überfall auf Polen (1.9. 1939) auch gegen die am 3.9. 1939 in den Krieg eingetretenen Westmächte zunächst erfolgreich war, vermochte die SU ihre Territorialansprüche aus dem Geheimen

Zusatzprotokoll Zug um Zug zu realisieren, ohne unmittelbar in den Krieg hineingezogen zu werden. Am 17. 9. 1939 besetzte die Rote Armee die ostpolnischen Gebiete bis zum Bug, der im deutsch-sowjetischen Freundschafts- und Grenzvertrag vom 28. 9. 1939 als definitive Grenze benannt wurde. Die baltischen Staaten nötigte die SU zunächst zu Beistands- und Stationierungsverträgen (28. 9., 5. 10. und 10. 10. 1939), um sie im Juni 1940 zu besetzen und im Oktober 1940 förmlich zu inkorporieren. Auch Rumänien beugte sich im Juni 1940 sowjetisch-deutschem Druck und trat Bessarabien sowie die Nordbukowina an die SU ab. Lediglich Finnland widersetzte sich den sowjetischen Gebiets- und Einflußansprüchen, worauf ein Angriff sowjetischer Truppen am 30. 11. 1939 den sowjetisch-finnischen Krieg auslöste. Erste Komplikationen zeichneten sich für die SU hingegen Ende 1940 ab, als Stalins Forderungen nach einer Erweiterung der sowjetischen Einflußsphäre in Skandinavien und Südosteuropa mit deutschen Interessen kollidierten. Die Gegensätze schienen indessen nach dem deutsch-sowjetischen Wirtschaftsabkommen vom 11. 1. 1941 und dem Einlenken der SU angesichts der Erfolge des deutschen Balkanfeldzugs vom April 1941 noch einmal ausgeglichen. So hielt Stalin eine deutsche Wendung gegen die SU, vor der Geheimdienste und westliche Regierungen immer häufiger warnten, weiterhin für unwahrscheinlich; er unterstellte, daß Hitler eine neue Front zwangsläufig vermeiden würde, solange das britische Kriegsengagement anhielt. Erst der Beginn des deutschen Angriffs am 22. 6. 1941 erwies dies als Fehleinschätzung: Er machte das auf dem Hitler-Stalin-Pakt begründete politische Konzept zunichte und leitete den kriegsentscheidenden Anschluß der SU an die Anti-Hitler-Koalition ein. Die sowjetische Geschichtsschreibung nach 1945 hat den Hitler-Stalin-Pakt lange Zeit als einen gerechtfertigten Defensivakt dargestellt und die Existenz des Geheimen Zusatzprotokolls geleugnet. Erst die umfassende Neubewertung der Stalin-Zeit in der sowjetischen Historikerdiskussion seit 1988 leitete eine offene Auseinandersetzung darüber in der SU ein. Diese erlangte insofern auch politische Bedeutung, als die Republiken Estland,

Lettland und Litauen die Rechtmäßigkeit ihrer staatlichen Unabhängigkeitserklärungen von 1990 u. a. mit dem völkerrechtswidrigen Charakter der sowjetischen Annexion aufgrund des Hitler-Stalin-Pakts begründeten.

IV. Diskriminierung, Entrechtung, Vertreibung, Vernichtung: Stufen der „Endlösung der Judenfrage“ (1933–1945)

Marlis Steinert

Die Rassenidee als Kernstück der Hitlerschen Weltanschauung

Bekanntlich ist die Rassenidee das Kernstück der Weltanschauung Hitlers. Sie beruht wie die Vorstellung vom „Lebensraum" auf angeblich „wissenschaftlichen Erkenntnissen" der damaligen Zeit. Wie es seiner Gewohnheit entsprach, hatte Hitler aus seiner vielfältigen Lektüre und seinen Gesprächen ohnehin nur das im Gedächtnis behalten, was seine eigenen Vorstellungen oder Auffassungen bestätigte, wobei er sich durchaus vorbehielt, das neu Aufgenommene zu verfälschen oder ins Gegenteil umzukehren. [...]

Das Rassenkonzept, das Hitler seiner Weltanschauung zugrunde legt, ist durch die Werke von Gobineau *(Essai sur l'inégalité des races humaines)*, Darwin *(On the origin of species)*, Houston Stewart Chamberlain *(Die Grundlagen des 19. Jahrhunderts)*, Wilhelm Bölsche *(Vom Bazillus zum Affenmenschen)* und durch eine große Anzahl völkischer und antisemitischer Broschüren beeinflußt worden. [...]

In seinen Reden warf er den Juden vor allem ihren Internationalismus und ihre Rolle innerhalb des internationalen Finanzkapitals vor. Am 31. Mai 1920 veröffentlichte er den Aufruf „Antisemiten aller Länder, vereinigt euch!", der den Klassenkampf in einen Rassenkampf umwandelte. Wenige Wochen später, am 3. Juli, sprach er erstmals von der „Rassetuberkulose der Völker", bald auch vom jüdischen „Parasit", Termini, die er aus der zeitgenössischen Virologie übernahm [...]. Später werden derartige Vergleiche von Juden mit bestimmten Krankheiten unablässig von Hitler zu hören und zu lesen sein; so zieht er zum Beispiel bevorzugt Parallelen zwischen dem Judentum und der Syphilis. [...]

Anschließend entwickelte Hitler die Vorstellung, die Juden hätten – beginnend mit dem Römischen Reich – fremde Staatswesen infiltriert. Später sei der Hofjude in Erscheinung getreten und danach der das Volk „entnationalisierende" Jude: als „Parasit" habe er zuerst die Reinheit des Blutes verdorben, um anschließend die Kultur des betreffenden Volkes zu untergraben. Die Zerstörung des Staates, der Arbeitsethik und der Reinheit eines Volkes und seiner Seele – das waren in den Augen Hitlers die drei Ziele aller jüdischen Umtriebe. [...]

Für sein Verständnis der Weltgeschichte – über die er ein Buch zu schreiben beabsichtigte – ist die Rassenfrage der entscheidende Schlüssel „nicht nur [...] zur Weltgeschichte, sondern auch zur menschlichen Kultur überhaupt". „Völker, welche nicht die Bedeutung ihrer rassischen Grundlage erkennen und beachten, gleichen Menschen, die Möpsen die Eigenschaften von Windhunden anlernen möchten, ohne zu begreifen[,] daß die Schnelligkeit des Windhundes wie die Gelehrigkeit des Pudels keine angelernten, sondern in der Rasse liegenden Eigenschaften sind. Völker, die auf die Erhaltung ihrer rassischen Reinheit verzichten, leisten damit auch Verzicht auf die Einheit ihrer Seele in all ihren Äußerungen. [...] Wer das deutsche Volk von seinen ihm ursprünglich wesensfremden Äußerungen und Untugenden von heute befreien will, wird es erst erlösen müssen vom fremden Erreger dieser Äußerungen und Untugenden. Ohne klarste Erkenntnis des Rasseproblems und damit der Judenfrage wird ein Wiederaufstieg der deutschen Nation nicht mehr erfolgen." [...]

Weil die unbestrittene Größe des deutschen Volkes oberstes Ziel war, galt es alle seine Konkurrenten auszuschalten: [...] durch die Eliminierung der Juden wollte er die natürliche Ordnung und den geschichtlichen Sinn, wie er sie sah, wiederherstellen. [...] Es ging um ein existentielles „sie oder wir", das der berühmte Staatsrechtler Carl Schmitt wissenschaftlich auf die „Freund-Feind"-Formel brachte, und das die Gestapo auf weitaus weniger subtile Weise gegenüber all jenen demonstrieren sollte, die vermeintlich die geistige und „rassische" Substanz des deutschen Volkes bedrohten. [...]

Diese tiefe innere Überzeugung, das „Recht auf Tötung" von Menschen zu haben, die der moralischen und physischen Gesundheit des deutschen Volkes vermeintlich schadeten, bildet die atavistische Grundlage der „Psychologie des Genozids“ und unterscheidet den Nationalsozialismus von allen anderen Formen des Faschismus.

Edwin Landau

„Ich begrub 43 Jahre meines Lebens“ – Der Boykott jüdischer Geschäfte am 1. April 1933

Auch bei uns machten die Nazibanden die Straßen unsicher. So näherte sich der 1. April, der Tag des Judenboykotts. Bereits am frühen Morgen des Freitag sah man die SA mit ihren Transparenten durch die Stadt ziehen. „Die Juden sind unser Unglück“, „Gegen die jüdische Greuelpropaganda im Auslande“. In den Vormittagsstunden begannen sich die Posten der Nazis vor die jüdischen Geschäfte und Betriebe zu stellen, und jeder Käufer wurde darauf aufmerksam gemacht, nicht bei Juden zu kaufen. Auch vor unserem Lokal postierten sich zwei junge Nazis und hinderten die Kunden am Eintritt. Mir erschien das Ganze unbegreiflich. Es konnte mir nicht einleuchten, daß so etwas im 20. Jahrhundert überhaupt möglich sein konnte, denn solche Dinge hatten sich doch höchstens im Mittelalter ereignet. Und doch war es bittere Wahrheit, daß da draußen vor der Tür zwei Jungen in braunem Hemd standen, die ausführenden Organe Hitlers.

Und für dieses Volk hatten wir jungen Juden einst im Schützengraben in Kälte und Regen gestanden und haben unser Blut vergossen, um das Land vor dem Feind zu schützen. Gab es keinen Kameraden mehr aus dieser Zeit, den dieses Treiben anekelte? Da sah man sie auf der Straße vorübergehen, darunter gar viele, denen man Gutes erwiesen hatte. Sie hatten ein Lächeln auf dem Gesicht, das ihre heimtückische Freude verriet. Früher hieß es einmal im Überschwang „An deutschem Wesen soll die

Welt genesen", aber dies hier war schon Satanismus, und es war eigentlich erst der Anfang.

Ich nahm meine Kriegsauszeichnungen und legte sie an, ging auf die Straße und besuchte jüdische Geschäfte, wo man mich auch zuerst anhielt. Aber in mir gärte es, und ich hätte am liebsten diesen Barbaren meinen Haß ins Gesicht geschrien. Haß, Haß – seit wann hatte dieses Element in mir Platz ergriffen? – Seit einigen Stunden erst war in mir eine Wandlung eingetreten. Dieses Land, und dieses Volk, das ich bisher liebte und schätzte, war mir plötzlich zum Feinde geworden. Ich war also kein Deutscher mehr, oder ich sollte es nicht mehr sein. Das läßt sich natürlich nicht in einigen Stunden abmachen. Aber das eine empfand ich plötzlich: ich schämte mich, daß ich einst zu diesem Volk gehörte. Ich schämte mich über das Vertrauen, das ich so vielen geschenkt hatte, die sich nun als meine Feinde demaskierten. Plötzlich erschien mir auch die Straße fremd, ja die ganze Stadt war mir fremd geworden. Es gibt nicht die richtigen Worte, um die Empfindungen zu schildern, die ich in diesen Stunden erlebte. Zu Hause angelangt, ging ich auf den einen Posten zu, den ich kannte, und der auch mich kannte, und sagte ihm: „Als Sie noch in den Windeln lagen, hab ich schon draußen für dieses Land gekämpft." Er erwiderte: „Sie sollten mir aus meiner Jugend keinen Vorwurf machen, Herr ..., aber ich bin kommandiert worden, hier zu stehen." Ich sah in sein junges Gesicht und dachte mir, er hat recht. Arme, irregeführte Jugend!

Trotz alledem kamen auch noch an diesem Tage eine Anzahl Kunden zu mir, besonders Katholiken, und es war so mancher dabei, der mich nur aus Protest gegen das Treiben da draußen besuchte. Auch der Bürodirektor des Landrats kam, um, wie er so schön sagte, mir nur die Hand zu drücken. Als ich ihm dankerfüllt sagte, er möge meinetwegen nicht seine Stellung aufs Spiel setzen und an seine Familie denken, antwortete er voll Stolz: „Ich bin Parteimitglied Nr. 20 der Deutschnationalen Volkspartei; was soll mir passieren?" Der arme Idealist, er sollte bald gewahr werden, daß auch diese Partei nichts mehr gelten sollte. Aber ich war ihm von Herzen dankbar, denn in mir war es wund. Am Nachmittag wurden zwei jüdische Gutsbesitzer verhaftet, der katholische Landrat abgesetzt. Ich lief auf die Straße und ging zu meinem jüdischen Schulkollegen, der ein Einheitspreisgeschäft nebenan hatte, und wir gingen die Straße auf und ab. Vor der Tür seines Geschäfts fragte ich ihn, was er tun würde, wenn auch am nächsten Tage die SA-Leute noch vor der Tür stehen würden. Er antwortete und hielt seine Zigarre im Mundwinkel: „Ich werde schließen."

Ich ging nach Hause. Der neue Posten wollte mich nicht einlassen, und ich machte Radau, daß er kein Recht hätte, mir den Eintritt in meinen Betrieb zu verwehren, woraufhin einige SA-Leute hinzukamen und den fünfzehnjährigen Hitlerjungen fragten, warum der Jude solchen Radau mache. Ich ging dann unbelästigt in meinen Betrieb, den meine Frau sofort schloß. Das Personal sah mich traurig an und fragte, ob es am nächsten Tage kommen solle. Ich verneinte ... die Leute gingen hinweg ... ich war innerlich zerbrochen. Mir wäre schon alles egal gewesen.

In der Wohnung rüstete meine Frau zum Sabbat. Ich ging in die Synagoge wie viele andere Juden. Dort sah ich verzweifelte Gesichter voll tiefstem Seelenschmerz, bleich und zitternd. Noch niemals haben Juden inbrünstiger gebetet als an jenem Abend, wo sie ihr Judesein so gründlich erlebten. Auch mein Herz bebte, und meine Seele schrie heimlich zu ihrem Gotte: „Mein Gott, warum hast Du mich verlassen?" So hatte ja einstmals auch Christus voll Schmerz am Kreuz geschluchzt. Auch wir wurden ans Hakenkreuz geschlagen. Wenig Trost gab mir das Gebet, und ebenso erschüttert ging ich nach Hause zur Frau und den Kindern. Und als ich dort, wie stets, im Kreise meiner Familie den Sabbat einweihte, als ich an die Stelle im Gebet kam, „der Du uns erwählt hast von allen anderen Völkern" und meine Kinder sah, die mich mit ihren unschuldigen und fragenden Augen anblickten, da war es mit meiner Fassung vorbei; da entlud sich in mir die Schwere des erlebten Tages, und ich brach zusammen, die letzten Worte nur noch stammelnd. Die Kinder wußten oder begriffen nicht, warum ich heftig weinte, aber ich wußte: Das war mein Abschied vom Deutschtum, meine innere

Trennung vom gewesenen Vaterland – ein Begräbnis. Ich begrub 43 Jahre meines Lebens. Und wäre es nur der eine und einzige Tag solchen Erlebens gewesen, jetzt *konnte* ich kein Deutscher mehr sein.

Und was war ich nun? Zwar war ich ein religiöser Jude, aber doch schon sehr assimiliert. Ich war heimatlos geworden. In der Nacht zogen die Nazihorden durch die Stadt und tobten. Am kommenden Tage, dem Sonnabend, begannen die Haussuchungen bei Juden und Sozialdemokraten. Auch bei vielen jüdischen Freunden erschienen die braunen Banden. Die ganze Stadt war in Aufruhr. Wieder standen die Posten da. Ich konnte und wollte nichts sehen, ich war fertig. Am Abend war ich mit einigen jüdischen Freunden beisammen, und da fragte einer plötzlich, wie lange Hitler regieren werde, worauf ein Freund, der Inhaber des Einheitspreisgeschäftes, sagte: „zehn Jahre". Die anderen protestierten und meinten drei Monate oder ein Jahr. Heute ist dieser Freund in den USA, und Hitler ist schon sieben Jahre an der Regierung.

Wir glaubten, das Ausland könnte im 20. Jahrhundert eine solche Barbarei nicht dulden. Wo blieb England, wo Amerika? Wo war das Christentum geblieben?

Else Behrend-Rosenfeld

Die alltägliche Gemeinheit

Schon Ende Oktober 1933 fiel mir auf, daß die Kinder stiller waren als gewöhnlich und nichts mehr von der Schule erzählten. Auch die Dorfkinder, deren einige immer Peter und Hanna zum gemeinsamen Schulweg abgeholt hatten, blieben aus. Als dann noch eines Tages Peter mit einer kleinen blutenden Wunde am Kopf heimkam und auf unser Befragen sehr verlegen antwortete, er sei gefallen, nahm ich mir nach dem Essen beide Kinder allein vor. Ich bekam bald heraus, was geschehen war, Hanna begann zu schluchzen, und Peter, der Zwölfjährige, hielt nur mit größter Mühe seine Tränen zurück. Und dann sprudelte es aus ihnen heraus, daß der Lehrer von Anfang an unfreundlich zu ihnen gewesen sei, daß er angefangen habe, täglich auf die Juden zu schimpfen, daß er auf sie gewiesen und gesagt hätte: „Diese beiden sind auch Juden, wollen wir so etwas unter uns dulden? Ihr müßt euch eben wehren gegen sie." Die Kinder hätten dann auf dem Schulweg hinter ihnen her geschimpft und mit Steinen nach ihnen geworfen, und heute seien mehrere von ihnen über Peter hergefallen und hätten versucht, ihn in die Ache zu werfen. Dabei sei er gestürzt und habe sich die kleine Wunde am Kopf geholt. Da gerade Leute vorbeikamen, wären die Buben davongelaufen. – Sie hätten uns nichts von ihren Nöten sagen wollen, sie wüßten doch, daß wir Sorgen genug hätten, und sie wären so gern allein damit fertig geworden. Ich beruhigte sie beide, indem ich ihnen sagte, daß auch ältere Kinder als sie damit nicht allein hätten fertig werden können. Mit diesem Geschehnis senkte sich eine große Last auf uns, doch ahnten wir damals glücklicherweise noch nicht, daß sie schwerer und schwerer werden würde, bis wir beide beinah unter ihrer Wucht zusammenbrechen sollten. [...]

Da traf uns Mitte Dezember ein neuer Schlag in Gestalt eines Briefes von der Gemeinde folgenden Inhaltes: Unser Verbleiben hier sei unerwünscht, und die Gemeinde wäre uns zu Dank verpflichtet, wenn wir sie so schnell wie möglich verließen. Wir wußten sofort, daß der Lehrer dahinter steckte, der sich mit dem befreundeten Bürgermeister ins Benehmen gesetzt hatte. Alle Versuche, die auch von anderer Seite verschiedentlich unternommen wurden, diesen Gemeindebeschluß rückgängig zu machen, scheiterten.

Alfred Heller

„Wo liegt eigentlich Trinidad?"

Wieder begann Dr. Seligmann zu schreiben, zu laufen. Er lief zum englischen Konsulat, er schrieb an das Generalkonsulat in Berlin, er schrieb um Bestätigungen und Belege, reichte neue Eingaben ein, um sein Zertifikat zu erhalten, versuchte neue Schritte, um einen Zwischenaufenthalt zu erwirken.

Der Unsicherheit der politischen Entwicklung, die plötzlich alle Unternehmungen unterbrechen konnte, stand die Sicherheit gegenüber, daß die Mittel zum Lebensunterhalt unaufhaltsam zu Ende gingen.

Er schrieb wiederholt an den Vetter in Amerika, von dem die Nachricht gekommen war, daß er regen Anteil nehme und bereit sei, tätig mitzuhelfen, um die Ausreise zu ermöglichen. Es fand sich der Weg über das Wobourn House in London, die Genehmigung für einen Zwischenaufenthalt in England zu erhalten. Dazu war Garantieleistung für den Lebensunterhalt für die Dauer des Aufenthaltes in England erforderlich. Der gute Vetter wurde, wiederum in schwerfälligen, englisch geschriebenen Briefen gebeten, die verlangte Summe vorzustrecken. Freunde in England wurden gebeten, sich für Beschleunigung des Verfahrens zu verwenden. Fragebogen wurden ausgefüllt. Aus dem Zusammenwirken aller Faktoren ergaben sich günstige Aussichten. Wobourn gab Antworten von Mal zu Mal: er werde die Sache prüfen; – es beständen Aussichten auf Genehmigung; – das Home Office sei bereit zu genehmigen, sobald die Garantiesumme eingetroffen sei. Telegramme halfen nach. Nach längerem Stillschweigen, Wochen, die wie Blei auf den Hoffnungen Dr. Seligmanns lagen, kam endlich die lakonische Drahtnachricht: „Bin bereit, die Garantiesumme zu hinterlegen." Und wieder nach ein paar Tagen voller Spannung: „Betrag nach London überwiesen."

Auf dem Englischen Konsulat bohrte Dr. Seligmann weiter. In Schlangen standen dort die Menschen an, die irgendeine Auswanderungsmöglichkeit ins britische Imperium verfolgten, erhofften, erbaten, erflehten.

Kein Platz auf dem Erdenrund, an den sich nicht Juden wandten, getrieben von ihrer Angst. Die letzten Schlupflöcher suchten sie auszufinden. Peru, Chile, Ecuador, Haiti, Brasilien, Argentinien, Uruguay; die meisten Staaten hatten sich alsbald nach dem ersten Einwanderungssturm hermetisch abgeschlossen, hatten unerfüllbare Bedingungen gestellt. Nur für Juden.

Als sich Dr. Seligmann wieder einmal nach dem Stand seiner Angelegenheit erkundigte, war er Zeuge eines Gesprächs mit dem Konsularbeamten.

„Wo wollen Sie hin?"

„Nach Trinidad."

„Was haben Sie für Unterlagen?"

„Ich muß fort. Die Gestapo hat mir einen Termin gestellt. Bis Ende des Monats. Sonst komme ich ins Konzentrationslager..."

„Nein, Unterlagen! Vermögen, Garanten, Lebensunterhalt, Fahrkosten."

„Ja, ich habe wohl hier Vermögen..."

„Das nützt nichts. Im Ausland?"

„Leider, nein."

„Verwandte mit Vermögen im Ausland, die Ihnen die Beträge vorstrecken?"

„Leider nein. Das heißt... vielleicht... Aber das dauert ja viel zu lange. Bis Ende des Monats..."

„Tut mir leid; dann kann ich nicht helfen."

„Oder kann ich irgendwo anders hin, innerhalb des Empire?"

„Bedaure, nein."

„Aber es hieß doch, in Trinidad sei die Einreise gestattet."

„Das war bis vor kurzem, ist jetzt aber geändert."

„In Trinidad seien Arbeitskräfte meiner Art gesucht!"

„Tut mir leid. Einwanderung ist nur zulässig, wenn die Garantiesumme hinterlegt ist."

„Aber ich muß doch fort... Trinidad ist meine einzige Rettung..."

Die Hände zittern, der Blick ist verstört; der Beamte zuckt die Achseln.

Der Besucher wendet sich, den Kopf vorgebeugt, zur Tür. Dann kommt er plötzlich noch mal zurück zu dem Beamten.

„Sagen Sie mir wenigstens: Wo liegt eigentlich Trinidad?"

In der Frage lag das ganze Elend der gehetzten Kreatur. Entfernung hat keinen Schrecken, nicht Klima, nicht Wildheit, nicht Einsamkeit und Gefahr. Es geht ums Letzte.

Eiskalt griff es Dr. Seligmann ans Herz. Ein Mensch geht vor Deinen Augen zugrunde und Du kannst nicht helfen. Im Spiegel siehst Du Dich selbst. Sein Schicksal ist Dein eigenes. Dem Auswanderungsbefehl nicht nachkommen, heißt zwischen die Maschen des herrschenden Systems geraten. Haft, Konzentrationslager. Die Familie zerbrochen, die Frau in Angstkrämpfen, hilflos bis zum Irrsinn. Mit eigenen Augen hatte er es ja in Dachau gesehen („Das war noch gar nichts. Das war nur ein schwacher Aufguß!" sagten alte „Buchenwäldler"). [...]

Fort! Auswanderung war einzige Rettung. Wohin nur? Die Welt war verschlossen. Menschlichkeit war durch Gesetze und Bestimmungen abgeriegelt. [...]

Wahllos griffen die Juden zu, wo immer sie eine Möglichkeit sahen, die deutschen Grenzen hinter sich zu bringen und das dürre Todesgespenst mit der schwarzen Uniform und den hohen Tretstiefeln.

So nah war nun die Erlösung für Dr. Seligmann und seine Frau. Indes arbeiteten die Behörden langsam, und das rettende Visum war nur erst in Aussicht gestellt, als sich die politische Lage jäh verfinsterte. Krieg lag in der Luft. Der schwarze Stiefel tappte über den Sudetengau, über die Tschechoslowakei, er zertrat im Sturmschritt die polnische Grenze. England schloß seine Konsulate und versiegelte mit der Konsulatstüre die unerledigten Aktenbündel, in denen vielleicht gerade noch das Zertifikat für Palästina, vielleicht gerade noch das Permit für England eingelaufen sein mochte. Wie ausgeleert fühlte sich Dr. Seligmann. Wie ein Träumender lief er herum, die Tatsache des Kriegsausbruches lag ihm wie eine Zentnerlast drückend, brennend, auf dem Rücken. Indes galt es, sich in die neue Situation einzuordnen und mit verbissener Zähigkeit weiterzusuchen nach dem Ausweg. Noch war Amerika, noch war der Weg nach Süden und Osten frei. Oder vielmehr nicht völlig gesperrt. So viele Freunde waren in der gleichen, in ähnlicher Lage. Neumanns zum Beispiel vertelegrafierten ein Vermögen, um den reichen Verwandten in New York zum aktiven Handeln zu bringen, den Senator, dessen Einfluß so viel versprach und so wenig hielt. Da waren freilich gesundheitliche Schwierigkeiten, die indes durch erhöhte Garantiesummen ausgeglichen werden konnten. Business as usual. Auf dem amerikanischen Konsulat in Stuttgart drängten sich die Hilfesuchenden, die Auskunftheischenden. Die untergeordneten Beamten auch dort fühlten sich als Halbgötter in der ganzen Erhabenheit des Festbesoldeten gegenüber der elenden Masse depossedierter Bürger. Die untersuchenden Ärzte nicht anders. Eine neunzigjährige Frau, deren Kinder ihr die Einwanderungspapiere für USA besorgten, wurde gezwungen, sich mit Kniebeugen zu produzieren, und hingehalten – bis es zu spät war zur Ausreise.

Marta Appel

Die reine, unvermischte germanische Rasse?

Eines Tages kamen meine Kinder nach langer Zeit einmal wieder mit glänzenden Augen und kichernd und lachend aus der Schule nach Hause. Sie berichteten, daß sich am Morgen fast alle Klassen in der Aula versammeln mußten, weil ein Beauftragter des neugeschaffenen Rasseamtes den Kindern einen rassekundlichen Vortrag halten wollte. „Ich fragte die Lehrerin, ob ich nach Hause gehen könnte“, erzählte meine Tochter, „aber die meinte, sie habe keine Anweisung irgend jemanden wegzuschicken. Du kannst dir vorstellen, daß der Vortrag gräßlich war. Zuerst erklärte der Mann, daß es hochstehende und niedere Rassen gäbe, die am höchsten stehende Rasse seien die Germanen, die daher auch dazu bestimmt seien, die Welt zu regieren, während die Juden eine sehr niedrigstehende, verächtliche Rasse seien. Dann, Mammi, schaute er sich in der Aula um und bat eins von den Mädchen, zu ihm zu kommen." Die Kinder fingen wieder an zu kichern. „Zuerst wußten wir überhaupt nicht, was er eigentlich wollte", erzählte meine Tochter weiter, „und wir wurden ganz ängstlich, als er Eva auswählte. Aber dann fing er an zu erklären und zeigte dabei auf Eva: ‚Seht mal, den schmalen Schädel dieses Mädchens, die hohe Stirn, die blauen Augen und das blonde Haar', und dabei nahm er einen ihrer langen Zöpfe in die Hand. Er fuhr fort: ‚Beachtet auch die hohe schlanke Gestalt. All dies sind die untrüglichen Zeichen der reinen, unvermischten germanischen Rasse!' Mammi, du hättest wirklich hören sollen, wie alle Mädchen plötzlich zu lachen anfingen. Sogar Eva konnte sich das Lachen nicht verbeißen. Von allen Seiten wurde dem Beamten zugerufen: ‚Sie ist doch jüdisch!' Sein Gesicht war sehenswert, ich glaube, der war froh, daß der Direktor schnell aufstand, uns mit einer Handbewegung zum Schweigen brachte und die Veranstaltung beendete, indem er dem Mann für seinen so interessanten und lehrreichen Vortrag dankte. Bei den Worten des Direktors mußten wir wieder lachen, aber er sorgte sofort für Ruhe. Ach, bin ich froh, daß ich nicht nach Hause geschickt wurde, sondern das miterleben konnte!"

Als mein Mann dann nach Hause kam, erzählten sie ihm die Geschichte auch und amüsierten sich immer wieder über sie. Wir beide waren froh und dankbar, daß unsere Kinder das Lachen noch nicht ganz verlernt hatten, daß sie immer noch wie ganz vergnügte, richtige Kinder reagieren konnten.

Wenn ich nur wenigstens meine Kinder aus diesem Lande herausbringen könnte – dieser Gedanke beschäftigte mich in diesen Tagen mehr und mehr. Mein Mann und ich glaubten nicht mehr, daß sich in Deutschland bald etwas ändern würde. Aber selbst bei einer Änderung der politischen Situation in Deutschland würde ich niemals vergessen können, daß alle unsere Freunde – ja das ganze Volk – uns in unserer Not verlassen hatten. Deutschland war für mich nicht mehr dasselbe Land. Alles hatte sich verändert, nicht nur die Menschen, sondern auch die Stadt, der Wald, der Fluß – das ganze Land sah für mich anders aus.

Konrad Kwiet

Von der Ghettoisierung zur Deportation

„Zur Nachahmung empfohlen! Hinaus mit den Juden aus den guten und billigen Wohnungen!"

Mit dieser populären Kampfparole traten im März 1938 Nationalsozialisten im soeben dem Deutschen Reich angeschlossenen Österreich an, um die Juden aus den begehrten Wohnungen zu vertreiben. Rigoros gingen sie vor: Rund 10 000 Wohnungen wurden unmittelbar nach dem Anschluß „freigemacht". An die Stelle der unkoordinierten, „wilden" Aktionen traten bald organisierte, staatlich-sanktionierte Raubzüge. Sie bescherten den Wienern bis 1942 weitere 60 000 „freie" Wohnungen. In Berlin dürften es mehr als 30 000 gewesen sein. In München waren es etwa 3000, Hamburg freute sich über einen Zugang von 1900 geräumten Wohnungen, Düsseldorf zog 700 Haushaltungen ein. Jede Stadt hat solche Gewinne verbucht. Hinter dem Griff nach den jüdischen Wohnungen standen neben den ideologischen Prinzipien handfeste materielle Interessen. Zum einen ging es darum, die deutsch-jüdische Wohngemeinschaft aufzubrechen, die räumliche Trennung von Deutschen und Juden zu vollziehen; ein Schritt, der auf dem Weg zur anvisierten „Lösung der Judenfrage" unumgänglich war. Zum anderen wollte man durch die Zusammenlegung jüdischer Familien Wohnraum gewinnen, um die angespannte Lage auf dem Wohnungsmarkt zu entlasten. Angesichts der herrschenden Wohnungsnot, die nach dem Ausbruch und der Ausweitung des Krieges katastrophale Ausmaße annahm, griff man nach den Judenwohnungen. Und je größer der Bedarf wurde, desto konsequenter wurde die Politik der „Entjudung“ vorangetrieben. Zwischen Wohnungsbedarf und Vertreibung bestand auch ein Zusammenhang; die Räumung der Wohnungen war die erste Station des Weges, der über die Ghettoisierung und die Deportation zur Vernichtung führte. Diese Etappen wurden nicht improvisiert, sondern planmäßig vorbereitet. Als nach der „Kristallnacht“ die Entscheidung fiel, die Ghettoisierung der deutschen Juden in die Wege zu leiten, wurde der Behördenapparat entsprechend instruiert: „Um Störungen der öffentlichen Sicherheit und Ordnung zu vermeiden, muß das Ausscheiden der Juden aus deutschen Wohnungen [...] planmäßig durchgeführt werden.“ [...]

Sehr viel häufiger kam es freilich vor, daß Deutsche als Nutznießer in Erscheinung traten, daß sie vorprellten, um ihren Anspruch auf die Zuweisung einer Judenwohnung anzumelden. Ende Oktober 1939 schrieb ein Damen- und Herrenfriseur in einer Kleinstadt einen Brief:

> „Liebes Wohnungsamt!
> Möchte doch höflich und dringend bitten, daß die Wohnung über meinem Laden Kaiserstr. 9 nicht an Juden vermietet wird, zumal es doch hier eine bevorzugte Straße ist. Möchte selbst gerne beim Geschäft wohnen, was mir schon fast 9 Jahre nicht vergönnt ist. Bitte mir den Mietpreis der Wohnung mitzuteilen ev. Rücksprache mit mir zu nehmen. Juden gehören unter sich, möglich(st) außer Sicht, vor allem aber in kein Geschäftshaus zu wohnen. Bitte meinem berechtigten Wunsche gerecht zu werden.
>
> Mit deutschem Gruß
> gez. (Name)
> Heil Hitler“

[...] Der Entzug der Wohnung hinterließ seine Spuren. Mit dem Auszug nahmen die Juden Abschied von einem Ort, mit dem sie lange und tief verwurzelt waren. Nach der Machtübernahme der Nationalsozialisten hatten sie sich wenigstens noch in die relative

Geborgenheit ihrer häuslichen Umgebung zurückziehen können, um den öffentlichen Diffamierungen und Diskriminierungen zu entgehen. Diese Zufluchtsstätte existierte nicht mehr. Altvertraute Möbel und Einrichtungsgegenstände blieben zurück. Bücher und Bilder gingen verloren. Haustiere durften nicht mitgenommen werden. An den Wohnungen hafteten die Erinnerungen an Kindheit und Schulzeit, an Beruf und Familie. Es kam vor, daß Juden zu ihren Wohnungen zurückkehrten, um sie von außen anzusehen. [...]

Die Auswanderungswellen hatten bereits viele jüdische Familien zerschnitten. Die Wohnungsräumungen setzten den Verfall fort. Alte und Gebrechliche verschwanden in den „Altersheimen", andere Familienmitglieder zogen in Pensionszimmer, „Judenhäuser" oder Barackenlager um. Wer das Privileg besaß, vorerst in seiner eigenen Wohnung bleiben zu dürfen, nahm häufig Verwandte und Bekannte auf. Zu ihnen stießen bald Fremde hinzu: Alleinstehende, Ehepaare oder Familien mit Kindern. Sie alle mußten sich in den heterogenen Wohn- oder Lagergemeinschaften „einordnen" und in erbärmlichen Wohn- und Lebensräumen ausharren, bis – nach dieser Präparierung – ihre Existenz vollends ausgelöscht wurde. [...]

Die Wartezeit, die Ungewißheit und Angst vor dem Abtransport wurden für viele zur Qual. Hinzu kam die Angst vor Besuchen fanatischer Antisemiten. „Judenhäuser" waren für Angehörige der NSDAP wie der Gestapo beliebte Orte, an denen sie ihren Judenhaß in Brutalitäten entladen konnten. „Kontrollgänge" boten sich an, um mit Anpöbeleien, Ausplünderungen und Mißhandlungen nationalsozialistische Gesinnung zu demonstrieren.

Wolfgang Benz
„Reichskristallnacht“

Die Ereignisse am und um den 9. November 1938 markierten in mehrfacher Sicht einen Wendepunkt – nicht nur in der Geschichte des nationalsozialistischen Deutschland. Der Novemberpogrom, als „Reichskristallnacht“ im Umgangston verniedlicht, bedeutete den Rückfall in die Barbarei; in einer Nacht wurden die Errungenschaften der Aufklärung, der Emanzipation, der Gedanke des Rechtsstaats und die Idee von der Freiheit des Individuums zuschanden. Seit dem 15. Jahrhundert hatte es in Mitteleuropa solche Judenverfolgung nicht mehr gegeben, aber nicht nur dies, denn die mittelalterlichen Pogrome fanden statt als unkontrollierte Aggressionen zusammengelaufener Volkshaufen, in denen sich soziale und wirtschaftliche Spannungen auf dem Hintergrund religiös motivierter Judenfeindschaft entluden. Regelrecht programmiert und in Szene gesetzt von staatlichen Instanzen war vor dem 9. November 1938 kein einziger solcher antisemitischer Aufruhr gewesen.

Im November 1938 wurde den Juden in Deutschland, und zugleich der Weltöffentlichkeit, auf die man bislang noch Rücksicht genommen hatte, klargemacht, daß für sie die bürgerlichen Rechte und Gesetze nicht mehr galten. Mit keinem anderen Ereignis hatte das NS-Regime so eindeutig und kaltblütig demonstriert, daß es auch auf den Schein rechtsstaatlicher Tradition nun keinen Wert mehr legte. [...]

Wie häufig in der Geschichte des Dritten Reiches bildete ein marginaler Anlaß, ein ganz peripheres Ereignis, den Anfang der verhängnisvollen Entwicklung. Im März 1938, nach dem „Anschluß“ Österreichs, hatte die polnische Regierung die Gültigkeit der Pässe aller Auslandspolen in Frage gestellt, wenn sie mehr als fünf Jahre ohne Unterbrechung im Ausland gelebt und die Verbindung mit dem polnischen Staat verloren hatten. In Warschau fürchtete man im Frühjahr 1938 die Rückkehr der rund 20000 Juden polnischer Staatsangehörigkeit, die seit langem in Österreich ansässig waren, aber jetzt möglicherweise nicht unters nationalsozialistische Regime kommen wollten. [...] Die Mehrzahl von ihnen sollte nach den Intentionen der Regierung in Warschau Ende Oktober, exakt am 30. des Monats, staatenlos werden. Danach hätte auch die deutsche Reichsregierung keine Möglichkeit mehr gehabt, die lästigen Ostjuden über die Ostgrenze abzuschieben, da Polen sie dann nicht mehr als Bürger anerkannte. Nachdem Verhandlungen zwischen Berlin und Warschau fehlgeschlagen waren – die Polen hatten zweimal abgelehnt, ab 31. Oktober Besitzer polnischer Pässe ohne den Prüfungsvermerk ins Land zu lassen –, übergab das Auswärtige Amt am 26. Oktober die Angelegenheit der Gestapo: Alle polnischen Juden sollten in den nächsten vier Tagen abgeschoben werden. Die Gestapo machte sich unverzüglich mit aller Brutalitiät ans Werk. [...]

Unter den Deportierten befand sich die Familie Grünspan (Grynszpan) aus Hannover. Ob die Grünspans – die Eltern waren 1911 aus Russisch-Polen nach Hannover gekommen, der Vater war Schneider und hatte sich in der Zeit der Depression 1929–1934 als Trödler betätigt – besonders schlecht behandelt worden waren, ließ sich nicht feststellen, aber es tut auch nichts zur Sache. Die Grünspans hatten, außer den beiden Töchtern, die mit abgeschoben wurden, einen Sohn Herschel, damals 17 Jahre alt, der in Paris lebte. [...]

Grünspan erhielt am 3. November 1938 eine Postkarte seiner Schwester aus Zbaszyn (Bentschen), dem deutsch-polnischen Grenzort, in der sie über die Abschiebungsaktion berichtete. Herschel kaufte daraufhin am 7. November eine Pistole und Munition und begab sich zur deutschen Botschaft, wurde dort, als er den Botschafter zu sprechen verlangte, an einen der jüngeren Herren der Mission verwiesen und kam so ins Zimmer des Legationssekretärs Ernst vom Rath, auf den er fünfmal schoß, ehe er sich ohne Gegenwehr festnehmen und der französischen Polizei übergeben ließ. (Er überlebte zunächst in französischem, später in deutschem Gewahrsam die ganze Ära des Nationalsozialismus). Weder Opfer noch Täter waren zur Märtyrerrolle prädestiniert: Ernst vom Rath war zwar im Besitz der NSDAP-Mitgliedschaft, aber strenggenommen kein Nazi und gewiß kein Exponent des Systems und seiner judenfeindlichen Politik. Und Herschel Grünspan hatte, nicht ahnend, was seine Tat auslöste, die Lunte ins Pulverfaß geworfen.

Mit Hilfe der nationalsozialistischen Propagandamaschinerie ließ sich die unüberlegte Tat des jugendlichen Desperado mühelos zum Anschlag des „internationalen Judentums" auf das Deutsche Reich umbiegen. [...] In einem Leitartikel, der die Nachricht über das Attentat auf Ernst vom Rath flankierte, waren am 8. November 1938 im ‚Völkischen Beobachter', dem Zentralorgan der NSDAP, Drohungen zu lesen, die unmißverständlich deutlich machten, daß jetzt eine neue Ära nationalsozialistischer Judenpolitik beginnen würde. [...]

Daß sich der ‚Völkische Beobachter' als Flaggschiff der nationalsozialistischen Presse solchermaßen vernehmen ließ, war Ergebnis sorgsamer Regie. Das Drehbuch der Inszenierung des Volkszorns vom November 1938 blieb erhalten, die Regie der öffentlichen Meinung läßt sich ohne Mühe rekonstruieren. Lenkung, Ausrichtung und Gleichschaltung der deutschen Presse erfolgte täglich in der „Pressekonferenz des Reichsministeriums für Volksaufklärung und Propaganda", hier wurden die publizistischen Instrumente eingestimmt und der Ton angegeben.

Am 7. November wurde allen Redaktionen durch Rundruf des offiziösen Deutschen Nachrichtenbüros (DNB) folgende Anweisung über Form und Inhalt der Berichterstattung zum Ereignis in Paris zuteil:

„Alle deutschen Zeitungen müssen in größter Form über das Attentat auf den Legationssekretär an der deutschen Botschaft in Paris berichten. Die Nachricht muß die erste Seite voll beherrschen. Nachrichten über den ernsten Zustand des Herrn vom Rath werden durch das DNB ausgegeben werden. Er schwebt in größter Lebensgefahr. In eigenen Kommentaren ist darauf hinzuweisen, daß das Attentat des Juden die schwersten Folgen für die Juden in Deutschland haben muß, und zwar auch für die ausländischen Juden in Deutschland [...]." [...]

Eine junge Berliner Journalistin, die nicht auf der Seite des Regimes steht und viele jüdische Freunde hat, [...] fragt einen ehemaligen Kollegen aus der Redaktion, der als „Nichtarier" längst entlassen ist, und, seine Tage mit dem Schreiben von Briefen füllend, auf die Katastrophe wartet. Dr. Heinrich Mühsam sagt auf die Frage, ob Herr vom Rath sterben und was dann passieren werde:

„Natürlich stirbt er. Sonst hätte das Ganze ja keinen Wert. Um ihn zu rächen, muß man erst um ihn weinen. Je größer die Trauer, desto fanatischer der Haß. Haben Sie nicht gewußt, daß politische Zwischenfälle nur dann aufzutreten pflegen, wenn man bis zum letzten Gamaschenknopf darauf vorbereitet ist? Wenn alle Verordnungen erlassen, alle Vorkehrungen getroffen, alle Maßnahmen abgesprochen sind? Kein Zweifel: der jüdische Krieg steht vor der Tür. Ich für meinen Teil gedenke Pazifist zu bleiben. Mehr als sterben kann auch ein Jude nicht." [...]

Der 9. November war für die NSDAP ein sensibles Datum, alljährlich wurde in München in der parteieigenen Mythologie des Marsches auf die Feldherrnhalle – des mißglückten Hitlerputsches von 1923 – gedacht. Kernpunkt der Feier war immer der Kameradschaftsabend, bei dem sich die „alten Kämpfer" um Hitler scharten. Keine günstigere Gelegenheit konnte es geben, um die Spitzen der Partei auf ebenso informelle wie zwingende Weise zur Aktion zu treiben.

Gegen 21 Uhr brachte ein Bote Hitler die Nachricht, daß Ernst vom Rath seinen Verletzungen erlegen war. Nach längerem Dialog mit Goebbels, der neben seinem Führer im alten Rathaussaal zu München saß, verließ Hitler die Versammlung, und Goebbels machte sich ans Werk. Gegen 22 Uhr verkündete er den Tod des Diplomaten und hielt eine gehässige antisemitische Rede, die im Appell nach Vergeltung und Rache gipfelte. Die anwesenden Führer von NSDAP und SA erhielten den Eindruck, sie seien jetzt zu Aktionen aufgerufen und müßten sie organisieren. Das war genau so beabsichtigt, ohne daß es ausdrücklich befohlen wurde; und ins taktische Kalkül gehörte auch, daß Hitler sich entfernte, ehe Goebbels die primitiven antisemitischen Triebe und Leidenschaften derart stimulierte, daß die Parteiführer glaubten, ihnen sei die Entfesselung des Judenhasses befohlen worden. Hitler war immerhin auch Staatsoberhaupt und mußte sich den Rückzug offen halten, sowohl dem Ausland gegenüber als auch möglichen Kritikern innerhalb der Partei. [...]

Durch die Pressekampagne vom 8. und 9. November war der Boden bereitet. Die Goebbelsrede war das Signal zum Losschlagen und zugleich Handlungsanweisung. [...] Die Übermittlung zu den Gaupropagandaämtern und von diesen weiter zu den Kreisleitern und Ortsgruppenleitern der NSDAP bzw. zu den SA-Stäben im ganzen Deutschen Reich funktionierte schnell und reibungslos. Überall sprangen sie aus den Betten, um der Aufforderung zum Pogrom Folge zu leisten. Von Mitternacht bis zum Morgen währte der Schrecken, wie er in Mitteleuropa seit Jahrhunderten nicht mehr gewesen war, auch seit dem Zeitalter der Aufklärung als Rückfall zur Barbarei nicht mehr denkbar schien. [...]

Detailliert waren auch die Regieanweisungen für die Berichterstattung am Tag nach der schrecklichen Nacht. Mit einer Meldung des Deutschen Nachrichten Büros wurde die amtliche Version verbreitet. Sie lautete:

„DNB Berlin, 10. November. Nach Bekanntwerden des Ablebens des durch feige jüdische Mörderhand niedergestreckten deutschen Diplomaten Parteigenossen vom Rath haben sich im ganzen Reich spontane judenfeindliche Kundgebungen entwikkelt. Die tiefe Empörung des deutschen Volkes machte sich auch vielfach in starken antijüdischen Aktionen Luft."

Dazu lieferte das Propagandaministerium in der Pressekonferenz am 10. November Sprachregelung und Direktiven zur Plazierung und Aufmachung der Nachricht für den 11. November:

„Im Anschluß an die heute morgen ausgegebene DNB-Meldung können eigene Berichte gebracht werden. Hier und dort seien Fensterscheiben zertrümmert worden, Synagogen hätten sich selbst entzündet oder seien sonstwie in Flammen aufgegangen. Die Berichte sollen nicht allzu groß aufgemacht werden, keine Schlagzeilen auf der ersten Seite. Vorläufig keine Bilder bringen. Sammelmeldungen aus dem Reich sollen nicht zusammengestellt werden, aber es könne berichtet werden, daß auch im Reich ähnliche Aktionen durchgeführt worden seien. Einzeldarstellungen darüber sind zu vermeiden. Über örtliche Vorgänge könne ausführlicher berichtet werden. Dies alles nur auf den zweiten oder dritten Seiten. Wenn Kommentare für nötig befunden würden, so sollen sie nur kurz sein, und etwa sagen, daß eine beträchtliche begreifliche Empörung der Bevölkerung eine spontane Antwort auf die Ermordung des Gesandtschaftsrates gegeben habe." [...]

Das ‚Göttinger Tageblatt' berichtete mit [...] Energie und Engagement:

„Zu stark traf uns der Schlag des internationalen Judentums, als daß wir darauf mit Worten allein hätten reagieren können. Eine seit Jahrzehnten aufgespeicherte Wut gegen das Judentum brach sich Bahn, für die sich die Juden bei ihrem Rassegenossen Grünspan, bei dessen geistigen oder tatsächlichen Lenkern und bei sich selbst bedanken können [...] Dabei ist mit den Juden selbst glimpflich verfahren worden. Es ist lediglich demonstrativ vor Augen geführt worden, welchen Grad der Zorn des deutschen Volkes erreicht hat, ohne daß dabei Juden an Leib und Seele Schaden erlitten haben [...] Die Sicherheitsbehörden haben dafür gesorgt, daß es bei diesen Demonstrationen des Volkszorns blieb."

Mächtig ins Zeug legte sich auch der Redakteur der ‚Hohenzollerischen Blätter', der über den Volkszorn in Hechingen berichtete:

„Das Bekanntwerden des Ablebens des durch feige jüdische Mörderhand niedergestreckten deutschen Diplomaten, Parteigenossen vom Rath, hat, wie im ganzen Reich, so auch in unserer Stadt tiefste Empörung und gerechten Zorn des Volkes ausgelöst. In der Nacht vom Mittwoch auf Donnerstag sammelten sich in der Goldschmiedstraße vor der Synagoge empörte Volksgenossen, die in durchaus verständlicher und berechtigter Erregung diese jüdische Kultstätte zum Zielpunkt ihres Vergeltungswillens genommen hatten. Binnen kürzester Zeit waren die Türen erbrochen und die gesamten Einrichtungsgegenstände zerstört. In ihrem kaum zu überbietenden Zorn machten die Volksgenossen derart ‚ganze Arbeit‘, daß an eine Wiederherstellung der Innenausstattung für den bisherigen Zweck nicht mehr gedacht werden kann. [...] Möge dieses Beispiel der Judenschaft zeigen, daß Deutschland nicht länger mit sich spielen läßt und seine Feinde dort zu treffen weiß, wo es sie am meisten schmerzt. – Überflüssig zu sagen, daß von Ausschreitungen oder gar Plünderungen nirgends etwas bemerkt werden konnte. Wer Zeuge der antijüdischen Aktionen war, mußte sich vielmehr über die Disziplin, die von der Volksmenge trotz der Empörung über die jüdische Mordtat gehalten wurde, wundern." [...]

Sowenig aber der Pogrom eine spontane Aktion der Bevölkerung gewesen war, so schlecht ließ er sich jetzt beenden. Die Geister, die er gerufen hatte, wurde Goebbels so schnell nicht los. Die Behauptung, das deutsche Volk habe „dem Gebot der Regierung willig und diszipliniert Folge geleistet" und in „Stundenfrist sind Demonstrationen und Aktionen zum Schweigen gebracht worden", war gelogen. Die Ausschreitungen gingen an einzelnen Orten bis zum 13. November weiter. [...]

Viel weniger auffällig waren naturgemäß jene Deutschen, die sich der Exzesse schämten, die keinen Anteil haben wollten an den Untaten, die heimlich den jüdischen Nachbarn halfen oder auch nur in der Ablehnung der Geschehnisse einig waren. [...] [I]n Köln, typisch aber nicht nur für diese Großstadt, trug sich im November 1938 dieses zu:

„Nach der Reichskristallnacht fuhr ich mit der Straßenbahn: Betroffenes Schweigen, das war die angeblich ‚kochende Volksseele‘. In der Kolumbastraße/Ecke Glockengasse bildete sich eine Menschenmenge vor der brennenden Synagoge. Ein Polizist kam: ‚Weitergehen, weitergehen!‘ Darauf eine Kölnerin: ‚Dürfen mir uns nicht mal besinn, wat wir jedonn haben sollen?‘"
[...]

Wenn die große Mehrheit der Bevölkerung mit den Formen des Pogroms nichts zu tun haben wollte, so bedeutete das freilich auch nicht, daß sie die Entrechtung und Verdrängung der jüdischen Mitbürger aus der Wirtschaft und Gesellschaft des Deutschen Reiches grundsätzlich mißbilligt hätte. Eine Lösung der sogenannten Judenfrage wollten sehr viele schon, aber sie sollte weniger brutal und unsichtbarer vonstatten gehen.

Die Maske, die das offizielle Deutschland noch zwei Jahre zuvor anläßlich der Olympiade in Garmisch-Partenkirchen und Berlin getragen hatte, war gefallen. 1936 waren die antisemitischen Parolen und Boykottaufforderungen aus dem öffentlichen Erscheinungsbild entfernt worden, um den positiven Eindruck nicht zu gefährden, den die ausländischen Gäste vom nationalsozialistischen Deutschland haben sollten. [...]

Im Herbst 1938, unmittelbar nach dem außenpolitischen Erfolg des „Münchener Abkommens", das die Zerschlagung der Tschechoslowakei einleitete, ein halbes Jahr nach dem „Anschluß Österreichs", der ohne Protest der Großmächte erfolgt war, die das in den Friedensverträgen von 1919 ausdrücklich verboten hatten – in dieser Situation brauchte man keine Rücksicht mehr zu nehmen und konnte die Tat des Herschel Grünspan zum Anlaß eines inszenierten Pogroms machen. Der Termin lag wie bestellt – und nicht wenige glaubten deshalb, auch der Anlaß, das Attentat in Paris, sei inszeniert –, denn der 9. November galt im nationalsozialistischen Kalender als besonderer Schicksalstag: 1938 jährte sich zum 20. Mal der Beginn der Novemberrevolution, und genau fünfzehn Jahre vor der „Kristallnacht" hatte Hitler in München zum ersten Mal vergeblich nach der Macht gegriffen. [...]

Knapp einen Monat später [...] wurde der weitere Kurs der nationalsozialistischen Politik gegenüber den Juden festgelegt. [...] Die Ideen reichten vom Verbot des Betretens deutschen Waldes über die Beseitigung aller Synagogen zugunsten von Parkplätzen, über Vorschriften zum Benutzen der Eisenbahn bis zum Judenbann in Anlagen und zur äußeren Kennzeichnung der Juden durch eine bestimmte Tracht wie im Mittelalter (Göring hielt Uniform für zweckmäßig) oder wenigstens durch ein Abzeichen. Die meisten dieser Vorschläge wurden in der Folgezeit realisiert, als, unmittelbar nach dem Pogrom, die vollständige Entrechtung der Juden durch einen Katarakt von Anordnungen und Erlassen, Befehlen und Verboten eingeleitet wurde. Die physische Vernichtung bildete dann nur noch die letzte Station des Weges, der im November 1938 bewußt und öffentlich eingeschlagen war.

Konrad Kwiet

Der gelbe Stern

Im Herbst 1941 mußten sich die deutschen Juden einen handtellergroßen, sechszackigen, gelben Stern auf die linke Brustseite der Kleidung heften. Er war schwarz umrandet und trug die Aufschrift „Jude" in schwarzen, hebräische Schrift parodierenden Buchstaben. Die Stigmatisierung schloß praktisch den Prozeß der Ghettoisierung ab und signalisierte zugleich den Beginn der planmäßigen Deportation; auch in den besetzten Gebieten kündigten die Judensterne die „Endlösung" an. [...] Fortan mußten alle Juden über sechs Jahre in der Öffentlichkeit den Judenstern tragen, „sichtbar auf der linken Brustseite des Kleidungsstücks" und „fest angenäht". Und fortan durften die „Sternträger" nicht mehr ihre Wohnbezirke ohne polizeiliche Genehmigung verlassen. Die öffentliche Stigmatisierung erleichterte es den Nationalsozialisten, die neuen Wohn- und Bewegungsbeschränkungen durchzusetzen, sie war so eine entscheidende „Vorausmaßnahme" für die schnelle Erfassung und den störungsfreien Abtransport der Opfer. [...]

Empfangsbescheinigung

„Ich bestätige hierdurch den Empfang von 1 Judenstern. Mir sind die gesetzlichen Bestimmungen über das Tragen des Judensterns, das Verbot des Tragens von Orden – Ehrenzeichen und sonstigen Abzeichen bekannt.

Auch weiß ich, daß ich meinen Wohnort nicht verlassen darf,

ohne eine schriftliche Erlaubnis der Ortspolizeibehörde bei mir zu führen.

Ich verpflichte mich, das Kennzeichen sorgfältig und pfleglich zu behandeln und bei seinem Aufnähen auf das Kleidungsstück den über das Kennzeichen hinausragenden Stoffrand umzuschlagen.

Abschrift dieser Quittung ist in meinem Besitz."

[...]

Am 9. Oktober nahm die Würzburger ‚Mainfränkische Zeitung' in einem Leitartikel zur Kennzeichnung Stellung:

„Am Judenstern sind sie jetzt zu erkennen. Es ist aus mit der Tarnung unter heuchlerischer Biedermannsmaske. Neben den angeborenen, seit Jahrhunderten vererbten Kennzeichen: Krummnasiger ‚Synagogenschlüssel', Plattfüße, watschelnder Gang, Schlappohren und unstetem Blick, tragen seit einiger Zeit die noch in Würzburg verbliebenen Juden den gelben Stern mit der Aufschrift ‚Jude'. Diese ‚Auszeichnung' bezeichnete dieser Tage ein Siebengescheiter als überflüssig, denn er meinte, den Jordanesen kenne man doch auch so. Gemach, lieber Freund, das stimmt nur zum Teil; denn viele Juden, die während des Weltkrieges noch im galizischen Ghetto saßen, dann von ihrem Tatoleben nach Berlin exportiert wurden, haben hier etwas Firnis von europäischer Kultur aufgelegt erhalten, lernten Shimmy und Foxtrott und wurden dann auf die ach so vertrauensselige Menschheit losgelassen. Sie hatten nahezu 20 Jahre Zeit, die Sitten und Gebräuche des Gastlandes zu studieren und dann nachzuäffen. Sie saßen überall als Tonangebende und suchten und fanden die Schäfchen, die es da zu scheren gab." [...]

In den Propagandafeldzügen wurde nicht versäumt, die Bevölkerung davor zu warnen, noch weiter sozialen Umgang mit den Sternträgern zu pflegen. Wer dies tat, setzte sich der Gefahr aus, als „Judenfreund" tituliert und als „Volksverräter" bestraft zu werden. In dem Erlaß des Reichssicherheitshauptamts vom 24. Oktober 1941 heißt es:

„Wie hier in der letzten Zeit wiederholt bekannt geworden ist, unterhalten deutschblütige Personen nach wie vor freundschaftliche Beziehungen zu Juden und zeigen sich mit diesen in auffälliger Weise in der Öffentlichkeit. Da die betreffenden Deutschblütigen auch heute noch den elementarsten Grundbegriffen des Nationalsozialismus verständnislos gegenüberzustehen scheinen und ihr Verhalten als Mißachtung der staatlichen Maßnahmen anzusehen ist, ordne ich an, daß bei derartigen Vorkommnissen der deutschblütige Teil aus erzieherischen Gründen vorübergehend in Schutzhaft zu nehmen bzw. in schwerwiegenden Fällen bis zur Dauer von drei Monaten in ein Konzentrationslager, Stufe I, einzuweisen ist. Der jüdische Teil ist in jedem Falle bis auf weiteres unter Einweisung in ein Konzentrationslager in Schutzhaft zu nehmen."

Die direkte Terrorisierung der Juden schlug indirekt auf die Bevölkerung zurück. An der Behandlung der Sternträger konnte die Bevölkerung erkennen und ermessen, wie es einem erging, der dem Regime nicht genehm war. Man selbst blieb verschont, sofern man nicht auffiel, nicht Partei für die Ausgestoßenen ergriff, sie also ihrem Schicksal überließ. Trotzdem schreckten aber Propaganda und Terror nicht alle Deutschen ab, das Auftauchen der Sterne stillschweigend hinzunehmen. [...]

Manchmal erhoben sich Deutsche in Verkehrsmitteln ostentativ von ihrem Platz, um dem gezeichneten „Volksfeind" eine Sitzgelegenheit anzubieten: „Immer wieder empörten sich Mitfahrende, besonders die Arbeiter in den Frühzügen, daß wir nicht sitzen durften, sie wollten einen immer dazu verführen: ‚Komm, Sternschnuppecken, und setze Dir!'" Elisabeth Freund überlieferte diese Episode: „Eine Mutter sah, daß ihr kleines Mädchen neben einem Juden saß: ‚Lieschen, setz dich auf die andere Bank, du brauchst nicht neben einem Juden zu sitzen.' Da stand ein ‚arischer' Arbeiter auf: ‚Und ick brauch nicht neben Lieschen zu sitzen!'" Ursula von Kardorff berichtet einen anderen „typischen" Dialog: „Setz dir hin, olle Sternschnuppe", sagte ein Berliner Arbeiter, und als sich ein Parteigenosse darüber beschwerte, fuhr er ihn an: „Üba meenen Arsch verfüje ick alleene." Ein Soldat winkte im Zug den Studenten Ludwig Ehrlich zu sich heran und forderte ihn auf, sich zu ihm zu setzen:

„Ich tat es nicht, ... aber ich habe ihm sehr gedankt. Es war sehr mutig von diesem Soldaten.“ [...]

Neben den Solidaritäts- und Sympathiebezeugungen standen freilich die Manifestationen des offenen Judenhasses. Manche Deutsche verhehlten nicht ihre Freude, daß das „Judenpack“ endlich gekennzeichnet war, oder taten ihr Bestes, die Hetz- und Haßtiraden voranzutreiben. [...] Beide Reaktionen – Solidarität und Aggression – markieren nur die äußeren Grenzwerte der allgemeinen Verhaltensskala. Die überwiegende Mehrheit der deutschen Bevölkerung nahm die Rolle schweigenden Zuschauens ein, verhielt sich so, wie sie es schon zuvor getan hatte. [...]

Die meisten Deutschen nahmen dann auch keinen Anstoß daran, als die Sternträger vor ihren Augen abgeholt und verladen wurden. Es ging sie nichts an; es interessierte sie nicht.

Else Behrend-Rosenfeld

Der Deportationsbefehl

Berg a. Laim, Sonntag, den 16. November 1941

Nun sitze ich schon eine ganze Weile an meinem Schreibtisch vor meinem Tagebuch, tief erschüttert von den Erlebnissen der letzten zehn Tage, und ringe darum, sie in Worte zu fassen. Aber manchmal ist die Sprache zu arm. So will ich, so gut es eben gehen will, Dir schildern, was mich und uns alle so aufgewühlt hat. Am 5. November kam ein Heiminsasse zu mir in meine allabendliche Sprechstunde und fragte mich, ob ich wüßte, daß nun auch in München eine Deportation geplant sei und vorbereitet werde. Ich entgegnete ihm wahrheitsgemäß, daß ich nichts davon wüßte, und fügte etwas ärgerlich, weil ich selbst sehr erschreckt war, hinzu, man sollte doch nicht überall Gespenster sehen, wir hätten schon genug zu tun, um mit den wirklichen Schwierigkeiten fertig zu werden. Ich bat ihn, sich zu beruhigen und vor allem dies schlimme Gerücht nicht weiterzuerzählen, was er versprach. Am nächsten Tage berichtete mir der Hauptlehrer, er sei von einem andern Insassen ängstlich gefragt worden, was an diesem Gerücht sei. Am 7. November wurden vom Büro der jüdischen Gemeinde telephonisch der Hauptlehrer, Heilbronner und ich zu einer Besprechung über Heimangelegenheiten für den Nachmittag des 8. November in das Büro der jüdischen Gemeinde in die Lindwurmstraße bestellt. [...]

Direktor Stahl erklärte uns kurz und sehr ernst – ich fühle noch jetzt mein tiefes Erschrecken –, daß tatsächlich etwa tausend jüdische Menschen aus München Mitte kommender Woche deportiert werden sollten. Die endgültige Auswahl dieser Armen sei noch nicht getroffen worden. Die Gestapo habe verfügt, daß uns hier Versammelten dieser Beschluß mitgeteilt werden sollte, damit wir vorbereitet seien, doch wären wir verpflichtet, strengstes Schweigen über das zu bewahren, was wir hier gehört hätten, bis jedem von uns schriftlich die Namen derer bekanntgegeben würden, die es aus unserem Heim treffe. Wir saßen zunächst alle wie gelähmt, die Gesichter waren blaß geworden, wieder sah ich auf ihnen den Ausdruck steinernen Entsetzens, der mir in den Novembertagen des Jahres 1938 zum ersten Mal bei unseren Menschen aufgefallen war. Und dann überstürzten sich die Fragen: Jeder wollte wissen, wieviel Menschen aus seinem Heim betroffen würden. Der Hauptlehrer, Heilbronner und ich tauschten einen entsetzten Blick, als uns die Zahl von zirka fünfundachtzig Menschen aus unserer Heimanlage genannt wurde. [...]

Schon am Mittag des kommenden Tages, einem Sonntag, kam ein Bote von der Gemeinde mit dem Deportationsbefehl für jeden einzelnen. Wir, das heißt die Heimleitung, saßen zusammen im Büro, hatten die Tür verschlossen und sahen die Liste durch. Abels Name stand obenan, bald darauf folgte der von Gertrud Lind und außer ihnen dreiundachtzig Heiminsassen, darunter auch Brader und – Thekla Land. Also doch würde ich es sein, die sie von der Höhe ihrer Hoffnungen in die finstere Schlucht des über sie verhängten Unheils stürzen mußte! Abel war der erste, der sich aufraffte. Fast heiter und völlig ruhig sagte er: „Meine Ahnung war richtig, ich bin froh, daß ich es nun weiß und daß man Gertrud und mich zusammen gehen läßt." Wir drei andern hatten große Mühe, unsere Fassung zu bewahren. Aber wir mußten uns zusammennehmen, die dreiundachtzig Betroffenen im Heim hatten ein Recht darauf, so schnell wie möglich zu erfahren, was über sie verhängt war. Rasch lasen wir die für uns bestimmten Anordnungen durch. Dienstag und Mittwoch sollten die Menschen aus dem Heim in das Sammellager nach Milbertshofen gebracht werden. Jeder sollte für drei Tage Proviant bekommen, an Gepäck durfte jeder fünfzig Kilogramm mitnehmen, verteilt auf je einen Koffer, einen Rucksack oder eine Reisetasche und eine Deckenrolle. Keiner der Beteiligten durfte bis zum Abtransport ins Sammellager das Heim verlassen. Wir beschlossen dann, daß der Hauptlehrer den Männern und ich den Frauen den Schicksalsschlag (Uriasbrief mußte ich denken!) mitteilen sollten. [...]

Thekla Land war eine der ersten, die ich rief. Sie wurde blaß bis in die Lippen, aber sie bewahrte eine bewundernswerte Haltung. Meine Zuneigung für sie war noch größer geworden. Eine ganze Reihe von Frauen nahm den schweren Schlag ähnlich ruhig und würdig hin. Nur drei verloren völlig jede Beherrschung, weinten, schrieen und klagten Gott und die Welt an wegen des Unheils, das über sie hereinbrach. Als ich einer dieser Frauen beruhigend zusprach – auch da wieder erfuhr ich, wie armselig sind Worte, wie wenig kann man Mitfühlen und Mitleiden dem anderen Menschen so zeigen, daß es ihm tragen hilft! –, kam unsere Ärztin mir zu Hilfe, die zu ihrer Sprechstunde im Heim war und schon Bescheid wußte. Gemeinsam gelang es uns schließlich, wenigstens das laute Geschrei zu stillen. [...]

Wie gut, daß es so viel zu tun gab; nachdem ich den einzelnen Frauen die schreckliche Eröffnung gemacht hatte, fühlte ich mich am Ende meiner Kräfte, jetzt hatte ich das längst vergessen und ging von Zimmer zu Zimmer, zunächst bei den Männern, um jeden einzelnen wegen des notwendigen Packens zu beraten. [...] Auch die kommende Nacht haben wir zum größten Teil durchgearbeitet, den Reiseproviant gerichtet, bis alles sauber und übersichtlich in Päckchen verpackt war. Übrigens hatte dieser eine ungeahnte Bereicherung erfahren. Am späten Abend wurde ich gerufen, zwei Klosterschwestern wollten mich sprechen. Ich fand sie beladen mit zwei großen Säcken, der eine voll echten guten Kakaos (den es schon lange nicht mehr zu kaufen gibt, auch nicht auf Marken), der andere voll mit feinem Zucker. Sie seien beauftragt von der Frau Oberin und der gesamten Schwesternschaft, dies als Zeichen ihres Mitfühlens mit uns allen zu überreichen. Außerdem sollten sie uns sagen, daß morgen ein besonderer Bittgottesdienst für die von uns Fortgehenden abgehalten würde. Wir sollten wissen, daß sie sich uns in unserem Leid schwesterlich verbunden fühlten. Es war nicht das erste Mal, daß wir die Hilfsbereitschaft und die freundschaftliche Nähe der Schwestern zu fühlen bekamen; bei jedem nur denkbaren Anlaß hatten sie bewiesen, daß wir auf ihre Unterstützung zählen konnten. [...]

Auch der Abschied erhellte dies Zusammengehörigkeitsgefühl, ja er strahlte helfend noch den Deportierten über die Tage im Sammellager, wie uns viele briefliche Mitteilungen bewiesen, die von dort zu uns kamen. Um so schwerer empfanden wir Zurückgebliebenen die Lücke, die nach ihrem Fortgehen geblieben war und sich auch durch das rasche Hineinströmen neuer Insassen nicht schließen wollte. –

Debórah Dwork

Überleben im Verborgenen

Wie Herta war auch Selma Goldstein eine deutsche Jüdin, die mit ihrer Familie nach der „Kristallnacht“ in die Niederlande geflohen war. Als ihre Familie in einem kleinen Arbeiterhaus in Enschede untertauchte, war sie zehn Jahre alt.

„Unser Zimmer war gar nicht so klein. Es war ein Schlafzimmer mit zwei Betten und einem ziemlich großen Schrank. In den

Schrank hatte man einen zweiten eingebaut, in dem wir uns verstecken konnten. Er war vielleicht 25 cm breit; also winzig. Er war in eine kleine Wandnische eingebaut, aber wenn man genau hinsah, bemerkte man, daß der Schrank von außen größer war als innen. Und wenn man an die Rückwand klopfte, hörte man, daß dahinter ein Hohlraum war. Es war also kein besonders sicheres Versteck.

Einmal mußten wir uns darin verkriechen. Irgend jemand rannte vor den Deutschen davon und kam dabei durch unser Haus. Er sprang in den rückwärtigen Garten, rannte durch die Hintertür ins Haus, durch den Flur und durch die Vordertür wieder hinaus. Die Deutschen waren hinter ihm her, aber der Mann, bei dem wir untergetaucht waren, wollte ihm eine Chance geben und verschloß deshalb die Eingangstür, damit die Deutschen Zeit verloren, weil sie die Tür öffnen mußten. Aber es kam anders. Die Deutschen kamen ins Haus ... und eine der Töchter lenkte sie ab, während wir uns in unserem Schrank versteckten. Wir waren im Schrank, und dann meinten die Deutschen, der Mann hätte das Haus nicht verlassen können, weil die Tür zugeschlossen war. Sie fingen an, sehr sorgfältig zu suchen, ob der Mann im Haus war. Ich hatte solche Angst, daß ich heftig zu keuchen anfing und meine Mutter mir eine Socke in den Mund stecken mußte."

Trotz aller Vorsichtsmaßnahmen von Gästen und Gastgebern kam es immer wieder zu Situationen, die deutlich machten, in welcher Gefahr sie schwebten und wie unzureichend und brüchig all ihre Vorkehrungen waren. Die Familie, bei der Philip Maas untergetaucht war, hatte zwei Kinder, ein dreizehnjähriges Mädchen und einen elfjährigen Jungen. Der kleine Junge hatte einen Freund, der nebenan wohnte. „Ich schlief im Zimmer des kleinen Jungen", schildert Philip, „und der Junge von nebenan klopfte öfter an die Wand, um seinem Freund Zeichen zu geben, und manchmal kletterte er auch aus dem Fenster und wollte zu mir herein. In solchen Fällen mußte ich ganz rasch mein Fenster zumachen, um ihn daran zu hindern – weil ich darin schlief und nicht sein Freund, wie er meinte. Das war problematisch, weil der Nachbarsjunge nicht wußte, daß jemand im Haus versteckt war – sein kleiner Freund hat nie etwas gesagt –, und er daher erwartete, er könne so spielen wie normal." Diese mißliche Lage war komisch, fast schon grotesk, obwohl sie natürlich zu fatalen Konsequenzen hätte führen können. Andere unvorhergesehene Ereignisse waren dagegen ausgesprochen tragisch. Ein Jahr, nachdem Selma Goldstein und ihre Eltern untergetaucht waren, starb ihr Vater. „Wir wußten nicht, wie wir ihn aus dem Haus bringen sollten", erinnert sich Selma. Die Leute nebenan und die Familie gegenüber waren holländische Nationalsozialisten. „Daher nähten wir meinen Vater in ein Daunenbett ein und sagten den Nachbarn, das Bett müsse gereinigt werden. Dann wurde es auf ein Grundstück außerhalb der Stadt gebracht, wo ein hilfsbereiter Polizist Wache stand, während mein Vater begraben wurde." An die Stelle der normalen Trauer über den Tod ihres Vaters trat bei Selma Goldstein das schreckliche Dilemma, wie man seinen Leichnam loswerden konnte.

Michael Zimmermann

Zigeuner und andere „Strolche"

Signum für das einzigartig Furchtbare der NS-Herrschaft ist die Shoah, der millionenfache, systematische Mord an den Juden. Die Shoah war die letzte Ausprägung einer rassistischen Aussonderung der jüdischen Minderheit. Von einer solchen Aussonderung waren auch weitere, aus der Norm einer ‚deutschen Volksgemeinschaft' fallende Menschen betroffen. [...]

‚Zigeuner' würden durch „urtümlich ererbte Instinkte" gesteuert und „von ihren Trieben" „beherrscht". Sie seien „unfähig, Gedankenarbeit zu leisten"; ihnen eigne „Unstetigkeit", „Affenliebe" und ein „Mangel an Arbeitssinn". So Dr. phil. Dr. med. habil. Robert Ritter, der führende ‚Zigeunerforscher' während der NS-Zeit. Ritter hat nach 1933 umfangreich publiziert und bis 1945 erfolgreich Karriere gemacht. In die ‚Zigeunerpolitik' des NS-Systems griff er ebenso ein wie in wissenschaftliche Auseinandersetzungen. [...] Ritters Bedeutung für die NS-Zigeunerverfolgung ergab sich zunächst aus definitorischen Schwierigkeiten der Kriminalpolizei. Zuständig für die Erfassung der Sinti und Roma, war sie bei der Einordnung der Fahrenden in eine der drei Ende 1938 in einem Himmler-Erlaß geforderten Kategorien „reinrassige Zigeuner", „Zigeunermischlinge" oder „nach Zigeunerart umherziehende Personen" überfordert. Hier wurden die Spezialisten der Rassenhygienischen Forschungsstelle des Reichsgesundheitsamtes tätig. Ritter war deren Gründer. [...]

Seit 1932 befaßte sich Ritter mit Forschungen über ‚Strolchengeschlechter' und ‚Zigeunermischlinge'. 1934/35 gab er seine Tätigkeit als Jugendarzt auf, um sich vollends derartigen Untersuchungen zu widmen. 1936 erhielt er das Angebot, seine Forschungen innerhalb des Reichsgesundheitsamtes fortzuführen. [...] Ritter entindividualisierte „die Zigeuner" und erklärte sie zu „typischen Primitiven", die „geschichtslos" und „kulturarm" seien. Er führte dies auf die „Macht der Vererbung" zurück, die einen Wandel des „primitiven Menschen" nicht zulasse. [...] Insgesamt rückte Ritter die ‚Zigeuner' in die Nähe von „nicht mehr entwicklungsfähigen Zwergen" und von Affen. [...]

Innerhalb der Sinti richtete Ritter seinen Hauptangriff nicht gegen die „stammechten Zigeuner", sondern – hier konform mit den einschlägig forschenden Münsteraner und Gießener Rassenhygienikern – gegen die „Zigeunermischlinge", zu denen er über 90% der „als ‚Zigeuner geltenden Personen'" rechnete und die er als „nichtsnutzige[s] asoziale[s] Gesindel", als „form- und charakterloses Lumpenproletariat" stigmatisierte. Damit knüpfte Ritter an ältere Autoren an, die ausgeführt hatten, „nur die allerniedrigsten Schichten" seien zu einer „Symbiose mit Zigeunern" bereit. [...]

Die pseudowissenschaftliche Kriegserklärung, die Ritters Forschungsstelle vor allem gegen die ‚Zigeunermischlinge' richtete, zielte auf einen grundlegenden Wandel der staatlichen ‚Zigeunerpolitik'. Bis dahin waren ‚Zigeuner' und andere Landfahrer gleichermaßen von der polizeilichen Bedrückung betroffen; nun wurde nach ‚rassischen' Kriterien geschieden. ‚Stammechte Zigeuner' sollten hauptsächlich von einer Vermischung mit nichtzigeunerischen Deutschen abgehalten werden sowie in umgrenzten „Wanderbezirken" eine „gewisse Bewegungsfreiheit" bewahren können, dabei aber unter polizeilicher Aufsicht zu Straßenbauarbeiten herangezogen werden; den Nichtzigeunern sollte „jeder geschlechtliche Verkehr mit Zigeunern" untersagt sein. Mit Blick auf die ‚Zigeunermischlinge' wurde Ritter nicht müde zu betonen, sie sollten „von der Fortpflanzung ausgeschlossen" werden; im einzelnen forderte er eine „vorbeugende Unterbringung in Arbeitslagern oder überwachten geschlossenen Siedlungen" sowie „Geschlechtertrennung" und, als weitere „einschneidende Maßnahme", ihre „Unfruchtbarmachung". [...]

Die physische Vernichtung der deutschen Sinti und Roma wurde durch einen Befehl Himmlers vom 16. Dezember 1942 eingeleitet: „Zigeunermischlinge, Rom-Zigeuner und nicht deutschblütige Angehörige zigeunerischer Sippen balkanischer Herkunft" waren „nach bestimmten Richtlinien auszuwählen und in einer Aktion von wenigen Wochen Dauer in ein Konzentrationslager einzuweisen". Das RSHA erließ am 29. Januar 1943 die Ausführungsbestimmungen. [...] Für die rassistische Zuordnung der deutschen Sinti rekurrierten die RSHA-Bestimmungen vom 29. Januar 1943 auf die ‚gutachtlichen Äußerungen' der Ritterschen Forschungsstelle. [...] Die ‚gutachtlichen Äußerungen' bildeten eine entscheidende Grundlage für die Internierung von Sinti und Roma in Auschwitz. Die letzte bislang aufgefundene Rittersche Expertise stammt vom 15. November 1944. [...]

Durch das Vordringen der Sowjetarmee und die alliierten Bombenangriffe auf Berlin war er [...] genötigt, seine Forschungsstelle im Herbst 1943 in sieben Ausweichstellen unterzubringen und um die Jahreswende 1944/45 aufzulösen.

Am 1. Dezember 1947 wurde Ritter zum Leiter der Frankfurter Fürsorgestelle für Gemüts- und Nervenkranke sowie der Jugendpsychiatrie bestellt. Die bei der Entnazifizierung als ‚nicht betroffen' eingestufte Eva Justin ließ er als ‚Kriminalpsychologin' nachkommen. Sie trat bei Strafprozessen mit psychologischen Gutachten auf und beriet die Eltern schwer erziehbarer Kinder. Ermittlungen gegen Ritter 1950 und Justin 1960 wegen ihrer Mitverantwortung für die Deportation von Sinti und Roma nach Auschwitz wurden im Vorfeld einer Gerichtsverhandlung eingestellt.

Ino Arndt

Die „Endlösung" der Judenfrage

Nach dem November 1938 begann – verkürzt formuliert – das Ende der legalen Existenz der Juden in Deutschland, Österreich, der Tschechoslowakei und seit September 1939, mit dem Vorrücken der Wehrmacht, auch das der Juden im übrigen Europa.

Ab 1939 wurde in Berlin die Auswanderung forciert. [...]

Nach Kriegsbeginn schloß sich der Ring um die noch in Deutschland verbliebenen Juden immer enger. Man verhängte eine nächtliche Ausgangssperre, beschlagnahmte ihre Radios, sperrte ihre Telefonanschlüsse, setzte sie bei minimalem Lohn und verdoppelten Sozialabgaben zur Zwangsarbeit in der Rüstung ein, kennzeichnete sie seit Mitte September 1941 mit dem Judenstern. Ihren Wohnort durften sie ohne polizeiliche Erlaubnis nicht verlassen, und schon seit Herbst 1940 waren sie bei der örtlichen Gestapo in einer Judenkartei erfaßt. [...]

Ende Juli 1941 hatte Göring Heydrich beauftragt, „alle erforderlichen Vorbereitungen in organisatorischer, sachlicher und materieller Hinsicht zu treffen für eine Gesamtlösung der Judenfrage im deutschen Einflußbereich in Europa und in Bälde dafür einen Gesamtentwurf vorzulegen". Mitte September berief sich Himmler auf den Wunsch Hitlers, „möglichst bald das Altreich und das Protektorat vom Westen nach dem Osten von Juden geleert und befreit" zu sehen: Seit diesem Zeitpunkt hatten die Juden in Deutschland eigentlich nur noch das Recht, auf ihre Deportation zu warten. Um daraus auch noch den maximalen materiellen Nutzen für das Reich zu ziehen, erging im November 1941 eine Verordnung, nach der ein Jude, der „seinen gewöhnlichen Aufenthalt im Ausland nimmt" – womit die Deportation zynisch umschrieben wurde –, seine Staatsangehörigkeit verlor. Mit dem Verlust der Staatsangehörigkeit aber verfiel das Vermögen des Juden dem Staat. [...]

Mit Kriegsbeginn war die Möglichkeit, die ‚Judenfrage' durch [...] Auswanderung zu lösen, blockiert. Das Ziel, Deutschland, das mittlerweile „Großdeutschland" geworden war, und das Protektorat Böhmen und Mähren „judenfrei" zu machen, mußte also auf eine andere Weise erreicht werden. [...] Gedacht war zeitweilig an die Bildung eines großen jüdischen Reservats in Ostpolen, im Distrikt Lublin. Es mußte nun ein Deportationsprogramm großen Stils entwickelt werden, womit Heydrich den inzwischen routinierten Judenreferenten des Reichssicherheitshauptamts, Eichmann, beauftragte. [...]

Wenn auch bis zum März 1941 ca. 365 000 Juden und Polen aus den annektierten Ostgebieten ins Generalgouvernement verschleppt worden sind, so hat Heydrich sein Planziel vom September 1939, nämlich innerhalb eines Jahres eine Million Menschen zu deportieren, nicht erreicht. [...]

Im Jahr 1941 liegt der Wendepunkt der nationalsozialistischen Judenpolitik, der Übergang von der Phase der Verfolgung mit all ihren Elementen wie Ausschaltung, Enteignung, Kennzeichnung, Versklavung und Austreibung, zur Phase der Vernichtung. Der Gedanke der physischen Vernichtung war von Hitler und seinen Anhängern seit langem immer wieder in Worte gefaßt worden, 1941 wurde mit seiner Realisierung begonnen. [...]

Es liegen zahlreiche Anzeichen dafür vor, daß der Befehl Hitlers, alle im deutschen Einflußgebiet lebenden Juden in die Vernichtung einzubeziehen, im Sommer oder Herbst 1941 ergangen ist. [...]

Es ist in diesem Zusammenhang [...] an folgendes zu erinnern: schon etliche Zeit vor dem Rußlandfeldzug hat das Regime Möglichkeiten der Massenvernichtung erfolgreich erprobt und Personal dafür ausgebildet, vor allem bei der fälschlich als Euthanasie bezeichneten Tötung von unerwünschten Personen, vor allem Geisteskranken, im Reichsgebiet im Winter 1939/40. Sowohl die Methoden der Tötung wie das Personal wurden für die Vernichtungsaktionen seit 1941 übernommen. Daß die Euthanasie-Aktion, die trotz aller Geheimhaltung unter der Bevölkerung große Beunruhigung ausgelöst hatte, im August 1941 offiziell – aber nicht tatsächlich – eingestellt wurde, hat seinen Grund nicht etwa darin, daß die NS-Führung anderen Sinnes geworden wäre. Grund war vielmehr die Erkenntnis, daß eine Massenvernichtung im Reichsgebiet nicht möglich war. Heydrich war [...] beauftragt worden, eine „Gesamtlösung für die Judenfrage im deutschen Einflußgebiet" vorzubereiten. In diesem Einflußgebiet lebten mehrere Millionen Juden. Eine „Gesamtlösung" konnte nicht mehr in den von den Einsatzgruppen durchgeführten Erschießungen bestehen. Es mußte eine sozusagen technisch-fabrikmäßige Lösung gefunden werden. Man griff auf die Methode zurück, die bei der Beseitigung der Geisteskranken im Reichsgebiet angewendet worden war: Vergasung.

Im September 1941 ist in Auschwitz erstmals das Blausäurepräparat Zyklon-B zur Ermordung von kranken Häftlingen und sowjetischen Kriegsgefangenen benutzt worden.

Nach dem Vernichtungslager Chelmno im Warthegau, in dem Gaswagen eingesetzt wurden, entstanden in Polen drei weitere Lager, in denen die Juden in stationären Gaskammern getötet wurden: in Belzec seit März 1942, in Sobibor seit Mai und in Treblinka seit Juli 1942.

Auschwitz-Birkenau und Lublin-Majdanek waren Konzentrations- und Vernichtungslager. Dort wurde selektiert, d. h. es wurden aus den ankommenden Transporten mit Juden der Länder im deutschen Einflußgebiet zwei Gruppen gebildet. Die einen wurden sofort in die Gaskammern geschickt. Die anderen, die arbeitsfähigen Juden, wurden in den in der Nähe eingerichteten Rüstungsbetrieben unter schwersten Bedingungen solange zur Zwangsarbeit eingesetzt, bis sie physisch zusammenbrachen. Die Vernichtung durch Arbeit, wie diese Methode genannt wurde, war Teil des Programms der „Endlösung", wie es im Wannsee-Protokoll formuliert war. Auf dieser Konferenz vom 20. Januar 1942, zu der Heydrich unter Berufung auf seinen Auftrag vom 31. Juli 1941 Vertreter der Reichsbehörden eingeladen hatte, wurde die „Endlösung" nicht etwa erst beschlossen. Der Entschluß dazu war bereits gefaßt und die Vernichtung schon angelaufen. Die Konferenz diente dazu, den Ablauf der geplanten Maßnahmen mit den zuständigen Stellen zu koordinieren, z. B. mit dem Auswärtigen Amt und dem Verkehrsministerium.

In dem Konferenz-Protokoll, das Eichmann verfaßt hat, sind drei Passagen entscheidend:

„Unter entsprechender Leitung sollen nun im Zuge der Endlösung die Juden in geeigneter Weise im Osten zum Arbeitseinsatz kommen. In großen Arbeitskolonnen, unter Trennung der Geschlechter, werden die arbeitsfähigen Juden straßenbauend in diese Gebiete geführt, wobei zweifellos ein Großteil durch natürliche Verminderung ausfallen wird."

„Der allfällig endlich verbleibende Restbestand wird, da es sich bei diesem zweifellos um den widerstandsfähigsten Teil handelt, entsprechend behandelt werden müssen, da dieser, eine natürliche Auslese darstellend, bei Freilassung als Keimzelle eines neuen jüdischen Aufbaues anzusprechen ist." Das in diesem Passus stehende Schlüsselwort: „entsprechend behandelt" bedeutete die Ausrottung der eventuell Überlebenden, denn ein „neuer jüdischer Aufbau" konnte, entsprechend der Parteiideologie und ihrer Rassedoktrin, nicht zugelassen werden.

„Abschließend wurden verschiedene Lösungsmöglichkeiten besprochen ..."

Hinter dieser Definition verbirgt sich, was der Mehrzahl der Konferenzteilnehmer bekannt war und was Eichmann 1961 in Jerusalem auf Befragen bestätigte: die Erörterung verschiedener Tötungsmöglichkeiten.

Die Zahl der Opfer des nationalsozialistischen Vernichtungsfeldzugs läßt sich nur annähernd feststellen. [...]

Die Größenordnung ist gleichwohl bekannt: über 300 000 Juden ungarischer, an die 3 Millionen polnischer Nationalität. Über die Zahl der Opfer aus den westeuropäischen Ländern sind wir sogar gut orientiert: 250 000 Juden aus Deutschland, Österreich, Böhmen und Mähren, 100 000 aus den Niederlanden, 75 000 aus Frankreich, 70 000 aus der Slowakei. Aus der laufenden und relativ genauen Berichterstattung der in Rußland tätigen Einsatzgruppen nach Berlin ergibt sich ferner, daß auf sowjetischem Gebiet allein im ersten Dreivierteljahr der nationalsozialistischen Besatzungsherrschaft etwa 750 000 Juden erschossen wurden. Die Gesamtzahl der in Rußland getöteten Juden muß auf über zwei Millionen geschätzt werden. Durch Addition ergeben sich Bilanz und Dimension des Weltanschauungs- und Rassekriegs gegen die europäische Judenheit. [...] Mindestens fünf, eher aber sechs Millionen Opfer.

Sigmund Rascher

„Die Versuchspersonen brüllen"

München, den 17. Februar 1943

Hochverehrter Reichsführer!

In der Anlage überreiche ich, in kurze Form gebracht, eine Zusammenstellung der Resultate, welche bei den Erwärmungsversuchen an ausgekühlten Menschen durch animalische Wärme gewonnen wurden.

Zur Zeit arbeite ich daran, durch Menschenversuche nachzuweisen, daß Menschen, welche durch trockene Kälte ausgekühlt wurden, ebenso schnell wieder erwärmt werden können als solche, welche durch Verweilen im kalten Wasser auskühlten. Der Reichsarzt SS, SS-Gruppenführer Dr. Grawitz, bezweifelte diese Möglichkeit allerdings stärkstens und meinte, daß ich dies erst durch 100 Versuche beweisen müsse. Bis jetzt habe ich etwa 30 Menschen unbekleidet im Freien innerhalb 9–14 Stunden auf 27°–29° abgekühlt. Nach einer Zeit, welche einem Transport von einer Stunde entsprach, habe ich die Versuchspersonen in ein heißes Vollbad gelegt. Bis jetzt war in jedem Fall, trotz teilweise weißgefrorener Hände und Füße, der Patient innerhalb längstens einer Stunde wieder völlig aufgewärmt. Bei einigen Versuchspersonen trat am Tage nach dem Versuch eine geringe Mattigkeit mit leichtem Temperaturanstieg auf. Tödlichen Ausgang dieser außerordentlich schnellen Erwärmung konnte ich noch nicht beobachten. Die von Ihnen, hochverehrter Reichsführer, befohlene Aufwärmung durch Sauna konnte ich noch nicht durchführen, da im Dezember und Januar für Versuche im Freien zu warmes Wetter war und jetzt Lagersperre wegen Typhus ist und ich daher die Versuchspersonen nicht in die SS-Sauna bringen darf. Ich habe mich mehrmals impfen lassen und führe die Versuche im Lager, trotz Typhus im Lager, selber weiter durch. Am einfachsten wäre es, wenn ich, bald zur Waffen-SS überstellt, mit Neff nach Auschwitz fahren würde und dort die Frage der Wiedererwärmung an Hand Erfrorener schnell in einem großen Reihenversuch klären würde. Auschwitz ist für einen derartigen Reihenversuch in jeder Beziehung besser geeignet als Dachau, da es dort kälter ist und durch die Größe des Geländes im Lager selbst weniger Aufsehen erregt wird (die Versuchspersonen brüllen, wenn sie sehr frieren).

Wenn es, hochverehrter Reichsführer, in Ihrem Sinne ist, diese für das Landheer wichtigen Versuche in Auschwitz (oder Lublin oder sonst einem Lager im Osten) beschleunigt durchzuführen, so bitte ich gehorsamst, mir bald einen entsprechenden Befehl zu geben, damit die letzte Winterkälte noch genützt werden kann.

Mit gehorsamsten Grüßen bin ich in aufrichtiger Dankbarkeit mit Heil Hitler

Ihr, Ihnen stets ergebener
S. Rascher

Debórah Dwork

Das Vernichtungslager Bełżec

Bełżec, das erste oder „Versuchsvernichtungslager" der Operation Reinhard (das Programm zur Vernichtung der Juden im Generalgouvernement) wurde im November 1941 im südöstlichen Polen errrichtet [...]. Die Stadt Bełżec lag an der Hauptbahnstrecke zwischen Lublin und Lwów (Lemberg); im System der Deutschen daher ein idealer Ort für ein Vernichtungslager. Bełżec, außerhalb der Stadt errichtet, begann im März 1942 sein Vernichtungswerk. Es war das erste Lager mit fest installierten Gasanlagen. [...]

Das System war teuflisch einfach. Der Zug mit den „übergesiedelten Arbeitern" kam an, die Deportierten wurden herausgezerrt und gezwungen, ihre Besitztümer ordnungsgemäß abzugeben. Sie wurden mit Kohlenmonoxid vergiftet, was etwa fünfzehn bis dreißig Minuten dauerte, ihre Leichen wurden vergraben und später verbrannt.

Einer der wenigen Augenzeugenberichte über diese Vorgänge stammt von Kurt Gerstein. Gerstein war ein deutscher Protestant, der im März 1941 in die SS eingetreten war und seine Position für den Widerstand nutzen wollte. Vor allem durch ihn (und unabhängig davon durch den unermüdlichen polnischen Kurier Jan Karski) wurden die Alliierten während des Krieges über die Vernichtungslager informiert. Anfang 1942 wurde Gerstein zum leitenden Entseuchungsoffizier des Hygienechefs der Waffen-SS ernannt. Er war Spezialist für Desinfektionsgeräte und für die Reinigung von Trinkwasser für Soldaten. Außerdem galt er als Experte für Blausäure und Giftgase. Aus diesem Grund wurde Gerstein nach Bełżec gesandt; die Leiter der Vernichtungslager und ihre Vorgesetzten hofften, er könne saubere und schnellere Alternativen zu ihrem Kohlenmonoxid-System vorschlagen.

Die Dieselmaschinen, die das Kohlenmonoxid erzeugten, arbeiteten nicht sehr verläßlich und mußten aufwendig gewartet werden. Häufig auftretende Schwierigkeiten mit den Maschinen verursachten Verzögerungen und Unruhe. Gerstein wurde vorher nicht mitgeteilt, wohin er kommen würde. Das zentrale Sicherheitsbüro befahl ihm einfach, 100 Kilogramm des Gases – Zyklon B, Blausäure – zu bestellen, das sich in Auschwitz als sehr wirksam erwiesen hatte, und es an einen Ort zu bringen, der dem Fahrer bekannt sei. Als Gerstein in Bełżec ankam, führte man ihn durch die Anlagen und verlangte, er solle die Gaskammern verbessern. Er notierte, daß „ein kleiner Spezialbahnhof mit zwei Rampen vor einem gelben Sandberg stand, direkt nördlich von der Eisenbahnlinie Lublin–Lwów... Längsseits des Bahnhofs stand eine große Baracke mit der Aufschrift ‚Kleiderkammer', an einem Schalter darin stand ‚Wertsachen'. Hinter einer Tür mit der Aufschrift ‚Friseur' war ein Raum mit etwa hundert Stühlen. Dann kam ein etwa 150 m langer offener Gang, zu beiden Seiten mit Stacheldraht abgesperrt und mit Schildern ‚Zu den Bädern und Inhalationsräumen' versehen." Dieser Durchgang führte zu einem „Gebäude in der Art eines Badehauses; links und rechts standen große Töpfe mit Geranien und anderen Blumen. Auf dem Dach prangte ein kupferner Davidsstern. Das Gebäude hieß ‚Heckenholt-Stiftung'."

Gerstein beobachtete den gesamten Ablauf des Mordes von der Ankunft des Zuges bis zum Massenbegräbnis der 6000 Passagiere. Als „der Zug einfuhr, rissen zweihundert Ukrainer, die man für diese Aufgabe ausgesucht hatte, die Türen auf und trieben die Juden mit ihren Lederpeitschen aus den Viehwagen. Aus einem Lautsprecher dröhnten Anweisungen, nach denen ihnen befohlen wurde, sämtliche Kleider, Prothesen und Brillen abzulegen. Mit einer Schnur, die ein kleiner jüdischer Junge verteilte, sollten sie ihre Schuhe zusammenbinden. Alle Wertsachen und alles Geld mußten am Schalter für Wertsachen abgegeben werden. Frauen und jungen Mädchen wurde in der Friseurbaracke das Haar abgeschnitten (ein SS-Unterführer im Dienst sagte mir: ‚Daraus wird etwas Besonderes für U-Boot-Mannschaften gemacht')." Die Ausplünderung der Juden, die schon begonnen hatte, als sie noch zu Hause lebten, hatte ihre höchste

Stufe erreicht. Alles, was ihnen noch blieb, war das Gold an ihren Zähnen, das man ihnen nach dem Tod herausbrach. Am Ende bezifferten die Nationalsozialisten den Gesamtwert der in den drei Vernichtungslagern der Operation Reinhard bei den Opfern erbeuteten Besitztümer auf 178 745 960 Reichsmark und 59 Pfennige.

„Dann begann der Marsch. Zu beiden Seiten, rechts und links von ihnen Stacheldraht; hinter ihnen zwei Dutzend Ukrainer mit Gewehren.

Sie kamen näher zu der Stelle, wo ... ich vor den Todeskammern stand. Männer, Frauen, junge Mädchen, Kinder, Babys, Krüppel, alle vollkommen nackt, gingen in einer Reihe vorbei. An einer Ecke stand ein bulliger SS-Mann mit lauter, salbungsvoller Stimme. ‚Euch wird nichts Schlimmes geschehen!', sagte er zu den armen Teufeln. ‚Ihr müßt nur tief einatmen. Das kräftigt die Lunge. Inhalieren ist ein Mittel, um ansteckenden Krankheiten vorzubeugen. Es ist eine gute Methode der Desinfektion!' Sie fragten, was mit ihnen passieren würde. Er antwortete: ‚Die Männer werden zum Bau von Häusern und Straßen eingesetzt, aber die Frauen nicht. Sie bekommen Hausarbeit oder müssen in der Küche helfen.' ... Sie gingen die wenigen Stufen einer Treppe hinauf und in die Todeskammern, die meisten stumm, geschoben von denen, die weiter hinten waren. Eine etwa vierzigjährige Jüdin mit flammenden Augen verfluchte ihre Mörder. Sie wurde mit ein paar Peitschenschlägen weitergetrieben ... und verschwand in der Gaskammer ...

Im Innern der Kammer drängten SS-Männer die Leute zusammen. ‚Macht sie schön voll', hatte [SS-Hauptmann Christian] Wirth befohlen. ‚Jeweils auf 270 qm sieben- bis achthundert.' Nun wurden die Türen geschlossen. Die übrigen Leute aus dem Zug standen in der Zwischenzeit da und warteten. ‚Nackt mitten im Winter!' sagte jemand zu mir. ‚Aber sie werden sich den Tod holen!' ‚Aus diesem Grund sind sie hier!' lautete die Antwort. In diesem Moment verstand ich, warum der Bau ‚Heckenholt-Stiftung' hieß. Heckenholt war der Fahrer des Diesellasters, dessen Abgase dazu dienten, diese Unglückseligen zu töten ...

Der Dieselmotor fing an zu laufen ... Fünfundzwanzig Minuten vergingen. Viele waren bereits tot. Man sah sie durch das kleine Fenster, als im Raum eine elektrische Lampe anging und ihn kurz beleuchtete. Nach achtundzwanzig Minuten lebten nur noch wenige. Nach zweiunddreißig Minuten waren schließlich alle tot.

Einige jüdische Arbeiter auf der anderen Seite des Gebäudes öffneten die Holztüren. Als Gegenleistung für diese schrecklichen Dienste hatte man ihnen das Leben und einen kleinen Anteil an den eingesammelten Wertsachen versprochen. Die Menschen im Raum standen immer noch aufrecht wie Basaltsäulen, da zwischen ihnen nicht ein Millimeter Platz war; sie konnten weder umfallen noch sich anlehnen. Manche Familien hielten sich immer noch an den Händen, noch im Tod. Es war ein hartes Geschäft, sie auseinanderzureißen, als man die Kammern leerte, um Platz für den nächsten Schub zu schaffen. Die Leichen wurden hinausgeworfen, blau angelaufen, wie sie waren, voll Schweiß und Urin, die Beine mit Kot und Menstruationsblut beschmutzt. Ein paar Dutzend Arbeiter suchten in den Mündern der Toten, die sie mit Eisenhaken aufrissen, nach Goldzähnen. ‚Gold nach links, andere Sachen nach rechts!' Andere Arbeiter untersuchten Anus und Geschlechtsorgane nach verstecktem Geld, Diamanten, Gold und so weiter. Zahnärzte hämmerten Goldzähne, Brücken und Kronen heraus ...

Die Leichen wurden in große Gruben geworfen, jede etwa 100 auf 20 auf 12 m, die man neben den Gaskammern ausgehoben hatte."

Gersteins Bericht ist klar und korrekt bis auf einen Punkt: Die jüdischen Zwangsarbeiter, die von den Deutschen benutzt wurden, damit sie das Fließband am Laufen hielten und die Besitztümer der Toten sortierten, wurden nicht am Leben gelassen, wie man es ihnen versprochen hatte. Am Ende wurden auch sie umgebracht.

V. Weltmacht oder Untergang: Das Deutsche Reich und der Zweite Weltkrieg (1939–1945)

Josef Becker

„Seit 5.45 Uhr wird jetzt zurückgeschossen" – Die Entfesselung des Zweiten Weltkrieges

„Polen hat... heute nacht zum erstenmal auf unserem eigenen Territorium auch durch reguläre Soldaten geschossen. Seit 5.45 Uhr wird jetzt zurückgeschossen."

Dies waren zwei Kernsätze der Rede, mit der Hitler nach Wochen sich zuspitzender internationaler Spannungen am Vormittag des 1. September 1939 im Reichstag den Einmarsch deutscher Truppen in Polen begründete. Nur der ‚Führer und Reichskanzler des Großdeutschen Reiches' und einige wenige Eingeweihte wußten, daß die angeblich regulären Soldaten der polnischen Armee SS-Männer waren und die bei ihrer Aktion zurückgelassenen Toten aus deutschen Konzentrationslagern stammten: Sie waren – im Rahmen einer Aktion mit dem zynisch-makabren Stichwort ‚Konservendose' – unter der Oberleitung Heydrichs, eines der späteren Hauptorganisatoren der sogenannten ‚Endlösung der Judenfrage', in polnische Uniformen gesteckt und bei einem fingierten Überfall auf den Sender Gleiwitz und an zwei anderen Stellen in Oberschlesien ermordet worden.

Zu denjenigen, die eine Ahnung von dem eigentlichen Hintergrund dieser bestellten ‚Grenzzwischenfälle' haben konnten, zählten die Oberbefehlshaber der Teilstreitkräfte der Wehrmacht. Ihnen hatte Hitler knapp drei Wochen zuvor erklärt: „Ich werde propagandistischen Anlaß zur Auslösung des Krieges geben, gleichgültig, ob glaubhaft. Der Sieger wird später nicht danach gefragt, ob er die Wahrheit gesagt hat oder nicht." „Propagandistischer Anlaß" – das zielte einerseits auf das Ausland, vor allem aber auf die Deutschen. „Jedermann [ist] gegen den Krieg", notierte in der Reichshauptstadt ein amerikanischer Journalist noch am 31. August 1939, und am Vormittag des 1. September stellte er fest, wo 1914 begeisterte Menschenmassen dem Kaiser und den mobilisierten Truppen zujubelten, fahre jetzt Hitler auf dem Weg zum Reichstag durch nahezu menschenleere Straßen, in denen die wenigen Passanten zumeist in schweigender Apathie auf den Autokonvoi des ‚Führers' blickten, der dann im Reichstag für seine Rede einen „befehlsmäßigen, aber dünnen Beifall" erhielt.

Thomas Urban

Polen unter deutscher Besatzung

Nach dem Blitzkrieg gegen Polen stellte sich Hitler auf den Standpunkt, daß das Land rechtlich nicht mehr existiere. Dieselbe Auffassung teilte Stalin, dessen Truppen gemäß dem Geheimen Zusatzabkommen zum deutsch-sowjetischen Nichtangriffspakt vom 23. August 1939 in Ostpolen einmarschiert waren. Das Deutsche Reich annektierte am 26. Oktober den westlichen Teil des von der Wehrmacht besetzten Gebietes, es wurde aufgeteilt in die Reichsgaue Wartheland und Danzig-Westpreußen. Außerdem wurden die Provinzen Ostpreußen und Schlesien vergrößert, weit über die Gebiete hinaus, die das Deutsche Reich nach dem Vertrag von Versailles an Polen abtreten mußte. Die Osthälfte des deutschen Besatzungsgebietes wurde zum Generalgouvernement mit der Hauptstadt Krakau erklärt.

Hitler befahl dem Reichsführer SS Heinrich Himmler und den zuständigen Gauleitern, die ihnen unterstellten Gebiete binnen weniger Jahre zu rein deutschem Land zu machen. In den vom Reich annektierten Gebieten lebten 1939 rund 10,6 Millionen Menschen. 87 Prozent von ihnen waren Polen, 6,5 Prozent Deutsche, 6,4 Prozent Juden. In den beiden neuen Reichsgauen wurde das Deutsche zur einzigen Sprache der Behörden, Schulen, Kirchen, Zeitungen und Bücher. Alle polnischen Inschriften wurden entfernt. Die Ortschaften erhielten ihre alten deutschen oder neue deutsche Namen.

Zur Sicherung des deutschen Charakters der Reichsgaue

wurde die Bevölkerung in Klassen eingeteilt; alle Bürger, die sich selbst zum Deutschtum bekannten oder die die Besatzungsbehörden als Deutsche ansahen, wurden in den vier Volkslisten erfaßt.

Die polnische Mehrheit der Bevölkerung, die nicht in die Kategorien [...] paßte, war faktisch rechtlos, sie wurde enteignet. Ehewillige durften nur mit Genehmigung der Besatzungsbehörden heiraten.

SS, Gestapo und SD erhielten den Befehl, Jagd auf die intellektuelle und wirtschaftliche Elite der Polen zu machen. Schon 1939 wurden Tausende von polnischen Guts- und Fabrikbesitzern, Lehrern und Professoren, Juristen, Ärzten, Ingenieuren und Geistlichen ermordet. An den Mordtaten beteiligte sich auch der volksdeutsche „Selbstschutz". Die Schulen und Kirchen der im Warthegau verbliebenen Polen wurden geschlossen. Die deutschen Besatzer requirierten einen Teil ihres persönlichen Besitzes, darunter Fahrräder, Fotoapparate, Musikinstrumente und Möbel.

Um Siedlungsraum für Volksdeutsche aus dem Baltikum, vom Balkan, aus Ostpolen, Galizien und anderen Gebieten, die zum sowjetischen Einflußgebiet gehörten, zu schaffen, vertrieben die deutschen Besatzer weit mehr als eine Million polnischer Bürger aus den beiden neuen Reichsgauen in das Generalgouvernement. Die Betroffenen wurden meist nachts aus den Betten gerissen, sie durften nur das Nötigste in Rucksäcken mitnehmen und mußten in Viehwagen die Reise nach Osten antreten. Das Generalgouvernement sollte nach den Vorstellungen der Nationalsozialisten zu einem Arbeiterreservoir werden. Deshalb galt es auch dort, die Elite zu vernichten. Die Masse der Polen sollte nach dem „Generalplan des Reichsführers SS" mittelfristig nach Sibirien oder gar nach Brasilien deportiert werden, Deutsche ihr Land besiedeln. Zuvor aber sollten sie als Arbeitssklaven beim Aufbau des „1000jährigen Reiches" helfen. Himmler gab 1940 folgende Anweisung: „Für die nichtdeutsche Bevölkerung des Ostens darf es keine höhere Schule geben als die vierklassige Volksschule. Das Ziel dieser Volksschule hat lediglich zu sein: einfaches Rechnen bis höchstens 500, Schreiben des Namens, eine Lehre, daß es ein göttliches Gebot ist, den Deutschen gehorsam zu sein und ehrlich und fleißig und brav zu sein. Lesen halte ich nicht für erforderlich." [...]

Während des Zweiten Weltkriegs starb ein Fünftel der Bevölkerung Polens eines gewaltsamen Todes, die Mehrzahl kam keineswegs bei den Kampfhandlungen ums Leben, sondern wurde von Deutschen und ihren ausländischen Helfern ermordet. Auch die vom Krieg verursachten wirtschaftlichen Schäden waren immens: Von 30 000 polnischen Industriebetrieben waren zwei Drittel völlig oder teilweise zerstört. Von 5000 Lokomotiven war am Ende des Kriegs noch ein Fünftel einsatzfähig. Insgesamt waren rund 38 Prozent des Volksvermögens vernichtet worden.

Den Preis für die Vernichtungspolitik der Nationalsozialisten, die von ihnen brutal durchgeführten Vertreibungen, die Mißachtung jeglicher Rechte und die völlige Unterdrückung der Polen, sollten nach dem Krieg vor allem die Ostdeutschen und die Volksdeutschen bezahlen.

Gordon A. Craig

Der Krieg und die „Stimmung des Volkes"

Die Empfindlichkeit des Regimes für die „Stimmung des Volkes" zeigte sich sowohl in der Sorgfalt, mit der Informationen über diese Stimmung gesammelt wurden, als auch in der Mühe, die man sich gab, sie mit propagandistischen Mitteln zu beeinflussen und zu lenken. Vor Ausbruch des Krieges hatte der Stellvertreter des Führers, Rudolf Heß, dem Sicherheitsdienst der SS die Aufgabe übertragen, „politische Lageberichte" zu erstellen; diese beruhten auf Informationen, die von „Vertrauensmännern" gesammelt wurden, die in Läden und Gaststätten, in Fabriken und Kinos, beim Friseur und im Warenhaus, am

Zeitungskiosk und an der Straßenbahnhaltestelle die Ohren offenhielten und weitergaben, was sie von Briefträgern, HJ-Führern und örtlichen SA-Leuten erfuhren. Die Weisung an den Sicherheitsdienst (SD) hob die Notwendigkeit hervor, bei der Zusammenstellung solcher Berichte auf Vollständigkeit, Objektivität und ungeschminkte Aufrichtigkeit zu achten – nichts sollte retuschiert oder ideologischem Wunschdenken entsprechend optimistisch eingefärbt werden – und daran hielten sich die Agenten so konsequent, daß ihre Berichte, je länger der Krieg andauerte, der Parteiführung zunehmend Kopfzerbrechen und Ärger bereiteten. Hitler sagte im März 1942, wenn man die Lage Deutschlands nach den Klagen beurteilte, die in den Berichten angeführt waren, sei der Krieg schon längst verloren. Er glaubte zuversichtlich, so fügte er hinzu, daß die wahre Haltung der Menschen diese oberflächlichen Äußerungen Lügen strafen werde. In der Folge erhielten die verschiedenen für die Erstellung der Berichte zuständigen Zentralen die Anordnung, sich von jetzt an mehr mit Haltungen als mit Stimmungen zu beschäftigen (der Zyniker Goebbels merkte dazu an, man rede nicht von „Stimmung", wenn Häuser niederbrannten und Städte in Schutt und Asche fielen). Der Wechsel der Perspektive machte die Lektüre der Berichte nicht erfreulicher, und man ging, obwohl sie ursprünglich für eine breite Öffentlichkeit innerhalb der Parteiorganisation gedacht gewesen waren, von Mitte 1943 an dazu über, ihren Leserkreis immer stärker einzuschränken.

Den vielfältigen kritischen Äußerungen entgegenzutreten und die Zeichen der Schwäche auszumerzen, von denen die Berichte kündeten, und ganz allgemein die öffentliche Moral zu stärken, darin bestand die Aufgabe der Propagandazentralen und besonders des Reichsministeriums für Volksaufklärung und Propaganda unter Joseph Goebbels. [...]

Goebbels wußte sehr wohl, daß das deutsche Volk den Krieg nicht begeistert begrüßt hatte und daß die Stimmung der Menschen von Kriegsbeginn an hin- und herpendelte – zwischen „himmelhochjauchzend", wenn Siege verkündet wurden, und „zu Tode betrübt", wenn darauf nicht die Rückkehr zum Frieden folgte. Er nahm sich dieses Problems in der Weise an, daß er sowohl den Ausbruch als auch das Anhalten des Krieges den Gegnern zur Last legte.

Propaganda [...] half, zusammen mit den Erfolgen der deutschen Marine (spektakulär war vor allem die Versenkung der *Royal Oak* in Scapa Flow), die Kriegsstimmung in den Monaten des militärischen Stillstands in Europa wachzuhalten, und die anschließenden Siege in Skandinavien, den Niederlanden und Frankreich heizten sie weiter an. Die Lageberichte des SD stimmten Ende Juli 1940 darin überein, daß die geistige und willensmäßige Einigkeit stärker ausgeprägt war als je zuvor und daß es selbst in Kreisen, in denen der kommunistische Einfluß ehedem groß gewesen war, keinerlei Anzeichen für eine organisierte Opposition zu entdecken gab.

Es sollte das letzte Mal gewesen sein, daß die Berichte so Beruhigendes melden konnten.

Peter Steinbach/Johannes Tuchel

Johann Georg Elser – Der Attentäter aus dem Volk

Johann Georg Elser wuchs in einer württemberger Arbeiterfamilie auf. Er begann 1917 eine Ausbildung zum Eisendreher, die er zwei Jahre später abbrechen mußte, und wurde Bau- und Möbelschreiner. Seit 1925 arbeitete er in einer Konstanzer Uhrenfabrik, seit 1930 in einem ähnlichen Betrieb in Meersburg. 1932 kehrte er nach Königsbronn zurück und richtete sich eine kleine Schreinerwerkstatt ein. Seit 1935 fand er als Gelegenheitsarbeiter sein Auskommen und arbeitete ab Dezember 1936 in einer Armaturenfabrik in Heidenheim/Württemberg. Er stand vorübergehend dem Roten Frontkämpferbund nahe, wurde aber bald zum Einzelgänger, weil er entschiedenen Widerstand gegen Hitlers Regierungsübernahme forderte.

Nach dem Münchener Abkommen vom Herbst 1938 entschied sich Elser, gewaltsam Widerstand gegen das NS-Regime zu leisten und auf diese Weise den Ausbruch eines als sicher erwarteten Weltkriegs zu verhindern.

Er versteckte eine Bombe im Münchener Bürgerbräukeller, wo Hitler regelmäßig zum Jahrestag seines Umsturzversuchs vom 9. November 1923 vor „alten Kämpfern" der NSDAP sprach. Nur durch einen Zufall verließ Hitler am Abend des 8. November 1939 vor der Explosion die Versammlungsstätte. Die Detonation zerstörte die Galerie des Saales fast völlig und hätte Hitler wahrscheinlich getötet. Bei dem Anschlag kamen eine Kellnerin und sechs Zuhörer ums Leben, ein weiterer starb wenige Tage später.

Elser, der München bereits verlassen hatte, wurde eine Stunde vor der Explosion am Konstanzer Grenzübergang zur Schweiz festgehalten und wegen seines verdächtigen Tascheninhalts der Gestapo übergeben. Er wurde Mitte November 1939 nach Berlin gebracht und später in die KZ Sachsenhausen und Dachau verlegt. Ein geplanter Schauprozeß, in dem nicht vorhandene Verbindungen Elsers mit dem britischen Geheimdienst konstruiert werden sollten, wurde nicht durchgeführt. Kurz vor Kriegsende befahl Reichsinnenminister Heinrich Himmler die Ermordung von Elser, der am 9. April 1945 im KZ Dachau exekutiert wurde.

Michael Salewski

Blitzkriege

In der ersten Phase des Krieges schien es, als setzte sich Hitlers Siegeszug auf dem Feld der Außenpolitik nun bruchlos auf dem des Krieges fort. Die Deutschen nahmen den Blitzsieg über Polen überrascht und erfreut zur Kenntnis, wie überhaupt niemand gegen den „Fall Weiß" war – selbst nicht diejenigen unter der militärischen Führung, die im Jahr zuvor den Staatsstreich geplant hatten. Zu tief waren die antipolnischen Ressentiments in die Seele der Deutschen gegraben, als daß mit dem geringsten Mitleid für dieses Land zu rechnen war – als das Komplott mit Stalin offensichtlich, Polen wie vereinbart geteilt und erneut wie 1795 von der Landkarte Europas verschwunden war, löste das in Deutschland keinerlei Betroffenheit aus, Hitler schwamm auf einer Woge der Zustimmung. [...]

Fast konnte man im Herbst 1939 den Eindruck gewinnen, als gälte dies auch für die militärischen Verbündeten Polens, England und Frankreich. Warum nur waren diese Staaten in den Krieg gezogen, wenn sie ihrer großartigen Ankündigung, die Unversehrtheit Polens garantieren zu wollen, nun nur einen „drolligen", einen „sitzenden" Krieg im Westen folgen ließen? Wenn sich Hitler während des Polenfeldzuges hütete, im Westen offensiv zu werden, so war das verständlich, denn einen Zweifrontenkrieg galt es möglichst zu vermeiden. Frankreich und England hinwiederum konnten dem bedrängten Polen nur indirekt zur Hilfe kommen, wenn sie im Westen angriffen – aber gerade hier rechneten sie sich geringe Chancen aus. [...]

Kurz und gut: aus operativen und militärtechnischen Gründen hielt man Abwarten für den klügeren Teil der Strategie. [...] Auch Hitler hatte ja bis zum Schluß gehofft, England und Frankreich vom Kriegseintritt abhalten zu können. Jedermann wußte: wenn die Deutschen im Westen „wirklich" angriffen, waren auch die letzten vagen Friedenschancen dahin.

Füglich ergab es sich von selbst, daß die Opposition, die im September 1938 so dramatisch und kläglich zugleich gescheitert war, wieder Hoffnungen schöpfte und neue Fäden zu spinnen begann, als seit dem Oktober 1939 erkennbar wurde, daß Hitler den Krieg im Westen tatsächlich doch wollte. [...]

Immer wieder gelang es dem Generalstab des Heeres, die von Hitler verfügten Angriffstermine im Westen zu verschieben. Meist mußte das Wetter herhalten, das aber wurde seit dem April immer besser, und „Weserübung" war abgeschlossen. Wenn man angreifen wollte, gab es Anfang Mai keinen militärisch vernünftigen Grund mehr, den Angriff hinauszuzögern, zumal die englische und die hinter ihr schon wirksam werdende amerikanische Hilfe nur größer werden konnten.

Der Westfeldzug begann am 10. Mai 1940 mit einem kühnen, quer durch die bislang für Panzer als unwegsam geltenden Ardennen geführten Panzervorstoß, dessen Planung auf Manstein zurückging. Die Franzosen und Belgier, die eher eine Wiederholung des Schlieffenplans erwartet hatten, wurden von diesem „Sichelschnitt“ vollkommen überrascht. Binnen weniger Tage mußten Holland und Belgien kapitulieren, die so hochgelobte Maginotlinie erwies sich als nutzlos, weil sie weiträumig umgangen wurde, konsterniert und zunehmend kopflos ließen sich Franzosen und Engländer in Belgien in die Falle locken, mit Müh und Not nur konnte sich das britische Expeditionskorps nach Dünkirchen retten, wo es von den deutschen Verbänden vollständig eingekesselt wurde. Unterdessen stießen die wieder freigewordenen Panzerverbände General von Kleists bis zur Sommemündung vor: der „Sichelschnitt“ war zu Ende, in der zweiten Phase der „Schlacht um Frankreich“ ging es eigentlich nur noch um das Aufräumen, Abdrängen, Inbesitznehmen des im vollkommenen militärischen und zivilen Chaos versinkenden Frankreich. Es war Hitler, der den Engländern in Dünkirchen das letzte Desaster ersparte, als er die anrückenden Divisionen stoppen ließ und damit rund 300 000 Mann die oft abenteuerliche Flucht über den Kanal ermöglichte. Ob dieser Entschluß eher strategisch oder politisch begründet war, läßt sich bis heute nicht entscheiden.

Als am 22. Juni 1940 der Waffenstillstand geschlossen wurde, stand Hitler im Zenit seines Ruhmes. Die gespenstische Wiederholung der Geschichte im Walde von Compiègne, im nämlichen Eisenbahnwaggon, in dem die Deutschen am 11. November 1918 den Waffenstillstand hatten unterzeichnen müssen, wirkte nicht nur auf die faszinierten Deutschen wie eine Droge – selbst die französischen Unterhändler ließen sich davon anstecken und machten das historische Spektakel rollengerecht mit. Nie war Frankreich vollständiger besiegt und gedemütigt worden.

Bis tief in den Juli hinein glaubte Hitler, daß England nun

„vernünftig“ werden und doch noch dem big deal (wenn auch zu veränderten Bedingungen) zustimmen würde. Aber seine „Friedensrede“ vom 19. Juli wurde von London umgehend zurückgewiesen, diese verschmähte Liebe kränkte den Diktator, nun sollte Göring beweisen, was „seine“ Luftwaffe vermochte.

Die „Luftschlacht um England“ wurde entgegen allen Erwartungen zur ersten, dem Volk natürlich verheimlichten Niederlage des NS-Regimes.

Gerold Ambrosius/William H. Hubbard

Von der „europäischen Großraumwirtschaft“ zum „germanischen Weltreich“

Den Deutschen gelang es ab 1939 in relativ kurzer Zeit, einen großen Teil Europas zu erobern. Unter Einbeziehung der Staaten, die nicht sofort besetzt wurden, von Deutschland aber mehr oder weniger abhängig waren – Rumänien, Bulgarien, Ungarn und mit Einschränkung Finnland und Italien –, geriet bis zum Herbst 1942 dann fast das gesamte kontinentale Europa unter deutsche Herrschaft. Allein Portugal, Spanien, die Schweiz, Schweden und die Türkei blieben unabhängig, stellten ihre Wirtschaft aber auf den deutschen Bedarf ein. Die Eroberung und ökonomische Nutzung der verschiedenen Länder und Regionen Europas war ein wichtiges Element nicht nur der unmittelbaren Kriegsführung, sondern auch der nationalsozialistischen Pläne zu einer grundsätzlichen Neuordnung der europäischen Wirtschaft und Gesellschaft. Unter deutscher Führung sollte ein „germanisches Weltreich“ entstehen, dessen ökonomische Grundlage die „europäische Großraumwirtschaft“ bilden sollte. Die einzelnen nationalen Volkswirtschaften spielten nach diesen Plänen die Rolle von Rohstoff- und Arbeitskräftereservoirs und Zulieferern der deutschen Wirtschaft, deren industriellen Kern das Deutsche Reich in den Grenzen von 1939, Elsaß-Lothringen, Österreich und das „Protektorat Böhmen und Mähren" bilden sollte.

Obwohl es der deutschen Führung in keiner Phase des Krieges wirklich gelang, eine solche „Neue Ordnung" in Europa auch nur in Ansätzen zu schaffen – dazu war die Zeit zu kurz –, wurden doch alle besetzten und abhängigen Länder [...] in das System der deutschen Kriegswirtschaft integriert. Es ging darum, die Produktionskapazitäten der europäischen Volkswirtschaften – unabhängig von der langfristigen Zielsetzung – kurzfristig der deutschen Kriegswirtschaft nutzbar zu machen, um die deutsche Wirtschaft, die die gewaltigen Kriegsanstrengungen nicht alleine tragen konnte, zu entlasten. Dabei gab es generelle Ausbeutungsmethoden, die alle Länder – wenn auch unterschiedlich hart – trafen. Es gab aber auch spezielle Ausbeutungsmethoden; nicht alle Länder und Regionen wurden gleich behandelt. Einige Volkswirtschaften blieben relativ selbständig und wurden mehr mit Mitteln des „freiwilligen Zwanges" in das kriegswirtschaftliche System integriert. In anderen Ländern plünderten, raubten und zerstörten die Deutschen dagegen rücksichtslos. [...]

Ab 1940 zwang das Deutsche Reich die besetzten oder abhängigen Länder, ihren Handels- und Zahlungsverkehr einseitig zu deutschen Gunsten zu gestalten. Ungeachtet der Bedürfnisse der jeweiligen Volkswirtschaften wurden Waren aus diesen Ländern exportiert, die für die kriegswirtschaftliche Produktion in Deutschland wichtig waren. Auch die Wechselkurse wurden zugunsten der Reichsmark manipuliert. [...] Im Laufe des Krieges entstand für ganz Europa ein Zentralclearingsystem. Jedes Land unter deutschem Einfluß wurde gezwungen, ein bilaterales Handelsabkommen mit Deutschland abzuschließen. [...] Auch der Handel zwischen den Ländern lief über diese zentrale Clearingstelle. Es handelte sich dabei um ein unechtes Handels-Clearing, da Deutschland nicht nur seine eigene Währung überbewertete, sondern auch die Exportpreise der anderen Länder besonders niedrig ansetzte. [...] In allen besetzten Ländern wurden Besatzungskosten erhoben, die einen nicht unwesentlichen Teil der deutschen Kriegsfinanzierung ausmachten.

Der Einsatz ausländischer Arbeitskräfte im deutschen Reichsgebiet bildete eine weitere Form der ökonomischen Ausbeutung, die praktisch alle Volkswirtschaften traf. Ausländische Arbeiter wurden teilweise auf freiwilliger Basis angeworben, vor allem aber wurden sie verschleppt, während des Krieges ca. 14 Mio. Menschen. Auf dem Höhepunkt des Einsatzes im Jahre 1944 waren 7,5 Mio. ausländische Arbeitskräfte in der deutschen Kriegswirtschaft tätig, das waren 20% der Gesamtzahl der Beschäftigten. [...]

Österreich als Alpen- und Donau-Reichsgau und ein Teil der *Tschechoslowakei* als das Protektorat Böhmen und Mähren waren die Länder, die von Deutschland noch vor Ausbruch des Zweiten Weltkrieges offiziell annektiert wurden. [...] Insgesamt zielte die nationalsozialistische Wirtschaftspolitik also darauf ab, die österreichische und tschechische Wirtschaft sowohl kurzfristig den Interessen der deutschen Kriegswirtschaft dienstbar zu machen als auch langfristig eine vollständige Integration in die deutsche Volkswirtschaft zu erreichen.

Die langfristigen Pläne für *Westeuropa* (Frankreich, Belgien, Niederlande, Luxemburg) sahen folgendes vor: In Frankreich wurden die Departements Haut-Rhin (Elsaß) und Moselle (Lothringen) faktisch annektiert und damit zu Bestandteilen des Deutschen Reichs. Die wallonischen Gebiete Belgiens und die nordfranzösischen Industriezentren sollten in ein Kohle- und Industrierevier zusammengefaßt werden, das etwa dem des Ruhrgebiets oder Oberschlesiens vergleichbar gewesen wäre. Das flämische Belgien und die Niederlande sollten ebenso wie Rest-Frankreich vor allem agrarisch strukturiert bleiben.

Unabhängig von diesen langfristigen Plänen begann die Besatzungspolitik im Sommer 1940 – wie zuvor in Polen – mit einer Phase der „Ausräumung", d.h. Raub und Plünderung von Rohstoffen, Vorräten und Produktionsmitteln. Bereits ab Herbst 1940 trat ein Wandel ein; man ersetzte diese destruktiven Methoden insofern durch konstruktive, als durch verstärkte Auftragsverlagerung die ausländischen Produktionskapazitäten besser genutzt wurden. [...]

Die Ausbeutungspolitik in *Nordeuropa* entwickelte sich ähnlich wie in Westeuropa, wobei es allerdings nicht gelang, Schweden, das ja nicht besetzt wurde, über Kooperationsverträge und -geschäfte vollständig in die deutsche Kriegswirtschaft zu integrieren.

In *Polen* und der *Sowjetunion* war der Krieg nicht nur ein politischer und ökonomischer Eroberungs-, sondern auch weltanschaulich begründeter Ausrottungskrieg. Bevölkerung und Gesellschaft sollten zumindest in Teilen liquidiert werden. Weiterreichende Perspektiven, die eine dauerhafte Okkupation und „Kolonisierung" vorsahen, zielten daher nicht nur auf eine ökonomische, sondern auch auf eine soziopolitische Neuordnung dieses Raumes. Man war der Überzeugung, daß nur unter Ausnutzung seiner gewaltigen Ressourcen langfristig mit den anderen „Großräumen", wie dem der USA, konkurriert werden konnte. Die praktische Ausbeutungspolitik entsprach den langfristigen Zielen. [...] Raub und Ausbeutung erreichten ihren Höhepunkt beim Rückzug der deutschen Wehrmacht ab Winter 1941/42 durch die Anwendung der Taktik der „verbrannten Erde". Das bedeutete Deportationen und Ermordung ganzer Dörfer, Verwüstungen größten Ausmaßes, Beschlagnahme oder Zerstörung aller landwirtschaftlichen und industriellen Produktionsanlagen.

Die steigende ökonomische Bedeutung *Südosteuropas* für das Deutsche Reich war durch die Ausweitung der Handelsbeziehungen schon in den 30er Jahren deutlich geworden. [...] Mit Beginn des Krieges wurden über eine Reihe von Wirtschaftsabkommen die Beziehungen noch enger geknüpft; sie boten bereits die Möglichkeiten einer weiteren „friedlichen Okkupation". [...] Es gelang auf diese Weise, ohne unmittelbaren Raub und direkte Plünderung die südosteuropäischen Volkswirtschaften in den Dienst der deutschen Rüstungswirtschaft zu stellen, auch wenn viele Zielvorgaben der deutschen Rüstungsplaner nicht erfüllt wurden. [...]

Den Kern dieses ganz Europa umspannenden Ausbeutungssystems bildete relativ lange nicht etwa eine straff gelenkte Zentralverwaltungswirtschaft, sondern ein System mit den für den Nationalsozialismus typischen Organisationsmängeln wie Kompetenzüberschneidungen verschiedener Behörden, Improvisationen, widersprüchliche Prioritätensetzung, Interessenkonflikte zwischen staatlicher Bürokratie und wirtschaftlicher Selbstverwaltung etc. Zu einer vollen Erfassung und zu einem effizienten Einsatz aller Ressourcen kam es relativ spät in der zweiten Phase des Krieges ab 1942, als die militärische Strategie der Blitzkriege nicht mehr funktionierte und die Kriegswirtschaft auf einen langfristigen Abnutzungskrieg eingestellt werden mußte.

Gordon A. Craig

Auftakt zum Untergang – Das „Unternehmen Barbarossa“

Die Weisungen für das sogenannte Unternehmen Barbarossa waren am 18. Dezember 1940 erteilt worden. [...] Im Februar 1941 standen gutausgerüstete Truppen von 680 000 Mann Stärke in Rumänien, und während der Vorbereitungen für den Angriff auf Griechenland hatten die Deutschen auch Einheiten nach Bulgarien verlegt. Dies bedeutete, daß die deutschen Flugzeuge die südwestlichen Zugänge zur Ukraine und zum Kaukasus beherrschten. Bis Mai waren Hitlers Vorbereitungen gut vorangekommen, und man wartete nur noch auf das Ende der Operationen in Griechenland und auf Kreta, um die Entscheidung zum Angriff zu treffen. Am 22. Juni wurde den Russen die schriftliche Kriegserklärung ausgehändigt, und die deutschen Truppen schlugen an der gesamten Front von Finnland bis zum Kaukasus zu.

Noch einmal wurde die Welt Zeuge einer beeindruckenden Demonstration deutscher Stärke. Innerhalb von zehn Tagen nach Eröffnung der Feindseligkeiten hatte die Luftwaffe den

Luftbereich unter ihrer Kontrolle, deutsche Panzerkolonnen durchbrachen und umzingelten die verwirrten russischen Verteidiger. Die Legionen der Nationalsozialisten hatten bereits 150 000 Soldaten gefangengenommen sowie 1200 Panzer und 600 schwere Geschütze in ihren Besitz gebracht. Das Hauptziel der Deutschen war die Linie Leningrad–Moskau–untere Wolga, deren Eroberung Hitler die Kontrolle über die Getreidegebiete der Ukraine, die Mineralvorkommen des Donez-Gebietes, das kaukasische Öl und die Vorherrschaft über die Ostsee und das Schwarze Meer verschafft hätte. Eine Zeitlang schien es, als sei diese Linie leicht zu erreichen.

Doch der russische Winter siegte über Hitler, indem er drei Wochen zu früh einsetzte. Ende November legte der Frost die deutschen Transporte und Panzer lahm und verursachte furchtbares Leiden unter den eindringenden Truppen, die für diese Kälte nicht ausgerüstet waren; sie vermochten die nun einsetzenden Gegenangriffe von Marschall Schukow im Norden und Süden Moskaus nur unter größten Schwierigkeiten abzuwehren. Die deutschen Stabsoffiziere drängten auf einen generellen Rückzug, um die Neugruppierung für eine Frühjahrsoffensive zu ermöglichen. Doch Hitler lehnte ab. Stellenweise fanden Rückzüge statt, und dann erfolgte eine allgemeine Stabilisierung der Tausend-Meilen-Front. [...]

Im Frühjahr 1942 hatte Hitler an der gesamten Front die Offensivoperationen wieder aufgenommen. Wenn es ihm auch nicht gelang, Leningrad oder Moskau einzunehmen, so hatten seine Armeen doch an der südlichen Front beeindruckende Siege errungen. Der russische Widerstand aber verstärkte sich täglich, teilweise infolge amerikanischer Lieferungen, teilweise aber infolge des Verhaltens der Deutschen gegenüber dem russischen Volk. Die russischen Kriegsgefangenen, die vielleicht mühelos gegen ihre früheren Herren hätten beeinflußt werden können, wurden mit Brutalität behandelt oder gleichgültig vernachlässigt. Nach deutschen Eingeständnissen starben 3,7 Millionen Kriegsgefangene unter ihrer Herrschaft. Die Grausamkeit der Deutschen, ihre eigene politische Abgestumpftheit und ihre verwaltungsmäßigen Mängel beraubten sie des Rückhalts in der unterworfenen Bevölkerung, der wirtschaftlichen Reserven, die ihre Kriegsanstrengungen gefördert hätten, und der Hilfe ausgebildeter Soldaten, die danach trachteten, die Seiten zu wechseln. [...]

Als sich die Probleme in Rußland verschärften, wurde Hitler gegenüber seinen Generälen immer argwöhnischer. Seine mangelnde Sympathie für die Truppen und seine Neigung zur Selbsttäuschung nahmen gefährliche Formen an. Sein Verhalten während der Schlacht von Stalingrad demonstriert diese Eigenschaften aufs deutlichste. Im August 1942 erreichte die 6. deutsche Armee dieses Industriezentrum am Westufer der Wolga, belagerte es und wollte es durch Beschießung zur Unterwerfung zwingen. Trotz der schwierigen Versorgungslage der Stadt (alle Lebensmittel, Kleidung und Munition mußten unter deutscher Beschießung über den Fluß gebracht werden) harrten die sowjetischen Truppen und die Bewohner der Stadt in den Trümmern aus, und zwar auch noch am Ende des Jahres.

Zu diesem Zeitpunkt hatte Hitler sich darauf versteift, die Stadt einzunehmen. Am 19. November aber vernichteten die Russen die Front, die im Nordwesten von Stalingrad von rumänischen Truppen gehalten wurde. Am 20. November starteten sie einen Angriff südlich der Stadt und führten ihn erfolgreich durch. Zwei Tage später schlossen sie die Zange und kesselten die deutschen Streitkräfte ein. Hitler lehnte einen Ausbruch rundweg ab (der bedeutet hätte, daß man die Wolga und die Stadt, die den Namen Stalins trug, hätte aufgeben müssen) und betraute Göring mit der Aufgabe, die 6. Armee weiterhin zu versorgen. Göring brachte seine feste Überzeugung zum Ausdruck, daß die Luftwaffe ihre Mission erfüllen könne, als es in der Realität schon gar nicht mehr möglich war. Dennoch, als seine Soldaten kämpften, hungerten und starben und als der russische Verteidigungsgürtel so breit und stark wurde, daß ein Ein- oder Ausbruch unmöglich war, blieb Hitler in seiner Ablehnung eines Rückzugs unerbittlich. Doch der menschliche Widerstand hat seine Grenzen. Die 6. Armee hatte ihre Belagerung mit 300 000 Soldaten begonnen. In den ersten Februartagen des Jahres 1943 kapitulierten ihre zerfetzten Überreste, 120 000 Offiziere und Soldaten. Deutschland hatte seine größte Niederlage infolge der bewußten kaltherzigen Gleichgültigkeit seines Beherrschers erlebt.

Im selben Monat eroberten die Russen Rostow, Kursk und Charkow zurück, und bevor ihre Schlagkraft nachließ, gewannen sie 185 000 Quadratmeilen Territorium zurück. Die deutsche Offensive von 1943 stellte einen Versuch dar, diesen verlorenen Boden wiederzugewinnen. Sie scheiterte jämmerlich. Gegen Ende des Jahres 1943 befanden sich die Russen wieder in Kiew (wo die Deutschen vor ihrer Räumung die gesamte jüdische Bevölkerung getötet hatten) und in Schitomir, nahe der alten polnischen Grenze.

Harald Henry

Die Wirklichkeit des Krieges – Ein Frontbrief

1. und 3. Dezember 1941

Das soll mein Weihnachtsbrief für Euch sein, geschrieben aus der tiefsten Bitternis eines entsetzlich gewordenen Lebens. Die letzten Tage waren wieder so grauenhaft, die Nächte so marternd, daß sie waren wie in alter Zeit, als man erzählte, die Menschen seien in einer einzigen Nacht grau geworden. Hier auf den Schneefeldern wird unsere beste Kraft gemordet, nicht nur dieser Jahre, die wir hier verlieren, sondern auch der kommenden; kehren wir einmal zurück, so sind wir auch noch um die Zukunft betrogen, entkräftet, zermartert und stumpf.

Ein ganz tiefer Haß, ein ganz großes Nein sammelt sich in unserer Brust. Ach, es ist so schrecklich. Ich werde dieses Fest anders verbringen als Ihr, vielleicht in einem Erdloch zerbissen und verwundet von dieser grauenhaften Kälte, überrieselt von den wimmelnden Läusen, die auf der überall schorfig gekratzten Haut ihr Spiel treiben, während man eingeschnürt und verschnallt sich nicht regen kann. Vielleicht habe ich das Glück, wenigstens einige Augenblicke lang, das Glück der Erinnerung an Euch, an so viele geliebte, schöne Jahre, so viele schöne Weihnachtsfeste. Vielleicht – aber die Erinnerungen sind so schwach geworden vor der starken Qual, nur ganz selten befallen sie mich noch beglückend. Wahrscheinlich werde ich nur stumpf und traurig sein und an etwas Eßbares denken. Oh, dies Weihnachten! Ich will kurz von den letzten Tagen berichten. An einem Tage endlosen Marschierens, zu dem wir schon um ¾5 Uhr aufstanden, griff uns wieder ein Flieger an, in mehrfachen Anflügen stürzte er auf uns nieder – ich stand am Gefechtswagen und feuerte auf ihn. Die beiden Pferde hinter uns brachen unter seinem MG-Feuer zusammen. Die Pferde vor mir gingen plötzlich durch, drehten um und rissen den schweren Wagen herum; die Zugtaue erfaßten mich, rissen mich um und ich fiel unter die Deichsel, wurde zwischen den blitzenden Hufen und den Vorderrädern des Wagens geschleift. Das Rad ergriff meinen Mantel; als es gerade ansetzte, mir über die Hüfte zu rollen, brachten die Anderen den Wagen zum Stehen. Mir war, so grausig die Sache aussah, so zerfetzt und blutbespritzt mein Mantel war, nichts geschehen, nur eine kleine Fleischwunde hatte ich an der Hand. Zerfetzt der Mantel, zerfetzt schon früher meine Hose, zerrissen und furchtbar hartscheuernd die Stiefel, dazu bis zu 30 Grad Kälte. Am Nachmittag marschierten wir wie die Verrückten weiter, bis sich am Abend alles auf ein einziges Dorf zusammendrängte. Die ganze Kompanie schlief in einem einzigen Haus, sitzend, übereinander, verkrümmt, es war unbeschreiblich. Der nächste Morgen des ersten Advent brachte einen Angriff, doch waren die feindlichen Panzer schon entfernt, so daß wir nur den weiteren Vormarsch zu sichern brauchten. Die Quartiere blieben am Nachmittag und bei der Vorverlegung am Abend schlecht und eng. In der Nacht wurden wir alarmiert, russische Panzer waren beim Schwesterregiment durchgebrochen. Als wir heraustraten in dieser furchtbaren Nacht, glaubten wir die ganze Hölle losgebrochen, ein eisiger Sturm schüttelte Schneemassen auf, tobte. Nun ging es los, hinaus in diese Nacht, unser Zug mußte nach kurzem Marsch auf Spähtrupp vor, stieß dauernd auf russische Trupps, stapfte im übrigen im mehr als kniehohen Schnee herum, erfror halb. Am Vormittag ging es zurück in das alte Dorf, das nun aufs höchste bedroht, wie ein Igel von Posten und Sicherungen starrte. Es war der kälteste Tag, wir ohnehin vom Schnee durchnäßt, mußten alle drei bis vier Stunden Tag und Nacht heraus und sichern. Doch kamen die Russen in dieser Nacht nicht. Als es weiterging, flogen wieder drei Bomber unsere Marschkolonne an, aber schon waren deutsche Jäger zur Stelle, schon brannten die russischen Maschinen, qualmten, stürzten, ein Pilot sprang im Fallschirm ab. Nun liegen wir noch weiter vorn, schon ganz dicht, und ein Stellungskrieg wie ihn wohl noch kein deutscher Soldat *so* erlebt hat, steht uns bevor. Gott sei uns gnädig! Es gibt nichts mehr, was selbstverständlich ist: Es ist nicht mehr selbstverständlich, daß man ein Dach über dem Kopf, Essen, Post hat, daß man die Winternächte in geheizten Häusern verbringt – all dies ist besondere Gnade, Geschenk, Weihnachtsgeschenk meinetwegen.

Ich bin müde, hatte bei starker Erkältung heute nacht auch heftiges Fieber, und kann keinen richtigen Brief zustande bringen. Lese ich dies Geschreibsel durch, so spüre ich recht, wie wenig die trockenen Berichte wirklich die Schrecknisse dieser Tage einfangen und wie wenig auch dieser Weihnachtsbrief euch sagt, was er sagen sollte, wie wenig er dankt und befriedigt. Aber Ihr müßt das alles nicht vom Schimmer der Weihnachtskerzen her beleuchtet sehen, sondern von der tiefen Störung und Zerstörung, der wir jetzt wie einer schrecklichen Krankheit, Irrung der menschlichen Natur unterworfen sind. Immer zweifelhafter erscheint es mir, ob überhaupt noch Heilung möglich ist.

Ute Benz (Hg.)
Die Gefährtin des Helden

Für den eingerückten Mann ist die beste seelische Betreuung die *gute Nachricht von zu Hause,* zuversichtliche und mutige Briefe. Der Mann muß die feste Gewißheit haben, daß er sich auf seine Frau trotz der langen Abwesenheit in jeder Hinsicht felsenfest verlassen kann. Nicht wenige Frauen brauchen bei längerer Kriegsdauer um so mehr des ermutigenden Zuspruches wohlgesinnter Nachbarn, wohlmeinender Volksgenossen. Nur *wenige stolze,* verschlossene und starke Naturen werden auch jetzt, nach beinahe vier Jahren Krieg, mit allen ihren äußeren und inneren Sorgen fertig. Geht man mit dem entsprechenden Takte vor, so werden aber auch diese ganz gern die volksgemeinschaftliche Hilfe, zumindest in so mancher äußeren Angelegenheit, annehmen. Für die *seelische Betreuung* lassen sich Regeln nicht geben, sie müssen in jedem Falle neu *aus der Kraft des Herzens gefunden* werden.

Am schwersten fällt den Blockbetreuern der erste Besuch nach Einlangen einer Gefallenenmeldung. Aus der Erfahrung heraus hat es sich im allgemeinen als besser *erwiesen,* daß *nicht* der *Ortsgruppenleiter selbst* die Trauerbotschaft überbringt, sondern der der Familie oder dem einzelnen am nächsten stehende Verwandte, Freund oder Nachbar. Erst nach einer angemessenen Zeit macht der Ortsgruppenleiter seinen Besuch, und *der nächste Dienstgang* gibt dem *Blockleiter Gelegenheit,* seine herzliche Anteilnahme zum Ausdruck zu bringen. Hier soll der Grundsatz gelten: *Nicht viele Worte, schweigend ehrt man den Schmerz am besten!*

Die mit dem Todesfall zusammenhängenden *Formalitäten* der *Existenzsicherung* durch die Wehrmachtsfürsorge erledigt der Betreuer der NSKOV. [...] *Für alle versorgungsrechtlichen Angelegenheiten* ist ausschließlich *die NSKOV zuständig,* die NSKOV-Amtsleiter sind hierfür geschult und besitzen die notwendigen Behelfe, um richtig beraten zu können. Werden dem

Blockbetreuer gegenüber bestimmte, die Versorgung betreffende Wünsche geäußert, so soll *er in keiner Weise Versprechungen* geben, etwa in der Form, es würde jeder Wunsch selbstverständlich erfüllt oder ähnlich. Auch dies kommt immer wieder vor.

In den Fällen, da der Blockbetreuer schon längst das Vertrauen der Familie besitzt, wird man ihm den Brief zu lesen geben, in dem die Kompanie den Soldatentod des Angehörigen mitteilt. Es kommt manchmal vor, daß ein solcher *Brief,* aus Umständen heraus, wie sie der Krieg mit sich bringt, *kurz gefaßt* ist und dadurch *nüchtern und kalt klingt.* In ihrem Schmerz empfinden dies die Betroffenen doppelt bitter. Hier wird man erklären, daß dies bestimmt nicht herzlos gemeint ist, daß der Schreiber sich vielleicht in einer schwierigen Situation befand, wenig Zeit zum Schreiben hat, weil er fortwährend im Einsatz steht. Oder es kommt nur ein Teil der *Nachlaßsachen,* sie sind nachlässig verpackt oder es langen überhaupt keine ein. Den Offizieren und Kameraden werden *schwerste Vorwürfe* gemacht, ohne vorsichtige Gegeneinwirkung *steigert* sich die *Familie* vielleicht immer mehr in *Zorn und Leid* hinein. Die wahre Ursache ist vielleicht, daß der Gefallene nicht vor Ausplünderung durch den Feind geschützt werden konnte, manchmal wird ein Soldat durch Volltreffer auch vollständig zerrissen, man mag eine genaue Schilderung der Todesart nicht geben. Die Betroffenen bringen in solchen Fällen nicht immer jenes Maß von Vertrauen auf, das notwendig ist. *Hier* liegt eine *sehr wichtige Aufgabe* der seelischen Betreuung, zu beruhigen und zu erklären. Mit viel *Takt und Einfühlungsvermögen* muß hier an die Einsicht und Vernunft appelliert werden. [...]

Es gibt auch *heikle Fälle,* denen nicht ausgewichen werden darf, wenn ein *Eingreifen* und Vermitteln auch gerade in solchen Fällen *viel Taktgefühl* erfordert.

Beispielsweise bedauernswerte *Erbauseinandersetzungen zwischen der Frau* des Gefallenen und den *Schwiegereltern* oder *Eltern,* die eine Rente erhofft haben, auf Grund der festgesetzten Einkommensgrenze jedoch keine erhalten können, oder *Solda-*

tenfrauen, die durch ihre *Lebensführung* Anlaß zu Redereien geben. Schließlich erfährt der Mann draußen davon, schwerste Zerwürfnisse und seelische Belastungen sind oft die Folge. Man hüte sich jedoch, jedem Tratsch ohne gründliche eigene Überprüfung ohne weiteres Glauben zu schenken! Es ist vorgekommen, daß eine anständige Frau ins Gerede kam, nur weil sie beim Einkauf in der Stadt einen Freund ihres Mannes traf, der sie, um sich nach dem Manne zu erkundigen, ein Stück Weges begleitete. Frauen, die ihr Los anständig tragen, *gegen Tratsch und üble Nachrede in Schutz nehmen,* gehört zuletzt mit zur Betreuungsaufgabe. Liegt ein Fall jedoch klar, so muß man auch den Mut finden, zunächst der betreffenden Frau in wohlwollender Art ein ernstes Wort zu sagen. Vielleicht liegt der Fall gar nicht so schlimm, die Frau denkt vielleicht ernstlich gar nicht daran, ihrem Mann die Treue nicht zu halten, doch durch ihr Verhalten gibt sie Anlaß, daß geredet und kombiniert wird.

Liegt der Fall jedoch wirklich schlimm, so darf kein Mittel unversucht gelassen werden, die Frau wieder auf den richtigen Weg zu bringen. Man bedenke immer, daß dem Manne draußen gar nichts Schlimmeres begegnen kann, als daß er zu wissen bekommt, seine Frau hält es mit einem anderen. Man versetze sich in die Lage eines solchen Mannes, der aus der Ferne hilflos zusehen muß, wie sein bescheidenes Glück in der Heimat in Brüche geht. Sind Kinder da, so ist dies noch viel schlimmer.

Bernd Zymek

Schule im Zweiten Weltkrieg

Im Krieg findet in Deutschland keine andere, sondern die radikalisierte Fortsetzung der bisherigen Schulpolitik statt – deren Konsequenzen nun aber, verstärkt durch die Kriegsumstände, zu qualitativ neuen Strukturen schulischer Sozialisation und schulpolitischen Handelns führen. Bisher nur in Ansätzen erkennbare, zeitweilig aus taktischen Rücksichten auf die Loyalität relevanter Machtgruppen und Bevölkerungskreise zurückgehaltene oder nur gedrosselt betriebene Vorhaben werden nun – gerechtfertigt durch den ‚Ausnahmezustand' – verschärft und ausgeweitet. [...]

In jeder Hinsicht den Rahmen bisher für möglich erachteter Politik sprengend und doch beispielhaft ist der sich immer absurder radikalisierende Prozeß der *Terrorisierung, Entrechtung und Verdrängung jüdischer Schulkinder und Lehrer.* [...] In dem „Gesetz gegen die Überfüllung der deutschen Schulen und Hochschulen" vom April 1933 wird der Eindruck suggeriert, als sei vor allem auch der überproportional hohe Anteil jüdischer Schüler an höheren Schulen und der jüdischen Studenten an den Universitäten Schuld an der „Überfüllung" der Institutionen höherer Bildung. In diesem Zusammenhang wird nun eine Begrenzung des Anteils jüdischer Schüler und Studenten auf 1,5% der Neuaufnahmen angeordnet. Ausnahmeregelungen, z. B. für Kinder jüdischer „Frontkämpfer", wiederholen und verstärken die Verleumdungskampagne, als handele es sich bei den deutschen Juden bis auf wenige Ausnahmen um illoyale Staatsbürger. [...] Folgenreicher als solche amtlichen Bestimmungen, mit denen die Behörden den Terror gegen eine Minderheit der Bürger durch formale Legalität und bürokratische Kontrolle zu bemänteln versuchen, sind in der Anfangsphase der nationalsozialistischen Herrschaft die Wirkungen der von Partei- und Regierungsstellen systematisch geschürten antisemitischen Haßkampagne, durch die sich lokale Parteikader und überzeugte Anhänger aufgefordert und legitimiert fühlen, jüdische Schüler zu demütigen, zu schikanieren und aus den öffentlichen Schulen zu drängen – teils mit Zustimmung, teils mit Duldung, teils aber auch gegen den verdeckten Widerstand von Mitschülern, Lehrern und Schulleitern. [...]

Im Zusammenhang der zentral inszenierten Pogrome vom November 1938, bei denen auch viele jüdische Schulen demoliert werden, ordnet der Reichserziehungsminister den Ausschluß aller jüdischen Kinder aus „deutschen Schulen" an; im Juli 1939 wird die Einrichtung von jüdischen Volksschulen in privater Trägerschaft der „Reichsvereinigung der Juden Deutschlands" als „Pflichtaufgabe" zugewiesen. [...] Die Deportationen der jüdischen Bürger seit 1940 beenden diese Phase eines jüdischen Schulwesens in Deutschland, noch ehe ein Erlaß des Reichssicherheitshauptamtes mit Wirkung vom 30.6. 1942 „jede Beschulung der jüdischen Kinder durch besoldete oder unbesoldete Lehrkräfte untersagt" und anordnet, daß „die Lehrer einschließlich ihrer Familienangehörigen [...] im Rahmen der [...] bereits vorhandenen Abschiebungsrichtlinien zum nächstmöglichen Termin zu evakuieren" sind. Damit ist der Prozeß der systematischen Verfolgung und Entrechtung im Schulwesen noch nicht beendet: Mit Beginn des Schuljahres 1942/43 wird auch Schülerinnen und Schülern, die einen Eltern- oder Großelternteil mit jüdischer Religionszugehörigkeit haben, ohne Ausnahme und Einspruchsmöglichkeiten, der Besuch weiterführender Schulen verboten bzw. ihre Rückversetzung in die Volksschule angeordnet. [...]

Seit Mitte der 30er Jahre wird dann mit zunächst begrenzten Eingriffen und oft getragen durch Kampagnen regionaler Parteigliederungen der traditionell große Einfluß der Kirchen auf die deutsche Schule sukzessiv beschnitten: durch die Verdrängung von Geistlichen aus den Schulen, die Erleichterung der Abmeldung von Schülern aus dem schulischen Religionsunterricht, die Abschaffung von religiösen Feiern und gemeinsamen Gottesdienstbesuchen als schulischen Veranstaltungen, die Reduktion des traditionellen Anteils des Religionsunterrichts; 1940 wird im Zusammenhang der „kriegsbedingten" Straffung des Unterrichts an den höheren Schulen der Religionsunterricht auf die Klassenstufen der Schulpflichtigen beschränkt; ganz abgeschafft ist er aber nur an den „Nationalpolitischen Erziehungsanstalten"; an den „Adolf-Hitler-Schulen" ist er durch „Religionskunde" ersetzt. [...]

Der seit 1938 systematisch vorbereitete Abbau bzw. die Verstaatlichung des traditionellen Privatschulsektors in Deutschland trifft vor allem kirchliche Schulen. Ein großer Teil der damals noch bestehenden Privatschulen sind höhere Mädchenschulen und mittlere Schulen, die von Orden getragen werden und dem Abschluß des Systematisierungs-, Ausbau- und Verstaatlichungsprogramms dieser Jahre im Wege stehen. Hebel für die Durchsetzung dieser Politik ist die Gründung einer „Reichsgemeinschaft deutscher Privatschulen“, die ihre Mitglieder und ihre Schulen auf den „Geist der nationalsozialistischen Volksgemeinschaft“ einschwören soll. Alle Privatschulträger müssen ihr beitreten oder ihre Schulen auflösen. [...]

Das Reichserziehungsministerium, das die Schulzeit der Schüler höherer Knabenschulen schon 1937, die der Schülerinnen höherer Mädchenschulen dann 1940 von bisher 13 auf 12 Jahre verkürzt, verwaltet ständig und im Krieg verstärkt den *Abbau der traditionellen Strukturen und Standards im deutschen Schulsystem:* Primanern, die sich als Offiziersanwärter gemeldet haben, wird ihr Abschlußzeugnis als Reifezeugnis anerkannt; Aspiranten für akademische Studien und Berufe, die damals als Mangelberufe eingeschätzt werden, wie Medizin, Pharmazie und Ingenieurfach, erhalten erleichterte Bedingungen bei der Zuerkennung des Abiturs; neue Wege aus dem Fachschulwesen zum Hochschulstudium werden eröffnet; der Stellungsbefehl und der Einsatz in Hilfsdiensten ersetzt bald für die meisten Jungen und Mädchen die Abiturprüfung. [...]

Wenn im Sommer 1943 offiziell die „Sicherstellung der Schulerziehung als kriegswichtige Aufgabe“ bezeichnet wird, so kaschiert dies nur, daß Lehrermangel und Unterrichtsausfall schon seit langem den Schulunterricht beeinträchtigen. Es verhindert auch nicht, daß dann 1944 unter dem amtlichen Schlagwort „Totaler Kriegseinsatz“ praktisch alle Schülerinnen und Schüler berufsbildender und Fachschulen sowie der achten Klassen der höheren Schulen „für den Einsatz in der Rüstungsindustrie oder zu anderen unmittelbar kriegswichtigen Aufgaben bereitgestellt“ werden; die Schülerinnen der siebenten Klassen der höheren Schulen sind neben dem Schulbesuch „zum Sozialeinsatz“ verpflichtet; im Herbst 1944 wird das achte Schuljahr der höheren Schulen abgeschafft. Daneben ist aber schon seit 1940 die

Schul- und Ferienzeit der Schulkinder sukzessive durch Einsätze für „landwirtschaftliche Bestell-, Pflege- und Erntearbeiten", „Dienstleistungen in Notdienst und im Luftschutz", Einsätze als Helfer in der Kinderlandverschickung und bei der Flak, beim „Kriegseinsatz der Jugend zur Sicherung der Ernährung des deutschen Volkes" (Jungen ab Klasse fünf, Mädchen ab Klasse sieben), beim „Kriegseinsatz der Jugend in der Forstwirtschaft" (12–14jährige) usw. okkupiert. [...]

Der weitreichendste Eingriff in – nicht nur die schulischen – Sozialisationsprozesse von Millionen deutscher Kinder und die traditionellen Strukturen des Schulunterrichts in Deutschland erfolgt durch die erweiterte ‚Kinderlandverschickung', deren Durchführung 1940 dem Reichsleiter für die Jugenderziehung der NSDAP, v. Schirach, und seiner Dienststelle übertragen wird. Die Kinder aus den vom Bombenkrieg bedrohten Städten werden aus ihren Familien und dem heimatlichen Milieu für Wochen und Monate in oft weit entfernte ‚Lagerschulen' mit eigenen Organisations- und Disziplinstrukturen verschickt, ihre Lehrer in Konkurrenz zu HJ-Führern und jugendlichen Helfern gestellt, der Unterricht wird weitgehend durch Lagerleben ersetzt. Die Schulverwaltungsbehörden führen währenddessen gespenstisch anmutende Listen über den Bestand des Schulsystems, das formell fast unverändert ist, dessen Schüler und Lehrer aber zu einem großen Teil, so wird gleichzeitig minutiös Buch geführt, in KLV-Lager und zu Luftwaffenhelfereinsätzen „verlegt" sind.

Ulrich Herbert

„Ausländer-Einsatz" in der deutschen Kriegswirtschaft

Der nationalsozialistische ‚Ausländereinsatz' zwischen 1939 und 1945 stellt den größten Fall der massenhaften, zwangsweisen Verwendung von ausländischen Arbeitskräften in der Geschichte seit dem Ende der Sklaverei im 19. Jahrhundert dar. Im August 1944 waren auf dem Gebiet des ‚Großdeutschen Reichs' 7,8 Mio. ausländische Zivilarbeiter und Kriegsgefangene als im Arbeitseinsatz beschäftigt gemeldet; hinzu kamen etwa 500 000 überwiegend ausländische KZ-Häftlinge. Somit waren zu diesem Zeitpunkt knapp 30% aller in der gesamten Wirtschaft des Reiches beschäftigten Arbeiter und Angestellten Ausländer, die man größtenteils zwangsweise zum Arbeitseinsatz ins Reich gebracht hatte. Gleichwohl war der ‚Ausländer-Einsatz' von der nationalsozialistischen Führung vor Kriegsbeginn weder geplant noch vorbereitet worden. [...]

In einem Memorandum des Wirtschafts- und Rüstungsamtes der deutschen Wehrmacht wurde kurz vor Kriegsbeginn festgestellt, daß es bei den rüstungswirtschaftlichen Vorbereitungen auf den Krieg drei große Engpässe gebe – Devisen, bestimmte Rohstoffe und Arbeitskräfte. Für Devisen und Rohstoffe gab es eine Lösung: Nach dem Konzept der ‚Blitzkriege' sollten die Ressourcen des Reiches sukzessive durch die Vorräte der zu erobernden Länder erweitert werden. [...]

Zwei Möglichkeiten standen zur Debatte: Entweder man beschäftigte – wie im Ersten Weltkrieg – deutsche Frauen in großem Umfang in der Wirtschaft, oder man importierte aus den zu erobernden Ländern in großer Zahl Arbeitskräfte. [...]

Die Entscheidung fiel erst nach Kriegsbeginn; im Vergleich zweier Übel schien der Ausländereinsatz gegenüber der Dienstverpflichtung deutscher Frauen das geringere zu sein, weil man hier die erwarteten Gefahren leichter repressiv eindämmen zu können glaubte.

Die etwa 300 000 in deutsche Hand gefallenen polnischen Kriegsgefangenen wurden nun sehr schnell vorwiegend in landwirtschaftliche Betriebe zur Arbeit gebracht; gleichzeitig begann eine massive Kampagne zur Anwerbung polnischer Arbeiter, die zunächst an die langen Traditionen der Beschäftigung polnischer Landarbeiter in Deutschland anknüpfte, aber nach kurzer Zeit zu immer schärferen Rekrutierungsmaßnahmen überging und seit dem Frühjahr 1940 in eine regelrechte Menschenjagd im sog.

Generalgouvernement mündete, wo mit jahrgangsweisen Dienstverpflichtungen, kollektiven Repressionen, Razzien, Umstellungen von Kinos, Schulen oder Kirchen Arbeitskräfte eingefangen wurden. [...] Gleichwohl empfand man den sog. ‚Poleneinsatz' in der Regimeführung nach wie vor als Verstoß gegen die ‚rassischen' Prinzipien des Nationalsozialismus; den daraus erwachsenden ‚volkspolitischen Gefahren', so Himmler im Februar 1940, sei mit entsprechend scharfen Maßnahmen entgegenzuwirken. [...]

Bereits im Mai 1940 aber war unübersehbar, daß auch die Rekrutierung der Polen den Arbeitskräftebedarf der deutschen Wirtschaft nicht zu befriedigen vermochte. So wurden denn schon während und alsbald nach dem ‚Frankreichfeldzug' etwas mehr als 1 Mio. französischer Kriegsgefangener als Arbeitskräfte ins Reich gebracht. [...]

Seit dem Herbst 1941 aber entstand hier eine ganz neue Situation. Die deutschen Armeen hatten vor Moskau ihren ersten Rückschlag erlebt, von einem ‚Blitzkrieg' konnte nicht mehr die Rede sein. Vielmehr mußte sich nun die deutsche Rüstungswirtschaft auf einen länger andauernden Abnutzungskrieg einstellen und ihre Kapazitäten erheblich vergrößern. Auch mit heimkehrenden Soldaten war nicht mehr zu rechnen – im Gegenteil: Eine massive Einberufungswelle erfaßte jetzt die Belegschaften der bis dahin geschützten Rüstungsbetriebe. Durch die nun einsetzenden intensiven Bemühungen um Arbeitskräfte aus den westeuropäischen Ländern aber waren diese Lücken nicht mehr zu schließen. Nur der Einsatz von Arbeitskräften aus der Sowjetunion konnte eine weitere, wirksame Entlastung bringen.

Der Arbeitseinsatz sowjetischer Kriegsgefangener oder Zivilarbeiter im Reich aber war vor Beginn des Krieges explizit ausgeschlossen worden. Dabei hatten sich nicht nur Parteiführung, Reichssicherheitshauptamt und SS aus ‚rassischen' und sicherheitspolitischen Gründen gegen jede Beschäftigung von Russen in Deutschland ausgesprochen. [...]

Als sich aber im Spätsommer 1941 und verstärkt dann im Herbst des Jahres die militärische und damit auch die kriegswirtschaftliche Lage Deutschlands rapide wandelte, entstand erneut ein ökonomischer Druck zur Beschäftigung auch der sowjetischen Gefangenen, der sich im November in entsprechenden Befehlen äußerte. Die Initiative dazu ging diesmal von der Industrie, insbesondere vom Bergbau, aus, wo der Arbeitermangel bereits bedrohliche Formen angenommen hatte.

Die überwiegende Mehrzahl der sowjetischen Gefangenen aber stand für einen Arbeitseinsatz gar nicht mehr zur Verfügung. Von den bis dahin mehr als 3 Mio. Gefangenen kamen bis März 1942 nur 160000 zum Arbeitseinsatz ins Reich. Daher mußte nun auch hier in großem Stile auf die Rekrutierung sowjetischer Zivilarbeiter umgeschaltet werden. Die Beschaffung von so vielen Arbeitskräften in so kurzer Zeit wie möglich wurde zur vordringlichen Frage und zur Hauptaufgabe des im März neu eingesetzten ‚Generalbevollmächtigten für den Arbeitseinsatz', Sauckel, der seine Aufgabe mit ebensoviel Effizienz wie schrankenloser Brutalität erfüllte. In knapp 2½ Jahren wurden von den Einsatzstäben der Wehrmacht und der deutschen Arbeitsämter 2,5 Mio. Zivilisten aus der Sowjetunion als Zwangsarbeiter ins Reich deportiert – 20000 Menschen pro Woche.

Parallel zu der Entwicklung bei Beginn des ‚Poleneinsatzes' wurde auch dieser kriegswirtschaftlich motivierte Verstoß gegen die ideologischen Prinzipien des Nationalsozialismus durch ein System umfassender Repression und Diskriminierung der sowjetischen Zivilarbeiter kompensiert [...]. Wenn es durch den Kriegsverlauf schon unumgänglich wurde, Russen im Reich zur Arbeit einzusetzen, so könnte man die Logik der Behörden umschreiben, dann mußte man sie wenigstens schlecht behandeln. [...] Die Lebensbedingungen der einzelnen Ausländergruppen wurden durch eine strikte, bis in Kleinigkeiten reglementierte nationale Hierarchie differenziert. Während die Arbeiter aus den besetzten Westgebieten und den sog. befreundeten Ländern zwar überwiegend in Lagern leben mußten, aber etwa dieselben Löhne und Lebensmittelrationen wie die Deutschen in vergleichbaren Stellungen erhielten und auch denselben Arbeitsbedingungen unterlagen, waren die Arbeiter aus dem

Osten, vor allem die Russen, ganz erheblich schlechter gestellt. Die Rationen für die offiziell ‚Ostarbeiter' genannten sowjetischen Zivilarbeiter fielen so gering aus, daß sie oft schon wenige Wochen nach ihrer Ankunft völlig unterernährt und arbeitsunfähig waren. [...]

Die Lage vor allem der sowjetischen Zwangsarbeiter war allerdings von Betrieb zu Betrieb, von Lager zu Lager sehr unterschiedlich; in der Landwirtschaft ging es ihnen in der Regel erheblich besser als in der Industrie, und auch dort waren die Unterschiede in der Behandlung und der Ernährung eklatant, vor allem seit Ende 1942. Das aber verweist darauf, wie groß der Handlungs- und Ermessensspielraum des einzelnen Unternehmens war. Es kann überhaupt keine Rede davon sein, daß die schlechten Arbeits- und Lebensbedingungen der Arbeiter aus dem Osten allein auf die bindenden Vorschriften der Behörden zurückzuführen gewesen seien. [...]

Der Ausländereinsatz gehörte in Deutschland mittlerweile wie selbstverständlich zum Kriegsalltag, und angesichts der eigenen Sorgen war für die meisten Deutschen das Schicksal der ausländischen Arbeiter von durchaus geringem Interesse. [...]

Seit Anfang 1944 aber zeigte sich, daß selbst solche in der Tat erheblichen Zahlen für den Arbeiterbedarf insbesondere der großen Rüstungsprojekte des Reiches nicht mehr ausreichend waren, zumal infolge der militärischen Entwicklung die Arbeiterrekrutierung vor allem in der Sowjetunion zurückging und so die durch weitere Einberufungen immer größer werdenden Arbeitskräftelücken nicht mehr ausgefüllt werden konnten. Daraufhin wandte sich das Interesse zunehmend der einzigen Organisation zu, die noch über ein erhebliches Potential an Arbeitskräften verfügte: der SS und den ihr unterstellten Konzentrationslagern. [...]

Gegenüber den Juden hingegen hatte es bis 1944 eine Politik des systematischen Arbeitseinsatzes nicht gegeben – im Gegenteil. Trotz erheblicher Einwände und Proteste der verschiedenen Behörden und Unternehmen waren die Juden sowohl im Reich als auch in den besetzten Gebieten selbst aus kriegswirtschaftlich hochwichtigen Arbeitsplätzen deportiert und in die Vernichtungslager gebracht worden. Von wenigen Ausnahmen abgesehen, deren bekanntestes der Aufbau des IG-Farben-Werkes Auschwitz ist, bei dem etwa 25 000 Häftlinge umkamen, hat es nach der Deportation einen längerfristigen Einsatz von Juden in der Rüstungsindustrie bis 1944 nicht gegeben. Seit Ende 1941 war das politische Ziel der NS-Führung gegenüber den europäischen Juden die Vernichtung, nicht der Arbeitseinsatz. Die Juden wurden aufgrund ihrer ‚rassischen' Veranlagung als schärfster Feind des nationalsozialistischen Deutschlands, ja Europas betrachtet, den zu vernichten eines der herausragenden Ziele des Krieges darstellte; nur auf Grundlage der Beseitigung des Judentums waren nach der Überzeugung der nationalsozialistischen Regimeführung die anderen Kriegsziele wie die Errichtung eines nach völkischen Prinzipien aufgebauten, deutsch dominierten Europas zu erreichen. Dagegen war die kurzfristige – und ‚rassenpolitisch' gefährliche – Verwendung von Juden als Arbeitskräfte ein zu vernachlässigender Faktor.

Erst seit Anfang 1944, als gegenüber den Juden das politische Hauptziel des Nationalsozialismus erreicht war, kam es hier aufgrund des sich dramatisch verschärfenden Arbeitskräftemangels in der letzten Kriegsphase zu einer Änderung, und jüdische Häftlinge wurden auch im Reichsgebiet als Arbeitskräfte in SS-eigenen Betrieben, bei unterirdischen Betriebsverlagerungen und in Privatunternehmen, vor allem in der Großindustrie, eingesetzt. Bereits im August 1943 war in der Führungsspitze des Regimes die Entscheidung gefallen, die Herstellung der Raketenwaffe A 4, eine der sog. V-Waffen, mit Hilfe von KZ-Häftlingen in unterirdischer Produktion durchführen zu lassen. [...]

Projekte dieser Art, zu der Zehntausende, ja Hunderttausende von Arbeitskräften in drei Tagesschichten gebraucht wurden, waren nur noch mit KZ-Häftlingen durchführbar, denn allein die SS besaß noch Arbeitskraftreserven in solchen Größenordnungen. Aber auch die reichten zur Erfüllung der gestellten Aufgaben bald nicht mehr aus, so daß im Frühjahr 1944 der Arbeitseinsatz auch von Juden diskutiert wurde. [...]

Am Ende des Jahres 1944 lag die Gesamtzahl der KZ-Häftlinge – jüdische und nichtjüdische – bei etwa 600 000, von denen 480 000 tatsächlich als ‚arbeitsfähig' gemeldet waren. Nach Schätzungen des Wirtschafts- und Verwaltungshauptamts der SS wurden davon etwa 140 000 bei den unterirdischen Verlagerungen eingesetzt, etwa 130 000 weitere bei den Bauvorhaben der Organisation Todt und ca. 230 000 in der Privatindustrie. [...] Vor allem die jüdischen Häftlinge, die in besonderen Kolonnen separiert waren, hatten dabei unter besonders schlechten Bedingungen zu leiden. Insgesamt aber kann man – mit aller Vorsicht – davon ausgehen, daß diejenigen, die in der Produktion der Rüstungsstammbetriebe selbst beschäftigt wurden, größere Überlebenschancen hatten als diejenigen Häftlinge, die in den SS-eigenen Betrieben, bei den großen Bauvorhaben und insbesondere beim Ausbau unterirdischer Produktionsstätten sowie bei der Fertigung in den Höhlen und Stollen nach der Betriebsverlagerung eingesetzt wurden. [...] In den Lagern der Bauprojekte wie in den Konzentrationslagern selbst herrschte gegen Ende des Jahres 1944 ein wahres Inferno – mit Todesraten, die die Überlebenszeit des einzelnen Häftlings durchschnittlich auf wenige Monate begrenzten. Der Wert eines Menschen war nicht höher, als seine Körperkraft für einige Wochen hergab. Hier waren Arbeit und Vernichtung für Hunderttausende von Menschen zu Synonymen geworden.

Ute Benz (Hg.)

Rassendiagnose: „Durchaus nordisch"

Fräulein ... S. ..., München, ... wurde am 4. 10. 1941 von Unterzeichnetem untersucht.

Sie ist etwa 1,54 groß mit glattem, schlichtem, dunkelblondem, künstlich in Dauerwellen gelegtem Kopfhaar von feiner Textur und hellblondem Körperhaar. – Die Gestalt ist ebenmäßig, die helle Haut von der Sonne gebräunt. Die Untersuchte hat einen kräftigen, wohlgebildeten Körper. Die Farbe der Augen ist hell-grau-blau. Die Augen selbst liegen tief, die Augenlider sind zart, beim Öffnen des Auges weicht das Oberlid vollkommen zurück. Die Stellung der Augen ist gerade.

Das Gesicht ist schmal, länglich-oval, die größte Stirnbreite 10 cm, die größte Backenknochenweite auch 10 cm, die Gesichtslänge 17 cm, das Untergesicht 11 cm. – Die gerade Nase springt kräftig vor, der in der Mitte des Nasenrückens befindliche, für die nordische Rasse charakteristische Höcker ist deutlich vorhanden, durch Sturz in früher Kindheit ist der Höcker etwas eingedrückt und dadurch leicht verbreitert. Das Gesicht selbst ist orthognath, das Kinn kräftig und wohlgebildet, der Mund groß, Lippen und Zahnstellung ohne besondere Merkmale – also kein Hinweis darauf, daß die Merkmale zweier weit verschiedener Rassen in der Zahnstellung oder in der Größe der Zähne durcheinander gemischt wären.

Die Untersuchte besitzt einen Langschädel, 18 : 13 cm, Index 72. Füße und Hände sind proportional.

Die Füße sind selbst gut gewölbt, die Hände schmal mit verhältnismäßig langen schlanken Fingern. Beide Ohrmuscheln sind wohlgebildet.

Da weder der juristische noch der wirkliche Vater leben, ist es sinnlos, die Blutgruppe festzustellen und die Fingerabdrücke zu untersuchen, da auf diesem Wege keinerlei Feststellungen gemacht werden könnten, die zur Sicherstellung der Abstammung beitragen könnten. Gesichtsausdruck und Haltung, Sprache und Gebärden der Untersuchten sind durchaus nordisch. Merkmale fremder Rassen, insbesondere der vorderasiatischen und orientalischen Rasse, sind nicht festzustellen.

Die Rassendiagnose ergibt:

Die Untersuchte gehört mit dem größten Teil ihrer körperlichen Merkmale zur nordischen Rasse. Sie ist anthropologisch als ein wertvolles Glied des deutschen Volkes zu bezeichnen.

gez. Dr. T. ...

NB. Fräulein S. ... legt eine Photographie ihres verstorbenen, wirklichen Vaters, Lothar Freiherr von R., vor. Die Übereinstimmung der Mundbildung, insbesondere der Oberlippe des Bildnisträgers mit der ihrigen ist beachtenswert und im Sinne obenstehender Diagnose zu verwerten.

Till Bastian

„Probelauf" einer Vernichtungsmaschinerie – Die Aktion T 4

Im Jahre 1941 begann, mit „deutscher Gründlichkeit" geplant, eine Vernichtungsmaschinerie ihren Betrieb, wie sie die Welt noch nie zuvor gesehen hatte.

Ein mörderischer „Probelauf" dieser Maschinerie bestand in der sogenannten Aktion T 4 (so benannt, weil die zentrale Planung in einer Villa in der Berliner Tiergartenstraße, Nr. 4, erfolgt war) – in der Ermordung Tausender von Geisteskranken und Behinderten: Ende Oktober 1939 hatte Adolf Hitler in einem auf den 1. September zurückdatierten „geheimen Führererlaß" gefordert, „die Befugnisse namentlich zu bestimmender Ärzte so zu erweitern, daß nach menschlichem Ermessen unheilbar Kranken bei kritischer Beurteilung ihres Krankheitszustandes der Gnadentod gewährt werden kann". Der tatsächliche Verlauf der Aktion sah freilich völlig anders aus: Am 9. Oktober begann die bereits im Sommer gegründete „Reichsarbeitsgemeinschaft Heil- und Pflegeanstalten" mit dem Verschicken von Meldeformularen, deren Ausfüllung dienstlich angeordnet wurde; die von Krankenhäusern und Pflegeheimen zurückkehrenden Erhebungsbögen wurden an Gutachter verteilt, die auf dem Meldebogen ohne weiteres Aktenstudium „Ja", „Nein" oder „Fraglich" notierten – „Ja" bedeutete Vergasung. An die Anstalten erging sodann die Weisung, die betreffenden Patienten zur Abholung bereitzuhalten, worauf sie alsbald in den innen verhängten Autobussen zunächst zu Zwischenstationen und dann in die sechs Tötungsanstalten (Hadamar, Grafeneck, Bernburg, Brandenburg, Hartheim/Linz und Sonnenstein bei Pirna) gebracht wurden. Die dortigen Vergasungsstationen waren als Duschräume getarnt. Das Personal war kaserniert, wurde mit Sonderzulagen und reichlich Alkohol belohnt; eigene „Trostbriefabteilungen" informierten die Hinterbliebenen mit verlogenen Beileidsschreiben. Aus der Tötungsanstalt Hadamar berichtete ein Augenzeuge:

„... Ich kann mich noch daran erinnern, daß aus Anlaß der Tötung des 10 000. Geisteskranken im Keller eine Feier stattfand. Die Feier fand unmittelbar im Krematorium statt. Der 10 000ste Kranke war im Krematorium aufgebahrt. Es handelte sich um einen kleinen Menschen mit einem ungeheuren Wasserkopf. Der Kranke mit dem Wasserkopf blieb während der ganzen Feier aufgebahrt. Ich erinnere mich noch, daß Dr. B. eine Rede hielt; ein Angehöriger der Verwaltung verkleidete sich mit Hilfe einer gewendeten Anzugjacke als evangelischer Pfarrer und hielt auch eine Rede. Alle Teilnehmer an dieser Feierlichkeit bekamen eine Flasche Bier ..."

Insgesamt fielen der Mordaktion 80 000 bis 100 000 Kranke und Behinderte zum Opfer. Im August 1941 ließ Hitler die Aktion T 4 abrupt beenden; die Motive hierfür sind nicht eindeutig bekannt. Neben Unruhe, zum Teil auch offenem Widerspruch in der Bevölkerung (manifestiert etwa in der berühmten Predigt des Bischofs von Münster, Clemens August Graf von Galen, am 3. August 1941 in der Münsteraner Lambertikirche) kommt auch der Feldzug gegen die Sowjetunion in Betracht, der einerseits eine Konzentration der Kräfte auch im Transportwesen erforderlich machte, andererseits aber auch durch raschen Gewinn von „Lebensraum" im Osten die Realisierung einer großangelegten „Endlösung der Judenfrage" fernab von den Kerngebieten des Reiches zu ermöglichen schien.

Bernhard Lichtenberg
„Ich fordere Rechenschaft"

An den Reichsärzteführer Leonardo Conti, 28. August 1941

Der Bischof von Münster hat am 3. August 1941 in der St. Lamberti-Kirche in Münster eine Predigt gehalten, in der er behauptete, es sei ihm versichert worden, daß man im Reichsministerium des Innern und auf der Dienststelle des Reichsärzteführers Dr. Conti gar keinen Hehl daraus mache, daß eine große Zahl von Geisteskranken in Deutschland vorsätzlich getötet worden ist und in Zukunft getötet werden soll.

Wenn diese Behauptung unwahr wäre, hätten Sie, Herr Reichsärzteführer, den bischöflichen Prediger schon längst als Verleumder öffentlich gebrandmarkt und gerichtlich Klage gegen ihn angestrengt, oder die Geheime Staatspolizei hätte sich seiner bemächtigt. Das ist nicht geschehen. Sie geben also die Richtigkeit der Behauptung zu. Wenn auch die heiligen Zehn Gebote Gottes öffentlich ignoriert werden, so hat doch das RStGB [Reichsstraf-Gesetzbuch] noch Gesetzeskraft...: „Wer vorsätzlich einen Menschen tötet, wird, wenn er die Tötung mit Überlegung ausgeführt hat, wegen Mordes mit dem Tode bestraft." § 139 bestimmt: „Wer von dem Vorhaben eines Verbrechens wider das Leben... glaubhaft Kenntnis erhält und es unterläßt, der Behörde oder dem Bedrohten hiervon zur rechten Zeit Anzeige zu machen, wird... bestraft." Wenn die mit der Strafverfolgung und Strafvollstreckung betraute staatliche Behörde hier keinen Anlaß einzugreifen erkennt, muß jeder deutsche Staatsbürger, den Gewissen und Amt dazu drängen, sich zum Worte melden. Ich tue es hiermit: Vor kurzer Zeit war eine fassungslose Mutter in meinem Büro. Sie wollte meinen Rat und meine Hilfe in Anspruch nehmen. Sie hatte vor einer Woche aus einer Provinzial-Heil- und Pflegeanstalt die Nachricht bekommen, daß ihr 38jähriger Sohn an Lippenfurunkel und Hirnhautentzündung gestorben und verbrannt worden sei. Er befand sich in dieser Anstalt erst seit einer Woche. Er war aus einer anderen Anstalt dorthin transportiert worden, die nur eine Sammelstelle für die „zum Tode Verurteilten" war. 18 Jahre hatte er in einer anderen Pflegeanstalt zugebracht, deren Arzt der Mutter vor einem Monat das Anerbieten gemacht hatte, ihren Sohn nach Hause zu beurlauben. Der Vater des Patienten hatte, sobald ihm seine Frau nach der Rückkehr von ihrem Krankenbesuch davon Mitteilung machte, durch einen eingeschriebenen Brief sein Einverständnis mit der Beurlaubung des Sohnes ausgesprochen; dieser Brief kam zu spät an, der Sohn war schon nach der Sammelstelle transportiert worden. Ein zweiter eingeschriebener Brief nach der Sammelstelle kam auch zu spät, der Sohn war schon zur „Hinrichtungsstelle" geführt worden. Die Mutter fuhr ihm nach, verlangte den Sohn, wie mit dem Arzt der ersten Pflegestelle verabredet war, zum wiederholten Male heraus; der Arzt weigerte sich, ihn zu entlassen, die Mutter fuhr zurück, der Vater verlangte durch eingeschriebenen Brief die sofortige Herausgabe des Sohnes, als Antwort erhielt er wenige Tage darauf die Mitteilung seines Todes, die Asche könne zur Verfügung gestellt werden. Wieviel tausend- oder -zigtausendmal sich diese Fälle wiederholt haben, weiß Gott allein. Die Öffentlichkeit darf es nicht wissen, und die Angehörigen fürchten, wie auch in diesem Falle, für ihre Freiheit und ihr Leben, wenn sie öffentlich Einspruch erheben. Auch auf meiner priesterlichen Seele liegt die Last der Mitwisserschaft an dem Verbrechen gegen das Sittengesetz und das Staatsgesetz. Aber wenn ich auch nur einer bin, so fordere ich doch von Ihnen, Herr Reichsärzteführer, als Mensch, Christ, Priester und Deutscher Rechenschaft für die Verbrechen, die auf Ihr Geheiß oder mit Ihrer Billigung geschehen und die des Herrn über Leben und Tod Rache über das deutsche Volk herausfordern.

Ich gebe von diesem Briefe der Reichskanzlei, den Reichsministerien und der Geheimen Staatspolizei Kenntnis.

Sibylle Meyer/Eva Schulze

Klara Steiner, Jahrgang 1906 – Ein ganz normales Leben

Klara Steiner, geborene Schütz, wurde im Jahr 1906 in einem Dorf in der Mark Brandenburg geboren. Die Eltern betrieben eine kleine Landwirtschaft. Als 15jährige wollte Klara nicht länger auf Kosten der Eltern leben und versuchte, ihr eigenes Geld zu verdienen. Sie ging, wie ihre vier Brüder, nach Berlin.

Über die Stellenvermittlung „Eliserin" am Belle-Alliance-Platz fand sie Arbeit bei einer Bäckerfamilie in der Mittenwalder Straße. Dort mußte sie vor allem saubermachen, Essen kochen und täglich zwischen sechs und sieben Uhr morgens Brot und Brötchen austragen. 1929 lernte sie ihren Mann kennen, den sie bald darauf heiratete. Er arbeitete als Kraftfahrer in einer Fabrik für Schuhwarenbedarfsartikel. Das junge Ehepaar zog in die Palisadenstraße in den „roten Osten" Berlins.

1931 wurde Frau Steiners erster Sohn geboren und eineinhalb Jahre später, 1933, der zweite. Nach der Machtübernahme 1933 wurde ihr Mann sofort entlassen. Herr Steiner bekam Arbeitslosenunterstützung, die bei zwei Kindern 17 Mark und 1 Groschen pro Woche betrug. Damit mußte sie den Haushalt führen und für vier Personen Essen auf den Tisch bringen.

Nach der Geburt der Tochter zog die Familie [...] in die Prinzenstraße in Kreuzberg, Herr Steiner fand wieder Arbeit, wurde aber Anfang 1939 erneut entlassen. Nun mußte Frau Steiner Arbeit suchen, um den Lebensunterhalt der Familie zu sichern.

Herr Steiner wurde bei Kriegsausbruch 1939 als einer der ersten kurz vor Weihnachten eingezogen. Damit ihre drei Kinder nicht alleine bleiben mußten, wollte Frau Steiner aufhören zu arbeiten. Aber da die Firma, in der sie arbeitete, in die Kriegsproduktion einbezogen war, konnte sie nicht kündigen.

Mit dem Meister in ihrer Firma verstand sie sich gut und erreichte mit seiner Hilfe, daß sie zu Hause bleiben und für die Firma Heimarbeit machen konnte.

Von 1943 an wurde das Bombardement verstärkt. Bombengeschwader dröhnten Tag und Nacht über Berlin. Brandbomben und Luftminen fielen.

Erst als die Kinder immer größere Angst bekamen, entschloß sie sich, den jüngeren Sohn mit der Kinderlandverschickung nach Posen gehen zu lassen. Die kleine Tochter gab sie zu Verwandten aufs Land. Mit ihrem ältesten Sohn, der inzwischen 13 Jahre alt war, blieb sie in ihrer schwer zerstörten Wohnung in Berlin. 1944 wurde bei einem erneuten Bombenangriff das Vorderhaus getroffen:

„Dann haben wir hier die Möbel und alles rausgetragen. Die ganzen Häuser in der Prinzenstraße haben ja nun alle gebrannt und sind zusammengefallen. Ich sagte: ‚Günther, was sollen wir denn hier, nun haben wir die Möbel zwar hier unten, aber wir kommen ja nicht durch.' Die ganze Prinzenstraße war ja voller Schutt. Dann sind wir beide wieder rein hier, in unseren Seitenflügel rauf, und haben versucht, nun alles, was da noch geglimmt hat, wegzuhauen, damit es nicht weiterbrannte. Und dann haben wir die ganzen Sachen wieder zurückgeholt. Wo sollten wir denn sonst hin?"

Bei einem anderen Bombenangriff kam der Alarm so spät, daß „die Hälfte der Bomben schon runter war, bis die Sirenen anfingen", so daß sie sich nur knapp in den Luftschutzkeller retten konnte und durch den Luftdruck fast erstickt wäre. Nach diesem bedrohlichen Erlebnis verließ sie Berlin. Zusammen mit ihrem Sohn fuhr sie nach Lauchhammer zu den Verwandten, bei denen auch ihre Tochter untergebracht war. Die Fahrt dorthin war sehr beschwerlich:

„Das war so furchtbar, diese Hinfahrt. Ich weiß nur, daß wir zweieinhalb Tage für 128 Kilometer Eisenbahnlinie brauchten. In irgendeinen Zug rein, wieder raus, wieder rein, weil wir mehrmals beschossen worden sind."

Bei den Verwandten in Lauchhammer durften sie zwei kleine Mansardenzimmer bewohnen. Trotzdem war das Zusammenleben auf so engem Raum sehr problematisch. Besonders die gemeinsame Nutzung der Küche führte zu Schikanen und Reibereien. Noch dazu war die Miete für die beiden Zimmer so hoch, daß die Unterstützung, die sie bekam, nicht zum Leben reichte. Sie begann für die Leute in Lauchhammer zu nähen. Vom Sack angefangen über Schürze und Nachthemd flickte sie alles wieder zu neuen Kleidungsstücken zusammen. Sie war froh, daß sich ihr Geschick herumsprach, denn zum Hamstern, meinte sie, sei sie „zu doof" gewesen. Durch das Nähen konnte sie zusätzlich Nahrungsmittel für sich und ihre Kinder besorgen, denn Geld und Bezugsscheine reichten nicht zum Leben.

Eines Tages kam der Gemeindediener zu ihr, um sie und ihren Sohn zu warnen. Am nächsten Morgen sollten sich alle Jungen ab dem zwölften Lebensjahr vor dem Haus der Ortsgruppe versammeln, da sie zur „letzten" Mobilmachung eingezogen werden sollten. Frau Steiner beschloß, dieser Bedrohung des 16jährigen aus dem Weg zu gehen. Sie verschwand mit ihren Kindern bei Nacht und Nebel aus Lauchhammer, um mit ihnen nach Berlin zurückzugehen.

„Und da haben wir alles stehen und liegen lassen, bis auf die Betten, die haben wir mitgenommen. Wir sind zwei Tage gefahren, einmal oben auf den Kohlen, und dann wieder in einem Güterwaggon.

Die letzten Wochen haben wir dann praktisch nur noch im Luftschutzkeller gewohnt."

Je näher das Kriegsende kam, desto mehr verschärfte sich die Situation in ihrem Kiez. Deutsche Soldaten lieferten sich Straßengefechte mit russischen Soldaten. Haus für Haus wurde umkämpft.

„Nun waren die Russen in unserer Straße. Da war ich eine von den ersten, die sie mitgenommen haben in den nächsten Keller. Nee, so hatte ich mir den Frieden nicht vorgestellt. Am nächsten Tag wurde ich dann auch noch meine Brieftasche los. Da kommt ein Russe, ich mußte mich an die Wand stellen. Und als ich an der Wand stand, mußte ich mich umdrehen, weil ich so geheult hab, und da hat er mir die Brieftasche weggenommen. So, nun hatte ich nichts mehr. Jetzt hatte ich keine Papiere mehr, kein Geld, nun hatte ich nichts mehr. Dann ging das los hier in der Prinzen-

straße mit dem Aufräumen. Wir mußten die Steine wegräumen, und das hat mich geärgert. Und ich habe aus dem Fenster gerufen: ‚Holt euch doch die Nazifrauen, laßt mir meine Ruhe!' Aber mir ist dann doch nichts anderes übriggeblieben, denn ich hatte ja keinen Pfennig Geld mehr. Ich mußte ja Geld verdienen, und da hab' ich doch Steine geklopft. Was die für das Steinklopfen bezahlt haben, das waren pro Stunde 57 Pfennige, die erste Zeit. Hinterher gab es 61 Pfennige.«

Der Sohn war für sie eine wichtige Stütze, der alles heranschaffte und organisierte. Auch bei Schwarzmarktgeschäften war sie ganz auf seine Hilfe angewiesen. Ohne ihn hätte sie sich und ihre Tochter kaum über die Runden gebracht. Die Wohnung war so stark zerstört, daß sie nur in der Küche wohnen konnten. Die Fensterscheiben waren alle zerbrochen und die Türen aus den Angeln gerissen. Glas zu bekommen war völlig unmöglich. Sie blieb nur in der Wohnung, weil es nahezu ausgeschlossen war, etwas Anderes, Besseres zu finden. Ein anderer Grund zu bleiben war ihr Mann, von dem sie seit Kriegsende keine Nachricht mehr hatte und der sie wiederfinden sollte.

Auch von ihrem zweiten Sohn, der mit der Kinderlandverschickung nach Posen evakuiert worden war, hatte sie seit Ende 1944 kein Lebenszeichen mehr erhalten. Sie wußte, daß er auf der Flucht vor der russischen Armee zuletzt in Thüringen gewesen war. Mitte 1945 kam der Junge zerlumpt, zerschunden und ausgehungert zurück. Nun mußte sie für drei Kinder sorgen.

Otfrid Ehrismann

Der neue Dietrich von Bern

Hans Naumann gehörte zu den schillerndsten Figuren des germanistischen Faschismus, ein glühender Verehrer Hitlers war er ebenso wie ein Verteidiger Thomas Manns, der ins Exil hatte gehen müssen. Seine Sammlung von Reden und Aufsätzen unter dem Titel „Wandlung und Erfüllung“ (Stuttgart 1933) widmete er dem Dichter Stefan George und Hitler zu gleichen Teilen:

„[...] ihnen beiden, in geheimnisvoller Weise zueinander gehörig, Führern zu geschichtlichem Willen und zu heroischer Haltung aus dem Sumpfe jenes Ungeists, der die Gesinnung an die Materie band [d. h. des Marxismus]; ihnen beiden, in denen sich die germanische Idee von Führertum und Gefolgschaft endlich aufs neue erfüllte [...].“

Als Hitler auf der Tannenbergfeier (August 1934) von dem toten Hindenburg Abschied nahm mit den Worten: „Toter Feldherr, geh nun ein in Walhall!“, da kommentierte Naumann ergriffen: „Seit einem Jahrtausend sprach kein germanischer Staatsführer mehr so.“ Er rekonstruierte ein germanisches Weltbild, das er in vielfacher Übereinstimmung mit der Existenzphilosophie Martin Heideggers sah. Anders als nicht wenige seiner Kollegen, die zwar den „Umbruch“ noch freudig begrüßten, sich dann aber, als die terroristischen Praktiken des Nationalsozialismus mehr und mehr deutlich wurden, zurückzogen, blieb er seinem Idol Hitler treu. [...]

Zehn Jahre später, in der Wirklichkeit des Sterbens, galt es Hoffnung aufzubauen. Naumann beklagte, daß im Nibelungenlied ein Held fehle, in dem das Volk „sein besseres Ich“ wiedererkennen könne, und es fehle vor allem die Reichsidee: „Gerade das deutsche Volk hat sich doch gerettet aus dem germanischen Untergang mit Hilfe der Kaiser- und Reichsidee.“

An der epischen Untergangsvision mochte sich allenfalls eine militärische Elite aufrichten, nicht aber ein ganzes Volk: „Zu tiefstem Leid und zu tiefster Trauer bewegt dies alles uns nur.“ Deshalb konnte die Dichtung nicht das Nationalepos sein, als das sie immer wieder bis in die Gegenwart gefeiert wurde: dann hätte die Sehnsucht nach dem Leben stärker sein müssen, hätte es keinen Todesrausch geben dürfen. Das Lied sei eine Elegie (und zwar eine epische Elegie alten Stils: d. i. ein Klagelied, das u. a. auch Darstellungen aus Geschichte und Sage enthalten kann). Augenscheinlich war das Epos als Spiegel der Nation während des Krieges zu wirklich geworden, und Naumann verweigerte sich dieser Wirklichkeit und damit auch der notwendigen Trauerarbeit:

„Aber gerade angesichts der überreichen Todesernte dieser Dichtung, die mit einem hoffnungslosen Massentode alles germanischen Kriegsvolkes endet und selbst dem Berner mit seiner amelungischen Gefolgschaft alle weiteren Möglichkeiten grausam und restlos zerschlägt, erwacht doch wohl unser Widerspruch. Wir können über Größe und Adel den Untergang doch nur vorübergehend vergessen [...] Wenn wir so nun, schmerzlich bewegt und nur sehr zögernd, dem ‚Nibelungenlied' den Charakter [...] unser Nationalepos zu sein, absprechen müssen, hauptsächlich aus dem Grunde, weil es doch die tragischste Dichtung ist, die es überhaupt auf Gottes Erdboden gibt, wir uns aber einfach weigern, die Geschichte unseres Volkes demgemäß zu begreifen oder zu deuten [...]"

Der Krieg hatte so zwar die Trennung von faschistisch-germanisierender Phantasie und Wirklichkeit etwas verringert, aber die Phantasie war noch lange nicht bereit, sich mit der Wirklichkeit zu versöhnen: „Aber die Frage, ob das Lied [...] ganz unbewußt unsern Nationalcharakter enthülle, wollen wir von [!] so dunklem und spekulativ schmerzlichem Grund lieber gar nicht erst stellen."

So blieb die Hoffnung, die sich aus der Geschichte nährt (Reichsidee), eine imperiale Hoffnung wider die weltbürgerliche der Romantiker, und mit ihr blieb die Hoffnung auf ein neues Nationalepos; es ist die Hoffnung des germanischen Mythos; das Nibelungenlied, so sieht es Naumann ganz richtig, gewährt keine Utopie: „Und wenn sich in all den großen Gestalten, in ihrer Treue zu sich selbst und zu den Freunden, in ihrer Haltung zum Schicksal usw. entscheidende Grundkräfte unseres Volkes offenbaren, wäre dann nicht die poetische Gerechtigkeit nur desto mehr uns jenen lichten Ausblick schuldig, den doch sogar die Tragik des altgermanischen Mythos mit dem Ausblick auf die neue Erde und die Wiederkehr Balders uns nicht vorenthält?"

Das gegenwärtige Reich besitze schon ein Nationalepos mit jenem „Ausblick", und zwar in Hitler:

„Im Dritten [Reich] wird gewiß die erlösende Stunde schlagen, es besitzt ja bereits in dem einzigen Manne und in der Geschichte seiner Erscheinung ein Nationalepos urältester Struktur [...] man brauchte es nur in Verse zu gießen."

Der neue Held sollte, in der Tradition der deutschen Epik, den Namen Dietrich erhalten.

Jürgen Moeller (Hg.)

Zwei letzte Briefe aus Stalingrad

Das mußt Du Dir aus dem Kopf schlagen, Margarete, und Du mußt es bald tun. Ich möchte Dir sogar raten, es gründlich zu tun, denn um so geringer wird die Enttäuschung sein. Ich lese aus jedem Deiner Briefe den Wunsch, mich bald bei Dir zu sehen. Es ist gar nicht so verwunderlich, daß Du Dich danach sehnst. Ich warte ja auch, und zwar leidenschaftlich, auf Dich. Dieser Umstand macht mich nicht so unruhig, sondern daß im Hintergrund und zwischen den Zeilen ein Verlangen wartet, nicht nur den Mann und Geliebten, sondern den Pianisten wieder bei sich zu haben. Das spüre ich sehr deutlich. Ist es nicht eine komische Verwechslung der Gefühle, daß ich, der am unglücklichsten sein müßte, sich in sein Schicksal ergeben hat, und die Frau, die allen Grund hätte dankbar zu sein, daß ich überhaupt lebe (bis jetzt noch), hadert mit dem Schicksal, das mich betroffen hat.

Ich habe oftmals den Verdacht, daß ein stiller Vorwurf gegen mich erhoben wird, so, als ob ich schuldig sei, nicht mehr spielen zu können. Das wolltest Du doch hören. Und darum bohrtest Du solange in Deinen Briefen um Klarheit, die ich Dir besser und lieber persönlich gegeben hätte. Vielleicht will es das Schicksal so, daß unsere Lage hier einen Stand erreicht hat, der keine Ausreden und kein Ausweichen mehr gestattet. Ob ich noch einmal zu Dir sprechen kann, weiß ich nicht, darum ist es ganz gut, wenn diese Post in Deine Hände gelangt und Du es bereits weißt, wenn ich eines Tages auftauche. Die Hände sind hin, schon seit Anfang Dezember. An der linken fehlt der kleine Finger, noch schlimmer ist es, daß an der rechten Hand die drei mittleren Finger erfroren sind. Ich kann den Trinkbecher nur mit dem Daumen und kleinen Finger halten. Ich bin ziemlich hilflos, und man merkt es erst, wenn einem die Finger fehlen, wie sehr man sie bei den kleinsten Verrichtungen gebraucht. Am besten kann ich noch schießen mit dem kleinen Finger. Die Hände sind hin. Ich kann doch nicht mein ganzes Leben schießen, wenn ich zu etwas anderem nicht mehr zu gebrauchen bin. Ob es vielleicht zum Förster langt? Das ist Galgenhumor. Und ich schreibe es auch nur, um mich zu beruhigen.

Kurth Hahnke, mir ist so, Du kennst ihn aus dem Kollegium aus 37, hat auf einem Flügel in einer kleinen Seitenstraße am Roten Platz vor acht Tagen die Appassionata gespielt. So was erlebt man nicht alle Tage, direkt auf der Straße stand der Flügel. Das Haus ist gesprengt worden, aber das Instrument haben sie wohl aus Mitleid vorher herausgeholt und auf die Straße gestellt. Jeder Landser, der vorbeikam, hat drauf rumgehämmert, und ich frage Dich, wo stehen auch sonst Klaviere auf der Straße. Ich habe es schon geschrieben, am 4. Januar hat Kurt unerhört gespielt, er wird bald in der vordersten Front stehen.

Entschuldige, jetzt habe ich schon für „Reihe" das Wort „Front" gebraucht, so sehr hat der Krieg Einfluß auf alles um uns herum. Wenn der Junge heimkommt, werden wir bald viel Rühmenswertes von ihm hören. Ich werde diese Stunden bestimmt nicht wieder vergessen. Dafür sorgen schon die Art und der Rahmen des Publikums. Schade, daß ich kein Schriftsteller bin, um das in Worte zu kleiden, wie die hundert Landser in ihren Mänteln hier herumhockten, mit Decken über dem Kopf; überall bummerte es, aber keiner ließ sich stören, sie hörten Beethoven in Stalingrad, auch wenn sie ihn nicht verstanden. Ist Dir nun wohler, da Du die volle Wahrheit weißt?

Liebster Vater! Die Division ist ausgeschlackt für den Großkampf, aber der Großkampf wird nicht stattfinden. Du wirst Dich wundern, daß ich an Dich schreibe und an Deine Adresse im Amt, aber was ich in diesem Brief zu sagen habe, ist nur unter Männern zu sagen. Du wirst es in der Dir eigenen Form an Mutter weitergeben. Wir dürfen heute schreiben, heißt es bei uns. Das bedeutet für einen, der die Lage kennt, wir können es nur noch einmal.

Du bist Oberst, lieber Vater, und Generalstäbler. Du weißt, was das bedeutet, und mir ersparst Du damit Erklärungen, die sentimental klingen könnten. Es ist Schluß. Ich denke, es wird noch ungefähr acht Tage lang gehen, dann ist der Kragen zu. Ich will nicht nach Gründen suchen, die man für oder gegen unsere Situation ins Feld führen könnte. Diese Gründe sind jetzt gänzlich unwichtig, und außerdem ohne Nutzen, aber wenn ich dazu etwas zu sagen habe, dann das eine: sucht nicht nach Erklärungen für die Situation bei uns, sondern bei Euch und bei dem, der dieses zu verantworten hat. Haltet den Nacken steif. Du, Vater, und die mit Dir der gleichen Ansicht sind. Seid auf der Hut, damit nicht größeres Unheil über unser Vaterland kommt. Die Hölle an der Wolga soll Euch Warnung sein. Ich bitte Euch, schlagt diese Erkenntnis nicht in den Wind.

Und nun noch zum Gegenwärtigen. Von der Division sind noch 69 Mann verwendungsfähig. Bleyer lebt noch und Hartlieb auch. Der kleine Degen hat beide Arme verloren, er wird wohl bald in Deutschland sein. Für ihn ist auch Schluß. Fragt ihn dann nach Einzelheiten, die für Euch wissenswert sind. D. hat keine Hoffnung mehr. Ich möchte wissen, was er manchmal über die Lage und ihre Folgen denkt. Wir haben noch zwei MG und vierhundert Schuß. Einen Granatwerfer und 10 Granaten. Sonst nur noch Kohldampf und Müdigkeit. Berg ... ist mit 20 Mann ausgebrochen, ohne Befehl. Besser, in drei Tagen wissen, wie es ausgeht, als in drei Wochen. Kann es ihm nicht verdenken.

Zum Schluß das Persönliche. Du kannst Dich darauf verlassen, daß alles anständig zu Ende gehen wird. Ist ein bißchen früh mit dreißig Jahren, ich weiß. Keine Sentiments. Händedruck für Lydia und Helene. Kuß für die Mama (vorsichtig sein, alter Herr, Herzfehler bedenken), Kuß für Gerda. Grundsätzlich Gruß an alle übrigen. Hand an den Helm, Vater, Oberleutnant ... meldet sich bei Dir ab.

Ursula von Kardorff

„Wollt ihr den totalen Krieg?"

18. Februar 1943

Goebbels redete im Sportpalast vor einer auserwählten Menge, die nur auf Einlaßkarten hineinkam. Es muß wie im Tollhaus gewesen sein. Als er fragte: „Wollt ihr den totalen Krieg?", hat alles „ja" gebrüllt. Einer unserer Schriftleiter, der zur Berichterstattung da war, erzählte uns, wie die Menge getobt hat. Er ist ein ruhiger, bedächtiger Mann und Anti-Nazi. Und doch ertappte er sich dabei, wie er mit aufsprang und um ein Haar mitgeschrien hätte, bis er sich beschämt wieder auf seinen Sitz zurückfallen ließ. Er sagte, wenn Goebbels weitergefragt hätte: „Wollt ihr alle in den Tod gehen?" so hätten sie genauso „ja" gebrüllt.

Anneliese Knoop-Graf

Gegen die Diktatur des Bösen – Der Widerstand der „Weißen Rose"

Die Mitglieder der „Weißen Rose" hatten im Juni 1942 ihre Verschwörungsaktion begonnen, sie riefen durch Flugblätter ihre Mitbürger zum Kampf gegen den NS-Terror auf. Sie hatten auch die Absicht, Beziehungen zu anderen Verschwörerkreisen anzubahnen. [...]

Am 18. Februar 1943 legten Hans und Sophie Scholl kurz vor 11 Uhr vormittags Flugblätter im Hauptgebäude der Universität aus. Die restlichen Flugblätter warf – laut Verhörprotokoll der Gestapo – Sophie Scholl von der Galerie des obersten Stockwerks herab. Dabei wurden sie vom Hausschlosser Schmied beobachtet, beim Hinausgehen auf der Treppe festgehalten und anschließend von der Gestapo verhaftet. Bald darauf auch andere unmittelbar Beteiligte samt ihren Familienangehörigen sowie eine Anzahl weiterer verdächtiger Personen. In anschließenden Verfahren vor dem Volksgerichtshof in München wurden die Geschwister Scholl, Christoph Probst, Alexander Schmorell, Willi Graf und Professor Dr. Kurt Huber zum Tode verurteilt.

Es waren insgesamt sechs Flugblattfolgen, die die Freunde meist zu nächtlicher Stunde hergestellt und unter Lebensgefahr in Briefkästen geworfen hatten. Diese Flugblätter, die in einer bis dahin nicht erlebten Weise die Verbrechen des NS-Regimes anprangerten und den Aufstand gegen diese „Diktatur des Bösen" zur sittlichen Pflicht aller Deutschen erklärten, gipfelten immer wieder in dem Aufruf an Kommilitonen und Lehrer, endlich den Weg vom Wissen zum Widerstand zu gehen. Sie deuteten die Untaten des Regimes als Abfall von der gottgewollten Weltordnung und beschworen die Deutschen, sich nicht zu Mitschuldigen an diesen „scheußlichsten und unwürdigsten Verbrechen" zu machen.

„Leistet passiven Widerstand" – so steht es in einem der Flugblätter –, „wo immer Ihr auch seid... Verhindert das Weiterlaufen dieser atheistischen Kriegsmaschine, ehe es zu spät ist, ehe die letzten Städte ein Trümmerhaufen sind und ehe die letzte Jugend des Volkes irgendwo für die Hybris eines Untermenschen verblutet ist. Vergeßt nicht, daß ein jedes Volk diejenige Regierung verdient, die es erträgt."

Und in jenem letzten Flugblatt heißt es: „Der deutsche Name bleibt für immer geschändet, wenn nicht die deutsche Jugend endlich aufsteht, rächt und sühnt zugleich, ihre Peiniger zerschmettert und ein neues geistiges Europa aufrichtet."

Ziel dieser Aktion war es – und darin zeigt sich die Größe der

Entscheidung dieser Menschen –, den Untergang des Regimes zu betreiben, um damit dem Vaterland zu dienen. Im Kampf gegen den Faschismus ging es um die Wiederherstellung humaner Werte und die Verteidigung der Freiheit. Von daher formte sich auch das Bild von dem, was danach kommen sollte.

Daß über die politische Situation Deutschlands nach dem Sturz der Nazis gedankliche Ansätze und konkrete, keineswegs idealistische Vorstellungen entwickelt und diskutiert wurden, steht fest. Vorstellungen, die sowohl auf christlichem wie konsequent liberalem, wie auch auf sozialistischem Gedankengut beruhten. Aber es waren noch vage Ideen oder auch Imperative und Losungen, wie sie sich in den Flugblättern finden. Andere authentische Dokumente und Belege gibt es nicht. Die Dringlichkeit des Handelns, die weder Aufschub noch gelassenes Ausreifen duldete, und die kurze Zeit, die den unmittelbar Beteiligten vor ihrem schrecklichen Ende blieb, haben es nicht zugelassen, daß sich diese Anfänge zu einer formulierten Gesamtkonzeption verdichten konnten.

Von heute her gesehen läßt sich aus manchen Zeugnissen und Dokumenten der innere Weg nachzeichnen, den die Münchner Studenten gegangen sind: Mit ihrer Entwicklung vom zunächst unpolitischen über den unbewußt politischen bis hin zum bewußt politischen Menschen steigerte sich die Intensität ihrer Kraft zum Widerstand. Die Geschehnisse des 18. Februar setzten all dem ein jähes Ende. Und Sophie Scholls von Hoffnung und Erregung durchglühte Prophezeiung. „Das wird Wellen schlagen“, erfüllte sich zu jener Zeit noch nicht.

Die überwiegende Mehrzahl der Münchner Studenten schien unvorbereitet, zwar betroffen, aber wie gelähmt zu sein. Lediglich in einer Hamburger Gruppe von Intellektuellen und Studenten, die insgesamt etwa 50 Personen umfaßte, zündete das Fanal. Diese Menschen sorgten dafür, daß die Flugblätter weiter verbreitet und Sammlungen für die Witwe von Professor Huber unternommen wurden. Im Spätherbst 1943 wurden 30 davon verhaftet. Acht Menschen, die den aktiven Kern bildeten, mußten ihr Leben lassen.

Carl-Friedrich Goerdeler

Der „psychologisch richtige" Zeitpunkt zum Staatsstreich

17. Mai 1943

Hochverehrter Herr General [Olbricht]!
Immer wieder habe ich mir die Auffassung überlegt, es müsse erst der psychologisch richtige Moment abgewartet werden.

Wenn man darunter den Zeitpunkt versteht, in dem die Ereignisse Handlungen auslösen, dann fällt er mit dem Beginn des Niederbruchs zusammen: für eine politische Auswertung würde die Handlung dann zu spät kommen. Inzwischen wären unersetzliche Kulturwerte, die wichtigsten Wirtschaftszentren Trümmerhaufen, wäre die Verantwortung der militärischen Führer mit kostbaren Menschenleben überlastet. Deshalb darf das Nahen des „psychologisch richtigen" Zeitpunktes nicht abgewartet, er muß *herbeigeführt* werden. Denn wir sind uns sicher einig, daß Führung ohne vorausschauendes richtiges Handeln nicht möglich ist.

Von ihr möchte ich im Interesse der Zukunft unseres Vaterlandes die in Jahrhunderten herangebildete Intelligenzschicht nicht ausgeschlossen wissen; in ihr sollten aus gleichem Grunde die erfahrenen führenden Köpfe unserer Soldaten nicht fehlen.

Stalingrad und Tunis sind so schwere Niederlagen, wie sie in der deutschen Geschichte seit Jena und Auerstedt nicht zu verzeichnen sind. In beiden Fällen ist dem deutschen Volke gesagt, daß entscheidende Gründe verlangt hätten, Armeen zu opfern. Daß das unwahr ist, wissen wir; denn Soldat und Politiker können nur solche Opfer als notwendig vertreten, die auf anderen Gebieten einen das Opfer überwiegenden Erfolg verbürgen. In Wahrheit liegt unfähige gewissenlose Führung vor; bei rechter Führung wären beide Opfertragödien vermieden und damit eine günstigere militärische und politische Lage hergestellt.

Die Zahl der auf Befehl vor und in diesem Kriege zum Tode

gebrachten Zivilisten, Männer, Frauen und Kinder der verschiedenen Völker sowie der russischen Kriegsgefangenen übersteigt weit eine Million. Die Art und Weise ihrer Beseitigung ist ungeheuerlich und hat mit Ritterlichkeit, Menschlichkeit, ja mit den primitivsten Anstandsbegriffen primitiver Völker nichts zu tun. Dem deutschen Volke aber wird wahrheitswidrig dargestellt, als ob die russischen Bolschewisten es sind, die laufend ungeheure Verbrechen an Unschuldigen begangen hätten.

Die Liste solcher Tatsachen ließe sich fast beliebig vermehren. Ich habe nur diese beiden Vorgänge herausgegriffen, weil sie Schulbeispiele für die sittliche Vergiftung des Volkes sind und zusammen mit einer in der deutschen Geschichte noch nicht dagewesenen Korruption sowie mit der Vernichtung des Rechts jede Möglichkeit bieten, den „psychologisch richtigen" Zeitpunkt *zu schaffen.* Gewiß, die Mehrheit des deutschen Volkes, fast die gesamte Arbeiterschaft, weiß heute, daß dieser Krieg kein gutes Ende nimmt.

Demgegenüber erscheint die Geduld des Volkes unerklärlich. Aber diese Perversität beruht nur auf der Tatsache, daß Terror Geheimhaltung, Lüge und Verbrechen schützt.

Die Perversität schwindet sofort, wenn das Volk sieht, daß dem Terror zu Leibe gerückt, der Korruption Vernichtung angesagt und an Stelle des Geheimnisses und der Lüge Offenheit und Wahrheit gesetzt werden. In derselben Stunde wird jeder Deutsche wieder zurechtgerückt, der Anständige wie der Unanständige, jeder wird die Handlung, die er gestern noch, weil sie heimlich bleibt, ungehindert vornahm oder unbeanstandet ließ, heute ablehnen und verurteilen, weil jener Anstand, dieser Verantwortung vor sich stehen sieht.

Finden wir keinen anderen Weg, so bin ich bereit, alles zu tun, um zu einer Aussprache mit Hitler zu gelangen. Ich würde ihm sagen, was zu sagen ist, insbesondere, daß sein Rücktritt vom Lebensinteresse des Volkes erfordert wird.

Es ist nicht gesagt, daß eine solche Aussprache, wenn sie herbeigeführt werden kann, böse enden muß; Überraschungen sind möglich, nicht wahrscheinlich; aber das Risiko muß gewagt werden. Nur ist es wohl nicht unbescheiden, wenn ich Sicherheit verlange, daß dann unmittelbar gehandelt wird.

Die politischen Voraussetzungen hierzu sind einsatzbereit. Ich bitte Sie, hochverehrter Herr General, dringend, nochmals zu prüfen, ob sich nicht auch die den technischen Maßnahmen entgegenstehenden Schwierigkeiten überwinden lassen. Ich bitte, auch das von mir vorgeschlagene Verfahren zu überdenken und mir nach meiner Rückkehr Gelegenheit zu ruhiger Besprechung der Lage und Möglichkeiten zu geben.

Mit herzlichem Gruß Ihr Goerdeler

Fabian von Schlabrendorff

Das Attentat vom 20. Juli 1944

Die von Churchill offen angekündigte Invasion stand mit dem Beginn des Jahres 1944 bevor. Wir waren uns darüber klar, daß, wenn unsere Pläne einen unmittelbaren politischen Zweck haben sollten, sie vor der Invasion zustande kommen mußten. Aber ein unglücklicher Zufall folgte dem anderen. Als in unserer Not einer unserer Mitkämpfer erklärte, er werde versuchen, bei einem in Aussicht genommenen Besuch des Feldmarschalls Busch bei Hitler mitgenommen zu werden, um die Tat auf eigene Faust mit der Pistole in der Hand zu begehen, redeten auch diejenigen unter uns ihm zu, die in diesem tollkühnen Versuch nur eine geringe Chance sahen. Es gelang ihm auch, mit in den Saal zu kommen, in dem die Besprechungen damals auf dem Obersalzberg stattfanden. Aber es war zu schwierig, auch nur in die Tasche zu greifen, um die Pistole herauszuholen. Denn Hitler empfing schon seit langem niemanden mehr, ohne daß nicht einige baumlange SS-Männer im Zimmer waren, deren Verhalten keinen Zweifel darüber zuließ, daß sie sich bei der ersten verdächtigen Bewegung auf den Besucher stürzen würden.

So erlebten wir eine Enttäuschung nach der anderen, bis am

6. Juni 1944 die Invasion begann. Wenige Tage nach Beginn der Invasion rief der damalige Chef des Generalstabes des Heeres, Generaloberst Zeitzler, alle Armeeführer der Ostfront nach Ostpreußen ins Hauptquartier. Bei dieser Gelegenheit nahm mich Tresckow von der Ostfront nach Ostpreußen mit. Wir trafen uns mit unserem Vertrauensmann, dem Grafen Lehndorff, auf seinem Gut Steinort. [...]

Lehndorff war gerade von Stauffenberg gekommen mit dem Auftrag, an Tresckow die Frage zu richten, ob es jetzt, nach der Invasion, noch einen Sinn habe, an unserem Plan festzuhalten, da ein praktischer politischer Zweck nicht mehr ersichtlich sei. Wir überlegten und kamen zu dem Beschluß, den Tresckow in folgende Worte kleidete:

„Das Attentat auf Hitler muß erfolgen, um jeden Preis. Sollte es nicht gelingen, so muß trotzdem der Staatsstreich versucht werden. Denn es kommt nicht mehr auf den praktischen Zweck an, sondern darauf, daß die deutsche Widerstandsbewegung vor der Welt und vor der Geschichte unter Einsatz des Lebens den entscheidenden Wurf gewagt hat. Alles andere ist daneben gleichgültig." Tresckow bat Lehndorff, die Antwort sofort Stauffenberg zu überbringen. Er fügte hinzu, Stauffenberg solle selber nach Frankreich zu General Speidel, dem Chef des Stabes des Generalfeldmarschalls Rommel, fahren, welcher der Widerstandsbewegung nahe stand, und ihm vorschlagen, dafür zu sorgen, daß durch falsche Befehlserteilung ein Loch in der Westfront aufgerissen werde, um einen Durchbruch der Alliierten zu ermöglichen. [...] Die Lage im Osten war unhaltbar geworden.

In dieser Situation glaubte es Tresckow nicht verantworten zu können, länger tatenlos zuzusehen. Es schickte Ende Juni Oberstleutnant Freiherr von Boeselager zu Kluge, der inzwischen Oberbefehlshaber im Westen geworden war, mit dem Auftrag, unter Darlegung der Lage im Osten, Kluge zu beschwören, die Front im Westen zu öffnen und nicht gegen Engländer und Amerikaner, sondern gegen Hitler zu kämpfen. [...]

In der zweiten Juliwoche kam Boeselager mit Kluges Antwort zurück, er brauche keine Linien mehr aufzureißen. Denn es sei nur eine Frage kurzer Zeit, bis es den Engländern und Amerikanern gelingen werde, den Durchbruch zu erzielen. [...]

Kurz darauf trat Lehndorff bei uns an der Ostfront ein. [...] Lehndorff brachte die Antwort von Stauffenberg. Sie lautete: er sei aus den gleichen Gründen wie wir der Ansicht, es müsse gehandelt werden, coûte que coûte. Wir sollten von jetzt ab täglich mit dem Attentat rechnen. Er werde es selbst tun, weil niemand außer ihm zu Hitler Zutritt bekäme. [...]

Im Rahmen der Widerstandsbewegung ergab sich für Stauffenberg die Notwendigkeit, jetzt zwei Aufgaben gleichzeitig zu übernehmen: die Ausführung des Attentates und die Vorbereitung und Leitung des militärischen Umsturzes in Berlin. [...] In seiner Eigenschaft als Chef des Stabes beim Befehlshaber des Ersatzheeres war es für Stauffenberg nicht schwer, zu den Lagebesprechungen bei Hitler Zutritt zu erhalten. [...]

Als die nächste Lagebesprechung, zu der Stauffenberg Zutritt hatte, auf den 20. Juli angesetzt war, wiederholte dieser seine Vorbereitungen zum dritten Male. In den inzwischen mit Generaloberst Beck geführten Besprechungen hatte man beschlossen, die nächste Gelegenheit zu einem Attentat unter allen Umständen wahrzunehmen, ohne Rücksicht darauf, ob neben Hitler andere wichtige Männer seiner Umgebung anwesend waren. [...]

Als Stauffenberg am 20. Juli, kurz vor zwölf Uhr mittags, bis in den innersten Sperrkreis gelangt war, mußte er zu seiner Überraschung feststellen, daß die Lagebesprechung nicht in dem üblichen Raum, in einem Betonbunker, stattfand, sondern in einem Bau, dessen Wände zum Teil aus Holz waren. [...]

Hitler war anwesend, ebenso die meisten der Persönlichkeiten, die im allgemeinen an diesen Lagebesprechungen teilnahmen. Es fehlten aber Himmler und Göring. Hitler hatte am Kopf des Tisches Platz genommen. Stauffenbergs Platz war unmittelbar rechts neben Hitler an der Längsseite des Tisches. Der Vortrag über die Fragen des Ersatzes der Truppen war vorüber, so daß Stauffenberg kurz nach ein Uhr mittags den Raum verlassen konnte. Wie geplant, betätigte er die Zündung der Zeitbombe und stellte seine Aktentasche, welche die Bombe enthielt, unmittelbar neben den Stuhl, auf dem Hitler saß, an das Tischbein, zwischen seinem Platz und demjenigen Hitlers. Aber nachdem Stauffenberg das Zimmer verlassen hatte, erhob sich Hitler und ging durch den Raum auf die andere Seite, wo eine große Landkarte aufgehängt war. Während er an dieser Karte stand, erfolgte die Explosion.

Die Tatsache, daß die Wände des Raumes teils aus Beton, teils aus Holz bestanden, hatte zur Folge, daß der Luftdruck der Explosion seinen Ausweg durch die leichtere Holzwand nahm. Hätte die Explosion in dem üblichen Betonbunker stattgefunden, so hätte der Luftdruck keinen Ausweg finden können und hätte alle Anwesenden getötet. So geschah es aber, daß viele der Beteiligten durch die nachgebende Holzwand ins Freie geschleudert wurden. Hierbei kamen die meisten der Anwesenden mit dem Leben davon. [...] Auch Hitler war durch den Luftdruck aus dem Raum geschleudert worden.

Die Szene nach der Explosion bot ein furchtbares Bild. Es hatte den Anschein, als ob die Insassen des Raumes tot oder schwer verletzt in ihrem Blute lägen. Nachdem die erste Aufregung vorüber war, zeigte sich aber, daß die Wirkung der Bombe geringer war, als es zu Anfang schien. Hitler selbst war nur leicht verletzt. [...]

Stauffenberg, der nach dem Verlassen des Raumes sich in der Nähe aufgehalten hatte, wartete, bis die Explosion die sonst im Hauptquartier herrschende Stille mit ohrenbetäubendem Krachen unterbrach. Er sah, wie die Teilnehmer der Besprechung – Hitler unter ihnen – aus dem Raum herausgeschleudert wurden und in zerfetzten Kleidern blutüberströmt dalagen. Er sah, wie Sanitäter herbeieilten und die Verwundeten auf Tragbahren fortbrachten. In dem Glauben, daß die Bombe das ihr zugedachte Werk verrichtet habe, fuhr er mit dem bereitgestellten Auto zum Flugplatz und flog mit seinem Sonderflugzeug nach Berlin zurück, um dort an entscheidender Stelle am Umsturz mitzuwirken.

Mittlerweile rollte in Berlin der für den Staatsstreich vorbereitete militärische Befehlsplan ab.

Ger van Roon

Die „Operation Walküre“

Nachdem Hitler befohlen hatte, die Verbindung zur Außenwelt zu unterbinden, tat der General der Nachrichtentruppen, Fellgiebel, der vom Widerstand die Aufgabe erhalten hatte, das Hauptquartier nach dem Angriff zu isolieren, was er versprochen hatte. Die Leitungen zur ‚Wolfsschanze‘ wurden gesperrt und nur für die Verschwörer offengehalten. Zur Sicherheit übermittelte er nach Berlin, daß Hitler noch am Leben sei, drängte aber darauf, trotzdem die Aktionen anlaufen zu lassen, so als wäre das Attentat gelungen. [...] Weil jedoch das Schicksal Stauffenbergs nicht bekannt war, [...] entschlossen sich Thiele und Olbricht, nichts zu tun und weitere Informationen abzuwarten. [...]

Erst als Stauffenberg und sein Adjutant um etwa 15 Uhr – inzwischen waren beinahe zweieinhalb Stunden verlorengegangen – bei Berlin gelandet waren und Haeften vom Flugplatz aus telefonisch mitteilte, daß Hitler tot sei, fingen sie an. [...] Seit halb fünf wurden die Befehle herausgegeben. In ihnen wurde Feldmarschall von Witzleben zum neuen Oberbefehlshaber ernannt; der verhängte den Ausnahmezustand, auf Grund dessen alle Dienststellen und Behörden unter die vollziehende Gewalt des Militärs gestellt wurden. Im Heimatgebiet selbst wurde der Befehlshaber des Ersatzheeres mit der Durchführung der Befehle beauftragt. Da Fromm ausgefallen war, nahm seine Stelle der von Hitler entlassene General Hoepner ein. [...]

Seit etwa 16 Uhr waren die in und bei Berlin stationierten Truppen alarmiert und in Marsch gesetzt worden, um die ihnen zugewiesenen Aufgaben zu erfüllen. Dabei unterliefen den Verschwörern zwei Mißgeschicke: Bei der Infanterie-Schule in Döberitz waren wegen eines Trauerfalls der Kommandeur und außerdem ein eingeweihter Offizier abwesend, so daß die Offiziere zunächst den Gang der Dinge abwarteten. Und beim Wachbataillon Großdeutschland war gerade an diesem Nachmittag ein NS-Führungsoffizier im Auftrag des Propagandaministeriums anwesend, der den Kommandeur davon überzeugen konnte, daß es besser sei, erst einmal bei Goebbels nachzufragen, der völlig unbehelligt in seinem Ministerium saß. Dieser wußte eine Telefonverbindung zu Hitler herzustellen, der dem Major Remer befahl, den Staatsstreich zu unterdrücken.

Zunehmende Unsicherheit entstand bei den Truppen in Berlin und außerhalb durch Nachrichten, daß man den Befehlen aus Berlin nicht Folge leisten dürfe. Fast gleichzeitig mit der Herausgabe der ‚Walküre'-Befehle in Berlin hatte eine Gegenaktion der ‚Wolfsschanze' eingesetzt. Der Chef des OKW, General Keitel, versuchte dem Staatsstreich entgegenzuwirken, indem er in Funksprüchen die Dienststellen und Wehrkreisbefehlshaber darüber aufklärte, daß Hitler am Leben sei. Dann wurde über den Rundfunk regelmäßig bekanntgegeben, daß ein Attentat auf Hitler verübt worden sei, daß der Führer aber noch lebe. [...]

Auch innerhalb des Bendlerblocks kam es zu einer Gegenaktion. Fromm, der mit Keitel telefoniert hatte, ließ durch seinen Adjutanten im Gebäude die Nachricht verbreiten, daß Hitler noch lebe. Einige Offiziere, die sich bislang herausgehalten hatten, forderten eine Aufklärung und gaben sich mit dem Gesagten nicht zufrieden. Andere liefen über oder begannen zu zweifeln. Trotz allen Drängens Stauffenbergs fehlte es den Verschwörern an Autorität und Machtmitteln. Plötzlich wurde geschossen. Der Gegenpartei war es gelungen, an Waffen zu kommen. Außerdem hatte sie Truppen zu Hilfe gerufen. Die von den Verschwörern angeforderten Truppen waren, soweit sie gekommen waren, wieder abmarschiert. Es gab lediglich eine Offizierswache, die nur bedingt zuverlässig war. Zusammen mit bewaffneten Offizieren betrat Fromm sein Dienstzimmer, in dem sich sechs Personen befanden: Beck, Hoepner, Olbricht, Stauffenberg, Mertz von Quirnheim und Haeften. Fromm ließ die Anwesenden festnehmen. Beck gab er die Möglichkeit zum Selbstmord, Hoepner bat um eine gerichtliche Untersuchung. Die weiteren 4 Personen ließ Fromm so schnell wie möglich durch ein Kommando des Wachbataillons erschießen. Vergeblich suchte Fromm auf diese Weise, der Rache Hitlers zu entgehen. Diese vier Personen wußten nämlich nur allzu gut, daß er sie hatte gewähren lassen. Deshalb mußten sie rechtzeitig beseitigt werden. Die weiteren Verschwörer wurden verhaftet. [...]

Bereits am Tag des Attentats hatte Himmler, der zum Oberbefehlshaber des Ersatzheeres ernannt wurde, der Gestapo die Bildung einer Untersuchungskommission befohlen. Als sich schon bald herausstellte, wie groß die Zahl derer war, die sich an der Vorbereitung und Ausführung des Staatsstreichs beteiligt hatten, wurde die Untersuchung erweitert, und die Zahl der eingesetzten Beamten stieg auf über 400. Deutschland wurde zum Schauplatz einer fürchterlichen Menschenjagd. In den Gestapokellern fanden die Verhöre statt, wobei die Opfer mehrfach den schlimmsten Folterungen unterzogen wurden. Unter Vorsitz Freislers folgte vor dem Volksgerichtshof eine Flut inszenierter Prozesse, wobei Gefängnisstrafen zur Ausnahme gehörten.

Helmuth James Graf von Moltke

„Wir haben nur gedacht"

Berlin, den 10. Januar 1945

Mein Lieber, denk' mal, wie schön, daß ich noch ein Mal hier nach Tegel zurückgebracht worden bin, daß die Würfel, deren Fall schon genau feststeht, sozusagen auf der Kante noch ein Mal halten. So kann ich noch in Frieden einen Bericht schreiben.

Erst mal den Schluß vorweg: um 3 Uhr etwa verlas Schulze, der keinen üblen Eindruck macht, die Anträge: Moltke: Tod + Vermögenseinziehung; Delp: desgl.; Gerstenmaier: Tod; Reisert + Sperr: desgl.; Fugger: 3 Jahre Zuchthaus; Steltzer und Haubach abgetrennt. Dann kamen die Verteidiger, eigentlich alle ganz nett, keiner tückisch. Dann die Schlußworte der Angeklagten, wobei Dein Wirt als einziger verzichtete. Eugen war, wie ich am Schlußwort merkte, etwas unruhig. [...]

Als Rechtsgrundsätze wurden verkündet:

„Der Volksgerichtshof steht auf dem Standpunkt, daß eine Verratstat schon der begeht, der es unterläßt, solche defaitistischen Äußerungen wie die von Moltke, wenn sie von einem Mann seines Ansehens und seiner Stellung geäußert werden, anzuzeigen." – „Vorbereitung zum Hochverrat begeht schon der, der hochpolitische Fragen mit Leuten erörtert, die in keiner Weise dafür kompetent sind, insbesondere nicht mindestens irgendwie tätig der Partei angehören." – „Vorbereitung zum Hochverrat begeht jeder, der sich irgendein Urteil über eine Angelegenheit anmaßt, die der Führer zu entscheiden hat." – „Vorbereitung zum Hochverrat begeht, der zwar selbst jede Gewalthandlung ablehnt, aber Vorbereitungen für den Fall trifft, daß ein anderer, nämlich der Feind, die Regierung mit Gewalt beseitigt; dann rechnet er eben mit der Gewalt des Feindes." Und so ging es immer weiter. Daraus gibt es nur einen Schluß: Hochverrat begeht, wer dem Herrn Freisler nicht paßt. [...]

Die ganze Verhandlung wird durch das Mikrophon auf Stahlbänder für das Archiv aufgenommen. Du wirst sie Dir also, solltest Du Lust dazu haben, später ein Mal vorspielen lassen können. Man tritt vor den Tisch, die beiden Polizisten mit, die sich rechts und links auf die beiden Stühle setzen; [...] Schulze, Freisler + Berichterstatter in roten Roben. Typisch war ein Vorfall: aus irgendeinem Grunde wurde ein St. G. B. gebraucht, weil Freisler etwas daraus vorlesen wollte. Es stellte sich aber heraus, daß keines aufzufinden war. [...]

Mich fragte er: „Sehen Sie ein, daß Sie schuldig sind?" Ich sagte im wesentlichen Nein. Darauf Freisler: „Sehen Sie, wenn Sie das immer noch nicht erkennen, wenn Sie immer noch darüber belehrt werden müssen, dann zeigt das eben, daß Sie anders denken und damit sich selbst aus der kämpfenden Volksgemeinschaft ausgeschlossen haben."

Das Schöne an dem so aufgezogenen Urteil ist folgendes: Wir haben keine Gewalt anwenden wollen – ist festgestellt; wir haben keinen einzigen organisatorischen Schritt unternommen, mit keinem einzigen Mann über die Frage gesprochen, ob er einen Posten übernehmen wolle – ist festgestellt; in der Anklage stand es anders. Wir haben nur gedacht, und zwar eigentlich nur Delp, Gerstenmaier & ich, die anderen galten als Mitläufer, und Peter & Adam als Verbindungsleute zu Schulenburg etc. Und vor den Gedanken dieser drei einsamen Männer, den bloßen Gedanken, hat der N. S. eine solche Angst, daß er alles, was damit infiziert ist, ausrotten will. Wenn das nicht ein Kompliment ist. [...]

Mein liebes Herz, zunächst muss ich sagen, daß ganz offenbar die letzten 24 Stunden eines Lebens garnicht anders sind als irgendwelche anderen. Ich hatte mir immer eingebildet, man fühle das nur als Schreck, daß man sich sagt: nun geht die Sonne das letzte Mal für Dich unter, nun geht die Uhr nur noch 2 Mal bis 12, nun gehst Du das letzte Mal zu Bett. Von all dem ist keine Rede. Ob ich wohl ein wenig überkandidelt bin, denn ich kann nicht leugnen, daß ich mich in geradezu gehobener Stimmung befinde. Ich bitte nur den Herrn im Himmel, daß er mich darin erhalten möge, denn für das Fleisch ist es sicher leichter, so zu sterben. Wie gnädig ist der Herr mit mir gewesen! Selbst auf die Gefahr hin, daß das hysterisch klingt: ich bin so voll Dank, eigentlich ist für nichts anderes Platz. Er hat mich die 2 Tage so fest und klar geführt: der ganze Saal hätte brüllen können, wie der Herr Freisler, und sämtliche Wände hätten wackeln können, und es hätte mir garnichts gemacht; [...]

Es ist nun noch ein schweres Stück Weges vor mir, und ich kann nur bitten, daß der Herr mir weiter so gnädig ist, wie er war. [...]

Dank, mein Herz, vor allem dem Herrn, dank, mein Herz, Dir für Deine Fürbitte, Dank allen Anderen, die für uns und für mich gebeten haben. Dein Wirt, Dein schwacher, feiger, „komplizierter", sehr durchschnittlicher Wirt, der hat das erleben dürfen. [...] Darum kann ich nur eines sagen, mein liebes Herz: möge Gott Dir so gnädig sein wie mir, dann macht selbst der tote Ehewirt garnichts. Seine Allmacht vermag er eben auch zu demonstrieren, wenn Du Eierkuchen für die Söhnchen machst oder Puschti beseitigst, obwohl es das hoffentlich nicht mehr gibt. Ich sollte wohl von Dir Abschied nehmen – ich vermag's nicht; ich sollte wohl Deinen Alltag bedauern und betrauern – ich vermags nicht; ich sollte wohl der Lasten gedenken, die jetzt auf Dich fallen – ich vermag's nicht. Ich kann Dir nur eines sagen: wenn Du das Gefühl absoluter Geborgenheit erhältst, wenn der Herr es Dir schenkt, was Du ohne diese Zeit und ihren Abschluß nicht hättest, so hinterlasse ich Dir einen nicht konfiszierbaren Schatz, demgegenüber selbst mein Leben nicht wiegt. Diese Römer, diese armseligen Kreaturen von Schulze und Freisler und wie das Pack alles heißen mag: nicht ein Mal begreifen würden sie, wie wenig sie nehmen können! [...]

[Fortsetzung] 11.1.1945

[...]Freisler sagte zu mir in einer seiner Tiraden: „Nur in einem sind das Christentum und wir gleich: wir fordern den ganzen Menschen!" Ich weiß nicht, ob die Umsitzenden das alles mitbekommen haben, denn es war eine Art Dialog – ein geistiger zwischen F. und mir, denn Worte konnte ich nicht viel machen –, bei dem wir uns beide durch und durch erkannten. Von der ganzen Bande hat nur Freisler mich erkannt, und von der ganzen Bande ist er auch der einzige, der weiß, weswegen er mich umbringen muß. [...]

Ich höre auf, denn es ist nichts weiter zu sagen. Ich habe auch niemanden genannt, den Du grüßen und umarmen sollst; Du weißt selbst, wem meine Aufträge für Dich gelten. Alle unsere lieben Sprüche sind in meinem Herzen und in Deinem Herzen. Ich aber sage Dir zum Schluß, kraft des Schatzes, der aus mir gesprochen hat und der dieses bescheidene irdene Gefäß erfüllt:

Die Gnade unseres Herrn Jesu Christi
und die Liebe Gottes und die Gemeinschaft
des heiligen Geistes sei mit Euch allen. Amen.

J.

Dietrich Bonhoeffer
„Von guten Mächten treu und still umgeben"

[Prinz-Albrecht-Straße] 19. 12. 44

Meine liebste Maria!

Ich bin so froh, daß ich Dir zu Weihnachten schreiben kann, und durch Dich auch die Eltern und Geschwister grüßen und Euch danken kann. Es werden sehr stille Tage in unsern Häusern sein. Aber ich habe immer wieder die Erfahrung gemacht, je stiller es um mich herum geworden ist, desto deutlicher habe ich die Verbindung mit Euch gespürt. Es ist, als ob die Seele in der Einsamkeit Organe ausbildet, die wir im Alltag kaum kennen. So habe ich mich noch keinen Augenblick allein und verlassen gefühlt. Du, die Eltern, Ihr alle, die Freunde und Schüler im Feld, Ihr seid mir immer ganz gegenwärtig. Eure Gebete und guten Gedanken, Bibelworte, längst vergangene Gespräche, Musikstücke, Bücher bekommen Leben und Wirklichkeit wie nie zuvor. Es ist ein großes unsichtbares Reich, in dem man lebt und an dessen Realität man keinen Zweifel hat. Wenn es im alten Kinderlied von den Engeln heißt: ‚zweie die mich decken, zweie, die mich wecken', so ist diese Bewahrung am Abend und am Morgen durch gute unsichtbare Mächte etwas, was wir Erwachsenen heute nicht weniger brauchen als die Kinder. Du darfst also nicht denken, ich sei unglücklich. Was heißt denn glücklich und unglücklich? Es hängt ja so wenig von den Umständen ab, sondern eigentlich nur von dem, was im Menschen vorgeht. Ich bin jeden Tag froh, daß ich Dich, Euch habe und das macht mich glücklich froh. –

Das Äußere ist hier kaum anders als in Tegel, der Tageslauf derselbe, das Mittagessen wesentlich besser, Frühstück und Abendbrot etwas knapper. Ich danke Euch für alles, was Ihr mir gebracht habt. Die Behandlung ist gut und korrekt. Es ist gut geheizt. Nur die Bewegung fehlt mir, so schaffe ich sie mir bei offenem Fenster in der Zelle mit Turnen und Gehen. Einige

Bitten: ich würde gern von Wilhelm Raabe: ‚Abu Telfan' oder ‚Schüdderump' lesen. Könnt Ihr meine Unterhosen so konstruieren, daß sie nicht rutschen? Man hat hier keine Hosenträger. Ich bin froh, daß ich rauchen darf! Daß Ihr alles für mich denkt und tut, was Ihr könnt, dafür danke ich Euch; das zu wissen ist für mich das Wichtigste. –

Es sind nun fast 2 Jahre, daß wir aufeinander warten, liebste Maria. Werde nicht mutlos! Ich bin froh, daß Du bei den Eltern bist. Grüße Deine Mutter und das ganze Haus sehr von mir. Hier noch ein paar Verse, die mir in den letzten Abenden einfielen. Sie sind der Weihnachtsgruß für Dich und die Eltern und Geschwister.

1. Von guten Mächten treu und still umgeben
behütet und getröstet wunderbar, –
so will ich diese Tage mit euch leben
und mit euch gehen in ein neues Jahr;

2. noch will das alte unsre Herzen quälen
noch drückt uns böser Tage schwere Last,
Ach Herr, gib unsern aufgeschreckten Seelen
das Heil, für das Du uns geschaffen hast.

3. Und reichst Du uns den schweren Kelch, den bittern,
des Leids, gefüllt bis an den höchsten Rand,
so nehmen wir ihn dankbar ohne Zittern
aus Deiner guten und geliebten Hand.

4. Doch willst Du uns noch einmal Freude schenken
an dieser Welt und ihrer Sonne Glanz,
dann woll'n wir des Vergangenen gedenken,
und dann gehört Dir unser Leben ganz.

5. Laß warm und hell die Kerzen heute flammen
die Du in unsre Dunkelheit gebracht,
führ, wenn es sein kann, wieder uns zusammen!
Wir wissen es, Dein Licht scheint in der Nacht.

6. Wenn sich die Stille nun tief um uns breitet
so laß uns hören jenen vollen Klang
der Welt, die unsichtbar sich um uns weitet,
all Deiner Kinder hohen Lobgesang.

7. Von guten Mächten wunderbar geborgen
erwarten wir getrost, was kommen mag.
Gott ist bei uns am Abend und am Morgen,
und ganz gewiß an jedem neuen Tag.

Sei mit Eltern und Geschwistern in großer Liebe und Dankbarkeit gegrüßt.

Es umarmt Dich

Dein Dietrich

Michael Salewski
Finis Germaniae

Auf die NS-Führung übte das Attentat nur einen vorübergehenden Schock aus, Hitler war seitdem „felsenfest" davon überzeugt, daß die „Vorsehung" ihn schütze – diesen Irrglauben bezahlten Millionen Soldaten und Zivilisten mit dem Leben, denn die größten Zerstörungen und Verluste des Krieges erfolgten erst seit dem Sommer 1944. Endlich hatten die Alliierten die praktischen Verfahren zur Zerstörung der rüstungswichtigen Industrien perfektioniert; als die systematische Bombardierung von Hydrieranlagen und Verkehrsknotenpunkten begann, mußte Speer das nahe Ende der deutschen Rüstungsproduktion melden. Alles war nun absehbar, aber Hitler war entschlossen, es zu keinem zweiten 11. November kommen zu lassen – wenn auch in Bitterkeit und Trauer: immer noch folgten die meisten Deutschen ihrem „Führer", wenn er diesmal bis „fünf nach zwölf" weitermachte.

Das Kriegsreich Adolf Hitlers konnte seit August 1944 nur

noch hilflos auf den immer enger werdenden Ring der Gegner reagieren. Frankreich wurde rasch von den Westalliierten zurückerobert, die Rote Armee überrollte den Balkan und etablierte hinter den Fronten sofort kommunistische Regimes, Teile Ostpreußens gingen schon im September 1944 verloren – dann freilich verhielt die Ostfront, die ständigen Anstrengungen hatten Kraft und Moral auch der Roten Armee erschöpft, Stalin mußte eine Pause einlegen.

Was es für die Zivilbevölkerung im Osten bedeutete, von den sowjetischen Truppen überrollt zu werden, wußte inzwischen jedermann im Reich, Goebbels' Greuelpropaganda beschrieb tatsächlich nur die entsetzliche Wirklichkeit. Nun schlug auf die Deutschen zurück, was ihre Führung den Völkern der Sowjetunion zugedacht hatte. Von nun an ging es den Frontkommandeuren auch nicht mehr so sehr um irgendwelche strategischen oder gar politischen Dinge, wenn sie den Ansturm der Roten Armee aufzuhalten suchten, es ging nur noch um die verzweifelte Verteidigung der Heimat, der eigenen Väter, Mütter, Brüder und Schwestern. Sicherlich verlängerte auch dieser Widerstand die Lebenszeit des Hitlerschen Regimes und kostete, da das Morden in den Todeslagern fast bis unmittelbar vor dem Ende weiterging, ungezählte Menschen das Leben – wer aber will hier verdammen, wenn es die Haltung der Wehrmacht in dieser Endphase der Apokalypse zu werten gilt?

Anders lagen die Dinge im Führerhauptquartier. Inzwischen war wohl jedermann aus Hitlers Umgebung klar, daß dieser Mann mit normalen rationalen Maßstäben nicht mehr zu messen war. Hitler wollte den Untergang; die berüchtigten „Nerobefehle", in denen er die Lebensgrundlagen des deutschen Volkes selbst zu zerstören befahl, lassen daran keinerlei Zweifel.

Es war deswegen irgendwie nur konsequent, wenn Hitler dem Untergang des deutschen Ostens tatenlos und gleichgültig zusah. Was an militärischer Kraft noch verfügbar war, warf er vielmehr nun nach dem Westen; die von Anfang an aussichtslose „Ardennenoffensive" war wie das letzte Umsichschlagen eines schon vom Tode Gezeichneten.

Der Vormarsch der Amerikaner, Engländer und Franzosen wurde durch die Ardennenoffensive bestenfalls um drei Wochen verzögert. In dieser Zeit entschied sich Deutschlands Schicksal im Osten: Am 12. Januar 1945 begann die letzte sowjetische Großoffensive aus den Weichselbrückenköpfen heraus – binnen weniger Tage zerbrach die deutsche Front. Sie war viel zu schwach, um auch nur hinhaltenden Widerstand leisten zu können. Die Truppen des Oberbefehlshabers der 1. Weißrussischen Front, Marschall Schukows, überrollten die unendlichen Flüchtlingstrecks auf der Flucht gen Westen, hinter den Fronten im Winter 1945 spielten sich Szenen wie aus dem Danteschen Inferno ab.

Daß es zu diesem Grauen kam, war natürlich Schuld Hitlers. Es war aber in viel größerem Maß Schuld all derer, die auch in diesem Moment ihrem „Führer" folgten, und sei es in das finale Verderben. [...]

Das Ende ist rasch erzählt: Bis zum Schluß klammerte Hitler sich an ein neues „Mirakel des Hauses Brandenburg", das keineswegs eintrat, als Roosevelt starb, an irgendwelche imaginären Entsatzarmeen, die niemals ankamen; erst als die Sowjets in das Berliner Regierungsviertel eindrangen, machte der „Führer" seinem Leben ein Ende. Sein Nachfolger Karl Dönitz brachte die Kriegsmaschine dann so rasch und so gut es ging zum Stillstand – das zumindest bleibt das Verdienst dieses allergläubigsten Jüngers des Adolf Hitler. An der Elbe trafen die Amerikaner mit den Russen zusammen, ganz Deutschland wurde von den Siegern besetzt. Als die Wehrmacht am 7. bzw. 9. Mai 1945 kapitulierte, gab es das „Dritte Reich" de facto nicht mehr, auch wenn in Flensburg noch eine Schattenregierung unter Dönitz zehn Tage lang zu amtieren suchte. Der Zweite Weltkrieg war in Europa zu Ende, es schien, als sei es die Geschichte Deutschlands in diesem Europa ebenfalls. Ein Eiserner Vorhang senkte sich quer über den rauchenden Trümmern eines Kontinents, der nach tausend Jahren einer ebenso stolzen wie tragischen, dramatischen wie vielfältigen Geschichte einer düsteren Zukunft entgegensah. Und Deutschland? Ludwig Beck, ein Opfer des zwanzigsten Juli

1944, hatte es 1938 schon prophezeit, nun schien es eingetreten, das „finis Germaniae".

Ursula von Kardorff

Wieder einmal im Keller

27. Februar 1945, Augsburg

Wieder einmal im Keller. Diesmal scheint es ernst zu werden. Einflüge von drei Seiten. Einschläge – Erdbebengefühl – wie in Berlin. Ich will nicht mehr dieser kreatürlichen Angst ausgeliefert sein – bloß nicht hier sinnlos umkommen.

Nachmittags. Es war ein schwerer Angriff. Solche Angst wie heute hatte ich selten in Berlin. Bärchen und ich umfaßten uns jedesmal, wenn die Wände wackelten, das Licht ausging und an der Wand das Wort „Notausgang" aufleuchtete. „Und schrieb und schrieb an weißer Wand" – das ging mir immerzu durch den Kopf. Uns gegenüber saßen HJ-Führer mit ihren Mädchen. Zuerst angeberisch und laut, dann, als es immer bedrohlicher wurde, knieten sie im Kreis auf dem Boden nieder, klammerten sich aneinander, duckten sich bei jedem schweren Einschlag und wurden ganz still. Schließlich beteten sie.

Als wir nach zwei Stunden mit grünlichen Gesichtern wieder ans Tageslicht krochen, bot sich ringsum das bekannte Bild. Sieben Sprengbomben in unmittelbarer Nähe. Rauch- und Feuerwolken. In den Zimmern unseres Hotels die Wände geborsten, keine Tür schloß mehr. Auf unseren Betten Berge von Kalk und Staub. In der ganzen Stadt nichts zu essen.

Vor dem Hotel wurde ein Trupp Gefangener in Zivil vorübergeführt. Graue Gestalten, sie schleppten sich mühselig voran. Was mag mit ihnen geschehen?

Wenn heute nacht ein neuer Angriff auf die brennende Stadt heruntergeht, weiß ich nicht, wohin wir laufen sollen. Kein

Radio, keine Sirene funktioniert mehr. Morgen wollen wir versuchen, auf eigene Faust nach Jettingen durchzukommen.

Hans Graf von Lehndorff

„Wohin wollen Sie denn?" – Das Ende im Osten

23. Januar [1945]

Am Morgen finde ich den weiten Platz vor dem Königsberger Hauptbahnhof mit Flüchtlingen übersät. Hochbepackte Leiterwagen sind in dichten Reihen aufgefahren, und aus den Seitenstraßen kommen immer noch neue dazu, die meisten von Frauen gesteuert. Man wagt nicht daran zu denken, wie das enden soll. Vom Westen kommen die Züge schon zurück, weil der Weg versperrt ist. Es bleibt nur noch die Straße nach Pillau übrig. Aber das scheint die Leute zunächst noch nicht zu beunruhigen. Gemächlich, nur auf den Vordermann achtend, kutschieren sie durch die Straßen und versuchen, sich irgendwo einzureihen. [...] Ich habe den Eindruck, als sei sich keiner der Anwesenden über die wirkliche Situation im klaren. Eine Frau streckt mir ihr Bein entgegen, an dem sie ein großes Krampfadergeschwür hat. Es ist schon ein paar Jahre alt, aber bisher hat sie nie Zeit gehabt, sich deswegen behandeln zu lassen. Nun soll ich es tun. Ich versuche ihr klarzumachen, daß es wichtiger sei, erst einmal von Königsberg fortzukommen. Sie könnte sich dann später anderswo behandeln lassen, wenn sie mehr Ruhe hätte. „Wohin wollen Sie denn?" frage ich. Das weiß sie nicht; nur, daß sie alle ins Reich kommen sollen. Und dann fügt sie noch überraschend hinzu: „Unterm Russ' läßt uns der Führer nicht fallen, da vergast er uns lieber." Ich sehe verstohlen in die Runde, aber keiner scheint an diesem Ausspruch etwas zu finden. Lieber Gott, denke ich, zu dir müßte mal einer so viel Vertrauen haben! [...]

Später bin ich wieder beim Roten Kreuz und versuche, etwas von dem Operationsmaterial herauszuholen, das wir aus Insterburg mitgebracht haben. Es lagert inmitten einer Unmenge ähnlichen Materials, das aus anderen inzwischen geräumten Krankenhäusern stammt. Die Kraftfahrer, die untätig vor den Baracken sitzen, sind offenbar bereits sich selbst überlassen und scheinen geneigt, mir gegenüber eine drohende Haltung einzunehmen. Mit Hilfe meiner Ellbogen gelingt es mir aber, soviel herauszuholen, wie ich auf meinem Fahrrad befördern kann.

Abends treffe ich Doktora verabredungsgemäß in der Nervenklinik. Dort weiß man, daß die Russen inzwischen über die Deime-Linie hinweg sind und mit Spitzen vor Königsberg stehen. Die Stadt hat von dieser Tatsache noch keine Kenntnis genommen. Nach wie vor fahren die Straßenbahnen, man läßt sich die Haare schneiden und geht ins Kino.

31. Januar 1945

[...] Unter den Verwundeten, die wir bekommen, mehren sich diejenigen, die nicht mehr als regelrechte Soldaten zu bezeichnen sind. Viele sind über das wehrpflichtige Alter hinaus. Sie werden als Volkssturmmänner in Uniform gesteckt und gleich auf den Feind losgelassen. Manche haben dabei erstaunliche Leistungen vollbracht. Einer kommt mit sechs Mann Begleitung und einem Schreiben vom Kreisleiter, welches die bevorzugte Behandlung des Mannes fordert. Er ist trotz schwerer Verwundung fast irre vor Begeisterung über sich, weil es ihm gelungen ist, hintereinander vier russische Panzer mit der Panzerfaust abzuschießen.

Daneben bekommen wir fünfzehn- und sechzehnjährige Jungens, die manchmal erst Stunden vorher von der Straße geholt und an die Front befördert worden sind. Da es sich um Einheimische handelt, stellen sich natürlich sehr bald die dazugehörigen Mütter ein. Denen erlauben wir dann, bei ihren Kindern sitzenzubleiben, denn da wir nur die Bauchverletzten bekommen, dauert es in der Mehrzahl der Fälle nicht mehr lange mit ihnen. [...]

Demgegenüber erregt uns ein sogenannter NSFO [Nationalsozialistischer Führungs-Offizier] durch einen unverschämten Vortrag über die militärische Lage, den er bei einem Besuch in unserem Lazarett gegen Ende Februar vor den Verwundeten hält. Hunderte von deutschen Panzern, so behauptet er, seien kürzlich in Pillau eingetroffen. Sie würden demnächst mit Hilfe der neuen Waffen vorstoßen und sich im Rücken der Russen, etwa bei Warschau, mit einer zweiten Gruppe von Panzern vereinigen, die von Breslau aus unterwegs sei. Das sei der langgehegte Plan des Führers: Die Russen hereinkommen zu lassen, um sie dann um so sicherer zu vernichten. Wenn jetzt die Bevölkerung Ostpreußens nach dem Westen auswiche, so wisse jeder, daß er schon nach wenigen Monaten friedlich zurückkehren könne. Zur Frühjahrsbestellung werde man rechtzeitig wieder zur Stelle sein. Ein Defaitist sei jeder, der zu Hause bliebe. Ihn werde das verdiente Schicksal treffen. – Es hat keinen Zweck, ihm etwas zu entgegnen, da er ja selbst weiß, wie sehr er lügt. [...]

Auch sonst wird uns noch manches geboten. Ein tänzelnder Kaffeehausgeiger in Uniform spielt einen ganzen Nachmittag mit zehn ähnlich unmilitärischen Musikern schmalzige Schlager für die Verwundeten. Und dann wird uns sehr nahegelegt, den Film ‚Kolberg' anzusehen, der im Schauspielhaus gezeigt wird. Da es sich dabei nur um eine faustdicke Massenbeeinflussung handeln kann, verzichten wir auf dieses Vergnügen unter Hinweis auf unseren schweren Dienst.

9. April 1945

Morgens gegen fünf Uhr wache ich auf von Stimmengewirr und hastigen Schritten vor meiner Tür. Ich wecke Doktora und bitte sie, sich fertigzumachen. „Was ist?" fragt sie schlaftrunken. „Ich nehme an, die Russen sind da, will schnell einmal nachsehn." „Die Russen? – Ach, kommen die jetzt? Ich hatte sie schon ganz vergessen." [...]

Czernecki, mein ukrainischer Assistent, kommt mich schon

holen zum Empfang der Russen. Die Kranken, an denen ich vorüberkomme, recken die Hälse: „Zwei sind schon durchgelaufen und haben uns die Uhren weggenommen, und die Wally hat schon eins abgekriegt." Wally, die beherzte kleine Russin, liegt mit blutüberströmtem Gesicht zwischen den Kranken am Boden und rührt sich nicht. Der Russe hat sie, als sie ihm in den Weg trat, am Schopf gepackt und mit dem Gesicht auf den Boden geschlagen. Der Oberkiefer ist gebrochen, mehrere Zähne sind ausgeschlagen. Sie ist bei Bewußtsein, gibt aber keinen Laut von sich.

Am Haupthaus stehen zwei Russen und wühlen in einem Koffer. Ihr Anblick hat etwas Bestürzendes. Ich komme mir vor wie jemand, der auf die Bärenjagd gegangen ist und seine Waffe vergessen hat. Wir gehen auf sie zu, worauf sie von dem Koffer ablassen und sich für uns interessieren. Die Mündung der Maschinenpistole auf dem Leib, werden wir einer gründlichen Untersuchung gewürdigt. Ein Versuch meines Begleiters, sie anzusprechen, mißlingt. Sie reagieren nur mit kurzen knurrenden Lauten und setzen ihr Werk systematisch fort. Inzwischen kommen weitere Russen aus dem Hauptblock hervor, wie Schlittenpferde behängt mit den abenteuerlichsten Gegenständen. Auch sie beschnüffeln uns kurz, meine Füllfeder verschwindet, Geld und Papiere fliegen in der Gegend herum. Meine Schuhe sind ihnen zu schlecht. Dann hasten sie mit kurzbeinigen Schritten über Trümmer und durch Bombentrichter den anderen Häuserblocks zu, in deren Öffnungen sie untertauchen. [...]

Da ich immer wieder stehenbleiben und mich abtasten lassen muß, komme ich in den Gängen unseres Kellers nur wie durch ein Dickicht vorwärts. Aus allen Räumen dringen unterdrückte Protestlaute. Kranke werden aus den Betten geholt, Verbände entfernt, hier und da größere Mengen Papier abgebrannt, um die Beleuchtung zu verbessern. Überall ist man schon verzweifelt am Löschen. Wir halten vergeblich Ausschau nach einem Offizier, denn wenn das so weitergeht, bleibt nicht viel von uns übrig.

In der Ambulanz wehren sich die jungen Schwestern gegen

einige besonders Zudringliche. Ich wage nicht daran zu denken, was alles kommen wird, wenn sie erst sicherer geworden sind. Noch sind sie ausgesprochen hastig und aufs Raffen bedacht. Am eindrucksvollsten zeigt sich das im Wirtschaftsgebäude. Ich stehe sprachlos angesichts der Unmengen von Lebensmitteln dort, die man uns in den Festungsmonaten vorenthalten hat, und gerate nachträglich in Wut über meine Gutgläubigkeit und daß ich mir unser und der Patienten Hungern die ganze Zeit habe gefallen lassen. Nun balgt sich ein wilder, johlender Haufe um die schönsten Konserven, und Vorräte, von denen Hunderte ein ganzes Jahr hätten leben können, werden in wenigen Stunden vernichtet.

In der Mitte des Hauptraums türmt sich ein Haufen zerschlagener Gläser und aufgerissener Büchsen. Säcke über Säcke mit Mehl, Zucker, Kaffee werden darauf entleert. Daneben, halb eingedeckt, liegt ein Toter. Darüberhin turnen die Russen, Soldaten und Zivilisten, immer neue Stapel von hochwertigen Vorräten aus den Regalen herunterscharrend. Dazwischen wird geschossen, gegrölt, gestoßen. Ich versuche, mir ein paar heile Gläser herauszufischen, ein Russe schlägt sie mir aus dem Arm. [...]

Das Auftauchen der ersten Offiziere zerstört meine letzte Hoffnung auf ein erträgliches Auskommen. Alle Versuche, sie anzusprechen, schlagen völlig fehl. Auch für sie bin ich nichts weiter als ein Kleiderständer mit Taschen. Sie sehen mich überhaupt nur von den Schultern abwärts. Ein paar Schwestern, die ihnen gerade in den Weg laufen, werden gepackt und hinterhergezerrt, und ehe sie begriffen haben, was gespielt wird, werden sie völlig zerzaust wieder losgelassen. Die älteren müssen zuerst daran glauben. Ziellos irren sie in den Gängen umher. Verstecke gibt es ja nicht. Und immer neue Plagegeister fallen über sie her. [...]

Unerwartete Entlastung bringt uns dann noch ein Major, der uns eine Weile zusieht und schließlich von mir verlangt, ihm eine winzige Warze aus dem Gesicht zu entfernen. Schon sitzt er auf dem Operationstisch. Mit theatralischen Gesten werden ihm große weiße Tücher umgelegt, was ihm sichtlich imponiert. Da springt er plötzlich ab und befiehlt seinem Burschen, die Maschinenpistole im Anschlag, neben mir Stellung zu beziehen. Dann nimmt er erleichtert wieder Platz und gibt den Befehl, mit der Operation zu beginnen, deren Notwendigkeit uns stark übertrieben vorkommt. Immerhin hat sie den gewünschten Erfolg: Der Major ist begeistert und verteidigt uns noch eine ganze Zeit gegen neue Eindringlinge. Erst einmal für uns eingenommen, entpuppt er sich als Gemütsmensch.

Wir legen uns abwechselnd auf den Fußboden und schlafen, so gut es geht, die Schwestern zwischen den Verwundeten verteilt. [...]

11. April 1945

[...] Wie schon befürchtet, hatten die Russen Alkohol gefunden. [...] Nun ging es wie eine Rattenflut über uns her, sämtliche ägyptische Plagen übertreffend. Keine Minute verging, in der man nicht vorn oder hinten die Mündung einer Pistole auf dem Leib hatte und von einer Fratze nach ‚Sulfidin' angebrüllt wurde. Also war ein großer Teil dieser Teufel auch noch geschlechtskrank. Unsere Apotheken waren längst ausgebrannt, der riesige Tablettenvorrat lag zertrampelt auf den Gängen. Mit einer gewissen Schadenfreude konnte ich sie immer wieder nur auf die von ihren Kumpanen angerichtete Verwüstung hinweisen. Scharenweise drangen sie ein, Offiziere, Mannschaften, Flintenweiber, alle betrunken. Und keine Möglichkeit, jemand vor ihnen zu verstecken, da die ganze Umgebung durch Brände taghell erleuchtet war.

Wir schlossen uns eng aneinander und erwarteten das Ende in irgendeiner Form. Die Angst vor dem Tode, die schon seit den Tagen der Beschießung keine wesentliche Rolle mehr spielte, war durch weit Schlimmeres nun vollends aufgehoben. Von allen Seiten hörte man verzweifelte Frauenstimmen schreien: „Schieß doch, schieß doch!" Aber die Quälgeister ließen sich lieber auf einen Ringkampf ein, als daß sie ernsthaft von ihrer Waffe Gebrauch machten.

Bald hatte keine von den Frauen mehr Kraft zum Widerstand. Innerhalb weniger Stunden ging eine Veränderug mit ihnen vor sich, ihre Seele starb, man hörte hysterisches Gelächter, das die Russen nur noch wilder machte. Kann man überhaupt von diesen Dingen schreiben, den furchtbarsten, die es unter Menschen gibt? Ist nicht jedes Wort eine Anklage gegen mich selbst? Gab es nicht oft genug Gelegenheit, sich dazwischenzuwerfen und einen anständigen Tod zu finden? Ja, es ist Schuld, daß man noch lebt, und deshalb darf man dies alles auch nicht verschweigen.

Christabel Bielenberg

Rohrbach im Mai 1945 – Das Ende im Süden

Skat war an der Tagesordnung. Nero geigte, während Rom brannte, Hitlers Legionen spielten Skat, während um sie herum das ‚Tausendjährige Reich' zusammenbrach [...]. Wenn du nicht weiter weißt, spiel Skat. Vermutlich saßen auch die Generäle in der Gaststube beim Skat, schließlich waren sie ja zu dritt, und es wäre nicht unangebracht gewesen in dieser grotesken Situation.

Doch eines Abends sollte uns vor Augen geführt werden, daß wir nicht an einem Karnevalstreiben teilnahmen, als die ehemals so stolze Wehrmacht, nun ein erniedrigtes, entehrtes, sterbendes Ungeheuer, noch einmal die Zähne zeigte. Zwei stumme Gestalten wurden an der Küchentür vorbei und hinein in die Gaststube geführt: ein blutjunger Soldat in abgerissener Uniform und ein Bauer in seinem Sonntagsanzug. Wir hielten die Skatkarten in der Hand, ohne sie anzusehen, saßen schweigend am Herd, von der unguten Ahnung erfüllt, daß etwas Schreckliches im Gange sei. Da wurde die Tür zum Hof aufgestoßen, und Sepp kam herein, weiß im Gesicht wie ein Gespenst.

„Der Vetter von meiner Frau aus Triberg", sagte er mit heiserer Stimme. „Der Elektriker Alois, sie haben ihm befohlen, herzukommen, damit er bei den Telefondrähten hilft, und er hat sich geweigert. Sonntags arbeite er nicht. O barmherziger Himmel, er war immer ein Starrkopf, aber fromm und fleißig. Er hat Frau und Kinder, drei Söhne. Sein Jüngster, der Hans, ist im Feld, und die andern ..."

Sepp setzte sich an den Küchentisch, vergrub den Kopf in den Armen, und seine breiten Schultern wurden vom Schluchzen geschüttelt.

„Und der andere? Der Junge?"

„Ein Deserteur, glaub ich."

Es dauerte nicht lange, bis die Tür wieder aufging, und der Elektriker Alois in die Küche gestoßen wurde. Er sah wie ein Schlafwandler aus, war einer Ohnmacht nahe, und ein Offiziersbursche fing ihn am Arm auf. Einer der Soldaten, die ihn bewachten, sagte mit rauher Stimme: „Holt den Pfarrer", und Sepp wankte zur Küche hinaus.

„Möchtest du irgendwas, Alter?" Ein blasser junger Soldat berührte ihn sacht am Ärmel. „Kann ich etwas für dich tun?"

„Nein – nein." Der Alois war wie vor den Kopf geschlagen. „Oder vielleicht doch, ich hätt ganz gern eine Zigarre."

Rasch wurde eine aus dem Stapel der Vorräte herausgeholt. Alois schien nicht zu wissen, was er damit anfangen sollte. Der junge Soldat zündete sie an und steckte sie ihm zwischen die Lippen. Die Tür ging wieder auf, und Pfarrer Kunz blieb zögernd auf der Schwelle stehen, ein kleiner, hagerer Mann in seiner verblichenen Soutane. Er blickte in der Küche umher und ging dann zu Alois und nahm ihn bei der Hand.

„Komm, Alois", sagte er, „sie warten draußen auf dich. Ich begleite dich auf deinem Weg."

Wir standen da und schwiegen in tiefster Bestürzung, während das Geräusch marschierender Soldatenstiefel in der Ferne verhallte. Eine Rauchspirale stieg träge vom Herd zu den Dekkenbalken hinauf; Alois hatte seine Zigarre liegenlassen. Plötzlich krachte vom Waldrand her ein Feuerstoß, eine zweite Salve, und einer der Offiziersburschen – er schien kaum zu merken, was er tat – drückte die Zigarre aus, drückte und drückte, drehte sie und drückte und warf sie dann ins Feuer.

Spät am Abend kam der Pfarrer noch einmal herein. Er suchte Helfer, um die Gräber auszuheben und die Toten in geweihter Erde zu bestatten. Es schien mir, daß etwas von Christi Todesqualen am Kreuz sich in sein abgezehrtes, asketisches Gesicht geprägt hatte. Aber er war nicht Christus, nur ein einfacher Dorfpfarrer in seiner abgewetzten Soutane, müde und geschlagen.

„Dafür werden sie büßen müssen", sagte er und schloß die Augen, als wollte er dem entfliehen, was er hatte mit ansehen müssen, „sie werden dafür büßen. Der Junge hat im Sterben nach seiner Mutter gerufen, und der Alois hat kein einziges Wort gesagt." Ich sah ihm an, daß er in diesem Augenblick ebenso unfähig wie ich gewesen wäre, mit dem Satz zu schließen: „Vater, vergib ihnen, denn sie wissen nicht, was sie tun."

Ich möchte glauben, daß der abgrundtiefe Haß des ganzen Dorfes, die entsetzte, geballte Verachtung, die durch die geschlossenen Fenster, unter den Türen hindurch zu ihnen hineindrang, die Verachtung, mit der ihnen jede Mahlzeit aufgetragen wurde, diese Generäle schließlich aus unserem Tal vertrieben hat. Martina hätte ihnen am liebsten Rattengift in die Suppe geschüttet, und ich dekorierte ihren Kartoffelbrei mit Hakenkreuzen, jeden Tag, jede Mahlzeit mit drei grünen Hakenkreuzen aus gehackter Petersilie.

Die Stimmung in unserer kleinen Küchengemeinschaft änderte sich über Nacht. Wir sprachen nicht mehr mit den Soldaten, aßen nicht mehr mit ihnen, spielten nicht mehr Karten mit ihnen. Es war natürlich nicht fair, aber ihre Uniform identifizierte sie mit der Untat, und als sie das Signal zum Aufbruch erhielten, fühlten wir nichts als Erleichterung. Anscheinend war der Fluchtweg, den die Einheit hatte benützen wollen, nun versperrt; sie sollten einen anderen Weg versuchen. Diese Entscheidung ihrer Befehlshaber bedeutete für uns einen Aufschub, aber für sie, wie wir später erfuhren, die fast totale Vernichtung.

Der Aufbruch begann in der Nacht, und in der Frühe bewegte

sich der schmutzig-grüne Zug die gewundene Straße nach Schönenbach hinunter. [...]

‚Sie kommen bestimmt nicht zurück.' Nein, sie können nicht wiederkommen, sowenig wie die Pläne, die Hoffnungen, die Freundschaften. Da war er, der langersehnte Augenblick, und ich konnte nicht jubeln, stand nur schweigend da und beobachtete die Feuer, wie sie niederbrannten, rot glühten und eines um das andere talauf, talab erloschen.

Es dauerte ganze achtundvierzig Stunden, bis die Rohrbacher wieder die Zügel aufnahmen und zu dem Schluß kamen, daß das Leben weitergehen, daß die Frühkartoffeln ausgesät werden müßten, ob wir nun französisch oder amerikanisch waren oder in einem merkwürdigen Niemandsland lebten, das von den Mächten, die zu bestimmen hatten, noch nicht vergeben worden war. [...]

Am Abend ging ich hinüber zum Ratszimmer, da ich Licht brennen sah und die Möglichkeit bestand, daß Sepp und der Bürgermeister dort wie üblich an ihrem Schreibtisch sitzen würden. Sie waren tatsächlich da, und ich bemerkte zu meiner Freude, daß ihr Verhalten mir gegenüber sich nicht geändert hatte; sie waren nicht weniger freundlich und auch nicht achtungsvoller als sonst – ich war eine der Ihren. Nach einiger Zeit beschlich mich aber das unheimliche Gefühl, daß irgend etwas – oder war es irgend jemand? – im Zimmer fehlte. Hinter ihren Schreibtischen, über ihren Köpfen war an der Wand ein großer, viereckiger, heller, leerer Fleck, und ich bemerkte zum erstenmal, daß die verschmierte Tapete einstmals gemustert gewesen war. Sepp und der Bürgermeister schienen zu spüren, wonach ich suchte, denn sie widmeten sich höchst geschäftig ihren Papieren.

„Wo ist er denn?" fragte ich, nach einer ziemlich langen Pause.

Ohne den Kopf zu heben, nickte Sepp zu einem großen, eisernen Ofen hin, der in der Ecke vor sich hinbullerte und eine gewaltige Hitze ausströmte.

„Verheizt", sagte er.

„Was – jetzt eben?" Aus irgendeinem Grund war ich beinahe schockiert.

„Nein, gestern."

„Gestern? War das nicht ein bißchen verfrüht?"

„Nein, das fanden wir eigentlich nicht."

Ich schaute sie verblüfft an, und plötzlich ging mir ein Witz durch den Kopf. Und ebenso plötzlich ging mir auf, daß ich ihn nicht mehr für mich zu behalten brauchte, daß ich ihn jedermann laut erzählen, daß ich ihn laut ins Tal rufen, daß ich ihn in einem Brief niederschreiben, daß ich damit tun konnte, was mir gefiel.

„Kennt ihr schon die Geschichte, wie Hitler sein Bild anschaut?" fragte ich. „Er hat es angeschaut und gesagt: ‚Ich frag mich, was mit uns beiden passieren wird, wenn der Krieg vorbei ist!' Und das Bild hat ihm geantwortet: ‚Ich frag mich das nicht, ich weiß es: Du wirst aufgehängt und ich werd abgehängt.'"

Einen Augenblick herrschte Schweigen, und dann begann irgendwo in der Gegend von Sepps oberstem Hosenknopf ein Grollen und Rumoren, das sich in einen brüllenden Lachen Luft machte. Er schlug sich auf die Knie und wippte so heftig auf seinem Stuhl hin und her, daß ich Angst bekam, die Lehne könnte abbrechen. Der Bürgermeister, der sich offenbar nicht so rasch von alten Gewohnheiten freimachen konnte, blickte vorsichtig nach rechts und links und brachte schließlich ein nervöses Kichern heraus, das aber bald in wiehernde Töne der Heiterkeit überging. Ich selber mußte derart lachen, daß mir die Tränen übers Gesicht liefen. Der Witz war eigentlich nicht so furchtbar komisch, aber was haben wir gelacht! Jedesmal, wenn einer von uns aus schierer Erschöpfung nachließ, steckte ein anderer uns wieder an. Worüber lachten wir eigentlich so? Dieser alte Hut von Witz war doch bestimmt nicht so erheiternd. Nein, es war, als ob eine Sprungfeder in uns, all die Jahre gespannt und unter Druck, plötzlich befreit worden wäre. Wir hatten uns nicht mehr in der Gewalt – instinktiv, impulsiv schleuderten wir Lug und Trug, Verstellung, Heuchelei, den ganzen furchtbaren Druck in einem einzigen stürmischen, geradezu hysterischen Ausbruch von uns. [...]

Während ich zum ‚Adler' zurückging, überkamen mich immer noch kleine Lachanfälle. Ich war mir bewußt, daß dieses

Lachen in Wahrheit den Tränen sehr nahe war. Sie lachte, bis sie weinte, die Chris Bielenberg. Ja, wenn ich recht zurückdenke, sie wäre beinahe vor Lachen gestorben. Und so, ihre Freude und ihr Schmerz untrennbar verbunden, feierte sie am 2. Mai 1945 ihre Befreiung.

VI. Deutschland 1945:
„Erlöst und vernichtet in einem"

Ursula von Kardorff

Befreiung?

12. April 1945

Hatte gestern abend meinen Radioapparat auf einen französischen Sender in Köln gestellt. Eine Haßtirade drang in mein kleines Gasthofzimmer. „Deutschland, dein Lebensraum ist jetzt dein Sterbensraum", rief eine Stimme, dazu spielten sie in verzerrter Melodie „Morgenrot, Morgenrot". Bedrückend. Fühlte mich angegriffen in der Liebe zu meinem Land, obwohl ich doch glaubte, sie sei in einem langen bitteren Prozeß in mir zerbrochen. Oder werden Sentiments jetzt vielleicht zu Ressentiments?

Das, was ich liebte, existiert nicht mehr, die Ideale sind verunglimpft, die Freunde gefallen oder gehängt, die Kirchen, die Städte, die Orte schönster Erinnerungen verbrannt. Was soll man wünschen, woran noch glauben, woran sich noch aufrichten?

15. April 1945

Heute der Heeresbericht über die Bombardierung Potsdams und die Zerstörung der Garnisonskirche. Das gab mir einen solchen Schock, daß ich mitten auf der Straße anfing zu weinen. – Potsdam – eine ganze Welt wurde damit vernichtet. Ich dachte an Jürgen, Fritzi, die I. R. 9er, an Papas Aquarelle von Potsdam, sogar an den Alten Fritz, mit dem sie zuletzt ein solches Schindluder getrieben haben. Alle verschütteten Bindungen an das Preußentum regten sich wieder in mir.

20. April 1945

Hitlers Geburtstag! Fragte mich bei der Rede von Goebbels, die ich mir zum erstenmal freiwillig anhörte, ob dies schon Irrsinn oder einfach Raffinesse ist, ob er kaltblütig eine Doppelrolle spielt? Parteigrößen begehen Selbstmord, weit mehr als die Hälfte Deutschlands ist besetzt. Die Ostfront rückt unaufhaltsam vor. Fürstenwalde, Eberswalde, Müncheberg sind gefallen. Tag und Nacht Bomben auf alle Gebiete, selbst auf friedliche Dörfer, auch in unserer Nähe. Und Goebbels redet, als stünden wir kurz vor dem Sieg.

Die Entdeckung des KZ Oranienburg ruft bei den Alliierten unvorstellbares Entsetzen hervor. Ich hörte es im englischen Rundfunk. Was jetzt zutage tritt, muß über alle Maßen grauenhaft sein. Selbst wir, die in Berlin viel erfuhren und noch mehr ahnten, sind fassungslos. Unsere Phantasie hat also doch nicht ausgereicht.

21. April 1945

Die Sender der Welt spielen Tanzmusik. Alle! Zu den Tragödien – Jazz. Die Franzosen scheinen näherzurücken. Wenn ich unsere Soldaten sehe, werde ich traurig. Was sollen sie machen? Sie werden fallen oder gefangengenommen werden. Etwas anderes bleibt ihnen nicht, wenn sie nicht raffiniert genug sind, sich in Zivil selbständig zu verdrücken.

24. April 1945

War eben draußen. Klarer Sternenhimmel. Wie unfaßlich sind die Deutschen, daß sie sich in letzter Minute noch gegenseitig umbringen, eigenhändig ihr Land zerstören. Hörte, daß der SS-Mann den Bürgermeister der Feigheit bezichtigte, weil er die weiße Fahne gehißt hatte. Er befahl ihm, sich an die Wand zu stellen, wollte ihn erschießen, nahm ihn dann aber mit dem Ortsgruppenleiter, dem Polizeiwachtmeister und dem Priester in ein anderes Dorf mit. Als dort jedoch plötzlich der Ruf erscholl: „Panzerspitzen sind da", ließ man alle vier laufen. Kalkweiß kamen sie zurück, der Tod war um Haaresbreite an ihnen vorübergegangen.

25. April 1945

Mitternacht. Bin bei Dusi Saucken. War nachmittags mit Bärchen bei den Amerikanern. Sie seien schon im Nachbardorf Scheppach, hatte es geheißen. [...] Als wir am Bahnhof waren, rief Bärchen: „Guck mal, da oben auf der Unterführung liegt was Braunes, ist das Holz?" Schon bewegte sich der Holzstoß – es waren Amis in Khakiuniformen. In der gleichen Sekunde fuhr ein Spähwagen aus der Unterführung heraus, hielt. Ein langer Kerl mit Stahlhelm sprang heraus und kam auf uns zu. „Don't shoot, they are women!" schrien die Posten von oben. Dann kamen noch zwei Soldaten hinzu, und wir unterhielten uns, so gut es eben ging. Sie fragten, ob noch Militär im Dorfe sei. Wir verneinten, obwohl wir kurz zuvor beim „Adler" drei Offiziere auf einem Krad gesehen hatten. Staubbedeckt und übermüdet, Gestalten aus einer bereits untergegangenen Welt. Dann behaupteten die Amerikaner, in den Rot-Kreuz-Wagen säßen fliehende Offiziere. „Verwundete", protestierte ich. Nein, sie seien nicht verwundet, deshalb schössen sie auch auf die DRK-Sankas. Wir fragten sie, wann sie denn kämen – und ob sie uns alles fortnähmen? Nur die Waffen, sagten sie, und im übrigen kämen sie „as friends".

28. April 1945

Habe soeben eine Handvoll Parteiabzeichen, die mir Messerschmittleute verstohlen gaben, in die Mindel versenkt. Ich empfand es als einen feierlichen Akt – seit Jahren habe ich mir etwas Derartiges heiß ersehnt.

Von den Nazis sind wir nun befreit, keine Gestapo kann uns mehr vorladen, beunruhigen, verhaften, quälen oder verfolgen. Man kann gar nicht glücklich genug darüber sein. Und doch, auch jetzt sind wir nicht frei, müssen wieder gehorchen, auf Sperrstunden achten, Befehle, die angeschlagen sind, befolgen. Alle mußten zum Beispiel ihre Radios abliefern. Wir haben unseres einfach behalten.

Die amerikanischen Soldaten sind freundlich. Ab und zu lugen einige bei uns über den Zaun. Wir unterhalten uns gern mit ihnen. Vor allem Bürklins wegen, und damit kein Verdacht gegen ihn aufkommt, bitten wir sie sogar in Wetzels gute Stube. Sie bringen Schokolade mit, und wir sprechen – in sagenhaft schlechtem Englisch – so sachlich wie möglich über Politik. [...]

Wir haben uns jetzt ganz gemütlich eingerichtet. Meine Kammer ist nur zwei zu vier Meter groß, aber ein Herd steht darin, auf dem Bärchen und ich für Bürklin und seinen Fahrer kochen und der auch gut heizt – zum Glück, denn es ist wieder sehr kalt geworden. Wir sitzen bei Kerzenlicht auf dem als Sofa getarnten Bett, es gibt sogar Wein, den Bärchen organisiert hat, und mit Bürklins Radio, dessen Batterie noch kurz vor Toresschluß neu aufgeladen wurde, hören wir Nachrichten. Eine kleine warme Insel im Chaos.

29. April 1945

Aus unserem Radio ertönen die seltsamsten Nachrichten. Ein Teil der Sender ist noch in Nazihand, ein Teil macht schon alliierte Propaganda. So können wir ein Stück Historie drahtlos miterleben. In München scheint Revolution zu sein. Sie haben jetzt zwei Sender. Ein Hauptmann Gerngroß gibt aufregende Befehle durch, dann wieder ertönt die Stimme des Gauleiters. Wir sind verdammt froh, „in Feindeshand“ zu sein.

1. Mai 1945

Ein Uhr nachts. Hitler ist tot. Eben hörten wir es im Radio, Bärchen, ich und Bürklin, dessen Fahrer getürmt ist. Hitlers Nachfolger: Dönitz. Er sprach ziemlich schwach.

Das also ist der Moment, den ich seit Jahren glühend herbeigesehnt, um den ich flehentlich gebetet habe. Und nun? Als jetzt das Deutschlandlied gespielt wurde, ergriff es mich zum erstenmal seit vielen Jahren wieder. Ist das Sentimentalität? Jürgens Tod, die Verschleppung der Juden, das geschändete Land...

Fritzi Schulenburg, Halem, Hassell, Leber, Haeften, Stauffenberg... Mutius, Mandelsloh, Wolf Schulenburg, Raschke, drei Brüder Schweinitz, drei Brüder Lehndorff, Veltheim – alle, die ihr Leben drinnen oder draußen verloren haben. Doch für Deutschland?

Aber wir werden es schaffen. Wir werden arbeiten, genügsam sein, bescheiden – und gläubig. Vielleicht gibt es eines Tages wieder ein neues, liebenswertes Deutschland. Der Tod so vieler Gefallener und Gehängter – ist er umsonst gewesen? Oder gibt es einen Sinn?

2. Mai 1945

Als ich heute einigen Leuten von Hitlers Tod erzählte, sahen sie mich gleichgültig an: „So? Endlich! Leider zu spät." Dann gingen sie zu ihrem Tagesprogramm über. Was sagte Talleyrand über Napoleons Tod? Das sei kein Ereignis, es sei eine Nachricht. Den Menschen hier ist es völlig gleichgültig, ob Hitler, der einst so vergötterte, geliebte Führer, noch lebt oder schon tot ist. Er hat seine Rolle ausgespielt. Millionen starben durch ihn – nun wird sein Tod von Millionen nicht betrauert. Wie schnell verging sein auf tausend Jahre angelegtes Reich. Nicht einmal ein Dutzend überstand es.

7. Mai 1945

Kaum waren wir wieder draußen, hielten vor einem Bombentrichter einige Lastwagen mit deutschen Gefangenen. Fahle Gestalten. Halb verdurstet. Die Bevölkerung brachte Eimer mit Wasser an, wir halfen eine Kette bilden, reichten auch Brote hinauf und nahmen Adressenzettel in Empfang. Die beiden Kavaliere vom Vormittag kamen die Straße heruntergeschlendert und beobachteten uns dabei. „Das ist streng verboten!" fuhren sie uns an. Bärchen bekam einen ihrer Zornesausbrüche, die selbst geharnischte Männer in Schrecken versetzten. „Wir tun nichts Unrechtes", schrie sie, „das ist unsere Pflicht." In solchen

Augenblicken sieht sie aus wie eine Raubkatze kurz vor dem Absprung.

So also ist die Niederlage. Hatten sie uns unbedachterweise anders vorgestellt, das heißt, eigentlich gar nicht vorgestellt. Alles, alles mußte besser sein als Hitler. Aber Befreiung? Seltsames Wort.

Helen Epstein

Befreiung!

Am Morgen des 15. April 1945 erwachte Franci Solar, meine Mutter, im Konzentrationslager Bergen-Belsen unter Tausenden von Menschen, die noch atmeten. Zwischen ihnen lagen 10 000 andere, die tot waren. Sie war damals fünfundzwanzig, ihre Kusine Kitty dreiundzwanzig Jahre alt. Den beiden war es seit ihrem Abtransport aus Prag, 1942, gelungen, beisammen zu bleiben. Der erste Zug hatte sie ins Konzentrationslager Terezin (Theresienstadt) gebracht, weniger als eine Stunde Fahrt von der Stadt entfernt, in der sie aufgewachsen waren. Mit einem zweiten Zug waren sie nach Auschwitz, in Polen, geschafft worden, und ein dritter Zug hatte sie nach Norddeutschland transportiert, zu einer Fabrik in Hamburg. Drei Wochen vor dem 15. April 1945 waren sie, mit einem vierten Zug, nach Bergen-Belsen gekommen. In Bergen-Belsen starben Tausende von Männern und Frauen an Typhus dahin. Es gab nichts zu essen. Aus den paar gemeinschaftlichen Wasserzapfstellen tröpfelte es nur. Meine Mutter und ihre Kusine rochen den Gestank nicht mehr, spürten nichts mehr von der Kälte oder dem harten, nackten Fußboden oder von den Läusen, die sich darauf angesiedelt hatten. Sie dachten nur noch einen einzigen Gedanken: Was wird zuerst kommen – der Tod oder die britische Armee?

Kurz nach Tagesanbruch am 15. April sagte eine Frau, die nahe der Barackentür lag, sie sehe mehrere Panzer auf der Straße daherrollen.

Niemand glaubte ihr oder regte sich auch nur.

Doch dann bestätigte eine zweite und darauf eine dritte Stimme, daß sich ein Panzer mit einem weißen Stern auf dem Turm näherte. Niemand brach in Jubel aus. Niemand hatte die Kraft, sich zu freuen. Diejenigen, die sich noch aufraffen konnten, wankten ins Freie, um zu sehen, was da kam.

Die bunte englische Fahne, rot-weiß-blau, flatterte unter dem Himmel, während Panzer um Panzer auftauchte – eine Kolonne, so weit die beiden Kusinen sehen konnten. Auf den Panzern standen Männer in Khakiuniformen, die Arme über den Kopf gereckt, die Finger breit zu einem ‚V' für ‚victory' (Sieg) gespreizt. Als die ersten Panzer sich der Stacheldrahtumzäunung näherten, die das Lagergelände umgab, schwankten ein paar Frauen an Mutter und ihrer Kusine vorbei und auf die Fahrzeuge zu. Einen langen Augenblick schienen die vorüberfahrenden Männer und die unsicher dastehenden Frauen einander mit den Blicken zu fixieren. Der Gesichtsausdruck der Soldaten veränderte sich, die Hände gruben sich in Hosentaschen, Tragbeutel und Tornister. Plötzlich regnete es Schokoladetafeln, Zigaretten, Proviantdosen über den Stacheldraht. Die Frauen jagten wie Hunde hinterher und balgten sich beißend und kratzend um die eßbaren Dinge.

Die beiden Kusinen sahen zu, hielten einander mit der Versicherung zurück, daß es schon bald viel, viel mehr zu essen geben werde. [...]

Die beiden jungen Frauen waren matt bis zur Teilnahmslosigkeit, am ganzen Körper mit einer grauen Schmutzkruste bedeckt. Ihr Haar, schmuddelig-braun, verfilzt und brüchig geworden, hing bis zum Kinn herab. Kittys Körper, zum Skelett abgemagert, war mit Furunkeln und offenen Wunden bedeckt, der meiner Mutter von Ödemen angeschwollen. Sie sah mehrere Kilogramm schwerer aus, als sie war. Nur die Augen der beiden, von einem auffallend tiefen Braun, wirkten lebendig.

Wolfgang Jacobmeyer

Strandgut des Krieges – „Displaced Persons“

In den Planungen ziviler und militärischer Dienststellen der Alliierten nahm 1944 das Massenproblem der Zwangsarbeiter des nationalsozialistischen Regimes hohe Priorität ein. Die Alliierten nannten sie ‚Displaced Persons‘ (DPs) – Menschen, die sich nicht in ihrer Heimat befanden, gegenwärtig hilflos waren und ohne alliierte Unterstützung nicht heimkehren oder eine neue Heimat finden konnten. Insgesamt gab es 10,5–11,7 Mio. DPs aus rund 20 Nationalitäten mit über 35 verschiedenen Sprachen, rd. 4,5 Mio. allein in den drei westlichen Besatzungszonen Deutschlands. [...]

In Deutschland sollten die DPs in Sammelzentren betreut werden, bis die Alliierten ihnen die Rückkehr in die Heimatländer eröffnen konnten. [...] Die tatsächliche Situation der Befreiung jedoch überforderte zunächst alle Planung. Wenigstens in den ersten Wochen herrschte Chaos, wo Zwangsarbeiter in den städtisch-industriellen Ballungsgebieten in Massen befreit worden waren: Im April 1945 stand in Frankfurt ein verzagtes Militärteam von 21 Mann vor 40 000, wenige Tage später vor 150 000 soeben befreiten Zwangsarbeitern – ohne logistische Mittel, ohne Unterbringungsmöglichkeiten, ohne Sanitäter, ohne die geringste Kenntnis des Russischen, Polnischen, Französischen oder anderer Sprachen. Dabei war es noch vergleichsweise günstig, wenn die Zwangsarbeiter massiert und relativ ortsfest befreit wurden. Rund 34 % hingegen waren in der Landwirtschaft tätig gewesen und bildeten nun ein weit verstreutes Heer von 1,5 Mio. Menschen, die nicht gleich erfaßt werden konnten und regellos durch das Land zogen.

Die DPs waren zerlumpt, erschöpft, hochgradig erregt und aggressiv. Plünderungen, Raub und Mord waren nicht ungewöhnliche Verhaltensweisen der DPs. [...] Die alliierten Planer hatten sich die DPs als ohnmächtig, dankbar und leicht lenkbar vorgestellt. Kurzfristig wurden diese Erwartungen durch ein entfesseltes Verhalten der DPs widerlegt. Unter diesem Eindruck begann die Armee allerdings, das für sie hohe Gut der öffentlichen Sicherheit zu erzwingen. Die ‚Sammelstellen' wurden nun doch zu ‚Lagern' mit Bewachung und Stacheldraht, die alliierte Selbstverpflichtung ‚Fürsorge' trat hinter ‚Kontrolle' zurück. Diese Maßnahmen griffen rasch und senkten die Kriminalitätsrate der DPs unter die der deutschen Bevölkerung ab. [...]

‚Repatriierung' war der ordnungspolitische Kern des alliierten Programms für die DPs. Auf diesem Wege sollte das DP-Problem restlos gelöst werden. Hunger, Racheverlangen und Überschwang über die Befreiung hatten unter den DPs zwar kurzfristig überwältigende Ausmaße angenommen, lieferten aber auch den inneren Antrieb für die von den Alliierten forcierte Repatriierung der DPs. Von Anfang Mai bis Ende September 1945 wurden aus Deutschland und Westeuropa rd. 5,2 Mio. DPs in ihre Ausgangsländer zurückgeführt. Das entspricht der außerordentlichen Tagesrate von gut 33 000 Personen.

In der praktischen Abwicklung der Repatriierung überwog die Improvisation. Repatriierung war nicht ‚Reise', sondern ‚Transport': unbeheizte Güterwagen, vier- bis sechstägige Transportdauer, und dies alles bei einer Versorgung, die vom Zufall des vor Ort gerade Verfügbaren diktiert wurde. [...]

Die Repatriierung, die einzige alliierte Strategie zur Lösung des DP-Problems, war lediglich ein Angebot. Nur die Repatriierung sowjetischer DPs geschah unter Zwang. Auf der letzten Kriegskonferenz vom Februar 1945 waren die drei Alliierten Großbritannien, UdSSR und USA auf Jalta übereingekommen, sowjetische DPs ausnahmslos und, falls diese sich weigerten, auch gegen deren Willen in die UdSSR zurückzusenden. [...]

Mit ihrer Einwilligung in die Zwangsrepatriierung brachen die westlichen Demokratien alte Traditionen des Asyls, schworen der Unschuldsvermutung nach westlicher Rechtstradition ab und akzeptierten die unerträgliche Norm Stalins, die sowjetischen DPs seien gleichsam ‚schuldig bis zum Beweis des Gegenteils'.

Kein Wunder, daß sich die sowjetischen DPs gegen die Auslieferung tätlich zur Wehr setzten, so daß die Westalliierten in ein schmutziges, teilweise blutiges Geschäft verstrickt wurden. [...] Beendet wurde die Zwangspolitik gegenüber sowjetischen DPs in der zweiten Jahreshälfte 1946 – nicht aus Gründen der Menschlichkeit oder aus Rechtsbedenken, sondern weil der beginnende Kalte Krieg neue Maßstäbe lieferte [...].

Ende 1945, als die Repatriierungen aus Witterungsgründen zum Stillstand gekommen waren, befanden sich in den deutschen Westzonen noch immer rd. 1,7 Mio. DPs. [...] Sie lebten sich in den notdürftig winterfest gemachten Lagern ein. Als im Frühjahr 1946 die Repatriierungen wieder beginnen konnten, wäre die Heimführung dieser Restgruppe nach dem Maß von 1945 eine Sache von etwa 45 Transporttagen gewesen.

Bei den DPs war jedoch der Wille zur Heimkehr verlorengegangen. Im gesamten Jahr 1946 kehrten nur noch 500 000 DPs zurück. Weshalb weigerten sich die DPs, in ihre Heimatländer zurückzukehren? Zweifellos untergruben Befürchtungen über die politische und wirtschaftliche Lage der osteuropäischen Staaten, aus denen die übriggebliebenen DPs weit überwiegend stammten, die Rückkehrbereitschaft. Aber auch territoriale Veränderungen – etwa die Westverschiebung Polens oder die sowjetische Annexion der baltischen Staaten – hatten die Repatriierung als Lösungsstrategie unbrauchbar gemacht. Für einen DP ukrainischer Nationalität, aber polnischer Staatsbürgerschaft hätte z. B. die Rückkehr bedeutet, die sowjetische Staatsbürgerschaft anzunehmen. Wollte er hingegen polnischer Staatsbürger bleiben, hätte er nicht an seinen Heimatort, sondern nur in das neue, nach Westen verschobene Polen zurückkehren können. [...] Ein Wandel zeichnete sich erst ab, [...] als auf internationaler Ebene ein großzügiges Aufnahmeprogramm für die DPs vereinbart werden konnte. Von diesem Angebot, neue Heimatländer zu finden (‚resettlement'), machten bis zum Auslaufen des Programms 1951 rd. 712 000 DPs aus den deutschen Westzonen Gebrauch. [...]

[D]ie neuen Aufnahmeländer des Wiederansiedlungsprogramms waren nur an gesunden, leistungsfähigen und sozial unkomplizierten DPs interessiert. Der berüchtigte ‚Schatten auf der Lunge' (Tbc), der wegen der Arbeitsbedingungen und der Unterernährung der Zwangsarbeiter weit verbreitet war, führte zum absoluten Ausschluß vom ‚resettlement'; ebenso wurden ältere DPs oder ganze DP-Familien selten akzeptiert. Zwar ist ‚Arbeitsfähigkeit' in modernen industriellen Gesellschaften ein akzeptierter Standard; aber für die DPs wirkte sich verhängnisvoll aus, daß sie diesem Selektionsmaßstab zweimal hintereinander ausgesetzt waren: zum ersten Mal, als das ‚Dritte Reich' seine Arbeitssklaven unter diesem Gesichtspunkt zusammengetrieben hatte, und zum zweiten Mal bei der Auswahl für das ‚resettlement', bei der die DPs die Gesundheitsfolgen aus der Zwangsarbeit gegen sich halten lassen mußten. [...]

Knapp ein Jahr nach der Gründung der Bundesrepublik Deutschland, im Juni 1950, legten die Alliierten die Zuständigkeit für DPs in deutsche Hand, forderten jedoch ein deutsches Gesetz über deren Rechtsstellung. Das Gesetz mit dem Begriffswechsel von ‚DPs' in ‚Heimatlose Ausländer' erfüllte die Auflagen der Alliierten Hochkommissare in befriedigender Weise; es war verständnisvoll, großzügig, liberaler als das geltende internationale Flüchtlingsrecht, wenn es auch die DPs unterhalb des Rechtsstatus deutscher Flüchtlinge einordnete. Es regelte indessen nur den Rechtsstatus der ehemaligen Zwangsarbeiter, nicht deren Wiedergutmachungsansprüche.

Albrecht Lehmann

Die alte Heimat – Verlust und neue Begegnung

Etwa 12 Millionen Menschen sind am Ende des Zweiten Weltkriegs aus Ostdeutschland und den deutschen Siedlungsgebieten Osteuropas geflohen oder vertrieben worden. Etwa jeder fünfte, vielleicht jeder vierte, der heute in Deutschland lebt, stammt aus den Gebieten des Ostens oder kommt aus einer Familie von Vertriebenen und Flüchtlingen. Diese erzwungene Massenwanderung der Jahre 1945 und 1946 ist in der europäischen Geschichte ohne Beispiel.

[...]

Es ist ein weiter Weg des Bewußtseins gewesen, den die Flüchtlinge des Jahres 1945 und ihre Kinder gemeinsam zurückgelegt haben. Am Anfang war die Erinnerung an die Schrecken des Krieges, die Besatzungszeit im Osten, die Enttäuschung über „dieses" Kriegsende und über den Tatbestand der Vertreibung und die Art ihrer Ausführung übermächtig. Damals sind kulturelle Fremdbilder – Stereotype – gefördert und fixiert worden, die teilweise bis in unsere Tage hineinwirken. Es war vom einzelnen her betrachtet tatsächlich eine Zeit des „Zusammenbruchs", eine Katastrophe.

[...]

Doch schon zehn Jahre danach fand das Thema, wie andere Massenschicksale der Nachkriegszeit, etwa das der Kriegsgefangenen, in der politischen, wissenschaftlichen und publizistischen Öffentlichkeit nur noch wenig Interesse. Bereits in den 1960er Jahren hatten sich die Vertriebenen nach der allgemein geltenden Auffassung in der Gesellschaft der Bundesrepublik aufgelöst. Sie waren „integriert", wie es nun überall hieß. Das Wort „Integration" mußte besonders den Politikern gefallen, denn was damit gemeint war, bedeutete die erste große soziale und politische Leistung der Bundesrepublik. Darauf konnten und wollten die

Parteien und Verbände stolz sein. Tatsächlich hatten sich die Neubürger in ihrer Mehrheit nicht politisch radikalisiert. Sie waren auch nicht infolge ihrer wirtschaftlichen Benachteiligung, wie es eine Zeitlang befürchtet worden war, zu einem „fünften Stand" geworden. Statt dessen hatten die Zugezogenen nach der Währungsreform schnell eine akzeptable Arbeit gefunden und danach gemeinsam mit denen, die schon länger im Westen lebten, die neue Gesellschaft, die westdeutsche Bundesrepublik aufgebaut.

[...]

Die Erinnerungsreisen – insbesondere die erste Reise in die alte Heimat – haben für empfindsame Leute stets einen peinlichen Aspekt. Die Reisenden werden in einem armen Land unverzüglich als die reichen Deutschen wahrgenommen. Wenn sie einem Straßenzug genau und aufmerksam in Augenschein nehmen, meinen sie damit rechnen zu müssen, daß die heutigen Bewohner in ihnen die „typischen Deutschen" vermuten; also Leute, die immer noch Ansprüche auf das Land geltend machen, in dem sie selbst seit langem mit ihrer Familie leben; Deutsche, die überall geradezu zwanghaft mit ihren Vorstellungen von Sauberkeit und Ordnung die „polnische Wirtschaft" suchen. Es ist dabei fast gleichgültig, ob die deutschen Besucher tatsächlich mit solchen Vorstellungen durch das Land reisen oder nicht. Die öffentliche Meinung in Polen, die ökonomischen Unterschiede und traditionelle Stereotype sind Realitäten. Was allgemein für die wechselseitige Wahrnehmung zwischen Deutschen und Polen gilt, steigert sich, wenn sich die Reisenden tatsächlich ihrem ehemaligen Besitz nähern. Offenbar erkennen die heutigen Bewohner unverzüglich, wer da gerade sein Auto vor dem Hof parkt oder um das Haus geht.

[...]

Die Exkursion in eine wirtschaftlich unterentwickelte, räumlich ferne Region ist zu einer Reise in die eigene Vergangenheit in der Vor- und Nachkriegszeit geworden. – Nicht ein kunstvoll verpacktes Präsent, wie zu Hause im Westen, wird hier als Gegengabe angeboten, sondern ein nacktes Huhn. Das erinnert an Verhältnisse in der eigenen Kindheit im Osten. Ein Gefühl von romantischer Sehnsucht will aufkommen. Schließlich setzt sich die Auffassung durch, die gastfreundlichen Leute, die den Reisenden aus dem Westen „dort unten" begegnen, sind in ihrer materiellen und kulturellen Entwicklung stehengeblieben.

Aufs Ganze gesehen sind die neuen Besitzer in den Erinnerungserzählungen nur ausnahmsweise einmal als Personen greifbar. Sie sind „Fremde". Deshalb bleiben sie als „Typen" im Gedächtnis. Nur in Ausnahmefällen werden [...] ihre Namen erinnert. Statt dessen heißt es lapidar: Es kommt „eine alte Frau" an. – „Diese Polin" will ein Huhn als Reiseproviant mitgeben. „Diese Polen", das ist die Bezeichnung, die die Einstellung der ersten Generation aus dem Osten zu den neuen Bewohnern charakterisiert, eine stereotype Sammelbezeichnung. Ein wenig Mitleid mit den neuen Bewohnern mischt sich mit Trauer um den Verlust des Besitzes. Trauer, Mitleid und Verachtung ergeben schließlich bei den Heimweh-Reisenden die vorherrschenden Gefühle. Viele der Touristen konnten auf diesem Wege des Bewußtseins ein Lebenskapitel endgültig abschließen. Was immer in der öffentlichen Meinung der Bundesrepublik und im Ausland für Auffasungen über die Ansichten der Vertriebenen kursieren mögen: Die uns vorliegenden Reiseprotokolle und Reiseerinnerungen drücken keinen „Revanchismus" aus. Das muß noch einmal deutlich ausgesprochen werden!

[...]

Zu den verbreiteten Reisemotiven zählt ein Bedürfnis nach „Selbstvergewisserung", insbesondere bei Leuten, die als Kinder auf die Flucht mußten. Die Rückkehrer wollen die Bilder ihrer Erinnerung wiederfinden und auf ihren Wirklichkeitsgehalt überprüfen. [...]

Unter denen, die ihre Reise bewußt als Konfrontation mit den Wandlungen und der Konstanz der eigenen Person geplant und erlebt hatten, war immer wieder von der Suche nach erinnerten räumlichen Gegebenheiten und nach bestimmten Gerüchen der Kindheit die Rede. So auch bei Frau Suhl und ihrer Tochter, die im folgenden zu Wort kommen. Dieses Beispiel zeigt überdies, wie eine Reise in die alte Heimat ein durch Erzählen entstandenes Vorstellungsbild korrigieren kann.

Frau Alma Suhl und ihre damals 23jährige Tochter sind 1979 nach Schlesien in den kleinen Geburtsort der Mutter gefahren. Die Tochter, in Hannover aufgewachsen, hatte die ganze Kindheit über wieder und wieder Geschichten vom Elternhaus der Mutter, dem Garten, dem „einzigartigen Duft" der Wälder zu hören bekommen. Nun wollte sie all das einmal selbst kennenlernen.

[...]

„Sie hat es ja so erzählt, daß ich mir das groß vorstellen mußte. Was anderes wär's jetzt gewesen, wenn ich als Kind da gewesen wäre und mir wäre alles groß erschienen, und dann wieder hingekommen und hätt' festgestellt, daß alles viel kleiner ist. Aber in den Erzählungen war alles groß. [...] Und wie ich nun davor stand, da war das ein Haus mit vier Fenstern, wie es die Kinder malen. Es war dunkelrot und dann war eine Eingangstür und eine Küche, so 'n schmaler Flur ging dann und dann war da die Küche und dann kam man in den Hauptraum. Vor dem Haus direkt war noch so 'ne Art Plumpsklo. Und dann dieser wunderschöne Obstgarten, von dem sie immer erzählt hatte, der in meinem Kopf irgendwas vom Paradies hatte, das waren einfach so 'n paar kleine Bäumchen, total verwildert. Ich konnte nicht genau feststellen, wo der Garten einmal angefangen hatte, und wo er aufgehört hatte."

Mutter und Tochter reden über das gleiche Stück Land und dasselbe Haus. Aus einem komfortablen Anwesen mit Garten wird ein kleines Häuschen in der Wildnis. Eine tradierte „Erzählgeschichte" wird durch die Betrachtung der Realität korrigiert. So endet eine gemeinsame Reise in die Kindheit der Mutter. Für die junge Großstädterin ist die Fahrt nicht zu einer Begegnung mit einer idealisierbaren und romantisierbaren Heimat geworden, sondern zu einer desillusionierenden Begegnung mit dem kleinen Leben in der Kindheit ihrer Mutter, mit der Rückständigkeit des Dorfes, mit Plumpsklo, engen Fluren, niedrigen Räumen. Die Wirklichkeit hat die Bilderwelt des Erzählens korrigiert. Die Tochter hat endgültig die Geschichte ihrer Mutter als Idealisierung, als ein „Erinnerungsmärchen" erkannt. Was damals der Familie verloren gegangen ist, hat keinen Reiz für sie. Wie will man einer jungen Großstädterin von heute nach diesen Eindrücken noch etwas von der Schönheit der Dörfer im Osten erzählen, wenn sie dazu nichts anderes als deren Rückständigkeit in Erinnerung behalten hat, wie von den „Gerüchen des Dorfes", wenn sie dabei vielleicht an das Plumpsklo denken wird?

Hermann Broch
Deutschland braucht Reue

Princeton, N. J., 9. 8. 45

Liebster Volkmar [von Zühlsdorff],

nein, Sie haben mich mißverstanden: ich werde mich persönlich doch nicht als „Opfer" bezeichnen; im Gegenteil, ich bin dem Hitler für meine Austreibung (ja sogar für die vorangegangene Einkerkerung) höchst dankbar, denn es heißt etwas, in meinem Alter ein im wahrsten Sinn des Wortes „neues" Leben beginnen zu dürfen. Ich möchte für mich nichts davon missen.

Aber unpersönlich bin ich ein Opfer. U. z. als Jude. Es wird Sie vielleicht wundern, daß ich das Judenproblem so herausstelle – Sie haben sich schon über meine Bemerkung im letzten Brief gewundert –, aber ich tue dies nicht aus Ressentiment, sondern nach sehr reiflicher Überlegung.

Am Judenproblem zeigt sich nämlich die „Schuld" des deutschen Volkes: durch volle 20 Jahre hat der Deutsche die tollidiotischeste Judenhetze mit völliger Gleichgültigkeit betrachtet, und kraft dieser bestialischen Gleichgültigkeit ist er zum Helfershelfer eines bestialisch-systematischen Massenmordes geworden. Sie sehen, ich spreche nicht von Politik (obwohl man an

Ludendorff sehen kann, wie Kriegsverbrechen und gemeines Verbrechen zusammenhängen), ich spreche von gemeinem Verbrechen, nämlich von jenem, das in den Ghettos verübt worden ist. Jeder Deutsche, der nicht im Konzentrationslager gewesen ist – und sogar mancher Lagerinsasse – ist dieser Beihilfe zum Mord kraft Gleichgültigkeit zumindest verdächtig.

Das soll die übrige Welt nicht reinwaschen. Gleichgültigkeit (und erst recht dem Juden gegenüber) ist eine allgemeine menschliche Eigenschaft. Aber das deutsche Volk – und hier denke ich äußerst rassisch –, dieses im Guten wie im Bösen extremste Volk des Abendlandes, hat sich wiederum als der Brennspiegel des Weltgeistes erwiesen: es hat, wie ich in einem Nazi-Radio gehört habe, den anderen Völkern „den Adlerflug gelehrt".

Auch in der Kriegführung hat Deutschland die andern Völker den „Adlerflug" gelehrt. Deutschland war gerüstet, der Westen war ungerüstet; das war vielleicht eine Schlamperei der Demokratien, heute ist es ihr stärkstes Argument. Daß die englischen Städte weniger als die deutschen verwüstet worden sind, ist kein Argument für deutschen Edelmut, sondern Ergebnis der überraschenden westlichen Rüstungsaufholung. Wäre Deutschland dem Westen in der Konstruktion der Atombombe zuvorgekommen, so würde New York heute das Schicksal Nagasakis teilen. Man kann es Hitler fast als Genialität auslegen, daß er, in Erkennung der technischen Möglichkeiten und Notwendigkeiten, die Gesamtmenschheit zu seiner Gefolgschaft verpflichtet hat.

Meine gesamte Arbeit und mein gesamtes Denken ist nun seit vielen Jahren mit diesem einzigen Problem beschäftigt: wie kann der Mensch (also keineswegs nur der Deutsche) wieder auf die Bahn zunehmender Humanisierung gebracht werden? Die eigentliche praktische Lösung wird – dessen bin ich sogar überzeugt – von Deutschland ausgehen, *weil dort die Schuld am akzentuiertesten gewesen ist* und weil dort der mystische Zusammenhang von Schuld und Sühne am handgreiflichsten zutagetritt. In der Regeneration der Welt wird Deutschland die führende Rolle spielen, sobald der Deutsche erfaßt haben wird, was

Schuld durch Gleichgültigkeit bedeutet. In diesem Sinn haben Sie durchaus recht, wenn Sie sagen, daß ich für Deutschland schreibe.

Und darum bin ich auch der Ansicht, daß jeder, der guten Willens ist, nach Deutschland zurückkehren kann und soll, jeder und doch kein Jude: denn der Täter wird beim Anblick des Opfers verstockt, und außerdem würden ja nicht die Toten, sondern die Lebenden heimkehren, die sich überdies noch vielfach als „Sieger" benehmen und damit den Hitlergeist nur wieder frisch anfachen würden.

Ich persönlich will außerdem nicht zurückkehren, weil ich nicht wieder in die Zwangslage geraten will, verachten zu müssen. Von allem, was ich im Hitlerdeutschland erlebte, war der Ekel vor dem Menschen und seiner Sturheit das Furchtbarste; nichts ist wahrer als das Bild vom „würgenden" Ekel, und nichts ist würgender als der Anblick menschlicher Niedrigkeit. Was ich persönlich so an Niedrigkeit (an [der] Universität etc.) erlebt habe, möchte ich nicht wiedererleben; man mag es Wehleidigkeit nennen, aber ich möchte diese Menschen nicht wiedersehen müssen. *Hier* war ich wenigstens *noch nicht* zu solcher Verachtung gezwungen.

Ich hoffe, daß ich mich diesmal klarer ausgedrückt habe. Im übrigen bekommen Sie sehr bald ein Kapitel des Massenwahnes; das sei Ihnen nicht erspart.

Grüßen Sie Prinz und Prinzessin in Freundschaft und nehmen Sie sehr herzliche Gedanken Ihres

Hermann

Hans Graf von Lehndorff

Der Fall des Baumes oder Wie es um Deutschland bestellt war

Heute denke ich sehr ungern an jene Zeit zurück, weil mir immer nur alles Versäumte einfällt. Aber wer konnte, selbst wenn er die Gefahr kannte, sich damals vorstellen, daß es mit Hitler so kommen würde, wie es dann gekommen ist? Dazu bedurfte es einer visionären Veranlagung. [...]

Bei einem anderen Besuch – ich glaube, es war der letzte – fand ich Heini sehr bewegt von einem Ereignis, das sich am Vormittag in Steinort abgespielt hatte. Eine der vielen alten Eichen, die wie riesige Pilze einzeln in den Koppeln und an den Wegrändern standen, sollte gefällt werden. Das halbe Dorf hatte sich versammelt, um den Sturz des Baumriesen mitzuerleben. Die Äxte hatten ihr Werk getan, immer tiefer drang das Sägeblatt in das Holz des Stammes ein. Plötzlich sprangen die Männer zurück, denn die Säge hatte den Stamm völlig durchtrennt. Aber o Wunder! Der Baum kippte nicht um, sondern blieb stehen, als sei nichts geschehen. Die Zuschauer staunten. Man beriet, was zu tun sei, denn man wollte sich das Schauspiel des Fallens nicht entgehen lassen. Um das Werk zu vollenden, ergriff schließlich ein vorwitziger junger Förster ein Seil, lief auf den Stamm zu, kletterte allen Warnungen zum Trotz hinauf, um das Seil an einem Ast festzumachen. Aber noch ehe er sein Vorhaben ausführen konnte, neigte sich der Baum und fiel so, daß er den Förster erschlagen hätte, wenn dieser nicht schnell in eine Astgabel gerutscht wäre. Durch die spannende Beschreibung, die mein Vetter mir gab, wurde ich nachträglich an diesem dramatischen Ereignis beteiligt. Wir begaben uns zu dem gefällten Baum, und ich konnte mir den Gang der Handlung gut vorstellen. Der Baum war auf den stärksten seiner Äste gefallen und dieser dicht über dem Kopf des Försters abgebrochen. Der junge Mann hatte Glück gehabt. Aber das war es nicht, was Heini so stark beeindruckt hatte. Es hatte sich ihm hier offenbar noch etwas anderes mitgeteilt. Und wenn es damals auch noch nicht in Worte zu fassen war, so hat doch das Gespräch, das wir an jenem Abend zu führen begannen, bis heute in mir nachgewirkt. Es kreiste um das Bestürzende an der Tatsache, daß eine derartige Sinnestäuschung überhaupt möglich ist. Daß etwas Gewachsenes, Lebendiges die Bedingungen seiner Existenz verlieren kann, ohne daß die entsprechenden Konsequenzen eintreten. Gesetzt den Fall, wir wären als unbefangene Passanten an dem Baum vorbeigekommen, als er noch stand – woran hätten wir erkennen können, daß er von seiner Wurzel schon getrennt war? Jedes Kind weiß doch, daß ein Baum umfällt, wenn er abgesägt wird. Unser gesunder Menschenverstand hätte uns also vor dem drohenden Unheil nicht warnen können. Ohne von dem Absägen des Baumes Kenntnis zu haben, hätten wir uns arglos unter den Schutz seiner Zweige begeben. Was meinen Vetter an diesem Erlebnis so stark bewegt hatte, war offenbar dessen Symbolcharakter. An dem Verhalten des Baumes wurde offenkundig, wie es um Deutschland bestellt war. Von allen Bindungen gelöst, die einmal die Voraussetzungen seiner Existenz gewesen waren, blieb es dennoch stehen und ließ nicht erkennen, daß es dem Untergang schon preisgegeben war. Und wenn ich heute danach gefragt werde, wie es möglich sei, daß nur so wenig Menschen geahnt haben, was es mit dem Hitlerreich auf sich hatte und worauf es hinauslief, dann sehe ich im Geist den abgesägten Baum vor mir stehen. Woher sollten denn die leichten Sommervögel, die sich in seinen Zweigen niederließen und unter seinem Blätterdach ihr Nest bauten, ein Ohr haben für die dumpfen Warnungen der Unke, die im Wurzelbereich ihr Wesen trieb und wußte, was dort gespielt wurde. Es war doch ein so schönes Reich, das allen Platz bot und vielen Nöten ein Ende bereitete! Erst als deutliche Zeichen dafür auftraten, daß etwas daran nicht in Ordnung war, als die Blätter anfingen welk zu werden, da dämmerte es bei vielen, worauf sie sich eingelassen hatten. Aber da gab es schon kein Zurück mehr. Da war der Fall des Baumes schon besiegelt.

Albrecht Lehmann

Die Kriegsheimkehrer

Je länger die Gefangenen in den Lagern ausharren mußten, desto schwieriger gestaltete sich später das Einleben in die neue Gesellschaft. Wer aus den Lagern der Sowjetunion zurückkehrte, hatte es stets schwerer als ein „Westgefangener". Und wer nach seiner Verurteilung erst in den 1950er Jahren aus dem Osten zurückkam, der fand eine in vielen Lebensbereichen veränderte Gesellschaft und Kultur vor. Daß sich die gesellschaftlichen Verhältnisse, insbesondere die berufliche Situation ohne ihre Beteiligung verändert hatten, konnten manche Gefangene bereits aus der Ferne den Briefen und Paketen von zu Hause entnehmen. Andere [...] erkannten es endgültig auf der Heimreise. Aber daß die gesellschaftlichen Veränderungen vielfach nicht einmal vor den Familien halt gemacht hatten, mußte viele, die von diesem Wandel persönlich betroffen waren, schockieren. [...]

Die traditionelle Stellung des „Ernährers" und Familienvorstandes war vielfach bereits in den Kriegsjahren – besonders in den Familien der Selbständigen – ins Wanken geraten. Hier hatte die Ehefrau, oft zum eigenen Erstaunen und zur Verwunderung der Umwelt, erfolgreich die Geschäfte geführt. Aber auch in den Familien von Beamten, Angestellten und Arbeitern hatten die Frauen in den ersten Nachkriegsjahren – besonders in den Großstädten – schwere körperliche Arbeit, „Männerarbeit" leisten müssen, etwa bei der Trümmerbeseitigung und beim Wiederaufbau. Überall hatten die Frauen der Kriegsgefangenen teils widerstrebend, teils bereitwillig die Stellung des „Familienvorstandes" eingenommen. In dieser Rolle hatten sie sich selbst und die Kinder durch die Zeit der Bombennächte und durch die schlimmsten Nachkriegswirren geführt.

Nicht selten hatte eines der Kinder die Stellung des Vertrauten der Mutter, teilweise Funktionen des „Familienvorstandes" übernommen. Ein Sohn etwa hatte in den ersten Nachkriegsjahren durch Hamsterfahrten und auf dem Schwarzen Markt seinen

Beitrag zur Familienwirtschaft geleistet; Arbeiten, die in vollständigen Familien eindeutig im „Geschäftsbereich" des Vaters lagen. Bei seiner Ankunft fand der Heimkehrer nun eine Familiensituation vor, in der er leicht zum Fremdkörper werden konnte, wenn er nicht Bereitschaft und Einfühlungsvermögen für ein neues Leben in dieser eingespielten Gemeinschaft mitbrachte. „Den Weg zurück in die Familie zu finden, ist für den Rückkehrer wohl die schwerste Aufgabe", heißt es in einem ärztlichen Erfahrungsbericht.

Die Rückkehrer aus Rußland waren ja nicht nur in ihrem körperlichen Zustand geschwächt und verändert, wie jeder an ihrem äußeren Zustand ablesen konnte. Sie hatten sich außerdem in den Kriegsjahren und in der Gefangenschaft vielfach auch in ihrem Charakter geändert, wie die Nachbarn, die Ehefrau und die Kinder schon in den ersten Tagen und Wochen feststellen mußten. [...] Kaum heimgekehrt, mußten diese nun die Nutzlosigkeit all ihrer Taten, Opfer und Entbehrungen endgültig erkennen. Daß dieser Bruch in der Biographie diejenigen unter den ehemaligen Soldaten besonders hart treffen mußte, die in den Kriegsjahren ihr Eigenwertgefühl vor allem aus der Anerkennung ihrer Kriegstaten bezogen hatten, liegt auf der Hand. Sie hatten bis zuletzt auf den Sieg gehofft, den ganzen Krieg hindurch und teilweise selbst noch im Gefangenenlager daran geglaubt, daß sie nach der Heimkehr als Helden gefeiert würden.

Ein weiterer Bruch in der Lebensgeschichte kommt hinzu: „Es fehlt die seelische Brücke zwischen Vergangenheit und Gegenwart." Die Kriegsgefangenschaft: es waren verlorene Lebensjahre. Das war die vertraute Denkfigur, die in der Öffentlichkeit und in der Selbstdeutung der Heimkehrer von Anfang an im Mittelpunkt der Erklärungen stand. [...]

Für das Zusammenleben in der Ehe und Familie kam erschwerend hinzu, daß sich die Frauen in der Abwesenheit ihrer Männer ebenfalls gewandelt hatten. Körperlich hatten die schweren Kriegs- und Nachkriegsjahre die Frauen, nach denen sich die Gefangenen in den Lagern gesehnt und deren Photo sie durch alle Filzungen gerettet hatten, oft vorzeitig „verblühen" lassen.

Diese Frauen entsprachen aber vor allem innerlich vielfach nicht mehr dem Erinnerungsbild des Mannes. Sie waren selbständiger geworden, und sie hatten in seiner Abwesenheit eine rationalistische Haltung erworben. Das führte nun dazu, daß sie die Veränderungen im Charakter ihres Mannes und seine schwache Position in Familie und Gesellschaft durchschauten.

Über die Jahre der Abwesenheit hin war die Freude auf ein Wiedersehen mit den Kindern groß gewesen. Viele hatten den Sohn oder die Tochter zum letzten Male im Kinderwagen gesehen. Manche warteten darauf, ihrem Kinde, das in ihrer Abwesenheit geboren war, zum ersten Male zu begegnen. Viele Männer lebten in den Lagern beständig in einem inneren Zusammenhang mit den Kindern, entwickelten ein Bild aus Erinnerung, Vermutung und Hoffnung. [...]

Und entsprechend war es zu Hause. Hier erhielt die Familie beständig ein Leben voller Hoffnung auf ein Wiedersehen mit dem Abwesenden aufrecht. Bei der tatsächlichen Begegnung mit den Söhnen und Töchtern mußte sich dann zwangsläufig das Fehlen der „seelischen Brücke" zwischen Vergangenheit und Gegenwart schmerzhaft bemerkbar machen: „Es war so, daß die Kinder der Heimkehrer sich oft bei den Müttern beschwert haben. Mein Sohn ging zu meiner Frau: ‚Du hast mir immer erzählt, wie der Papa ist. Und jetzt ist er ganz anders.' [...]". [...]

Hans Demeter mußte einen Tag nach seiner Rückkehr erfahren, daß seine elfjährige Tochter, die keine Erinnerung an ihren Vater hatte, ihrer Mutter sagte: „Wir brauchen diesen fremden Mann nicht, schicke ihn wieder weg."

Stets war das Zusammentreffen zwischen dem Heimkehrer und seiner Familie eine Begegnung voller Widersprüche und Probleme. „Die Konflikte zwischen dem Heimkehrer und seinen Kindern erfordern in der Sprechstunde viel Mühe und nehmen reichlich Zeit in Anspruch", sagt ein ärztlicher Bericht des Jahres 1956 aus. Aber in sehr vielen Familien gelang es trotzdem erstaunlich rasch, durch die Mithilfe aller Beteiligten, ein befriedigendes Familienleben nach der jahrelangen Abwesenheit fortzusetzen oder zu entwickeln. Manchmal behielt die Frau in stiller Übereinkunft zunächst ihre Führungsrolle bei. [...]

Wie bereits geschildert, hatten in der Gefangenschaft manche schon mit der ersten Post erfahren müssen, daß ihre Frau sich in der Zwischenzeit einen anderen Mann gesucht hatte. Andere erfuhren es erst nach ihrer Rückkehr. Das führte nicht selten in eine persönliche Katastrophe. Außer dem Selbstmord kam es gelegentlich zu verheerenden Reaktionen des Gegentyps. Einem ärztlichen Gutachten aus dem Jahre 1950 ist der Fall eines unverhofft nachts Heimgekehrten zu entnehmen. Er fand sein Bett besetzt vor. Messerstiche gegen den Fremden, „schwere Körperverletzung mit tödlichem Ausgang". Diese spontane Gewalttat führte ihn aus dem Gefangenenlager geradewegs in eine Patientenkarriere in der Heil- und Pflegeanstalt.

Zu vergleichbaren Kurzschlußhandlungen Heimgekehrter führten nicht selten außereheliche Kinder der Frau, die während seiner Abwesenheit geboren waren. Auch da hat es freilich nicht nur Scheidung, Prügel und ein allgemeines Chaos gegeben, sondern immer wieder auch ein verständnisvolles Akzeptieren von seiten des Mannes und die Fortsetzung der Ehe.

Oft waren diese außerehelichen Kinder ein Ergebnis von Beziehungen der Frauen zu Besatzungssoldaten: Der „Spätheimkehrer" und das (farbige) „Besatzungskind" waren zwei typische Sozialfiguren der Nachkriegsjahre. [...]

Zu den erschütterndsten Kapiteln der Nachkriegsgeschichte gehören die Vergewaltigungen der Frauen durch Besatzungssoldaten, vor allem durch Soldaten der Roten Armee. Dabei war die furchtbare Tat, das Erleben von Gewalt und die seelischen Folgen für die Frauen, die daraus folgende Angst vor der Sexualität mit Männern, die eine Seite. Nicht weniger erschütternd ist die Tatsache, daß die Frauen, die das erdulden mußten, nur selten über ihr Schicksal sprechen konnten. Sie mußten erfahren, wie die Öffentlichkeit sie mit ihren schrecklichen Erlebnissen im Stich ließ, Vergewaltigung als „normales" Verhalten von Siegern deutete, bei dem eine gewisse Mitschuld der Frau niemals auszuschließen war. Männer, die davon erfuhren, reagierten nicht selten gekränkt, hielten eine Zeitlang sexuelle Distanz zu ihrer Frau. In Einzelfällen sollen Männer aus diesem Grunde die Scheidung von ihrer Frau gefordert haben. Vermutlich hat die Erfahrung dieser Infamie einer doppelten Demütigung viele Frauen dazu gebracht, ihr Leid selbst vor ihrem heimgekehrten Ehemann zu verschweigen.

Für die öffentliche Meinung verständlich waren „neue Beziehungen" der Ehefrau, wenn der Ehemann aus Rußland für lange Zeit keine Post schicken durfte und als „Verschollener" daraufhin offiziell „für tot erklärt" worden war. Die Probleme nach seiner unverhofften Heimkehr waren besonders schwierig zu lösen, denn die Frau mußte sich nun tatsächlich zwischen zwei Männern entscheiden. Zu beiden bestand eine menschliche Beziehung. [...] Sehr viele Ehen von Heimkehrern wurden geschieden. Zuverlässige, auf das gesamte Bundesgebiet bezogene Zahlen über die Scheidung von Heimkehrern liegen allerdings nicht vor.

Jörg Fisch

Von der Teilung der Reparationszonen zur Teilung der Welt

Wer einen Krieg verliert, muß die Folgen tragen. Das ergibt sich aus der Natur des Krieges als einer gewalttätigen Auseinandersetzung und gilt auch heute noch als weitgehend selbstverständlich. [...]

Alle Siegerstaaten des Zweiten Weltkrieges haben Reparationen gefordert, und alle Verliererstaaten haben solche geleistet, wenn auch in sehr ungleichem Maße. Die Unterschiede wurden noch verstärkt durch die Kredite und sonstigen Hilfeleistungen, die manche Schuldner von einzelnen Siegerstaaten erhielten, und die eher umgekehrt proportional als proportional zur Höhe der erbrachten Reparationen ausfielen. [...]

Ein großer Teil der Leistungen erfolgte in der Form von Substanzminderungen, durch Demontagen, Beschlagnahmung von Auslandsvermögen und geistigem Eigentum u. ä. [...]

Noch während des Krieges bildete sich ein Gegensatz zwischen sowjetischen und anglo-amerikanischen Vorstellungen heraus. Zum Hauptstreitpunkt wurden Entnahmen aus der laufenden Produktion Deutschlands, die von den Sowjets ebenso vehement verlangt wie von den Briten und Amerikanern zurückgewiesen wurden. Generell waren die sowjetischen Forderungen in der Regel höher als die westlichen, ohne daß sie als völlig überzogen und unrealistisch bezeichnet werden konnten. Der Konflikt führte im Potsdamer Abkommen, auf US-Initiative hin, zur reparationspolitischen Teilung Deutschlands und Europas. Da absehbar war, daß eine scharfe wirtschaftliche Grenzziehung auch entsprechende politische Folgen haben würde, betrachteten die Beteiligten die Potsdamer Regelung zunächst als provisorisch. Die Sowjetunion war bis 1947 an einer – für sie wirtschaftlich attraktiven – übergreifenden Reparationslösung interessiert; doch lehnten die Westmächte Reparationen aus laufender Produktion nach wie vor rigoros ab, wodurch die Teilung spätestens Ende 1947 besiegelt war.

Während somit die wirtschaftliche Bilanz der Reparationen nicht rundweg als negativ bezeichnet werden kann, waren ihre politischen Auswirkungen verhängnisvoll. Aus der späteren Perspektive des Kalten Krieges und des Ost-West-Konflikts legt sich die Vermutung nahe, daß die fundamentale Ursache dafür in den unterschiedlichen wirtschaftlichen, gesellschaftlichen und politischen Systemen in Ost und West zu sehen ist. Dieser Systemunterschied hatte seit der russischen Revolution bis 1941 zu einem latenten Konflikt zwischen den Sowjets und den Westmächten geführt, der auch durch die Kriegsallianz nicht völlig beseitigt wurde. Die Sowjetunion stand weitgehend außerhalb der Weltwirtschaft, was Reparationslösungen, die Ost und West miteinander verbanden, erschweren mußte. Die Absorption von Reparationslieferungen hatte in einer Zentralverwaltungswirtschaft andere Folgen als in einer Marktwirtschaft.

Dennoch läßt sich der Konflikt über die Reparationen kaum aus diesen Tatsachen allein ableiten. Art und Höhe der Reparationsforderungen waren weniger system- als kriegsbedingt. Staaten, die den Krieg kaum oder gar nicht auf ihrem Boden erlebt hatten, wollten keine oder höchstens geringe Reparationen aus laufender Produktion. Das galt insbesondere für die USA, Großbritannien und die britischen Dominien. Vom Krieg heimgesuchte und zerstörte Staaten hingegen forderten unbeschadet ihres wirtschaftlichen und politischen Systems Reparationen aus laufender Produktion. [...]

Auf der andern Seite haben auch die Briten und Amerikaner keineswegs durchgehend und konsequent eine Reparationspolitik betrieben, die mit derjenigen der Sowjets unvereinbar war. [...]

Den eigentlichen Hintergrund für die amerikanische Wendung gegen Reparationen aus laufender Produktion bildete nicht ein entstehender oder sich verschärfender Systemgegensatz, sondern der von seiner Intention her gegen Deutschland und nicht gegen die Sowjetunion gerichtete Morgenthauplan. [...]

Man kann also den Streit über die Reparationen aus laufender Produktion nicht einfach aus dem Systemgegensatz ableiten. Wichtiger als systembedingt-ideologische waren geostrategisch-politische Faktoren. [...]

1945 [...] standen sich zwei räumlich getrennte Siegergruppen mit weitgehend voneinander unabhängiger Machtgrundlage gegenüber. Dadurch war der Zwang zur Zusammenarbeit von vornherein gering. Er wurde weiter abgeschwächt durch den totalen Sieg, der den Gegner als Machtfaktor vorderhand gänzlich ausschaltete, und schließlich wirkte sicher auch das durch den Systemgegensatz geschürte traditionelle Mißtrauen in die gleiche Richtung. Der Sieg führte schon rein räumlich zur Frontstellung der Sieger gegeneinander.

Dennoch war ein Konflikt noch nicht unvermeidlich. Er wäre es erst gewesen, wenn jede Seite unmittelbare Weltherrschaftspläne verfolgt hätte. Gerade unter dem Schock des soeben beendeten Krieges mußte ein Ansporn zu einer gewissen Zusammenarbeit bestehen. Die wirtschaftlichen Kriegsfolgen, insbesondere die Reparationen, bildeten dafür einen wichtigen Ansatzpunkt. Dabei war der Anreiz zur Verwirklichung eines gemeinsamen Programms für die Sowjets allerdings wesentlich größer als für die Westmächte. Die Sowjetunion war wirtschaftlich schwächer und zudem stärker zerstört, so daß sie sicherlich mehr aus dem westlichen Einflußbereich erhalten hätte als der Westen aus ihrem Bereich. [...]

Dazu ist auf einen bisher vernachlässigten Aspekt der Reparationen hinzuweisen. Deren Zweck war die wirtschaftliche Stärkung der Gläubiger. Gleichzeitig bestand eines der Hauptziele der Sieger darin, ihre wichtigsten Gegner auch wirtschaftlich so zu schwächen, daß sie nie wieder zur Kriegführung fähig sein würden. Die beiden Ziele waren nicht wirklich miteinander vereinbar. Umfassender Nutzen ließ sich nur aus einer funktionierenden Wirtschaft der Besiegten ziehen. Wurde sie zerstört, so konnte man zwar die Beute wegführen. Danach aber war nichts mehr zu holen. Der deutlichste Ausdruck einer solchen Haltung war der Morgenthauplan.

Insbesondere die US-Politik ging nun seit dem Frühjahr 1945 zunächst sehr stark vom Konzept der Niederhaltung Deutschlands aus, zu einem Zeitpunkt, als dessen totale Niederlage feststand und es keine ernsthafte Bedrohung mehr darstellte. Indem diese Politik Sicherheit primär durch Schwächung des Kriegsgegners suchte, vernachlässigte sie das mittlerweile viel wichtiger gewordene Problem der Zusammenarbeit unter den Siegern. Sie wollte keinen Konflikt mit den Verbündeten, war sie doch intentional gegen Deutschland gerichtet. Objektiv aber stand sie zugleich den Reparationsinteressen der Sowjetunion entgegen und provozierte damit einen Konflikt, der zunehmend Eigendynamik gewann. Ein Prozeß gegenseitiger Eindämmung und Abschottung setzte ein.

Die Auseinandersetzung zwischen den früheren Verbündeten verlieh den Besiegten in Ost und West eine wichtige Stellung. Nun aber nicht mehr als vermeintlich nach wie vor gefährlichen potentiellen Gegnern, sondern als potentiellen Bundesgenossen.

Freilich konnten dafür nur die Besiegten unter der eigenen unmittelbaren Kontrolle in Frage kommen, was die politische Teilung im Nachgang zur reparationstechnischen und damit wirtschaftlichen Teilung bedeutete.

Die Potsdamer Teilung war nicht ein Ausfluß des Wunsches, Westdeutschland dem sowjetischen Zugriff zu entziehen, um es möglichst rasch wieder aufbauen zu können, sondern man wollte Deutschland ungestört durch Reparationsforderungen niederhalten. Kategorisch abgelehnt wurden nicht die Forderungen der Sowjets nach Demontagen, sondern die nach Lieferungen aus laufender Produktion.

Die Politik der Schonung und des Wiederaufbaus war also nicht die Ursache, sondern erst die Folge dieser Teilung, sowie der Einsicht, daß eine Schwächung auf die Dauer teuer zu stehen kam, wenn man die Deutschen nicht verhungern lassen wollte, und daß ein Wiederaufbau Europas unter Ausklammerung Deutschlands kaum möglich war. Damit änderte sich die Politik in bezug auf Deutschland, nicht aber in bezug auf die Sowjetunion. [...]

Der Streit über die in Jalta vorgebrachte sowjetische Forderung nach 20 Milliarden Dollar deutschen Reparationen wäre wirtschaftlich gesehen durchaus lösbar gewesen. Die endgültig vereinbarte Summe wäre nach allen Erfahrungen mit dem Vorgehen der Sowjets wesentlich niedriger gewesen. Keine der Hauptsiegermächte hätte dabei weitergehende Zugeständnisse machen müssen, als sie in andern Reparationszusammenhängen machte. Die Frage, ob es richtig war, diesen Weg gar nicht erst zu versuchen, wird sich nie mit Sicherheit beantworten lassen. Das Festhalten am Erbe Morgenthaus führte jedenfalls 1945 dazu, daß die Chance verpaßt wurde, eine konstruktive Lösung zu suchen, die objektiv nicht gegen die Sowjetunion gerichtet war und sich statt auf die Schwächung oder die Stärkung der Besiegten auf die Zusammenarbeit der Sieger untereinander konzentrierte.

Im Lichte dieser Ergebnisse erscheint auch die vieldiskutierte Frage nach den Ursachen des Kalten Krieges und nach den Verantwortlichkeiten dafür in etwas anderer Perspektive.

Die anglo-amerikanische Politik, die zur Potsdamer Teilungslösung führte, war von ihren Zielen her nicht gegen die Sowjetunion gerichtet. Sie wollte diese auch nicht in eine westlich beherrschte liberale Weltwirtschaft hineinzwingen. [...] Die Sowjetunion andererseits betrieb zwar in ihrem Bereich eine ausgesprochen harte Reparationspolitik und versuchte, Lieferungen aus Gebieten zu erlangen, die unter anglo-amerikanischer Kontrolle standen. Doch nichts spricht dafür, daß dieser Versuch Teil einer expansiven Politik war, daß Reparationen ein Vehikel zur Machtausdehnung sein sollten. Insbesondere das sowjetische Vorgehen in Finnland bekräftigt diese These. Keine Seite hatte zunächst nachweisbar offensive Absichten gegen die andere.

Was die Reparationen betrifft, so ist also weder die „revisionistische" noch die „orthodoxe" Auffassung haltbar, ohne daß daraus folgen würde, daß nur die „realistische" Sicht der strukturellen Unvermeidlichkeit des Konflikts möglich wäre. Kooperation zumindest in einem begrenzten Rahmen war in Sachen Reparationen bei Kriegsende eine echte Option. Sie wurde von der Sowjetunion angeboten. Die Anglo-Amerikaner verweigerten sie, nicht aus Expansionstrieb, sondern weil sie ihre eigenen Möglichkeiten unterschätzten und unfähig waren, sich rechtzeitig von einem auf die Deutschen konzentrierten Feindbild zu lösen. (Mit)-Verantwortlichkeit für Teilung und Kalten Krieg sollte also nicht einfach mit aggressiver Politik gleichgesetzt werden, so wie aus einer defensiven Haltung noch nicht abgeleitet werden kann, daß die Verantwortung bei der jeweils andern Seite lag.

Günther Anders

Kollektivschuld?

Wenn ich von Auschwitz spreche, steht der Name hier für die in vielen Lagern (namentlich in den ausschließlich der Vernichtung dienenden) durchgeführte Organisierung des Genozids. Es gibt nur ein paar Wörter und Redensarten, die einem, ohne daß man sich dagegen wehren könnte, in den Mund fließen, wenn man sich auf diesen Gegenstand einläßt. So vor allem das Wort *„Kollektivschuld“*. Und zwar werden einem diese Ausdrücke als Alternativformeln aufgezwungen, das heißt: wer sie nicht verwendet, gilt als Verteidiger des Völkermordes. Dem Gedanken, daß vielleicht nicht nur die Ja- oder Nein-Antworten, sondern schon die Alternativfragen („tragen wir Schuld oder nicht?“) selbst sinnleer sein könnten, wird die Chance, gedacht zu werden, von vornherein verwehrt. „Gibt es Kollektivschuld – ja oder nein?“ So lautet die vorgekaute Frage. Diese darf so nicht akzeptiert bzw. beantwortet werden. Vielmehr gilt es erst einmal, die Gültigkeit des Ausdrucks zu prüfen. Und vor allem zu überlegen, wer diejenigen sind, die sich seiner bedienen.

Es ist nicht zu bestreiten, daß der Ausdruck ursprünglich beim Nürnberger Prozeß und bei den naiven „re-education“-Versuchen aufgetaucht ist. Aber die amerikanischen Pseudophilosophen, die den Terminus geprägt hatten, haben ihn längst schon wieder vergessen. Es gibt auch seit drei Jahrzehnten keinen erwähnenswerten deutschen Denker oder Publizisten, der den Ausdruck noch verwendete. Nein, *die monopolistischen Konservatoren des Wortes sind* nicht die Beschuldigenden, sondern *die Schuldigen gewesen,* und sind das auch heute noch. In keiner Zeitung taucht es mit solcher Zähigkeit, um nicht zu sagen: Anhänglichkeit, auf wie in der „Deutschen National- und Soldatenzeitung“. Hätte nicht irgendein philosophischer Analphabet in Washington das Wort geprägt, die Exnazis hätten es erfinden müssen. Denn sie brauchten es. *Sie verwendeten es, um es – als sinnlos abzustreiten, um sich über es zu entrüsten und um sich durch ihre Entrüstung ins Recht zu setzen.* Ihr Argument lautet: *„Da es keine Kollektivschuld gibt, sind wir kollektiv nicht schuldig, kann keiner von uns schuldig sein.“* Kurz: *Durch Betonung der Nichtgeltung des Wortes beweisen sie,* und nicht nur anderen, sondern auch sich selbst, *die eigene Nichtschuld.* (Paradoxerweise haben gerade sie den Begriff der Kollektivschuld von jeher verwendet: denn der Antisemitismus ist die Urform der Kollektivschuldthese, da er die Schuld aller Juden, Juden (bzw. Judasse) zu sein, immer unterstellt hat. – Nun freilich sind sie, da sie sich als pauschal Angeklagte fühlen, aufs selbstgerechteste über das (wie sie zu sagen wagen) „unchristliche Wiederaufrühren der alten Märchen“ empört. Und fühlen sich gerade durch dieses Wieder-Akutwerden in der Rechtmäßigkeit ihres Kollektivhasses bestätigt. *„Daß die Juden uns Auschwitz nicht verzeihen können, beweist wie fundamental sie sich von uns Christen unterscheiden. Wir* haben *die Sache längst schon vergessen!“* (Fehlt nur, daß sie sagen: „Wir haben sie ihnen längst schon verziehen!“) Je gellender die Empörung über den Ausdruck, um so berechtigter unser Verdacht, daß der Schreiende etwas zu überschreien hat. *Qui conteste, s'accuse.* [...]

Wenn die Siegermächte von „Kollektivschuld“ gesprochen haben, so ist das nicht einfach eine psychologische unrealistische oder absurde Redensart gewesen, sondern die sehr begreifliche *Reaktion der Sieger auf den Totalitarismus.* In der Tat ist ja jeder Deutsche an den Taten und Untaten seines Staates ungleich mehr und tiefer beteiligt gewesen, als Bürger nicht-totalitärer Staaten an deren Untaten jemals gewesen waren. In gewissem Sinne ist freilich die Rede von „Kollektivschuld“ doch berechtigt. Nur hat diese nicht so sehr in kollektiven Taten bestanden als – aber das ist keine geringere Schuld – in der *kollektiven Unterlassung des Aufruhrs gegen den Staat, der solche Schuld auf sich lud und der einen in solche Schuld mit-verstrickte.* Auch Unterlassen ist ein Tun.

Man wird einwenden, das sei leicht gesagt, denn Weigerung sei eben unmöglich gewesen. Aber daß es zu dieser „Unmöglichkeit“ kommen konnte, ist schon Schuld gewesen. Denn diese bestand eben darin, daß *jeder sich gegen sich hatte anstellen lassen,* daß sie alle sich durch Gleichschaltung mit der verbrecherischen Gewaltherrschaft zu deren *Schutztruppe* gemacht hatten. (Der Vorwurf gegen die Juden, sie hätten sich überhaupt nicht gegen ihre Erniedrigung und Liquidierung gewehrt, ist, ganz abgesehen davon, daß der Warschauer Ghetto-Aufstand das Gegenteil beweist, unbegreiflich, da ja selbst die Siebzigmillionen, die Waffen zur Verfügung hatten [z. B. die des Streiks], nicht im Traume daran gedacht haben, sich zu wehren. Die immer wieder, zwecks Ehrenrettung genannten, Helden haben eine mikroskopische Minderheit dargestellt und waren für das deutsche Volk als ganzes uncharakteristisch. Um so bewundernswerter die Wenigen.)

Beteiligt und schuldig waren alle auch insofern, als sie, freilich aufs verlogenste, von früh bis spät über die Geschehnisse *auf dem Laufenden gehalten* waren; weil sie ja, um die Taten zu bejubeln, diese mehr oder minder kennen mußten. Auf Nichtgewußthaben kann sich keiner herausreden. Was vor sich ging – und das gilt natürlich auch von der Liquidierung der Millionen – war selbstverständlich bekannt. Die Zahl der Mittäter und der Augenzeugen ging in die Zehntausende. Die Unterstellung, daß diese durchweg ihren Mund gehalten haben könnten, daß sich die Kunde von so spektakulären Vorgängen nicht wie ein Lauffeuer verbreitet haben sollte, ist eine Zumutung an unsere Intelligenz, sie widerspricht den simpelsten Axiomen der Sozialpsychologie. Wer behauptet, nichts gewußt zu haben, gibt damit im besten Falle seine damalige Idiotie zu. Ich, der ich damals in Amerika gelebt habe, hörte die ersten Gerüchte über die Vernichtungslager bereits im Sommer 43, und die Bestätigung der Gerüchte im Frühjahr 44. Und da sollte man in Deutschland, das tausendfach direkt mit dem Lagergeschehen verbunden war, nichts gewußt haben? Und selbst wenn man nur ein Tausendstel gewußt hätte – auch das Tausendstel war ja schon haarsträubend. Unbestreitbar ist, daß man selbst noch drei Jahre nach Beginn der fabrikmäßigen Liquidierung nicht schockiert war; und daß man denen, die dafür direkt verantwortlich waren, zugejubelt hat.

In gewissem Sinne kann man den Ausdruck auch heute wieder verwenden. Wenn wir nämlich denen, die auch heute noch (oder schon wieder) so stur sind, zu bestreiten, daß es Vernichtungslager überhaupt gegeben habe; und so schamlos, uns, die wir die Unsrigen dort verloren haben, ins Gesicht zu schreien, wir seien einem vom „Weltjudentum“ ausgeheckten Schwindel aufgesessen – wenn wir diesen Männern, die uns den Trauerflor vom Ärmel zu reißen versuchen, aus Respekt vor der Freiheit der Meinungsäußerung die Freiheit der Lüge zugestehen, dann machen wir uns dadurch mitschuldig, dann tragen wir heute bereits Kollektivschuld.

Und kollektiv ist schließlich unsere *Verantwortung.* Vor allem dafür, daß sich das, was damals geschehen ist, nicht wiederhole. Wenn sich aber derartiges wiederholen sollte, dann wird in der Tat jeder von uns mitschuldig sein. Das nächste Mal wird man von „Kollektivschuld“ nicht nur sprechen dürfen, sondern sprechen müssen.

Autoren- und Quellenverzeichnis

Alle genannten Werke sind im
Verlag C. H. Beck erschienen.

Gerold Ambrosius, Dr., geb. 1949, ist Professor für Geschichte an der Universität Konstanz. William H. Hubbard, geb. 1943, ist Professor für Geschichte an der University of Bergen.

Aus: Diess., Sozial- und Wirtschaftsgeschichte im 20. Jahrhundert, 1986, S. 261–269.

Günther Anders, Dr., 1902–1992, schrieb seit 1923 philosophische, journalistische, belletristische und dichterische Werke in Deutschland und Frankreich, emigrierte 1933 nach Paris, 1936 nach Amerika, kehrte 1950 nach Europa zurück und lebte seitdem in Wien.

Aus: Ders., Besuch im Hades. Auschwitz und Breslau 1966. Nach „Holocaust" 1979, [2]1985, S. 196–199,

Marta Appel, 1894–198?, wuchs im lothringischen Metz auf und heiratete 1918 einen Rabbiner, den sie 1933 wegen seiner Bindung an Deutschland und seine Gemeinde in Dortmund nicht zur Auswanderung bewegen kann. Nach Verhaftung und vorläufiger Freilassung im Mai 1937 floh sie mit der Familie über Holland in die USA.

Aus: Bürger auf Widerruf. Lebenszeugnisse deutscher Juden 1870–1945, hrsg. von Monika Richarz, 1989, S. 441 f.

Ino Arndt, Dr., geb. 1930, war Wissenschaftliche Mitarbeiterin am Institut für Zeitgeschichte in München.

Aus: Das Dritte Reich. Herrschaftsstruktur und Geschichte, hrsg. von Martin Broszat und Horst Möller, 2. durchges. Aufl. 1986, S. 223–230.

HELLMUTH AUERBACH, geb. 1930, ist Wissenschaftlicher Mitarbeiter am Institut für Zeitgeschichte in München.

Der Trommler 16

Aus: Das Dritte Reich. Herrschaftsstruktur und Geschichte, hrsg. von Martin Broszat und Horst Möller, 2. durchges. Aufl. 1986, S. 133–136.

TILL BASTIAN, Dr. med., geb. 1949, ist Leiter des Forschungsinstitutes „Umwelt, Kultur und Frieden" in Isny.

„Probelauf" einer Vernichtungsmaschinerie – Die Aktion T4 . . 249

Aus: Ders., Auschwitz und die „Auschwitz-Lüge". Massenmord und Geschichtsfälschung, 1994, S. 14–16.

URSULA A. J. BECHER, Dr., ist Direktorin des Georg-Eckert-Instituts für Internationale Schulbuchforschung, Braunschweig.

„Kraft durch Freude" 126

Aus: Dies., Geschichte des modernen Lebensstils. Essen – Wohnen – Freizeit – Reisen, 1990, S. 219–221.

Trommelfeuer auf die Ohren – Rundfunk im Dritten Reich . . . 133

Aus.: Ebda., S. 178f., 186–191.

LUDWIG BECK, 1880–1944, war seit Juli 1935 Generalstabschef des Heeres. Nachdem er im Sommer 1938 vergeblich die deutsche Generalität zum geschlossenen Rücktritt aufgefordert hatte, um den drohenden Krieg in Europa zu verhindern, stellte er seinen Posten aus Gewissensgründen zur Verfügung und wurde rasch Mittelpunkt des konservativ-militärischen Widerstandes. Er wurde am 20. Juli nach einem mißlungenen Selbstmordversuch erschossen.

„Außergewöhnliche Zeiten verlangen außergewöhnliche Handlungen!" 154

Aus: Widerstand in Deutschland 1933–1945. Ein historisches Lesebuch, hrsg. von Peter Steinbach und Johannes Tuchel, 1994, S. 286–289.

JOSEF BECKER, Dr., Dr. h. c., geb. 1931, ist Professor für Neuere und Neueste Geschichte an der Universität Augsburg.

„Seit 5.45 Uhr wird jetzt zurückgeschossen" – Die Entfesselung des Zweiten Weltkrieges 216

Ämter- und Kompetenzenchaos 112
Aus: Das Dritte Reich. Herrschaftsstruktur und Geschichte, hrsg. von Martin Broszat und Horst Möller, 2. durchges. Aufl. 1986, S. 73–77.
„Reichskristallnacht" 185
Aus: Die Juden in Deutschland 1933–1945. Leben unter nationalsozialistischer Herrschaft, hrsg. von Wolfgang Benz, 3. durchges. Aufl. 1993, S. 499–544.

Christabel Bielenberg ist eine Engländerin, die 1934 einen deutschen Rechtsanwalt geheiratet hatte. Ihre Familie stand der Widerstandsbewegung nahe, und ihr Mann kam ins KZ Ravensbrück, aus dem sie ihn durch mutiges und geschicktes Handeln befreien konnte. Seit 1947 lebt sie mit ihrer Familie in Irland.
Der Blockwart 119
Aus: Dies., Als ich Deutsche war. 1934–1945. Eine Engländerin erzählt, [5]1993, S. 51–62.
Rohrbach im Mai 1945 – Das Ende im Süden 289
Aus: Ebda., S. 311–313, 316–320.

Dietrich Bonhoeffer, Dr. habil., 1906–1945, war führender Theologe der Bekennenden Kirche. Seit 1940 versuchte er, Kontakte mit alliierten Regierungen zu knüpfen. Als Bonhoeffer 1943 verhaftet wurde, hatte er sich gerade mit Maria von Wedemeyer verlobt. Nach zweijähriger Haft ohne Gerichtsverfahren wurde Bonhoeffer am 9. April 1945 im KZ Flossenbürg ermordet.
„Von guten Mächten treu und still umgeben" 277
Aus: Brautbriefe Zelle 92. Dietrich Bonhoeffer. Maria von Wedemeyer. 1943–1945, hrsg. von Ruth-Alice von Bismarck und Ulrich Kabitz, 1994, S. 208–210.

Hermann Broch, 1886–1951, österreichischer Schriftsteller, der beim „Anschluß" Österreichs zunächst verhaftet worden war, dann aber nach Amerika emigrieren konnte.
Deutschland braucht Reue 311
Aus: Historische Augenblicke. Deutsche Briefe des Zwanzigsten Jahrhunderts, hrsg. und kommentiert von Jürgen Moeller, 1988, S. 171–173. Nach: Hermann Broch, Briefe über Deutschland 1945–1949, © Suhrkamp Verlag, Frankfurt a. M. 1986.

Martin Broszat, Dr., 1926–1989, war Honorarprofessor an der Universität München und Direktor des Instituts für Zeitgeschichte.

Aus: Das Dritte Reich. Herrschaftsstruktur und Geschichte, hrsg. von Martin Broszat und Horst Möller, 2. durchges. Aufl. 1986, S. 41–43.

Adelheid Gräfin zu Castell Rüdenhausen, Dr., ist Privatdozentin an der Universität Bochum.

Aus: Handbuch der deutschen Bildungsgeschichte, Band V, 1918–1945, Die Weimarer Republik und die nationalsozialistische Diktatur, hrsg. von Dieter Langewiesche und Heinz-Elmar Tenorth, 1989, S. 71–75.

Gordon A. Craig, Dr., geb. 1913, ist emeritierter J. E. Wallace Sterling Professor für Geisteswissenschaften an der Universität Stanford und seit 1962 Honorarprofessor an der Freien Universität Berlin.

Aus: Ders., Geschichte Europas 1815–1980. Vom Wiener Kongreß bis zur Gegenwart, 3. völlig überarb. und revid. Aufl. 1989, S. 459–461.

Aus: Ders., Deutsche Geschichte 1866–1945. Vom Norddeutschen Bund bis zum Ende des Dritten Reiches, (1980) 1989, S. 499–500.

Aus: Ebda., S. 503 f.

Aus: Ebda., S. 524–528.

Aus: Ders., Über die Deutschen, (1982) 1991, S. 356–359.

Aus: Ders., Deutsche Geschichte 1866–1945. Vom Norddeutschen Bund bis zum Ende des Dritten Reiches, (1980) 1989, S.537–539.

Aus: Ebda., S. 647–650.

Aus: Ders., Geschichte Europas 1815–1980. Vom Wiener Kongreß bis zur Gegenwart, 3. völlig überarb. und revid. Aufl. 1989, S. 535–537, 544 f.

DEBÓRAH DWORK ist Professorin für Geschichte am Child Study Center der Yale University.
Überleben im Verborgenen 199
Aus: Dies., Kinder mit dem gelben Stern. Europa 1933–1945, 1994, S. 82 f.
Das Vernichtungslager Bełżec 210
Aus: Ebda., S. 216–220.

OTFRID EHRISMANN, Dr., geb. 1941, ist Professor für Deutsche Sprache und Ältere Deutsche Literatur an der Universität Gießen.
Der neue Dietrich von Bern 256
Aus: Ders., Nibelungenlied. Epoche – Werk – Wirkung, 1987, S. 273–275.

HELEN EPSTEIN, geb. 1947, ist seit 1968 als Journalistin in New York tätig. Ihre Eltern waren während des Dritten Reiches in deutschen Konzentrationslagern, wurden 1945 befreit und emigrierten 1948 in die USA.
Befreiung! 301
Aus: Dies., Die Kinder des Holocaust. Gespräche mit Söhnen und Töchtern von Überlebenden, 1987, S. 61 f., 71.

JÜRGEN W. FALTER, Dr., geb. 1944, ist Professor für Politische Wissenschaften an der Universität Mainz.
Wer wählte Hitler? 34
Aus: Ders., Hitlers Wähler, 1991, S. 17 f., 369–375.

JÖRG FISCH, Dr., geb. 1947, ist Professor für Allgemeine Neuere Geschichte an der Universität Zürich.
Von der Teilung der Reparationszonen zur Teilung der Welt . . . 320
Aus: Ders., Reparationen nach dem Zweiten Weltkrieg, 1992, S. 11, 307–312.

FRITZ FISCHER, Dr., geb. 1908, war bis zu seiner Emeritierung Professor für Geschichte an der Universität Hamburg.
Katholische Kirche und NS-Staat 102
Aus: Ders., Hitler war kein Betriebsunfall. Aufsätze, [3]1993, S. 199–202.

Norbert Frei, Dr., geb. 1955, ist Wissenschaftlicher Mitarbeiter am Institut für Zeitgeschichte in München.

Aus: Das Dritte Reich. Herrschaftsstruktur und Geschichte, hrsg. von Martin Broszat und Horst Möller, 2. durchges. Aufl. 1986, S. 165–170.

Carl Friedrich Goerdeler, 1884–1945, war seit 1930 Oberbürgermeister von Leipzig. Nach heftigen Auseinandersetzungen mit der NSDAP trat er 1937 von seinem Amt zurück. Er wurde bald darauf zum Mittelpunkt der zivilen Widerstandskreise. Für die Zeit nach einem gelungenen Staatsstreich stellte er sich als Reichskanzler zur Verfügung. Bereits vor dem 20. Juli 1944 von der Gestapo gesucht, wurde er nach zunächst geglückter Flucht verhaftet, am 8. September 1944 zum Tode verurteilt und hingerichtet.

Aus: Historische Augenblicke. Deutsche Briefe des Zwanzigsten Jahrhunderts, hrsg. und kommentiert von Jürgen Moeller, 1988, S. 155–157.

Hermann Graml, geb. 1928, war Wissenschaftlicher Mitarbeiter am Institut für Zeitgeschichte in München und Geschäftsführender Redakteur der Vierteljahrshefte für Zeitgeschichte.

Aus: Das Dritte Reich. Herrschaftsstruktur und Geschichte, hrsg. von Martin Broszat und Horst Möller, 2. durchges. Aufl. 1986, S. 105–112.

Otto Gritschneder, Dr. jur., geb. 1914, nach Berufsverbot seit 1945 Rechtsanwalt in München, juristischer Fachschriftsteller.

Aus: Ders., „Der Führer hat Sie zum Tode verurteilt...“. Hitlers „Röhm-Putsch“ – Morde vor Gericht, 1993, S. 15f., 36f., 52–57.

Lina Haag, geb. 1907, war mit einem KPD-Abgeordneten im württembergischen Landtag verheiratet und wurde wie ihr Mann 1933 verhaftet. Sie erlebte viereinhalb Jahre Gefangenschaft, zuletzt im KZ Lichtenburg, und erreichte außer ihrer Freilassung etwas

Unglaubliches: Es gelang ihr, zu Himmler vorzudringen und ihm die Freiheit ihres Mannes abzuringen.
Die leiseste Drohung genügt 107
Aus: Frauen im Nationalsozialismus. Dokumente und Zeugnisse, hrsg. von Ute Benz, 1993, S. 99–101.

Ulrike Haerendel M. A., ist Wissenschaftliche Mitarbeiterin am Institut für Neuere Geschichte der Universität München.
München – „Hauptstadt der Bewegung“ 140
Aus: Geschichte der Stadt München, hrsg. von Richard Bauer, 1992, S. 376–384.

Alfred Heller, Dr., 1885–1956, Inhaber einer Druckerei in München und Autor von Fachliteratur über das Druckwesen.
„Wo liegt eigentlich Trinidad?“ 177
Aus: Ders., Dr. Seligmanns Auswanderung. Der schwierige Weg nach Israel, hrsg. von Wolfgang Benz, 1990, S. 27–32.

Harald Henry, Dr., geb. 1919, lebte bis Kriegsbeginn als Wissenschaftler in Berlin und fiel drei Wochen nach der Niederschrift des hier abgedruckten Briefes am 21. Dezember 1941 nordwestlich von Moskau.
Die Wirklichkeit des Krieges – Ein Frontbrief 232
Aus: Historische Augenblicke. Deutsche Briefe des Zwanzigsten Jahrhunderts, hrsg. und kommentiert von Jürgen Moeller, 1988, S. 139–143.

Ulrich Herbert, Dr., geb. 1951, ist Professor für Neuere Geschichte an der Universität Freiburg.
„Ausländer-Einsatz“ in der deutschen Kriegswirtschaft 241
Aus: Deutsche im Ausland – Fremde in Deutschland. Migration in Geschichte und Gegenwart, hrsg. von Klaus J. Bade, ^{2}1992, S. 354–366.

Jörg K. Hoensch, Dr., geb. 1935, ist Professor für osteuropäische Geschichte an der Universität Saarbrücken.
Die „Erledigung der Rest-Tschechei“ 161
Aus: Ders., Geschichte Böhmens. Von der slavischen Landnahme bis ins 20. Jahrhundert, 2. aktualisierte und erg. Aufl. 1992, S. 431–434.

WILLIAM H. HUBBARD, geb. 1943, ist Professor für Geschichte an der Concordia University in Montreal (siehe: Gerold Ambrosius).

WOLFGANG JACOBMEYER, Dr., geb. 1940, ist Professor für Neuere und Neueste Geschichte und ihre Didaktik an der Universität Münster.

Aus: Deutsche im Ausland – Fremde in Deutschland. Migration in Geschichte und Gegenwart, hrsg. von Klaus J. Bade, ^{2}1992, S. 367–373.

URSULA VON KARDORFF, 1911–1988, war bis 1945 Redakteurin der „Deutschen Allgemeinen Zeitung" und seit 1948 Redaktionsmitglied der „Süddeutschen Zeitung".

Aus: Dies., Berliner Aufzeichnungen 1942–1945. Unter Verwendung der Original-Tagebücher neu hrsg. und kommentiert von Peter Hartl, 1992, S. 67f.

Aus: Ebda., S. 299.

Aus: Ebda., S. 306–309, 312–324,

ROBERT M. W. KEMPNER, Dr. jur., 1899–1993, war u. a. als Justitiar im preußischen Innenministerium tätig. Im Sommer 1930 entstand dort unter seiner Federführung die auszugsweise abgedruckte Denkschrift über die „NSDAP als staats- und republikfeindliche, hochverräterische Verbindung". Kempner konnte nach Gestapohaft 1939 in die USA emigrieren. 1945 gehörte er zum Stab des US-Hauptanklägers bei den Nürnberger Prozessen. Ab 1947 war Kempner amerikanischer Hauptankläger im sog. Wilhelmstraßen-Prozeß.

Aus: Widerstand in Deutschland 1933–1945. Ein historisches Lesebuch, hrsg. von Peter Steinbach und Johannes Tuchel, 1994, S. 22–25.

ANNELIESE KNOOP-GRAF, geb. 1921, ist die jüngste Schwester von Willi Graf, einem der führenden Mitglieder der „Weißen Rose". Sie lebte und studierte zusammen mit ihrem Bruder in München, war jedoch damals aus Sicherheitserwägungen nicht in seine Widerstandsaktivitäten eingeweiht.

Aus: Die Weiße Rose und das Erbe des deutschen Widerstandes. Münchener Gedächtnisvorlesungen, 1993, S. 33–35.

HELMUT KRAUSNICK, Dr., 1905–1990, war Honorarprofessor an der Universität München und von 1959–1972 Direktor des Instituts für Zeitgeschichte in München.

Aus: Das Dritte Reich. Herrschaftsstruktur und Geschichte, hrsg. von Martin Broszat und Horst Möller, 2. durchges. Aufl. 1986, S. 187–191.

PETER KRÜGER, Dr., geb. 1935, ist Professor für Neuere Geschichte an der Universität Marburg.

Aus: Die deutschen Eliten und der Weg in den Zweiten Weltkrieg, hrsg. von Martin Broszat und Klaus Schwabe, 1989, S. 191 f.

HERMANN KURZKE, Dr., geb. 1943, ist Professor für Neuere Deutsche Literaturgeschichte an der Universität Mainz.

Aus: Ders., Thomas Mann. Epoche – Werk – Wirkung, 2. überarb. Aufl. 1991, S. 31–34.

KONRAD KWIET, Dr., geb. 1941, ist Professor an der Macquarie University in Sydney.

Aus: Die Juden in Deutschland 1933–1945. Leben unter nationalsozialistischer Herrschaft, hrsg. von Wolfgang Benz, 3. durchges. Aufl. 1993, S. 631–649.

Aus: Ebda., S. 545, 614–628.

Edwin Landau, 1890–1975, Klempner und Inhaber eines Installationsgeschäfts in Deutsch-Krone/Westpr., Gründer der Ortsgruppe Deutsch-Krone des Reichsbundes jüdischer Frontsoldaten, Vorsteher der jüdischen Gemeinde, wanderte im November 1934 nach Palästina aus.
„Ich begrub 43 Jahre meines Lebens" – Der Boykott jüdischer Geschäfte am 1. April 1933 172
Aus: Bürger auf Widerruf. Lebenszeugnisse deutscher Juden 1780–1945, hrsg. von Monika Richarz, 1989, S. 385–387.

Albrecht Lehmann, Dr., geb. 1939, ist Professor für Volkskunde an der Universität Hamburg.
„Dann war ich 14, da kam man in die HJ!" 115
Aus: Handbuch der deutschen Bildungsgeschichte, Band V, 1918–1945, Die Weimarer Republik und die nationalsozialistische Diktatur, hrsg. von Dieter Langewiesche und Heinz-Elmar Tenorth, 1989, S. 423–427.
Die Kriegsheimkehrer 316
Aus: Ders., Gefangenschaft und Heimkehr. Deutsche Kriegsgefangene in der Sowjetunion, 1986, S. 140–148.
Die alte Heimat – Verlust und neue Begegnung 307
Aus: Ders., Im Fremden ungewollt zuhaus. Flüchtlinge und Vertriebene in Westdeutschland 1945–1990, 2., durchges. Aufl. 1993, S. 7, 18, 126–131.

Hans Graf von Lehndorff, Dr. med., 1910–1987, studierte Jura und Medizin und arbeitete seit 1937 als Arzt in Berlin und Insterburg/Ostpr. Von 1954–1970 war er als Chefarzt in Bad Godesberg tätig.
„... und dann kannst du wieder gehen ..." – Die Unterschätzung des Nationalsozialismus 45
Aus: Ders., Menschen, Pferde, weites Land. Kindheits- und Jugenderinnerungen, (1980) 1990, S. 176f., 251f.
Die „Quatschbude" brennt 50
Aus: Ebda., S. 258f.
Der Fall des Baumes oder Wie es um Deutschland bestellt war . . 314
Aus: Ebda., S. 256, 284–286.
„Wohin wollen Sie denn?" – Das Ende im Osten 283
Aus: Ders., Ostpreußisches Tagebuch. Aufzeichnungen eines Arztes aus den Jahren 1945–1947, (1961) 1990, S. 17–19, 43–45, 66–75.

Bernhard Lichtenberg, 1875–1943, seit 1932 als Dompfarrer an der Berliner St. Hedwigs-Kathedrale tätig. Als Gegner des NS-Regimes setzte er sich für KZ-Häftlinge ein, betete 1938 öffentlich auch für verfolgte Juden und nahm 1941 gegen die Ermordung Geisteskranker Stellung. Im selben Jahr verhaftet, wurde er nach einer zweijährigen Haftstrafe in das KZ Dachau eingewiesen. Auf dem Transport dorthin starb der Schwerkranke in Hof/Saale.
„Ich fordere Rechenschaft“ 251
Aus: Widerstand in Deutschland 1933–1945. Ein historisches Lesebuch, hrsg. von Peter Steinbach und Johannes Tuchel, 1994, S. 137–139.

Peter Longerich, Dr., geb. 1955, war Wissenschaftlicher Mitarbeiter am Institut für Zeitgeschichte und ist Lecturer an der Universität London.
Vom Saalschutz zur Parteitruppe – Die SA 21
Aus: Ders., Die braunen Bataillone. Geschichte der SA, 1989, S. 22–81.
Der rasche Aufstieg der NSDAP 1929/30 26
Aus: Ebda., S. 78–80.

Sibylle Meyer, Dr., leitet das Berliner Institut für Sozialforschung und sozialwissenschaftliche Praxis (BIS) e.V.
Klara Steiner, Jahrgang 1906 – Ein ganz normales Leben 253
Aus: Dies. und Eva Schulze, Wie wir das alles geschafft haben. Alleinstehende Frauen berichten über ihr Leben nach 1945, 1985, S. 13–26.

Jürgen Moeller (Hrsg.), geb. 1930, war bis 1994 Kulturredakteur beim Bayerischen Fernsehen und arbeitet heute als freier Publizist.
Zwei letzte Briefe aus Stalingrad 259
Zu den Texten: Um die Stimmung in der „Festung Stalingrad“ kennenzulernen, hatte das Führerhauptquartier angeordnet, Feldpost zu beschlagnahmen und auszuwerten. Die Überprüfung von sieben Postsäcken, die mit der letzten Maschine ausgeflogen worden waren, ergab, daß über 50 % der Briefschreiber dem Krieg „ungläubig, ablehnend“ gegenüberstanden. Da dieses Ergebnis „untragbar für das deutsche Volk“ war, verschwanden die Briefe im Archiv.
Aus: Historische Augenblicke. Deutsche Briefe des Zwanzigsten

Jahrhunderts, hrsg. und kommentiert von Jürgen Moeller, 1988, S. 149–152.

HELMUTH JAMES GRAF VON MOLTKE, 1907–1945, Jurist, wurde mit Kriegsbeginn in das Amt Ausland/Abwehr des OKW verpflichtet. Als Mittelpunkt des von ihm und Peter Graf Yorck von Wartenburg begründeten „Kreisauer Kreises" war Moltke als überzeugter Christ entschiedener Gegner des Nationalsozialismus. Im Januar 1944 verhaftet, wurde Moltke nach dem 20. Juli zum Tode verurteilt und hingerichtet.
„Wir haben nur gedacht" 273
Aus: Helmuth James von Moltke. Briefe an Freya 1939–1945, hrsg. von Beate Ruhm von Oppen, 2. durchges. und erw. Aufl. 1991, S. 611–626.

MICHAEL G. MÜLLER, Dr., geb. 1950, ist Professor für Osteuropäische Geschichte am Europäischen Hochschulinstitut in Florenz.
Der Hitler-Stalin-Pakt 164
Aus: Historisches Lexikon der Sowjetunion 1917/22 bis 1991, hrsg. von Hans-Joachim Torke, 1993, S. 108–110.

SIGMUND RASCHER, Dr. med., SS-Hauptsturmführer, führte im Auftrag der Luftwaffe „erbbiologische" und „wehrwissenschaftliche" Forschungen durch. Ermuntert und unterstützt wurde er dabei von Reichsführer SS Heinrich Himmler, dem er in dem abgedruckten Brief Bericht erstattet.
„Die Versuchspersonen brüllen" 208
Aus: Historische Augenblicke. Deutsche Briefe des Zwanzigsten Jahrhunderts, hrsg. und kommentiert von Jürgen Moeller, 1988, S. 153

WERNER RÖDER, Dr., geb. 1938, Vorstand des Archivs des Instituts für Zeitgeschichte in München, war Leiter der Zentralstelle der „Dokumentation zur Emigration" des Bundesarchivs und der Forschungsgruppe Emigration des Instituts für Zeitgeschichte.
Vom „Auszug des Geistes" 76
Aus: Deutsche im Ausland – Fremde in Deutschland. Migration in Geschichte und Gegenwart, hrsg. von Klaus J. Bade, ^{2}1992, S. 349 f.

Ger van Roon, Dr., geb. 1933, ist Professor für Neueste Geschichte an der Freien Universität Amsterdam.

Evangelische Kirche und NS-Staat 96
Aus: Ders., Widerstand im Dritten Reich, 5. durchges. Aufl. 1990, S. 79–100.

Die „Operation Walküre" 271
Aus: Ebda., S. 193–198.

Bernd Rüthers, Dr. jur., geb. 1930, ist Professor für Zivilrecht und Rechtstheorie an der Universität Konstanz.

„Der Führer schützt das Recht" – Carl Schmitt und der 30. Juni 1934 82
Aus: Ders., Entartetes Recht. Rechtslehren und Kronjuristen im Dritten Reich, 2. verb. Aufl. 1989, S. 99 f., 120–123.

Michael Salewski, Dr., geb. 1938, ist Professor für Mittlere und Neuere Geschichte an der Universität Kiel.

Die „Rührkomödie" von Potsdam 53
Aus: Ders., Deutschland. Eine politische Geschichte. Von den Anfängen bis zur Gegenwart, 1993, Band 2, S. 223 f.

„Frieden für unsere Zeit"? Vom „Anschluß" Österreichs zum Münchener Abkommen 157
Aus: Ebda., S. 239–245.

Blitzkriege 222
Aus: Ebda., S. 250–259.

Finis Germaniae 279
Aus: Ebda., S. 274–276.

Fabian von Schlabrendorff, 1907–1980, Jurist, gehörte zu den konservativen Gegnern Hitlers. Im Krieg war Schlabrendorff an den mißlungenen Attentaten auf Hitler im März 1943 beteiligt. Nach dem 20. Juli 1944 verhaftet, entging er dem Todesurteil nur, weil Volksgerichtshofpräsident Roland Freisler bei einem Bombenangriff ums Leben kam.

Das Attentat vom 20. Juli 1944 267
Aus: Widerstand in Deutschland 1933–1945. Ein historisches Lesebuch, hrsg. von Peter Steinbach und Johannes Tuchel, 1994, S. 325–332. Nach: Fabian von Schlabrendorff, Offiziere gegen Hitler, © Siedler Verlag, Berlin 1983.

Gregor Schöllgen, Dr., geb. 1952, ist Professor für Neuere Gesichte an der Universität Erlangen.
Der außenpolitische Kurs Hitlers 48
Aus: Ders., Die Macht in der Mitte Europas. Stationen deutscher Außenpolitik von Friedrich dem Großen bis zur Gegenwart, 1992, S. 91–94.
„General settlement" für alle oder „Blankoscheck" für einen? . 151
Aus: Ebda., S. 94–97.

Erhard Schütz, Dr., ist Professor für Kommunikationsgeschichte und angewandte Kulturwissenschaften an der Freien Universität Berlin.
Inszenierung der Wirklichkeit oder inszenierte Wirklichkeit? Der Tonfilm im Dienst der Politik 129
Aus: Handbuch der deutschen Bildungsgeschichte, Band V, 1918–1945, Die Weimarer Republik und dic nationalsozialistische Diktatur, hrsg. von Dieter Langewiesche und Heinz-Elmar Tenorth, 1989, S. 380–383.

Eva Schulze, Dr., leitet das Berliner Institut für Sozialforschung und sozial-wissenschaftliche Praxis (BIS) e.V. (siehe: Sibylle Meyer).

Fiete Schulze, 1895–1935, Hamburger Arbeiter und Widerstandskämpfer.
„Warum so kleinmütig?" 109
Aus: Historische Augenblicke. Deutsche Briefe des Zwanzigsten Jahrhunderts, hrsg. und kommentiert von Jürgen Moeller, 1988, S. 120 f.

Peter Steinbach, Dr., geb. 1948, ist Professor für Politikwissenschaften an der Freien Universität Berlin und wissenschaftlicher Leiter der Gedenkstätte Deutscher Widerstand in Berlin.
Johann Georg Elser – Der Attentäter aus dem Volk 221
Aus: Ders. und Johannes Tuchel (Hrsg.), Lexikon des Widerstandes 1933–1945, 1994, S. 48 f.

Marlis Steinert, Dr., war bis zu ihrer Emeritierung Professorin für Geschichte und internationale Politik am Institut Universitaire de Hautes Etudes Internationales in Genf.

Hitlers „Mein Kampf“ 24
Aus: Dies., Hitler, 1994, S. 175–177.
Die Rassenidee als Kernstück der Hitlerschen Weltanschauung . 170
Aus: Ebda., S. 200–206.

HANS-ULRICH THAMER, Dr., geb. 1943, ist Professor für Neuere und Neueste Geschichte an der Universität Münster.
Faszination und Manipulation – Die Nürnberger Reichsparteitage der NSDAP 123
Aus: Das Fest. Eine Kulturgeschichte von der Antike bis zur Gegenwart, hrsg. von Uwe Schultz, 1988, S. 353 f., 365–368.
Berlin – Zentrum eines deutschen Weltreiches 144
Aus: Die Hauptstädte der Deutschen. Von der Kaiserpfalz in Aachen zum Regierungssitz Berlin, hrsg. von Uwe Schultz, 1993, S. 213–216.

JOHANNES TUCHEL, Dr., geb. 1957, ist Leiter der Gedenkstätte Deutscher Widerstand in Berlin (siehe: Peter Steinbach).

KURT TUCHOLSKY, 1890–1935, Schriftsteller und Journalist. 1933 wurden seine Werke von den Nationalsozialisten verbrannt, er selbst ausgebürgert und verfemt. Krank und deprimiert von den politischen Verhältnissen nahm er sich 1935 in Schweden das Leben. Der abgedruckte Brief ist an seinen alten Freund Walter Hasenclever, von ihm auch Hasenschiller genannt und mit Max angeredet, gerichtet.
Keine Panik! 59
Aus: Historische Augenblicke. Deutsche Briefe des Zwanzigsten Jahrhunderts, hrsg. und kommentiert von Jürgen Moeller, 1988, S. 94–97. Nach: Kurt Tucholsky, Gesammelte Werke, © Rowohlt Verlag GmbH, Reinbek 1960.

THOMAS URBAN, geb. 1954, war von 1988 bis 1992 Korrespondent der „Süddeutschen Zeitung“ in Warschau und leitet seitdem das Büro dieses Blattes in Moskau.
Polen unter deutscher Besatzung 217
Aus: Ders., Deutsche in Polen. Geschichte und Gegenwart einer Minderheit, 1993, S. 47–49.

OTTO WELS, 1873–1939, SPD-Politiker, hielt als Parteivorsitzender am 23. März 1933 im Reichstag die abgedruckte Rede gegen das sog. „Ermächtigungsgesetz". 1933 ging Wels nach Prag, wo er am Aufbau der Auslandsleitung der SPD mitarbeitete. 1938 floh er nach Paris, wo er bis zu seinem Tod die Exil-SPD leitete.
„Freiheit und Leben kann man uns nehmen, unsere Ehre nicht!" 55
Aus: Widerstand in Deutschland 1933–1945. Ein historisches Lesebuch, hrsg. von Peter Steinbach und Johannes Tuchel, 1994, S. 47–51.

HEINRICH AUGUST WINKLER, Dr., geb. 1938, ist Professor für Neueste Geschichte an der Humboldt-Universität in Berlin.
Weimar – Republik im Schatten von Versailles 28
Aus: Ders., Weimar 1918–1933. Die Geschichte der ersten deutschen Demokratie, 1993, S. 602–607.

REINHARD WITTMANN, Dr., geb. 1945, ist Leiter der Abteilung Literatur (Hörfunk) des Bayerischen Rundfunks und Honorarprofessor für Buch- und Medienwissenschaften sowie Sozialgeschichte der deutschen Literatur an der Universität München.
Bücherverbrennung und „NS-Schrifttumspolitik" 68
Aus: Ders., Geschichte des deutschen Buchhandels. Ein Überblick, 1991, S. 329–346.

MICHAEL ZIMMERMANN, Dr., geb. 1951, ist Wissenschaftlicher Mitarbeiter an der Alten Synagoge in Essen.
Zigeuner und andere „Strolche" 201
Aus: Deutsche im Ausland – Fremde in Deutschland. Migration in Geschichte und Gegenwart, hrsg. von Klaus J. Bade, ^{2}1992, S. 333–342.

BERND ZYMEK, Dr., ist Professor für Pädagogik an der Universität Bochum.
Schule im Zweiten Weltkrieg 237
Aus: Handbuch der deutschen Bildungsgeschichte, Band V, 1918–1945, Die Weimarer Republik und die nationalsozialistische Diktatur, hrsg. von Dieter Langewiesche und Heinz-Elmar Tenorth, 1989, S. 199–203.

Abbildungsverzeichnis

Buchanzeigen